Traité sur l'acte de foi dans le Grand Véhicule

JN232484

BIBLIOTHÈQUE IZUTSU
DE PHILOSOPHIE ORIENTALE

VOLUME 2

Comité de publication

MATSUBARA Hideichi
Professeur émérite, Université Keio

OHASHI Ryosuke
Professeur à l'Université d'Osaka

SAWAI Yoshitsugu
Professeur à l'Université Tenri

KAMADA Shigeru
Professeur à l'Université de Tokyo

Conseillers

NAKANE Chie
Professeur émérite, Université de Tokyo

MAKINO Shinya
Professeur émérite, Université des études étrangères de Tokyo

WATANABE Makoto
Ancien Ambassadeur en Jordanie

ANZAI Yuichiro
Président à l'Université Keio

ICHIKAWA Hiroshi
Professeur à l'Université de Tokyo

Traité sur l'acte de foi dans le Grand Véhicule

Traduction commentée et Introduction par

Frédéric Girard

大乘起信論

Keio University Press

La publication de ce volume a été réalisée
grâce à une subvention pour la Bibliothèque Izutsu
de l'Université Keio

Publié par les Presses Universitaires de Keio, S.A.
19-30, 2-chome, Mita, Minato-ku,
Tokyo 108-8346 Japon

Copyright © 2004 Frédéric Girard, Toyoko Izutsu

Tous droits de reproduction, de traduction et
d'adaptation, réservés pour tous pays, sauf pour
de courts extraits ou des comptes rendus.

Imprimé au Japon

ISBN 4-7664-1058-0

Première édition, 2004

BIBLIOTHÈQUE IZUTSU DE PHILOSOPHIE ORIENTALE

Avant-propos de la Collection

Les œuvres fondatrices qui sont la source de la pensée orientale égalent en nombre les étoiles du ciel. Tout projet qui, quelle que soit son ampleur, se limiterait arbitrairement à l'entreprise de les traduire n'aboutirait qu'à élaborer un simple répertoire des seules étoiles visibles à l'œil nu. La "Bibliothèque Izutsu de philosophie orientale" se propose de constituer une collection d'œuvres de référence qui puisse faire découvrir les constellations selon lesquelles s'organise cette pensée et qui en transmette et en développe, sur le plan philosophique, la dynamique propre.

La pensée, ou la philosophie, de l'Orient n'est pas un être doué d'une unité structurée. Commençant seulement à constituer un objet d'étude approfondie à travers ses concepts et ses textes, elle offre un immense domaine à explorer. Ce domaine, l'objectif de la réflexion d'*Izutsu* a été d'en dégager la configuration. Pour reprendre ses propres mots, "tout le monde sait que nombre de conceptions essentielles sont nées et se sont développées en Orient depuis les temps anciens. Les recherches entreprises sur les relations historiques que toutes ces traditions entretiennent entre elles ne datent pas d'hier. Toutefois, aucune tentative n'a pas été faite, pour appréhender les courants divers et variés comme un objet unique, doué à la fois d'une unité et d'une structure. Sur ce point, impossible de comparer la pensée orientale avec la pensée occidentale. En effet, cette dernière, objet circonscrit qui s'élève sur les deux fondements que constituent le judéo-christianisme et l'hellénisme, a déjà subi, ou se montre apte à subir, une rare structuration. Mais tel n'est pas le cas pour la pensée orientale. Là réside l'un des grands problèmes à portée philosophiques qui se posent actuellement à l'Orient.

II faut donc opérer, sur les diverses pans de la pensée en Orient, un travail de synthèse qui les constitue en objet doué d'une unité ou d'une structure. Pour ce faire, quelle méthode lzutsu a-t-il utilisée ? II a d'abord présenté un modèle de travail, celui de "réseau de concepts clés éssentiels". II s'agit de mettre en réseau "les groupes de concepts clés" propres à chacune des différentes traditions de l'Orient pour en réaliser la structure synchronique. Au niveau profond, toutes ces traditions peuvent ainsi être considérées comme les éléments d'un organisme unique qui entretiendraient entre eux des rapports de signification ; une fois recomposés, ils donnent naissance à un texte qui peut être interprété et où ils trouvent un espace de vie organique, fécond en perspectives d'avenir. Cet espace, voilà ce qu'lzutsu appelle la "pensée orientale".

La "Bibliothèque lzutsu de philosophie orientale" prend pour coordonnées fondamentales les "groupes de concepts clés" retenus par lzutsu lui-même ou répondant à ses critères à lui. A partir de là, elle constitue le recueil des œuvres de référence où se déploient ces termes clés. Les ensembles de textes ainsi réalisés non seulement permettent à chacun pris isolément d'ouvrir une voie d'accès à un univers, mais arrivent aussi à former, à partir de la totalité des œuvres regroupée, un texte unique, semblable à une mosaïque, ou à un tissu malléable, souple et délicat, où les concepts empruntés aux différentes pensées trouvent chacun leur place respective. La création d'une collection d'œuvres de référence dotée de telles caractéristiques fait de la "Bibliothèque lzutsu" plus qu'un conservatoire du passé, une entreprise qui contribue à la construction de l'avenir.

Les œuvres qui s'y trouvent recueillies seront toutes publiées en traduction dans les langues occidentales. En effet, pour que la pensée de l'Orient émerge et s'épanouisse, le dialogue avec l'Occident lui est indispensable. Quant à la pensée occidentale, si elle veut connaître de nouveaux développements, elle ne peut se dérober au dialogue avec l'Orient. C'est grâce à ce dialogue que, comme l'a dit Izutsu, la pensée orientale pourra peut-être commencer à évoluer jusqu'à devenir un système de référence actuel, digne d'assumer son rôle dans la formation du modèle culturel qu'exige l'époque à venir, un modèle qui se caractérise par la pluralité de ses niveaux et de ses dimensions. Puisse cette collection être le champ magnétique où se manifestera en Orient, un ensemble conforme à une telle orientation, et réaliser ainsi un projet digne du XXIe siècle.

À ma mère

Abréviations

Ak : *Abhidharmakośa.*

DNBZ : *Dainihon bukkyō zensho* 大日本佛教全書.

Enpō : édition de Enpō 延寶.

Fazang : commentaire de Fazang, T. XLIV, n° 1846. Parfois mentionné : Fazang (*Yiji* 義記).

Fazang (*Bieji* 別記) commentaire de Fazang , T. XLIV, n° 1847.

Genroku : édition de Genroku 元祿.

Hirakawa : *Daijōkishinron* 大乘起信論 de Hirakawa Akira 平川彰.

Huiyuan : commentaire de Huiyuan 慧遠.

Jingo : copie de Jingo keiun 神護景雲.

LVP, Kośa : Louis de La Vallée Poussin, *Abhidharmakośa.*

LVP, Siddhi : Louis de La Vallée Poussin, *Vijñaptimātratāsiddhi.*

Meiji : édition commentée du commentaire de Fazang, de Meiji 明治 27 (1894).

MS : *Mahāyānasaṃgraha.*

MSA : *Mahāyānasūtrālaṃkāra.*

NDZ : *Nihon daizōkyō* 日本大藏經.

P : traduction de Paramārtha.

S : traduction de Śikṣānanda, T. XXXII, n° 1667 : 583-591.

Siddhi : *Vijñaptimātratāsiddhi* de Xuanzang.

T : *Taishō shinshū daizōkyō* 大正新修大藏經.

Takasaki : *Daijōkishinron* 大乘起信論 de Ui Hakuju 宇井伯壽 et Takasaki Jikidō 高崎直道.

Tankuang 1 : commentaire de Tankuang 曇曠, T. LXXXV, n° 2813.

Tankuang 2 : commentaire de Tankuang, T. LXXXV, n° 2814.

Tanyan : commentaire de Tanyan 曇延.

Tehyŏn : commentaire de Tehyŏn 太賢.

Tenpyō : copie de Tenpyō shōhō 天平勝寶.

Wŏnhyo : commentaire de Wŏnhyo 元曉, T. XLIV, n° 1844.

Wŏnhyo (Bieji) : commentaire de Wŏnhyo, T. XLIV, n° 1845.

Zhikai : commentaire attribué à Zhikai 智愷.

Zhou : commentaire d'un auteur inconnu, T. LXXXV, n° 2815.

Zhixu : commentaire de Zhixu 智旭.

Zixuan : commentaire de Zixuan 子璿.

Zongmi : commentaire de Zongmi 宗密.

ZZ : *Zoku zōkyō* 續藏經.

INTRODUCTION

Aucun ouvrage bouddhique n'a rencontré sans doute une aussi large audience que le *Traité sur l'acte de foi dans le Grand Véhicule* dans tout l'Extrême-Orient, en Chine, en Corée et au Japon. Nul écrit bouddhique non plus ne revêt peut-être un caractère philosophique aussi prononcé que ce traité, ou tout du moins n'a-t-il inspiré la réflexion philosophique dans ces mêmes pays jusqu'à nos jours. Il présente en outre de manière claire, concise et ingénieusement agencée, les doctrines bouddhiques du Grand Véhicule sous ses aspects à la fois théoriques et pratiques sans privilégier un courant particulier, mais en les accueillant presque toutes, ce qui les autorise, de ce fait, à se reconnaître en lui. On a ainsi pu qualifier ce traité de « cubiste » ou de « kaléidoscopique », en raison du fait qu'il reflétait tout un ensemble de doctrines de façon simultanée, qu'elles se trouvent seulement en filigrane, telle la vacuité, la voie du milieu ou la causalité, ou qu'elles soient exposées en bonne et due forme, comme c'est le cas de celle du « rien-que-pensée » (*weixin* 唯心, *cittamātra*). Son propos et sa visée sont d'exposer la vérité du Grand Véhicule du point de vue de la théorie de l'« embryon de *tathāgata* », c'est-à-dire de la possibilité qui réside en tout être de devenir un *Buddha* parfait, tout immergé qu'il est dans ce monde. C'est la façon d'orienter son esprit qui est déterminante et c'est cet « embryon de *tathāgata* » (*rulaizang* 如來藏, *tathāgatagarbha*) qui lui offre une planche de salut à ne pas laisser échapper.

L'idée du « rien-que-pensée » théorise celle du cycle de l'Ornementation fleurie (*Avataṃsakasūtra*) : le monde est ce que l'esprit façonne à son endroit. Elle parcourt de fait l'ensemble de l'ouvrage et conditionne les autres notions et thèses qu'il expose, à commencer par celle de l'« embryon de *tathāgata* » : l'esprit humain y est responsable de tout ce qu'il fait, tant de ce qu'il se représente, que de l'action qu'il engage dans le monde. C'est en fonction de son adéquation ou non à la réalité qu'il la perçoit selon la vérité ou de manière fallacieuse. C'est en fonction de ses dispositions qu'il agit en bien ou en mal, qu'il soit dans l'« égarement » ou qu'il soit « éveillé ». Le mode d'être de l'esprit humain rejaillit sur la manière d'appréhender le monde et conditionne l'emprise qu'il a sur lui. Afin de rendre compte de l'ensemble des modalités de l'esprit et du mental, le *Traité* les analyse sous deux pôles, l'un absolu et l'autre empirique (*yixin ermen* 一心二門), ce qui caractériserait sa manière de comprendre la « double vérité » selon la « voie du milieu ». Il a mis en avant la notion d'« authentique manière d'être des choses » (*zhenru* 眞如, *tathatā*), appliquée aussi bien à l'esprit pris en lui-même, dans son essence, qu'aux activités mentales empiriques sous toutes leurs facettes. Cette manière d'aborder la philosophie bouddhique ne pouvait qu'être appréciée dans des milieux bouddhiques ou profanes mettant l'esprit humain au centre de leurs préoccupations. Cette notion en particulier, par l'usage souple et multiple qu'il en a fait, a offert à l'auteur l'immense mérite d'expliquer l'état des choses dans toute sa pluralité par la manière de conduire l'esprit humain, en somme de trouver un principe sous-jacent au réel conçu comme imbriqué dans le mental. Mais, en raison de l'hétérogénéité de ses emplois, elle a pu aussi être critiquée comme une entité vide de contenu, « le concept des concepts », car elle échappe à toute définition univoque ainsi qu'à toute appréhension noétique : tout en étant le principe des choses, cette vraie manière d'être des choses est aussi la pénétration intuitive qui lui est associée, mais elle est également présente dans tout l'éventail que forme le psychisme empirique puisque celui-ci est, à terme, appelé à rejoindre sa source immaculée. Le grief qui a été adressé à ce concept, s'il est permis de lui en faire un, constitue au contraire sa force. L'indétermination qu'il recèle lui donne un degré d'abstraction tel qu'il revêt une valeur d'universalité. Par sa clairvoyance, son audace et sa subtilité intellectuelles, l'auteur a donné à son traité un écho qu'il n'escomptait sans doute pas lui-même obtenir.

A ces qualités s'ajoutent la forme et le style du *Traité*. Rédigé dans un langage accessible, simple et élégant, il fait appel à une terminologie et à des procédés exégétiques qui, tout en remontant jusqu'à l'Inde, ont su s'adapter aux catégories de pensée prévalentes de son auditoire. Le style uni, coulant de l'œuvre, son absence de fioritures et de répétitions didactiques, frappent en regard des autres traités bouddhiques d'origine indienne, qui systématisent les données dans des catégories classificatoires et des explications techniques ordonnées, certes, mais hautement sophistiquées et donnant lieu à des digressions, à la manière des traités de scolastique de l'*Abhidharma*. Le *Traité* suit, lui aussi, de telles catégories classificatoires, mais il réduit les explications à leur minimum d'intelligibilité. On remarque dans l'ouvrage une propension aux analyses terminologiques et conceptuelles en deux catégories ce qui, sans constituer une caractéristique du *Traité* suffisante pour le rapprocher d'autres ouvrages, suggère une structure binaire de pensée, celle-là même que Izutsu a cru pouvoir relever dans son étude philosophique du *Traité* que nous allons mentionner[1]. C'est sans doute à cet aspect formel, à un style littéraire et à un rendu exceptionnels, qu'est due sa fortune par delà toute obédience sectaire. Ce succès se mesure non seulement

---

[1] On peut relever dix-huit cas d'analyses en deux catégories, six cas d'analyses en trois catégories, quatre cas d'analyses en quatre et en cinq catégories.

par le nombre considérable de commentaires auxquels il a donné naissance, mais également par les citations, les allusions, les références dont il a été l'objet, par les controverses qu'il a suscitées, et sourtout par l'influence en profondeur qu'il a exercée sur les courants se réclamant du bouddhisme ainsi que sur les milieux non bouddhiques.

L'ouvrage se donne pour un abrégé des doctrines du Grand Véhicule, rôle qu'il a joué jusqu'à nos jours, en particulier dans les écoles « sinisées » du Huayan [Kegon], du Tiantai [Tendai], du Chan [Zen], de la Terre Pure, comme dans celles de la Gnoséologie [Faxiang, Hossō] et de l'ésotérisme. Il constitue de ce fait un fond commun de reférences doctrinales et terminologiques aux thèses et aux idées avancées par ces écoles, si bien qu'il prend une valeur œcuménique dans le genre des écritures canoniques et sacrées. Il est en effet classé parmi les traités, *lun* 論, terme qui désigne ordinairement des ouvrages indiens exposant la doctrine,[2] et plus précisément parmi les traités d'exposé général du Grand Véhicule (*dasheng tongshenlun* 大乘通申論). Cette catégorie recouvre des ouvrages qui, comme le *Traité de la grande vertu de sagesse*, adoptent le point de vue du Grand Véhicule mais de manière non unilatérale, après avoir dénoncé les écueils respectifs du Petit et du Grand Véhicule ensemble. Ces traits font du *Traité* un ouvrage de lecture simple et aisée de prime abord. Néanmoins, son laconisme et son style elliptique ne laissent pas de le rendre revêche à une analyse qui se proposerait d'être exhaustive. Richesse naturelle d'un texte servie par l'esprit de synthèse exceptionnel et le talent de théoricien et de littérateur de son auteur ? Difficulté inhérente à des notions sino-bouddhiques agencées de manière irréductible à des schémas connus par ailleurs ? S'adresse-t-il aux clercs ou aux laïcs, aux débutants ou aux religieux accomplis ? Les énigmes qui entourent encore l'identité de son ou

---

[2] Par contraste avec les traités exégétiques composés en Chine, généralement appelés *shi* 釋.

de ses auteurs ainsi que les conditions dans lesquelles le texte s'est constitué, ne sont pas pour faciliter l'interprétation de plusieurs termes, locutions et passages qui rebutent les historiens modernes, d'autant que les traditions exégétiques anciennes ont pu infléchir à leur insu leur lecture du texte.

Toujours est-il que le rôle « œcuménique » du *Traité* apparaît dans l'utilisation qui en a été faite à l'époque moderne et contemporaine, où il a fourni les fondements d'une philosophie religieuse orientale dans son ensemble, à laquelle on a pu se rallier ou que l'on a pu combattre. Face à l'introduction des idées occidentales et par réaction, des mouvements de renouveau se réclamant une philosophie orientale ont conduit à créer, en 1879, une chaire qualifiée « d'études indiennes et bouddhiques », à l'université de Tokyo. La motivation principale en était de mettre en évidence le bouddhisme comme le pendant oriental culturel et religieux de la philosophie grecque et européenne et du christianisme en Occident. Or, son premier titulaire, un moine Zen du courant Sōtō, Hara Tanzan 原坦山 (1819-1892), a de manière emblématique fait précisément porter son enseignement sur le *Traité*.[3] Par la suite, le *Traité* a fait l'objet de manière continue des études de titulaires de cette chaire, comme Nanjō Bun.yū 南條文雄 (1849-1927) ou Ui Hakuju 宇井伯壽 (1882-1963). C'est ce même ouvrage qui semble avoir inspiré l'essentiel de la pensée du philosophe Nishida Kitarō 西田幾多郎 (1870-1945), qui a été le fer de lance, dans le monde philosophique, de ce renouveau de la pensée orientale. En Chine, de même, il a servi d'ouvrage de

[3] Ses notes de cours ont été éditées par Nakamura Hajime 中村元, *Cours sur le sens ultime du Traité sur l'acte de foi dans le Grand Véhicule dans ses deux traductions* [*Daijōkishinron ryōyaku shōgi kōgi* 大乘起信論兩譯勝義講義], Tokyo, Banshōin Kuunji 萬昌院巧運寺, 1988, 158 p.

référence pour la réforme religieuse et éducative de Yang Renshan 楊仁山 (1837-1911), personnage qui travaillait en symbiose avec les mouvements bouddhiques de Ceylan et du Japon, dans une visée œcuménique. Le rôle fédérateur du *Traité* transparaît aussi par le nombre considérable d'éditions commentées qui en ont été faites au Japon depuis l'époque Meiji (1868-1912). C'est ce même ouvrage que Suzuki Daisetsu 鈴木大拙 (1870-1966) a choisi de traduire en priorité en anglais (1900) dans un but à la fois prosélyte et scientifique, en prémisse à ses *Outlines of Mahāyāna Buddhism* (1907), à une époque où l'on entretenait encore l'espoir de retrouver un original indien aux deux versions chinoises du texte. Suzuki ne s'explique pas sur les raisons qui l'ont curieusement poussé à traduire la seconde version chinoise, pourtant de loin la moins populaire. Ne peut-on conjecturer que ce choix tenait à la plus grande intelligibilité qu'elle présente, ainsi qu'à la certitude qu'elle se fondait sur un original sanskrit indubitable pouvant remonter à la restitution qu'en aurait faite le célèbre pèlerin et traducteur Xuanzang 玄奘三藏 (602-664) ? Plus proche de nous, un philosophe réputé pour ses travaux sur la pensée philosophique et religieuse de l'Islam, également excellent connaisseur du taoïsme et du bouddhisme Zen, Izutsu Toshihiko 井筒俊彦 (1914-1993), a consacré à la fin de sa vie un ouvrage sur le *Traité*, auquel il accordait la plus grande importance, *La métaphysique de la conscience — la philosophie du* Traité sur l'acte de foi dans le Grand Véhicule [*Ishiki no keijijōgaku — Daijōkishinron no tetsugaku* 意識の形而上学—大乗起信論の哲学]. Dans cet ouvrage, fruit d'une longue maturation et où se trouve condensé l'essentiel de ses propres conceptions philosophiques, il semblait tenir ce traité pour une expression achevée de la philosophie orientale, dans laquelle on pouvait selon lui dégager des traits communs. Il s'est efforcé d'en dessiner les idées directrices sous une forme qui se veut à la fois simple, claire et précise, à l'aide de concepts philosophiques modernes, comme celui d'« articulation sémantique » du réel qu'il a mis en avant avec prédilection afin de rendre compte de l'unité qui relie les niveaux d'être. L'idée initiale de l'auteur — espérons ne pas trop la trahir — a été de dégager un ample espace géographique, différent du monde européen, au sein duquel se sont développées des réflexions philosophiques multiples, que celles-ci aient eu des liens historiques ou non entre elles. Dans cet espace, l'auteur déploie librement sa pensée en faisant, le cas échéant, des recoupements entre systèmes philosophiques, sans pour autant établir des filiations historiques qui n'existeraient pas. Ce faisant, il n'entend bien entendu pas établir une « unité » ni même une « identité » de la pensée orientale, mais il interroge la légitimité d'une entreprise philosophique dans un tel milieu. Le *Traité* était pour lui, de ce point de vue, un bon matériau en raison de ses qualités intrinsèques et de son extension géographique qui irait de l'Inde au Japon.

Innombrables sont les commentaires auxquels le *Traité* a donné lieu en Chine, en Corée et au Japon. Les plus connus sont ceux composés par « les trois grands docteurs », Huiyuan (523-592), Wŏnhyo (617-686) et Fazang (643-712), et tout particulièrement le troisième, connu comme patriarche de l'école Huayan. Ces trois commentaires forment une sorte de triade. On doit faire une place à part, en raison de son ancienneté, à celui de Tanyan (516-588), qui appartient à l'école Dilun 地論宗 du Sud, puis à ceux de Zongmi 宗密 (780-841) et de Zixuan 子璿(?-1038), de l'école Huayan. Tous ces commentaires se fondent sur la version attribuée au traducteur Paramārtha (499-569), la seule qui à vrai dire était répandue et daterait de 550,[4] tandis qu'on ne compte qu'un seul commentaire, celui de Zhixu 智旭 (1599-1655), toujours de la même école, portant sur l'autre version attribuée à Śikṣānanda (652-710), qui

[4] T. XXXII, n° 1666, pp. 575b-583b.

daterait de 699 ou de 700-704, sous le règne de l'impératrice Wu Zitian.[5] Il faut également mentionner l'existence, selon les catalogues, de deux commentaires sur le *Traité* de Zhiyan 智儼 (602-668), le maître en Huayan de Fazang, ce qui montre le rôle important qui lui était dévolu dans l'école Huayan, ainsi qu'un autre, attribué à Zhikai 智愷 (519-568), un disciple de Paramārtha, qui serait l'auteur de la préface de l'édition la plus courante du *Traité*, que nous avons présentée, dissociée du texte, en raison de son caractère trop énigmatique.[6]

Au Japon, dès l'époque de Nara (710-784), le *Traité* avait attiré l'attention des moines savants. Les études étaient centrées sur les doctrines du « rien-que-conscience » (Hossō-Yuishiki) et de l'Ornementation fleurie (Kegon), dans les monastères à la fois rivaux et complémentaires du Kōfukuji et du Tōdaiji. Les moines s'étaient penchés sur les analogies et les différences que présentaient leurs doctrines respectives et, pour eux, le *Traité*, lu comme un ouvrage d'obédience gnoséologique à travers les commentaires de Wŏnhyo et de Fazang, permettait de jeter des ponts entre leurs deux écoles. Le moine versé en Kegon, Shinjō 審祥 (actif en 745-751 ?), a consacré un ouvrage comparant les doctrines de l'Ornementation fleurie et du *Traité* du point de vue de la pratique méditative, semble-t-il.[7] Le moine Chikei 智璟 (actif en 742-753), veut montrer la supériorité des thèses du *Traité* sur celles du « rien-que-conscience », et les analogies que présente sa doctrine de l'embryon de *tathāgata* avec

---

5 T. XXXII, n° 1667, pp. 583b-591c. Elle se fonderait sur un même original que la version de Paramārtha (*Kaiyuan shijiaolu*, T. LV, n° 2154, p. 566a[5]).

6 *Catalogue* de U-Cŏn 義天(1055-1101). T. LV, n° 2184, p. 1175a[1, 4-5]. Cette préface de Zhikai, elle-même reprise par le catalogue *Gujinyijing touji* (T. LV, n° 2151, p. 364c) (627-649), semble avoir inspiré la présentation qu'en fait Fazang (T. XLIV, n° 1846, p. 246ab). V. pp. lxvi-lxxi.

7 *Méthode de pratique de l'examen mental selon l'Ornementation fleurie et le Dasheng qixinlun, Kegon kishin kangyō hōmon* 華嚴起信觀行法門, en 1 volume, perdu.

celles du Kegon.[8] Le *Traité* a retenu l'attention de la génération ultérieure, chez les deux grandes figures de Saichō 最澄 (767-822) et de Tokuitsu 德一 (749-842), ce dernier ayant composé un ouvrage le concernant.[9] L'ouvrage n'a dès lors cessé de faire l'objet d'études dans tous les milieux, mais c'est dans l'école Kegon, à l'époque de Myōe 明恵 (1173-1232), que s'est manifesté un intérêt accru envers lui. Myōe lui a consacré des cours en utilisant presque tous les commentaires existants de façon très libre, afin d'illustrer des points de ses doctrines touchant aussi bien l'exotérisme que l'ésotérisme. En y ajoutant leurs propres commentaires, ses disciples et sous-disciples ont constitué une véritable somme sur le *Traité*.

Une autre utilisation révélatrice du *Traité* au Japon est celle, notable, au début de l'époque des Tokugawa (1603-1868), des réformateurs bouddhistes, autour des personnages de Suzuki Shōsan 鈴木正三 (1579-1655) et de Sessō 雪窓 (1573-1649), durant la première moitié du XVIIe siècle. Il importait pour eux de combattre la foi chrétienne qui avait gagné une partie de la population du sud du Japon, en même temps qu'un clergé bouddhiste ambiant, tout en prenant en compte les préoccupations et les exigences du pouvoir militaire. Ces religieux n'ont pas trouvé ailleurs que dans cet ouvrage les principes doctrinaux pouvant servir à défendre leur cause. La raison en était simple : il était lu par les moines et certains intellectuels, notamment confucianistes, et ses doctrines étaient selon eux susceptibles de faire l'unanimité autour de l'idée fort accessible et déjà répandue du « rien-que-pensée ».

De plus, tout au long de l'histoire du bouddhisme en Chine, en Corée et au Japon, l'étude et l'exégèse de cet ouvrage ont été confortées par celles d'un texte qui lui est proche parent et qui

---

8 *Traité sur les similitudes et les différences entre le Dasheng qixinlun et le "rien-que-conscience" Kishin yuishiki dōishō* 起信唯識同異章, perdu.

9 *Traité sur l'extension doctrinale du Dasheng qixinlun, Kishinron kankyōshō* 起信論寛狭章, en trois volumes, non conservé.

passe pour en être un commentaire, le *Commentaire du Traité du Mahāyāna* (*Shimoheyanlun* 釋摩訶衍論).[10] Cet ouvrage, attribué à Nāgārjuna, est en réalité un apocryphe chinois ou coréen, de la première moitié du VIIIe siècle. Il fait couronner les éléments de doctrine principaux du *Traité* par des conceptions propres à l'Ornementation fleurie et à l'ésotérisme. Bien que ces deux ouvrages aient été suspectés de falsification, ils étaient lus comme deux textes inséparables, en particulier dans la tradition ésotérique de l'école Shingon depuis Kūkai 空海 (774-835).

Une analyse complète de l'ouvrage, sur les plans textuels, doctrinaux et stylisques, est un travail d'une complexité telle que nous envisagerons de ne présenter que quelques problèmes relatifs à sa constitution et quelques points de la terminologie qu'il utilise.

Comme tous les textes canoniques et traités bouddhiques rédigés en chinois, le *Traité* observe une structure en trois parties : introduction, thèse principale et diffusion. L'introduction se réduit à une stance liminaire de prise de refuge. C'est la thèse principale qui constitue le corps du texte — elle en occupe la quasi-totalité — et fournit les fondements théoriques du *Traité* ainsi que, partiellement, les aspects de la pratique. Elle se décompose à son tour en les circonstances de la composition, l'établissement des grandes thèses, l'interprétation de ces thèses (c'est le cœur du *Traité*), la culture de la pensée de foi, et la promotion de la pratique des mérites pour autrui. La section interprétative se laisse diviser en trois parties : la première, l'exposition des thèses justes, constitue l'armature théorique de l'ouvrage, et soutient la thèse que le Grand Véhicule est la pensée des êtres sensibles ; elle se subdivise en deux sections qui sont inséparables l'une de l'autre : section de la Talité de la pensée

[10] T. XXXII, n° 1668.

— la pensée dans sa nature réelle —, et section de l'apparition et de la disparition de la pensée — c'est-à-dire l'activité de la pensée éveillée et illusionnée —. La seconde, la réfutation des erreurs, fait état des vues fausses sur l'individualité et sur les phénomènes. La troisième, la distinction des aspects de la voie dans la conception de la pensée d'éveil, établit les trois degrés de la pratique que sont la foi, la pratique intellective et la réalisation. Cette dernière partie introduit des développements originaux sur les aspects de la pratique, qui se font l'écho des préoccupations d'un public chinois, autour de plusieurs axes thématiques. La culture de la pensée de la foi porte, selon le *Traité*, sur la pensée de foi à l'endroit des Trois Joyaux (le Buddha, la Loi et la Communauté), et préconise de pratiquer les vertus que sont le don, la moralité, la patience, le zèle, l'apaisement et l'examen mental conjugués selon une dialectique qui rappelle celle de la « voie du milieu », soit les six vertus classiques du bouddhisme du Grand Véhicule, avec une variante sinisée des deux derniers éléments (traditionnellement, la concentration mentale et la sapience). La commémoration de *Buddha* est préconisée à l'usage des plus démunis, qui constituent avec tous les adeptes une communauté de *bodhisattva*, terme pris au sens large d'ensemble de personnes acquises à la foi dans le Grand Véhicule. La promotion de la pratique des mérites pour autrui expose les aboutissants de ce que sont l'acte de foi et le Grand Véhicule, en incitant à concevoir une foi juste et pure, à réprimander la mécréance et à encourager la culture des pratiques chez les êtres parmi celles-ci. La partie conclusive, dite de diffusion, est constituée par une courte stance de rétroversion des mérites.

L'absence d'original sanskrit, de traduction tibétaine comme de citations dans des ouvrages indiens, vient renforcer le doute quant à une attribution à un moine indien, en l'occurrence Aśvaghoṣa, même si l'on admet que, parmi les deux homonymes les plus connus, il est celui qui a vécu postérieurement à Nāgārjuna (vers 150-250 ?). Cette attribution a perduré, malgré ses invraisemblances. Ceux qui la soutenaient, l'aménageaient, le cas échéant, d'accommodements tenant compte, il est vrai, du fait que les traducteurs chinois arrangent et « polissent » les textes à l'intention de leurs lecteurs.

Néanmoins, un des principaux arguments de ceux qui défendent l'idée d'un original sanskrit tient à l'existence de tournures grammaticales qui trahiraient un style de traduction. Tel est notamment le cas des particules grammaticales *gu* 故 et *yi* 依, dont les usages rappellent de près ceux de la traduction chinoise par Ratnamati du *Ratnagotravibhāgaśāstra*, à partir du sanskrit.[11] La première est souvent utilisée, non pas dans le sens d'une explication de cause [« c'est pourquoi », « c'est parce que »], mais dans un sens explétif [« c'est que ... »], ou pour introduire un énoncé ou une citation : elle est souvent mise en fin de phrase pour conclure une argumentation. La seconde prend souvent une valeur autre que celle, qui lui est habituelle, du cas grammatical de l'instrumental : cette particule introduit assez fréquemment dans le *Traité* le thème de la phrase, surtout lorsqu'il s'agit d'êtres humains ou vivants [« concernant »] ; ou marque le point d'appui [« en s'appuyant sur », « en raison du fait »] ; ou encore l'ablatif [« selon », « en fonction de », « conformément »]. On trouve aussi la combinaison de *yi* (依, ou 以) avec *gu* en fin de phrase — ou pratiquement en synonymes : *wei* ... *gu* 謂...故, 爲...故, *er* ... *gu* 而...故 —, qui n'a pas dans ce cas le sens d'une cause dont la conséquence est expliquée dans la phrase suivante, mais qui sert à expliciter la raison ou le sens d'une assertion énoncée précédemment. Elle sert à insérer une explicitation : « en effet », « c'est pourquoi », « c'est que », « ainsi dit-on que », « cela veut dire que ».[12]

[11] Voir Takasaki, *Idem* : « Daijōkishinron no gohō » ; *idem*, Iwanami, pp. 301-311.

L'hypothèse d'un faux composé sur le sol chinois s'est développée au Japon au début du XXe siècle, à une époque où la critique textuelle se déployait sur un fond d'historicisme mettant en doute l'authenticité de la littérature du Mahāyāna dans son ensemble. Le principal défenseur de cette thèse est Mochizuki Shinkō 望月信亨 dans des études qui font encore référence ; après l'avoir critiquée, Paul Demiéville s'y est tardivement rallié, ce qui montre que même les plus grands savants peuvent rester perplexes dans ce domaine.[13] On en donne pour arguments la fragilité d'une origine indienne avérée, l'existence d'une terminologie et d'une phraséologie proprement chinoises, des similitudes aussi bien doctrinales que stylistiques avec d'autres textes issus de traductions, l'examen de catalogues du canon bouddhique ; le fait qu'il était courant de vouloir investir de tels textes d'une haute autorité, comme pouvait l'être Aśvaghoṣa. Concernant ce dernier point, il est clair en particulier que l'ouvrage est postérieur à des textes professant la doctrine de la « seule » ou de l'« unique pensée » (*yixin*, jap. *isshin* 一心), comme le *Sūtra de*

---

[12] Sur *yi* 依, dans le sens de « concernant », « relativement à », v. par exemple la *Vijñaptimātratāsiddhi, Chengweishilun* 成唯識論, Stance XXIII, T. XXXI, n° 1585, pp. 47c$^{26\text{-}27}$ et 48a$^{4\text{-}6}$; Louis de La Vallée Poussin, pp. 557-558 et n. 1. Louis de La Vallée Poussin remarque que, « Of course, *saṃdhāya* (*miyi* 密意) signifie très simplement : “Tenant compte de ... ; relativement à” ». L'expression semble expliciter le *yi* 依 de la stance.

Dans le sens de « relativement à », *ārabhya*, v. la *Somme du Grand Véhicule, Mahāyānasaṃgraha*, version de Xuanzang (T. XXXI, n° 1594, p. 132c$^{24\text{-}25}$; trad. Étienne Lamotte, p. 1) : « Relativement (*ārabhya*) au Grand Véhicule, la voix (*vāc*) des Buddha Bhagavat se distingue (*viśiṣṭa*) par dix supériorités (*daśavidha viśeṣa*). » 謂依大乘諸佛世尊有十相殊勝殊勝語.

De même dans le *Saṃdhinirmocanasūtra*, v. trad. Étienne Lamotte, p. 169 et n. 3.

[13] On trouve un exposé des principales thèses sur l'authenticité du *Traité* dans Kashiwagi, 1981, réédition 1991, pp. 163-182. Yoshizu en a fait une mise au point récente, 2001. Paul Demiéville a présenté et discuté les hypothèses prévalant jusqu'en 1939, « Sur l'authenticité du Ta tcheng k'i sin louen ».

l'Ornementation fleurie ou le *Sūtra de la Descente à Ceylan*, ou exposant celle de l'« embryon de *tathāgata* », comme le *Sūtra de Śrīmālādevī*, ce qui suffisait à discréditer l'hypothèse de l'Aśvaghoṣa contemporain de Nāgārjuna. Par ailleurs, l'intervention d'un rédacteur chinois est patente dans au moins deux cas. L'un est l'usage non-indien de l'exposé sur les « quatre stades » qui sont dégagés dans la réalisation de l'« éveil inceptif », ceux d'apparition, de durée, de transformation et de disparition. En effet l'usage de ces catégories, connues des textes indiens anciens dans l'analyse qui y est faite du découpage de l'« instant », est inédite dans l'application qu'en fait le *Traité* à propos de la coupure des passions et de la progression dans l'expérience de l'éveil, envisagée ici en quatre stades successifs, faisant penser aux « six adéquations » ultérieures du Tiantai : le non-éveil, l'éveil de ressemblance, l'éveil partiel et l'éveil ultime. De façon symptomatique, la version de Śikṣānanda interprète autrement ce passage, afin d'éviter de prêter le flanc au reproche de suivre une interpolation chinoise, critique qui avait dû être faite.[14] L'autre est l'analyse du terme de *tathatā*, en fonction du sens attribué aux deux caractères chinois qui servent à le traduire depuis l'époque de Bodhiruci, *zhen* 眞 et *ru* 如 : « L'être de cette Talité n'a rien qui puisse être nié car toutes les choses y sont "authentiques" (*zhen*). Il n'y a en outre rien à poser en plus car toutes les choses y sont "telles quelles" (*ru*) à égalité ». La version de Śikṣānanda élude ce passage qui porte à l'évidence la trace d'un commentateur chinois.[15]

La traduction attribuée à Śikṣānanda se caractérise par des énoncés plus limpides et plus clairs ; elle ajoute ou glose plusieurs passages, en regard de la version de Paramārtha, là où son

---

[14] T. XXXII, n° 1666, p. 576c, v. traduction, pp. 31-35.
[15] T. XXXII, n° 1666, p. 576a, v. traduction, pp. 22-23.

interprétation est justement assez malaisée ou la formulation quelque peu bancale. On la croirait composée dans le but d'expliciter et de rendre plus intelligible la version précédente. On a posé la question de savoir si, pour ce faire, on s'est fondé sur un original indien ? On n'est aujourd'hui guère plus avancé sur cette question qu'à l'époque où Suzuki Daisetsu espérait qu'on retrouve un tel original, ou qu'à celle où l'on songeait plausible l'hypothèse d'une retraduction en sanskrit par un moine chinois comme Xuanzang (602-664).[16] De fait, elle est suspecte. On en donnera pour seule raison que le commentateur majeur qu'a été Fazang n'en fait pas mention, alors qu'il faisait partie de l'équipe de traduction de Śikṣānanda. La version de Śikṣānanda veut suivre le vocabulaire en usage à son époque, c'est-à-dire souvent celui de la nouvelle terminologie de traduction mise au point par Xuanzang.[17] Par exemple, l'expression *ziran* 自然, spontané, est remplacée par celle de *renyun* 任運, sans effort, « en se confiant au cours des choses », ou par *zizai* 自在, de façon autonome ; les mots transcrits *sūtra* 修多羅 et Mahāyāna 摩訶衍 (par volonté de conserver leur caractère sacré ?) sont traduits 經 et 大乘 ; l'expression de « vacuité conforme à la réalité », *rushikong* 如實空, est remplacée par celle de « vacuité authentique », *zhenshikong* 眞實空 ; parmi les trois corps de *buddha*, le « corps de réponse » (*yingshen* 應身) devient celui de « transformation » (*huashen* 化身), et le « corps de rétribution » (*baoshen* 報身), celui de « fruition » (*shouyongshen* 受用身) (ou parfois reste celui de « rétribution »). Là où, à propos de la « commémoration de *Buddha* » (*nianfo* 念佛), il est question d' « êtres débutants » (*zhongsheng chuxue* 衆生初學), c'est-à-dire de profanes, dans la première version, la seconde parle de « *bodhisattva* débutants » (*chuxue pusa* 初學菩薩) commémorant non seulement les *buddha* mais aussi les *bodhisattva*, comme pour élargir le champ d'extension de cette pratique chez le sujet croyant et dans l'objet de sa foi. Parfois,

---

[16] Demiéville, « Sur l'authenticité du Ta tcheng k'i sin louen », p. 75.
[17] Takasaki, p. 301.

les modifications introduites dans la version de Śikṣānanda pourraient tenir à des questions stylistiques : dans les énumérations, l'élément grammatical *zhe* 者 indiquant le thème, ainsi que les questions introductives rhétoriques sont souvent supprimés. Dans un passage, on peut penser que le rédacteur de la version de Śikṣānanda s'écarte de la version de Paramārtha, parce qu'il se fonde sur deux traductions différentes d'un même *sūtra*, le *Laṅkāvatārasūtra*, l'une exécutée par Bodhiruci et l'autre faite par Śikṣānanda : Il s'agit de la célèbre comparaison faite entre la « pensée pure de sa nature » (c'est-à-dire la « nature de l'éveil », la « véritable manière d'être de l'esprit ») et l'« Inscience » (le « cycle mental soumis à naissance et disparition »), d'une part, l'océan et les vagues soulevées par le vent, d'autre part. Dans le premier cas, les deux éléments sont décrits comme étant « indissociables » et dans le second comme n'étant « ni identiques ni différents ». S'il n'y a pas de différence substantielle de sens entre les deux qualificatifs, le fait indiquerait néanmoins ici à quelle source les auteurs des deux versions du *Traité* ont puisé pour en modifier la rédaction.[18] Dans le même ordre d'idées, les deux versions du *Traité* font état des rapports entre les « signes » 相 et la « nature en soi » 體 des qualités inconcevables des *buddha*, qualifiées de « ni séparées, ni coupées, ni différentes » de la sapience, dans la première version, et de « ni identiques ni différentes », dans la seconde.[19] Cette variante indique non seulement une source d'inspiration commune avec la

[18] Cette source d'inspiration probable a été signalée par Takasaki, 1987, p. 467, (qui toutefois ne donne pas de références précises). Le *Traité* porte 不相捨離 (Paramārtha, T. XXXII, n° 1666, p. 576c[11-12]) et 非一非異 (Śikṣānanda, n° 1667, p. 585b[5-6]), et le *Laṅkāvatārasūtra* respectivement, à propos de la conscience-de-tréfonds et des sept consciences mentales, 迭共不相離 (Bodhiruci, T. XVI, n° 671, p. 523a[23-24]) et 非一非異 (Śikṣānanda, n° 672, p. 594b[19-21]).

[19] T. XXXII, n° 1666, p. 579a[18] : 不離不斷不異不思議佛法 ; n° 1667, p. 587b[21] : 非同非異. La version de Paramārtha est proche du *Sūtra de Śrīmālādevī*, T. XII, n° 353, p. 222b[12-13].

précédente qu'on vient de mentionner, mais également que ce n'est vraisemblablement pas un original sanskrit différent qui expliquerait ces différences rédactionnelles. Il en va de même d'un passage lu autrement, à trois reprises, en raison d'une simple différence de compréhension d'un caractère chinois 樂, pris au sens de « rechercher », « souhaiter », dans la première version, et de « bien-être », dans la seconde : 樂求涅槃 « rechercher le *nirvāṇa* » y est remplacé par « s'enquérir du bien-être du *nirvāṇa* » 求涅槃樂. Pour ce faire, le rédacteur a dû procéder à une modification syntaxique artificielle, alors qu'il s'agit d'une citation provenant d'un *sūtra*, le *Śrīmālādevī*, où il faut à l'évidence le comprendre dans la première acception.[20]

L'examen de la stance liminaire de prise de refuge vient renforcer l'impression que la version de Śikṣānanda n'est pas la traduction d'un texte indien, lorsqu'on la compare avec la version de Paramārtha.[21] Elle comporte douze vers et se laisse découper en deux parties : la première porte sur les Trois Joyaux, et la dernière expose les motifs

---

[20] A propos du parfumage. V. notre traduction, pp. 69, 71, 73 ; et *Sūtra de Śrīmālādevī*, T. XII, n° 353, p. 222b[15, 17].

[21] Takasaki, 1987, pour qui la structure de la première partie de la stance est comparable à celle du *Ratnagotravibhāga* (T. XXXI, n° 1611, p. 813ac). Concernant les Trois Joyaux, les commentateurs proposent des découpages différents :
Vers 2-6 : le Buddha ; vers 7 : la Loi ; vers 8 : le *Saṃgha*. Selon Tanyan, ZZ, XLV, n° 755, p. 154bc.
Vers 2-5 : le Buddha ; vers 6-7 : la Loi ; vers 8 : le *Saṃgha*. Selon Huiyuan, T. XLIV, n° 1843, pp. 176b-177a.
Vers 2-4 : le Buddha ; vers 5-6 : la Loi ; vers 7-8 : le *Saṃgha*. Selon Wŏnhyo, T. XLIV, n° 1844, pp. 203b-204b.
Vers 2-4 : le Buddha ; vers 5-7 : la Loi ; vers 8 : le *Saṃgha*. Selon Fazang, T. XLIV, n° 1846, p. 247a.

Le premier vers porte sur le Buddha, selon Huiyuan et Wŏnhyo, et sur les Trois Joyaux selon Fazang, Tanyan ne se prononçant pas. C'est le découpage de Fazang qui semble le plus naturel et qui prévaut chez les critiques modernes. La version de Śikṣānanda distribue clairement les vers 7 et 8 dans le Saṃgha, ce qui rejoint le découpage de Wŏnhyo.

de la composition du *Traité*.

Je prends refuge dans le Vénéré du monde
Qui dispense universellement le grand profit,
Au savoir sans limite et à la maîtrise souveraine
Qui sauve le monde,
Ainsi que dans l'océan de son être et de ses marques,
La Loi de l'enseignement du non-soi,
La Communauté, trésor des qualités méritoires infinies,
Ceux qui recherchent avec diligence l'éveil correct,
Qui tous épuisent les dix directions.
C'est afin que les êtres
Dissipent leurs doutes, s'écartent des attachements erronés
Et suscitent la foi pour perpétuer la lignée des *buddha*.
Que j'ai composé ce *Traité*.

歸命盡十方
普作大饒益
智無限自在
救護世間尊

*

及彼體相海
無我句義法
無邊德藏僧
勤求正覺者

*

爲欲令衆生
除疑去邪執
起信紹佛種
故我造此論

La formule du premier vers, « Je prends refuge », se trouve ordinairement à la fin de ce type de stance, ce qui jette quelque discrédit sur son authenticité dans les deux versions. La relative du premier vers qu'on trouve dans les deux versions, « Qui tous épuisent les dix directions », porte doctrinalement sur les Trois Joyaux, mais il serait plus naturel, comme le fait Wŏnhyo, de ne l'appliquer qu'au deuxième vers.

On peut noter des différences sensibles entre les deux versions. L'expression de « trésor des qualités méritoires innombrables » (vers 7) de la premère version, qui portait sur le Joyau de la Loi, a été transférée artificiellement au Joyau de la Communauté dans cette seconde version (« La Communauté, trésor des qualités méritoires infinies », vers 7), détruisant l'ordonnance doctrinale dans le descriptif du Joyau de la Loi, mais venant heureusement enrichir le Joyau de la Communauté, qui était réduit à un seul vers dans la version de Paramārtha, d'ailleurs elliptique et peu explicite pour qui n'en connaissait plus la source à la fin du VIIe siècle (vers 8). La version de Śikṣānanda s'écarte ainsi définitivement de sa source d'inspiration qu'était le *Ratnagotravibhāga*, en ayant voulu proposer un texte plus intelligible.[22]

Elle a ensuite supprimé l'expression essentielle du *Traité*, de « Talité de la nature des choses » (vers 6), pour la remplacer curieusement par celle de « Loi de l'enseignement du non-soi », qui ne fait l'objet d'aucun développement dans le corps du texte. Dans l'expression de *wuwojuyifa* 無我句義法, qui pourrait se comprendre littéralement la « Loi qui a pour sens, ou pour objet, l'expression de non-soi », le composé *juyi* désigne en réalité l'enseignement prêché par le Buddha, ainsi que l'indique une comparaison des deux versions du *Traité*.[23] L'expression entière désigne donc la Loi, qui consiste dans l'enseignement du non-soi. En introduisant les termes de « Vénéré » (vers 4), de « Loi » (vers 6) et de « Communauté » (vers 7), le rédacteur a voulu spécifier clairement qu'il s'agissait de ces Trois Joyaux, là où la version de Paramārtha pouvait prêter à confusion. Le rédacteur semble avoir voulu parer à des critiques qu'on avait dû faire, dénonçant le substantialisme de la doctrine de l'embryon de *tathāgata*, en tenant à marquer, d'entrée de jeu, dans la stance

---

22 La version de Paramārtha s'inspire en effet, ici comme dans plusieurs endroits du *Traité*, d'un passage en sanskrit du *Ratnagotravibhāga* : « Comme le grand océan, [l'embryon de *tathāgata*] est le réceptacle inépuisable du trésor des qualités innombrables », *mahodadhir ivāmeyaguṇaratnākṣayākaraḥ* (I, 42 ab) (traduction de Ratnamati, T. XXXI, n° 1611, p. 831b[11-12]). V. Takasaki, 1987, pp. 7-8.

23 Dans les passages où la version de Śikṣānanda l'utilise, celle de Paramārtha a *fa* 法, *dharma*, ou *zang* 藏, *piṭaka*, « corbeille », au sens d'enseignement. T. XXXII, n° 1667, p. 584b = n° 1666, p. 575c ; n° 1667, p. 591c = n° 1666, p. 583a.

liminaire, que le point de vue premier du *Traité* était celui de la doctrine du non-soi. La version de Śikṣānanda a aussi curieusement supprimé l'expression « Ceux qui cultivent les pratiques en justesse », c'est-à-dire les *bodhisattva* parvenus au stade de l'irréversibilité (vers 8), qu'elle conserve par ailleurs dans le corps du texte.[24]

Pour les deux vers finaux (11 et 12), la « nouvelle traduction » suit la ligne exégétique des commentaires de l'« ancienne » (« [Je veux] Qu'ils conçoivent la foi droite dans le Grand Véhicule / Pour que ne s'interrompe pas la lignée des *buddha* ») : ils explicitent le but de la composition du *Traité*, ce qu'elle spécifie clairement (« Que j'ai composé ce traité », vers 12). Le vers 11 de la première version spécifiait que l'acte de foi visait le Grand Véhicule, évitant ainsi tout ambiguïté sur le titre du traité qui pouvait se laisser comprendre « Traité du Grand Véhicule sur l'acte de foi ». Mais l'auteur de la version de Śikṣānanda, en ne mentionnant dans la stance que « l'acte de foi » sans plus de précision (*qixin*), s'est trouvé contraint d'ajouter une explication sur l'objet de cette foi, dans la première phrase du texte en prose du *Traité*, afin d'éviter tout faux sens.[25] De même, le vers 12 de la version de Paramārtha (« Pour que ne s'interrompe pas la lignée des *buddha* »), transformé en « [Et sucitent la foi] pour perpétuer la lignée de *buddha* » dans le vers 11 de celle de Śikṣānanda, supprime un élément de sens qui a été rajouté dans cette même première phrase en prose du *Traité* : « pour que la lignée des *buddha* se perpétue sans discontinuité ». La transformation opérée par la seconde version permet, en réalité, de mettre en évidence, dès le début, l'idée exposée dans la première version que l'audition de la doctrine du Mahāyāna « permet de s'inscrire dans la lignée des *buddha* et de recevoir d'eux la prédiction » (Cinquième partie, 1).

L'auteur de la version de Śikṣānanda, en voulant procéder à des remaniements et à des révisions sur la version de Paramārtha, a dû

---

[24] T. XXXII, n° 1667, p. 585b.
[25] V. traduction, n. 5.

faire des rééquilibrages, non sans quelque maladresse. Ce qu'il a tenté de faire à partir de la stance liminaire vaut pour l'ensemble du texte.

La version de Paramārtha offre des similitudes et des affinités terminologiques ainsi que stylistiques tout d'abord avec des ouvrages traduits du sanskrit par Bodhiruci et Ratnamati.[26] Elle est également proche parent de traductions exécutées par Guṇabhadra.[27] C'est ce que suggère la comparaison d'un certain nombre de termes tech-

---

[26] Mentionnons les ouvrages suivants. Le *Ratnagotravibhāga-śāstra*, *Baoxinglun* 寶性論 traduit par Ratnamati en 511. C'est un ouvrage de Sāramati de la fin du IVe ou du début du Ve siècle, avec un commentaire en prose d'Asaṅga. Titre complet : *Ratnagotravibhāga-mahāyānottaratantraśāstra*, T. XXXI, n° 1611, en quatre volumes. Ratnamati [勒那摩提, ou 意] est un Indien du centre de la péninsule indienne ; il arrive à Loyang en 508, et y travaille au Yongningsi 永寧寺, entre autres. Il est le maître de Huiguang (468-537), de l'école Dilun du Sud.

Le *Laṅkāvatārasūtra*, dans la traduction de Bodhiruci, exécutée en 513 (T. XVI, n° 671); l'*Anūnatvāpūrṇatvanirdeśaparivarta*, *Buzengbumiejing* 不增不減經, traduit par le même (T. XVI, n° 668) ; le *Jingangxianlun* 金剛仙論, ouvrage de Vasubandhu, Vajrarṣi et Bodhiruci. (T. XXV, n° 1512).

Bodhiruci [菩提流[/留]支, ou 道希] est de l'Inde centrale ; il arrive à Luoyang en 508, et y travaille jusqu'en 534-537. Puis il se rend à Ye 鄴. Il a également traduit le *Saddharmapuṇḍarīkopadeśa* de Vasubandhu [T. XXVI, n° 1519], le *Daśabhūmikasūtra-śāstra* du même [T. XXVI, n° 1522], et le *Ratnakūṭasūtra-śāstra* [T. XXVI, n° 1523]. Dans sa traduction de la *Gayāśīrṣasūtraṭīkā*# de Vasubandhu [T. XXVI, n° 1531], il y introduit des explications à lui, et résume des doctrines mises en forme par un Chinois. Il est le maître de Daochong (VIe siècle) de l'école Dilun du Nord.

[27] Le *Śrīmālādevī-sūtra* (T. XII, n° 353) ; le *Laṅkāvatārasūtra*, dans la version des Song, de 443 (T. XVI, n° 670). Guṇabhadra (394-468) est un brahmane de l'Inde centrale. Il arrive à Canton en 435, puis travaille à Nankin à partir de 443 jusqu'à sa mort. Il est l'auteur de traductions célèbres : le *Sūtra des causes et des effets du passé au présent* (T. III, n° 189), le *Ratnakāraṇḍasūtra* (T. XIV, n° 462), le *Saṃdhinirmocanasūtra* (T. XVI, n° 678 et 679).

niques du *Traité* avec ces ouvrages.[28] On peut en prendre pour exemple l'utilisation par le *Traité* des expressions *fannaoai* 煩惱礙 et *zhiai* 智礙 pour « obstacle des passions » [*kleśāvaraṇa*] et « obstacle au connaissable » [*jñeyāvaraṇa*], généralement rendus par les termes *fannaozhang* 煩惱障 et *suozhizhang* 所知障.[29] La version de Śikṣānanda reprendra d'ailleurs ce deuxième doublet, conformément à l'usage de Xuanzang.

En revanche, une mise en parallèle avec des traductions de Paramārtha lui-même[30], ne révèle pas d'affinité spécifique ; elle met au contraire en évidence des différences stylistiques et terminologiques.[31] Plusieurs termes sont inconnus des textes en question ; ils semblent caractéristiques du *Traité* et avoir été conçus par son auteur ou par les rédacteurs chinois : c'est le cas, par exemple, pour le « *samādhi* de pratique unique » [*yixing sanmei* 一行三昧] — la version de Śikṣānanda le change en *yixiang sanmei* 一相三昧, « *samādhi* de caractère unique » —, le « savoir du corps de la Loi » [*fashenzhi* 法身智], la « pensée de l'esprit égaré » [*wangxinnian* 妄心念], la « porte de la Talité » [*zhenrumen* 眞如門], ou l'« éveil foncier » [*benjue* 本覺][32]. Tout se passe comme si, à partir de données antérieures, le *Traité* avait procédé à des agencements doctrinaux d'éléments antérieurs et à des innovations notionnelles afin de les adapter à son public.

---

[28] Telle est l'hypothèse de Takemura Makio, 1985, qui sert encore de point de départ aux hypothèses plus raffinées élaborées récemment.

[29] Takasaki, Iwanami, p. 294.

[30] On peut prendre en exemple l'*Anuttarāśrayasūtra*, *Wushangyijing* 無上依經 T. XVI, n° 669; et le *Traité sur la nature de Buddha* de Vasubandhu, *Buddhatvaśāstra*[#], *Foxinglun* 佛性論, T. XXXI, n° 1610.

[31] Notre enquête ne portant que sur un corpus limité chez ces traducteurs, ne prétend à rien de plus qu'à observer des fréquences d'emploi. Elle ne préjuge en rien d'un examen sur un corpus plus étendu chez ces mêmes traducteurs ou en dehors d'eux. V. Ishii Kōsei, mars, 2004.

[32] Ce mot, qui est central dans le *Traité*, se trouve également dans le *Sūtra du* samādhi *de diamant* [*Jingangsanmeijing* 金剛三昧經], parmi les textes contemporains.

La question de l'auteur du *Traité* fait toujours l'objet de controverses au Japon. Le nom du premier traducteur supposé, Paramārtha, n'est pas mentionné par les trois premiers commentateurs historiques, Tanyan 曇延, Huiyuan 慧遠 et Wŏnhyo 元暁. Il ne l'est pas non plus par Jizang 吉藏 (549-623), lorsqu'il cite le *Traité* à plusieurs reprises. C'est Fazang qui, le premier, le mentionne comme traducteur dans ses commentaires. Cette concordance de faits suggère que le nom du traducteur ne se trouvait pas dans les premières versions en circulation et que l'attribution a dû être tardive.[33] Les indications fournies par les catalogues viennent corroborer cette hypothèse : le *Traité* n'était initialement pas une traduction attribuée à Paramārtha. Le premier catalogue à spécifier ce nom, en 594, note, sans mention de date, que l'attribution de la traduction à Paramārtha est suspecte, car l'ouvrage ne se trouve pas dans un certain *Catalogue de Paramārtha*.[34] Le second, de 597, mentionne la date de 550 ainsi que le lieu précis où le travail de traduction aurait été effectué par Paramārtha.[35] Les premiers utilisateurs du *Traité*, Tanyan, Huiyuan et Tanxuan 曇遷 (542-607),[36] le commentaient à l'aide de la *Somme du Grand Véhicule*, dans la traduction de Paramārtha, en ce qui concerne la théorie gnoséologique des trois natures (imaginaire,

[33] Même Tankuang (vers 700-avant 788), personnage lié à la querelle de Lhasa, qui se réfère pourtant souvent à Fazang, ne mentionne pas son nom, dans son explication du titre du *Traité*.

[34] *Zhongjingmulu* 衆經目録, T. LV, n° 2146, p. 142a[16] : « Certains déclarent qu'il s'agit d'une traduction de Paramārtha, mais à consulter le *Catalogue de Paramārtha*, on ne l'y trouve pas. C'est pourquoi je le classe parmi les ouvrages douteux ».

[35] *Litai sanbaoji* 歴代三寳紀, T. XLIX, n° 2034, p. 99a[5] : « Traduit la même année [quatrième année de Taiqing, 550], dans la demeure de Lu Yuanzhi ».

[36] Ce personnage, fondateur de l'école Shilun proche parente du Dilun, pourrait être l'auteur de la *Méthode d'apaisement et d'examen mentaux selon le Grand Véhicule*, *Dasheng zhiguan famen* 大乘止觀法門, ouvrage imprégné de la doctrine du rien-que-pensée du *Sūtra de l'Ornementation fleurie*, dans son chapitre sur l'Éclaircissement des difficultés.

dépendante et parfaite). On peut supposer que c'est sous l'influence de ces interprètes, utilisant de façon concomitante le *Traité* et la *Somme du Grand Véhicule*, et lisant le premier à l'aide du second pour élaborer une synthèse doctrinale, dans l'optique de l'Ornementation fleurie, qui a exercé quelque influence avant l'époque des traductions de Xuanzang, que l'idée aurait peu à peu germé dans le Nord que les deux ouvrages étaient du même traducteur, c'est-à-dire de Paramārtha. On pouvait d'autant mieux le faire que les deux premiers grands commentateurs de l'ouvrage, Tanyan et Huiyuan, avaient disparu. Huiyuan quant à lui avait assis l'idée que le *Traité* professait la même psychologie de fond que le *Sūtra de la Descente à Ceylan*.[37]

Dans l'état actuel des choses, un défenseur d'une compilation chinoise, Takemura Makio, émet l'hypothèse que le *Traité* a été composé par un maître de la branche de la « voie du Nord » de l'école Dilun, et propose le nom de Daochong 道寵 (VIe siècle), un disciple de Bodhiruci, ce qui soulève des objections (Ōtake 大竹). D'autres spécialistes ne renoncent pas à une origine indienne. L'un d'eux soutient toujours l'hypothèse que Paramārtha en a été le traducteur, pour le motif surtout négatif qu'on ne peut avancer aucun autre nom d'envergure comme auteur du *Traité* (Oda 織田, Hirakawa 平川). Mais on y oppose non seulement des arguments terminologiques, mais aussi d'autres au plan des doctrines : La théorie des neuf consciences propre à Paramārtha, qui inclut une « conscience immaculée », est inconnue du *Traité*. D'autres, la majorité, penchent pour l'idée qu'aucun argument ne permet d'exclure l'hypothèse d'un auteur et d'un traducteur indien, et que le *Traité* est selon toute vraisemblance un texte récité oralement par un Indien et mis en forme par un ou des Chinois, dans l'école de traduction de Bodhiruci et de Ratnamati, d'obédience Dilun, sous les Wei du Nord (Takasaki 髙崎, Kashiwagi 柏木). Si cette dernière hypothèse semble

---

[37] V. Yoshizu, 2001, pp. 137-141.

vraisemblable, elle n'hypothèque pas celle d'un texte rédigé par un Indien, sous forme d'aide-mémoire, de notes de cours ou de manuel. La vérité est que, avant d'émettre des conclusions, bon nombre de chercheurs continuent de s'enquérir encore de filiations doctrinales et textuelles de plus en plus précises, notamment à travers les ouvrages gnoséologiques indiens et ceux d'obédience Dilun en Chine (Ōtake). Les citations de *sūtra* du *Traité* sont, pour pratiquement la moitié, proches parentes de celles qui en sont faites soit dans le *Ratnagotravibhāga*, traduit par Ratnamati, soit dans le *Traité de Vajrarṣi*, qui consigne des cours donnés par Bodhiruci. Tous les textes contenant ces citations étaient connus dans la Chine du Nord durant la première moitié du VIe siècle ; il en va de même de l'*Enseignement de Vimalakīrti*, dans la traduction de Kumārajīva, et du *Sarvadharmāpravṛtti-nirdeśa*, qui ont inspiré plusieurs passages du *Traité* ainsi que l'ouvrage de l'école Chan, le *Traité sur les deux accès et les quatre pratiques* (*Erru sixinglun* 二入四行論), qui circulait dans la même région de la Chine à la même époque. L'auteur du *Traité* pourrait avoir lui-même adapté directement en chinois ces textes indiens pour ce même auditoire de la Chine du Nord (Ōtake, Ishii).

On ne peut sans doute que souscrire à l'assertion de Lin Liguang, soulignant « l'importance qui doit être attribuée, pour la critique et l'histoire des traductions chinoises des textes bouddhiques, à ces rédacteurs chinois qui "recevaient au pinceau" les interprétations orales des traducteurs indiens officiels, nommés par décrets impériaux et dont la gloire a rejeté dans l'ombre l'œuvre de leurs humbles collaborateurs », même si le *Traité* n'a pas été composé sur initiative impériale.[38]

[38] Lin Li-Kouang, *L'Aide-Mémoire de la Vraie Loi*, I, p. 271.

Le *Traité* prend le principe de la Talité pour fondement de la foi.[39] Cette Talité est implicitement le principe de la coproduction conditionnée en tant que nature des choses qui se réduit à la seule pensée (*yixin*), c'est-à-dire en dernier ressort à l'éveil foncier (*benjue*). Il est néanmoins remarquable que, malgré la place centrale de la notion de « coproduction conditionnée » (*yuanqi* 縁起), l'ouvrage n'en utilise pas une seule fois le terme. Suppose-t-il la notion si évidente et connue qu'il n'importe guère de détailler son fonctionnement dans le monde empirique ? Veut-il faire porter l'accent sur le processus salvifique conduisant à se libérer de ce monde ? Le fait n'irait-il pas de pair avec l'absence de mention des « germes » comme ferment enserrant la pensée dans le cycle transmigratoire ?[40]

Si l'on compare l'analyse que le *Traité* fait du fonctionnement de l'esprit humain avec celle de l'école gnoséologique, les différences sont patentes. Selon cette école, c'est la conscience-de-tréfonds qui est à l'origine de la coproduction conditionnée du phénoménal et, afin d'en rendre compte, elle établit la conscience-de-tréfonds (la huitième conscience) dans un rapport de transformation (*pariṇāma*, *zhuanbian* 轉變) avec la conscience empirique, c'est-à-dire les sept premières consciences (les cinq consciences perceptives, la sixième conscience, c'est-à-dire la conscience mentale qui fait la synthèse des données perceptives, et la septième conscience, celle de l'ego). Lorsque, à un instant précédent, une cause disparaît, un effet naît à l'instant suivant qui est distinct et différent de cette cause. La question est de savoir quel élément rend compte de cette distinction et différence. La doctrine gnoséologique se veut fidèle à l'idée que les choses sont régies par des chaînes causales et l'explique par cette

[39] Traduction, p. 131.

[40] Le *Traité* fait mention du concept de « germe » en un seul passage, où il est question de « germe des hommes et des dieux » et de « germes des gens des Deux Véhicules ». Mais il le prend en un sens très général, celui de cause induisant l'état futur d'homme, de dieux ou de gens des Deux Véhicules, et non pas dans celui, technique, d'imprégnations latentes œuvrant au plan psychique.

théorie d'une « transformation de la conscience », qui ne se réduit pas à la simple maturation d'un acte mais génère un état nouveau. Elle combat, ce faisant, la thèse d'une causalité homogène, que postule le substantialisme pour lequel la cause explique entièrement l'effet qui est en totalité contenu en elle et ne génère donc aucune nouveauté. La théorie des germes, dans un sens, n'est là que pour expliquer la continuité causale des phénomènes en dépit de la discontinuité temporelle ; sa position ne dépasse pas celle d'une causalité homogène. Un état nouveau naît, non pas des seuls germes, mais par la force conjuguée d'une conscience germinale (la conscience-de-tréfonds) et d'une conscience en acte (une parmi les sept premières consciences) qui font naître et s'accroître un état nouveau par « parfumage » de la seconde sur la première. Ce sont les germes ainsi « parfumés » qui sont porteurs de transformation. Le jeu des transformations porte sur les puissances créatrices orientées vers l'avenir aussi bien que sur la possibilité de conserver ce qui est passé ; il n'est ni pur déterminisme ni pur hasard.

Le *Traité* ignore la théorie de la « transformation » de la conscience, si bien qu'il se dispense également de celle des « germes ». Il lui substitue celle de trois éléments subtils et de six éléments grossiers, qui joue un rôle similaire. Les éléments subtils correspondent à la conscience-de-tréfonds et les éléments grossiers à la conscience distinctive des phénomènes ou à la conscience mentale, qui recouvre les sept premières consciences de l'école gnoséologique.[41] L'analyse porte sur l'origine de l'acte et de la douleur qui s'ensuit dans le psychisme, en allant du plus subtil au plus grossier, chaque élément étant la condition d'apparition du suivant. La conscience-de-tréfonds est envisagée comme le point de départ de ce processus et, étant qualifiée seulement de plus subtile que la conscience distinctive des phénomènes, qui est elle plus grossière, elle ne joue pas

[41] Traduction, pp. 41-45. Néanmoins, le *Traité* ignore la septième conscience, le mental (*manas*).

le rôle d'une conscience latente opposée à une conscience actuelle, comme dans l'école gnoséologique. Pour le *Traité*, ce ne sont donc pas ces niveaux de conscience qui entrent en relation mutuelle pour expliquer l'acte, mais la Talité et l'Inscience qui agissent l'une sur l'autre par « parfumage ». C'est pour rendre compte de l'existence irréductible de la nature d'éveil et du non-éveil, que le *Traité* en est amené à soutenir ce point de vue d'un parfumage émanant de leurs principes respectifs, la Talité et l'Inscience. Cette thèse propre au *Traité*, est critiquée par l'école gnoséologique qui ne reconnaît pas de parfumage de la Talité elle-même par l'Inscience. A ce propos, le *Traité* applique les termes d'association ou d'adéquation (*saṃprayukta, xiangying* 相應) et de non-association ou d'inadéquation (*viprayukta, buxiangying* 不相應), non seulement à la pensée rectrice et aux fonctions mentales, ce qui est dans la tradition de l'*Abhidharma* et de l'école gnoséologique, mais encore, ici, à la Talité et à l'Inscience, ce qui est étranger à cette tradition. Cette innovation doctrinale tient encore au postulat de départ d'envisager la Talité et l'Inscience comme deux principes à la fois premiers et indissociables.

Le *Traité* n'arrive pourtant pas à fournir une explication satisfaisante des transformations grâce auxquelles interviendraient des modifications dans les états de conscience. Il a élaboré une théorie de cinq mentaux ou consciences ; parmi elles la « conscience continue » jouerait, de prime abord le rôle de réceptacle des actes, de leur rétribution et de leur projection dans le futur, rôle que la conscience-de-tréfonds ne joue pas dans le *Traité*.[42] Cependant, aussi large que soit sa définition, elle reste, comme les quatre autres consciences , un « mental » (*yi* 意) et de ce fait appartient au psychisme de surface. L'ignorance de la théorie de la « transformation » de la conscience de la part du *Traité* a aussi pour conséquence qu'il se dispense de la thèse de la « révolution du support [psychosomatique] » (*āśrayaparāvṛtti,*

[42] Traduction, pp. 47-49.

zhuanyi 轉依). L'absence d'une « révolution » du psychisme fait que c'est une progression et un approfondissement continu de la pensée de foi qui prennent place au cours de la carrière du saint bouddhique, au lieu d'une « conversion » intervenant à un point crucial. Le *Traité* donne en effet le sentiment qu'il opère une combinaison du « graduel » et du « soudain », sans faire une démarcation nette entre les deux. Ce double aspect, graduel et subit, apparaît notamment dans l'idée soutenue par le *Traité*, à travers un citation de l'*Enseignement de Vimalakīrti*, que « tous les êtres sont originellement pérennes et entrés dans l'extinction, que l'éveil n'est pas en lui-même un caratère qui soit à cultiver, ni un signe qui doive être [*a fortiori*] produit : il n'est en dernière instance pas à réaliser ».

Dans son analyse du psychisme, le *Traité* se montre l'héritier de courants antérieurs tout en se singularisant. L'idée avait gagné les esprits que l'« embryon de *tathāgata* » et la « conscience-de-tréfonds » n'étaient qu'une seule et même réalité, sous l'influence du *Laṅkāvatārasūtra* dans la traduction de Bodhiruci (513) : ces deux éléments étaient le « support » causal des choses. Conscient que la traduction précédente de Guṇabhadra (443) les distinguait mais était devenue inusitée, Śikṣānanda en a entrepris une nouvelle (700-704) afin de restituer ce qu'il pensait être la vraie doctrine sur la question. La tradition chinoise (Tanyan, Huiyuan) avait dès le début identifié les deux éléments et c'est seulement le « vieux » Fazang qui le premier les aurait à nouveau distingués.[43] La visée ultime du *Traité* est de rendre compte du passage de l'état d'être sensible à celui de la Talité — ou de *tathāgata* — qui, en réunissant en elle principe et sapience, défie toute description et toute expression. Dans cette logique, le *Traité* a introduit le concept d'« embryon de *tathāgata* » de manière à assurer l'identité et l'unité de principe qui existent entre les êtres et la Talité ; il est l'expression concrète de cette

[43] *Commentaire du Traité sur l'indistinction du monde de la Loi selon le Grand Véhicule*, T. XLIV, n° 1838, p. 67c$^{10\text{-}19}$.

Talité, qui paraissait bien étrangère au commun des mortels. A l'opposé, l'Inscience définit l'état des êtres conditionnés qui sont la proie de conceptions fallacieuses et de pensées erronées. Mais, dans le *Traité*, elle devient un principe qui permet de rendre compte du hiatus qui s'est creusé entre ces mêmes êtres et la Talité. C'est afin de rendre compte de l'état de fait de ces êtres qui se trouvent séparés de leur état originel, comme « aliénés », que le *Traité* a posé cette « conscience-de-tréfonds ». L'Inscience en devient son attribut par excellence : « C'est en vertu de la conscience-de-tréfonds qu'on explique l'existence de l'Inscience », déclare-t-il, en se retranchant derrière une autorité que l'on a le plus grand mal à identifier (p. 47). Il a repris un terme ancien mais il l'a vidé de son contenu habituel. Cette conscience ne marque plus que le stade le plus subtil du psychisme empirique, et ne recèle plus en elle le moyen de rejoindre la Talité. Dans une direction inverse, elle a pour fondement l'« embryon de *tathāgata* ». Le *Traité* a donc posé la « conscience-de-tréfonds » comme intermédiaire entre l'« embryon de *tathāgata* » et les êtres sensibles. Ce faisant il s'est écarté de la doctrine du *Laṅkāvatārasūtra* qui faisait de cet « embryon de *tathāgata* » la cause des choses empiriques, mais les commentateurs chinois, jusqu'au « jeune » Fazang, ont négligé cette originalité du *Traité* en regard du *Laṅkāvatārasūtra*. Le premier Fazang dégage dans l'« embryon de *tathāgata* » deux aspects antithétiques : la Talité et le cycle de naissance et de disparition. Il est amené à superposer la conscience-de-tréfonds et l'embryon de *tathāgata* et à avancer l'idée d'une « unique pensée » (*yixin*) comme fondement de toutes choses. Et afin d'expliquer la causalité phénoménale, il introduit l'idée nouvelle que l'« unique pensée » « ne garde pas sa nature propre », ce qui désubstantialise cette « pensée » et lui permet d'offrir le caractère d'un inconditionné. Sur le tard, Fazang restitue à la « conscience-de-tréfonds » son rôle de support causal des choses, mais son commentaire du *Traité*, qui ne tient pas compte de ce dernier changement de position, a eu l'influence que l'on sait.[44]

Dans le *Traité,* le principe de causalité est aussi appelé « monde de la Loi » (*fajie* 法界) au sens où il donne naissance à la Loi, que les *buddha* ont réalisée et qui se concrétise par son enseignement. Le Buddha y est qualifié de *tathāgata* (*rulai* 如來) en tant qu'il est « parvenu » (*lai*) à la Talité (*ru*), et celle-ci, est conçue comme « corps de la Loi », c'est-à-dire comme une incarnation du principe qu'elle représente. Cette Talité constitue donc la nature foncière de *buddha* mais, envisagée du point de vue de celui-ci, elle est la « pénétration intuitive » par excellence (*prajñā*), l'intelligence indistinctive qui appréhende la Talité dans un acte unitif. Elle ne constitue pas un principe objectif et abstrait indifférent au sujet et aux êtres, mais se concrétise en acte. La pénétration intuitive, orientée en direction des êtres du monde empirique par la compassion, met à contribution un savoir acquis, en vue de l'œuvre altruiste du Tathāgata. À ce stade, le Buddha est en corps de rétribution et de réponse, manifestant l'activité de cette Talité, souvent décrite à l'aide de superlatifs dans l'ouvrage. L'« embryon de *tathāgata* » est cette nature foncière de *tathāgata* qui est universellement à l'œuvre chez chaque être sous

[44] V. Oda, 2002.
Lorsque nous optons pour la traduction « unique pensée », pour l'expression polysémique *yixin* 一心 (pensée unitive, esprit unifié, pensée seule, de tout son esprit, pensée qui pénètre et parcourt le monde et l'appréhende dans son unité, etc.), nous l'employons dans une perspective assez voisine de celle décrite par Émile Bréhier, à propos de Schopenhauer : « La philosophie est pour lui *une pensée unique* (« Ein einziger Gedanke »), très simple, qui n'a pas d'avant et d'après, qui ne peut être saisie que dans l'instantané d'une appréhension immédiate » (p. 104). En dépit des contextes différents et des acceptions techniques ayant trait à la concentration mentale que l'expression peut revêtir dans le bouddhisme, et qu'on ne peut évidemment trouver chez Schopenhauer, il nous semble en effet que les deux visions du monde ne sont pas sans quelque analogie, dans l'idée que l'univers peut être perçu sous un angle unitif, à la pointe d'une intuition supérieure.

la forme du savoir appliqué et de la coproduction conditionnée et que, dans sa terminologie spécifique, il qualifie de « vraie manière d'être de la pensée » ou « de l'esprit », terme pratiquement inusité avant lui. On peut néanmoins trouver un équivalent de la « vraie manière d'être de la pensée » dans un passage du *Mahāyānasūtrālaṃkāra*, dans le commentaire de Vasubandhu (IVe siècle), qui porte sur la nature immaculée de la pensée : Le terme chinois est le même, *xinzhenru* 心眞如, avec pour original sanskrit *cittatathatā*. C'est un état de la pensée qui, une fois dégagée des souillures venant des passions adventices, a recouvré son état naturel de pureté, la « conscience immaculée ». La traduction en chinois de l'ouvrage par Prabhākaramitra, actif en Chine entre 627 et 633, est postérieure au *Traité*, mais les doctrines qu'il y expose offrent un air de parenté tel qu'on peut se demander si ce n'est pas à cette source, ou tout au moins au courant qu'elle représente, qu'il a puisé.[45] Cette manière d'être est la nature authentique de l'esprit, c'est-à-dire la pensée pure en elle-même, qui est qualifiée du terme d'« éveil foncier » lorsqu'elle reflète immédiatement la nature de *tathāgata*.

A l'opposé, l'état non-éveillé des êtres est qualifié de « cycle mental de naissance et de disparition ». C'est un état non-originel qui n'est pas pour autant coupé de la nature authentique de l'esprit, car la vraie manière d'être du mental est toujours en action, d'une façon ou d'une autre, dans les transformations du psychisme. C'est elle qui permet de transmuer les êtres de leur état de non-éveil à celui d'éveil. Elle le fait grâce à l'action d'un « parfumage intérieur », appelé « imprégnations de la force de la Loi », qui, en conjugaison avec le savoir acquis appliqué, constitue une « activité inconcevable » orientant les êtres vers l'éveil ultime. Toutes choses et leur nature foncière obéissent au principe du « rien-que-pensée » au double sens que ce mot revêt : les choses ne sont autres qu'un cycle de transfor-

---

45 V. note complémentaire. Je tiens cette référence grâce à M. Kamaleswar Bhattacharya.

mations du psychisme, en même temps qu'elles ne sont toutes que l'authentique manière d'être de l'esprit. Cette distinction entre les deux concepts à la fois parallèles et antinomiques de la « vraie manière d'être de la pensée » et de la « naissance et disparition de la pensée », ne semble pas se retrouver telle quelle dans d'autres ouvrages indiens. Elle est appelée ici doctrine des deux accès à la pensée unitive (*yixin ermen* 一心二門), dans une optique qui n'est pas sans rappeler celle de la « voie du milieu », malgré l'absence de cette expression dans l'ouvrage.

Le travail même de la Talité sur tous les êtres pour les mouvoir vers l'éveil suprême est ce que le *Traité* entend par Grand Véhicule (Mahāyāna), élément qui est, selon lui, constitutif de la pensée des êtres sensibles (*zhongshengxin* 衆生心), puisque tous les êtres sont porteurs de la Talité : cette définition est la prémisse de tout l'ouvrage. De manière à expliquer comment ce travail s'opère, l'exégèse met en scène les notions d'adaptation de la Talité au conditionné (*zhenru yuanqi* 眞如縁起) et de parfumage par la Talité (*zhenru xunxi* 眞如薫習). Cette conception d'une Talité comme principe agissant est inconnue par ailleurs. On a déjà remarqué à ce propos que le *Traité* ne fait pas appel à la théorie des « germes » ou « semences » [*bīja*], bien qu'il expose celle de la « conscience-de-tréfonds » [*ālaya-vijñāna*]. Cette caractéristique le situe à la périphérie de l'école gnoséologique (Vijñānavāda), et non pas avant les développements de cette école chez Asaṅga. Mais, il pourrait y avoir à cela aussi une autre raison interne tenant à la structure des doctrines. Dans l'école gnoséologique, la conscience-de-tréfonds joue le rôle de principe des choses, et c'est à partir de cette conscience fondamentale que les phénomènes se produisent (*laiye yuanqi* 賴耶縁起), tandis que la Talité y est un principe inactif, inconditionné et immuable, en regard de la causalité mondaine. Dans le *Traité*, c'est la Talité elle-même qui fait fonction de principe et, à ce titre, elle est l'origine causale des choses (*zhenru yuanqi*).[46]

[46] Demiéville, « Historique ... », pp. 34-35.

Dans le système gnoséologique, la conscience-de-tréfonds est personnelle et individuelle et joue le rôle d'un principe d'individuation : il est naturel que ce soit elle qui porte les germes qui sont causes de l'évolution du monde que chaque individu construit lui-même et qui rejoint celui des autres individus par analogie ; c'est seulement lorsque cette conscience est purifiée que l'individu devient un *Tathāgata*, dont la nature même est d'être, du point de vue absolu, la Talité elle-même. Dans le *Traité*, en revanche, la conscience-de-tréfonds est par définition universelle et est donc d'emblée de même nature que la Talité elle-même.[47]

Le *Traité* ne classifie pas spécifiquement la Talité comme une rubrique de l'inconditionné mais, en intégrant en elle une intelligence sapientielle qui opère dans le monde empirique, il lui donne une dimension agissante sous la forme de l'« embryon de *tathāgata* ». Cette extension du concept de la Talité, qui possède un aspect pérenne et un aspect temporel, permet de développer une conception de la pratique et de la culture du chemin par l'immersion de l'un dans l'autre, ce en quoi consiste l'« acte de foi », et l'« émergence de la pensée de l'éveil ».

Le *Traité* réagence habilement des données antérieures qui, tout en s'enracinant dans les doctrines classiques, peuvent être interprétées dans une autre optique. Tel est le cas de son interprétation des « trois grands-éléments ». C'est aussi celui des « trois pensées » qui forment un tout : pensée droite, pensée profonde et pensée de grande compassion, si l'on traduit littéralement du chinois. Ce triptyque en reprend au moins un, similaire, venant de l'*Enseignement de Vimalakīrti* — pensée droite, pensée profonde et pensée d'éveil[48] —,

---

[47] LVP, *Siddhi*, pp. 756-757.

et agencé différemment selon les traducteurs indo-chinois. Mais l'*Enseignement de Vimalakīrti*, en identifiant la pureté de ces pensées à la pureté des domaines de *buddha* et en faisant de ceux-ci un état purement mental et non pas un lieu géographique, ouvre la porte à une interprétation « spiritualiste » de la doctrine de la Terre Pure. Le *Traité* donne un fondement théorique à cette doctrine de manière indirecte, puisqu'il ne la nomme pas mais y fait seulement résonance ; en outre, il ne rend pas cette doctrine solidaire d'une école définie, comme celle de l'amidisme, mais par son énonciation « spiritualiste », même lui donne une consistance beaucoup plus générale valant pour tout courant se réclamant de la doctrine de la Terre Pure. On peut citer l'exemple du moine Gyōnen 凝然 (1240-1321) pour qui les trois sortes de pensée d'éveil du *Traité* sont identiques aux trois premières pensées parmi les dix-sept de l'*Enseignement de Vimalakīrti*, qu'on vient de mentionner, ainsi qu'aux trois pensées de l'amidisme. Pour ce faire, Gyōnen se fonde sur l'autorité de Chōsai 長西 (1184-?), un disciple du célèbre moine amidiste Hōnen 法然 (1133-1212).[49] Dans l'amidisme, ces trois catégories de pensées sont la pensée de sincérité parfaite, la pensée profonde [d'adhésion] et la pensée de vœu de rétrovertir ses mérites, et s'appliquent aux êtres de naissance supérieure de catégorie supérieure dans la Terre Pure d'Amida. Hōnen, ou sa tradition exégétique, réduit ces trois catégories à la seconde, en adoptant une perspective unitive : « Les trois pensées sont la pensée de suprême sincérité, la disposition d'esprit profonde et la pensée de vœu de rétroversion. Bien qu'elles soient diverses, on peut en ramener l'essentiel de ce qu'elles signifient à la pensée pro-

[48] Traduction des termes indiens de disposition favorable (*āśaya*), haute résolution (*adhyāśaya*) et production de la pensée [d'éveil] suprême (*uttaracittotpāda*). V. traduction, pp. 110-111 et note complémentaire, p. 110.

[49] *Commentaire du Commentaire de Shōtoku sur le Vimalakīrti, Yuimagyōsho anraki*, DNBZ, 5, p. 226.

fonde ».[50] Pour les interprètes, les trois pensées n'en font qu'une. Y a-t-il un motif à cela ?

Cette « triple pensée » est le résultat d'une analyse de la conception de la pensée de l'éveil au stade de l'accomplissement de la foi, au moyen d'une diversité d'approches graduelles, comparée au polissage d'une gemme encore entourée de sa gangue. Mais le *Traité*, en raison de l'unicité du domaine de la Loi, spécifie bien que son objet est unique, à savoir la Talité. La diversité des pratiques se réduit, à terme, à une saisie instantanée de la vraie manière d'être des choses par le *bodhisattva*. Le *Traité* engage ici une dialectique de la « voie médiane » entre le gradualisme des pratiques et le subitisme de la réalisation. Il la reprend à propos du « *samādhi* de la Talité » (concentration mentale sur l'absolu) dans lequel on pénètre au terme de la culture conjuguée de l'apaisement et de l'examen mentaux. Ce *samādhi* est qualifié de « pratique unitive » (*yixing sanmei* 一行三昧) et culmine à la jonction du gradualisme des pratiques préparatoires et subséquentes et du subitisme de l'atteinte de la Talité. Cette idée, qui semble faire écho à celles de Bodhiruci sur la classification des enseignements bouddhiques, pouvait s'accorder avec les courants du Dhyāna et de l'amidisme préconisant la « commémoration du Buddha », comme avec les écoles dites « doctrinaires » sinisées.[51]

Le *Traité* se rattache à une couche littéraire ancienne pour ce qui est de sa conception des « corps des *buddha* ». Les premières théories du Grand Véhicule sur ces corps sont celles qu'on trouve dans la littérature de *Prajñāpāramitā* ; elles distinguent un corps sensible (*rūpakāya, seshen* 色身) et un corps de la Loi (*dharmakāya, fashen* 法身). Une théorie plus élaborée, celle de l'*Avataṃsakasūtra* et du

---

[50] *Kurotani shōnin gotōroku* 黒谷上人語燈録, de Ryōe, 1274-1275 ; T. LXXXIII, n° 2611, p. 173b.

Laṅkāvatārasūtra, analyse avec des variations terminologiques le corps sensible en corps de communion (*saṃbhogakāya, shouyongshen* 受用身) — ou corps de rétribution (*vipākakāya, baoshen* 報身) — et en corps de transformation (*nirmāṇakāya, huashen* 化身). Bodhiruci avait contribué à répandre l'idée d'un enseignement subit en une seule période, où le Buddha prêche d'un coup avec « un seul son » (*yiyin* 一音), ainsi que celle d'un enseignement « en deux temps », graduel et subit, comme l'expose le *Sūtra de la Descente à Ceylan*. Dans les deux cas ces conceptions impliquaient une bouddhologie particulière : seule existe la Loi, ce qu'on entend par corps de la Loi, qui reste indicible et silencieux ; ce qu'on qualifie de corps de réponse ou de transformation est purement fictif, et n'est que le produit de la manifestation de ce corps de la Loi, ou de l'émotion en vertu de la représentation des êtres. Dans sa terminologie technique, Bodhiruci hésite entre « corps de réponse » et « corps transformationnel » pour rendre le mot *nirmāṇakāya*. Le *Traité* hérite de ces théories. Pour lui, le corps de la Loi, le seul authentique, réunit en lui les deux attributs du principe (*li* 理) et de la sapience (*zhi* 智) de manière indissoluble, et le corps de réponse (*yingshen* 應身), se laisse analyser en un corps de communion (*saṃbhogakāya, shouyongshen* 受用身), autrement appelé corps de rétribution, et un corps de transformation. Il précède la bouddhologie classique qui analyse le corps de la Loi en principe (le corps de la Loi proprement dit) et en sapience (le corps de rétribution) et envisage comme un tout synthétique le corps de réponse.[52] Les deux « traductions » du *Traité* reflètent cette évolution.

---

[51] V. traduction, pp. 146-147, et Ōtake, juillet 2001.

[52] Ces théories sont exposées dans le *Traité sur les significations du Grand Véhicule, Dashengyizhang* 大乘義章, T. XLIV, n° 1851, pp. 837c-844c, signification des trois [corps de] Buddha, *sanfoyi* 三佛義 : théorie de l'inclusion réciproque des diverses sortes de corps (vrai, de réponse et de transformation, *zhen, ying, hua* 眞應化) : *kaiying heshenshuo* 開應合眞說, les corps apparitionnels, qui sont distingués, se ramènent au corps absolu ; *kaizhen hanyingshuo* 開眞含應說, le corps absolu contient en lui en puissance les corps visibles.

Le *Traité* développe une analyse de l'esprit humain dans sa structure et son fonctionnement dans un but sotériologique. Il s'attache à faire « naître la foi » chez ceux qui, s'étant pourtant enquis de la doctrine bouddhique, y sont encore rétifs ou restent hésitants à son endroit, ou à développer cette foi chez ceux qui sont acquis à la doctrine mais qui connaissent mal les moyens de la faire éclore en intelligence claire à son égard. C'est donc tout naturellement que son exposé est axé sur la foi, moins pour la définir scolastiquement, ce qu'il fait succinctement, que pour en analyser l'économie de son développement par le moyen d'un ensemble de pratiques.

Dans les doctrines bouddhiques, dès les textes les plus anciens, la foi est un point de départ absolu dont la réalisation de l'état de *buddha* est l'éclosion naturelle, le point d'aboutissement qui lui est lié comme l'effet à la cause. Cela est plus vrai encore des ouvrages appartenant aux couches littéraires du Grand Véhicule. Ainsi en est-il du *Sūtra de l'Ornementation fleurie*,[53] qui déclare que « La foi est le fondement du chemin et la mère de toutes les vertus », ou du *Traité de la grande vertu de sagesse*, ouvrage dont la rédaction finale pourrait dater du IVe siècle de notre ère, pour lequel « dans le grand océan de la Loi du Buddha, on prend la foi pour entrée et la sapience comme passeur. L' "Ainsi" (*evam*) est synonyme de foi : celle-ci est l'acte par lequel on reconnaît que les choses sont bien ainsi. L'homme dont le cœur est rempli d'une foi pure peut entrer dans la loi du Buddha ; sans la foi, il ne le peut point. L'incrédule dit : "Ce n'est pas ainsi" ; c'est la marque de l'incrédulité. Le croyant dit : "C'est bien ainsi" ».[54] Il est à noter que dans ce passage la foi est définie comme un acquiescement à l'état des choses, et que le croyant est celui qui admet que les choses sont « bien ainsi » : la doctrine centrale du

[53] T. IX, n° 278, p. 433a ; T. X, n° 279, volume VI, p. 72b, Chapitre du *bodhisattva* Xianshu : « La foi est le fondement du chemin, la mère de toutes les vertus. » 信爲道元功德母.

[54] T. XXV, n° 1509, p. 62c-63a.

Traité de la Talité s'inscrit dans cette lignée. Mentionnons aussi le *Chapitre sur l'adhésion convaincue* [*Xinjiepin, Shingebon*] du *Sūtra du Lotus* qui développe la parabole de l'enfant prodigue, ou encore du *Sūtra du Grand Parinirvāṇa* qui porte cette phrase célèbre « La nature de *buddha* se dit de la grande pensée de foi [...] La grande pensée de foi est la nature de *buddha* ».[55]

Le *Traité* utilise de façon récurrente un triptyque, *ti* 體, l'« être en soi », *xiang* 相, les signes, et *yong* 用, l'activité. On en fait une caractéristique du *Traité* car on ne le trouve pas, pris comme un tout, utilisé de manière aussi systématique dans d'autres ouvrages. On connaît en Chine le célèbre diptyque *ti/yong*, essence/activité. Lui a-t-on adjoint un troisième élément lui aussi connu, *xiang*, aspect, signe caractéristique par lequel une chose se fait connaître ? Ces trois concepts réunis en un seul ensemble, devenus la marque de fabrique du *Traité*, ont-ils été imaginés sous cette forme en Chine ou s'inspirent-ils directement de sources indiennes ? On leur attribue une origine indienne ou on les fait provenir de textes indiens, car on en voit des linéaments dans des textes comme le *Ratnagotravibhāgaśāstra* traduit par Ratnamati : les quatre « sources » du Triple Joyau correspondraient aux trois grandeurs : la Talité maculée (*samalā tathatā*) et la Talité immaculée (*nirmalā*) correspondent à l'« essence », les qualités de buddha (*guṇa*) aux signes, et l'action du Victorieux (*jinakriyā*) à l'activité[56] ; il en irait de même du *Traité sur le Sūtra des dix terres* traduit par Bodhiruci.[57] On en tire argument pour soutenir que l'auteur du *Traité* n'était pas un

---

[55] T. XII, n° 375, p. 802c.

[56] V. l'article de Robert Duquenne *Dai* 大 du Hōbōgirin, sixième fascicule, pp. 585-588 et 591-592, qui donne des références aussi bien pour le *Traité* que pour des sources indiennes bouddhiques ou extra-bouddhiques.

[57] Takemura (1986), qui fait des comparaisons entre les deux textes sur une vingtaine de concepts. V. aussi Kashiwagi, pp. 482-483.

Chinois mais un théoricien qui pensait à l'aide de catégories indiennes[58]. Ces recherches de sources n'enlèvent néanmoins pas à l'auteur du *Traité* le mérite d'avoir isolé ce triptyque pour en faire une catégorie opératoire en elle-même, phénomène qui est peut-être sans précédent. En outre, le *Traité* associe parfois les deux premiers éléments du triptyque dans les composés *tixiang* 體相 ou *zitixiang* 自體相, mis en regard de *yong*, l'activité : l'expression y signifierait normalement l'« être en soi » et les « signes », ou encore les « signes de l'être en soi », mais ils peuvent aussi se comprendre dans le sens d'« être en soi » ou de « nature en soi » tout court, ce qui les réduit au premier élément seul. Dans ces occurrences, même si le trinôme est nominalement conservé, ne serait-ce que par le seul regroupement des deux premiers éléments, il peut se présenter comme un binôme pour le lecteur qui se trouve ainsi en présence du diptyque chinois connu.[59] Un texte, dont on ignore le titre et l'auteur, qui semble être dans la mouvance de l'école Dilun, fait état du même triptyque appliqué aux trois corps du *buddha*. C'est un manuscrit de Dunhuang, qui pourrait dater du milieu du VIe siècle, ce qui en fait une source chronologiquement proche du *Traité*. La répartition des trois éléments aux trois corps de *buddha* n'est cependant pas identique à celle du *Traité*, pour lequel les corps de rétribution et de réponse font partie de l'élément « activité », et non pas respectivement des « signes » et de l'«activité ».[60]

---

[58] C'est l'hypothèse de Takasaki. V. aussi Azuma Shigeji, p. 143 ; Ruegg, p. 249.

[59] V. par exemple, traduction, pp. 5, 19, 39, 71, 77, 81.

[60] V. note complémentaire. Chengguan, de l'école Huayan, fait état de la thèse de ce texte (T. XXXVI, n° 1756, p. 32a[8-9]).

Le *Traité* utilise une expression qui semble rare dans les textes bouddhiques et mérite d'être relevée. C'est le quadrinôme « être en marche, stationner ou se tenir debout, être couché et se lever » 若行若住若臥若起.[61] La liste habituelle dans ces textes est « être en marche, stationner, être assis et être couché » 行住坐臥, qui s'applique à l'ensemble des attitudes et des comportements possibles de l'homme.[62] Avoir remplacé « être assis » par « se lever » implique que l'auteur a réduit la liste à celle des comportements qui n'intéressent que la vie profane, pour les distinguer de celui de l'adepte lorsqu'il pratique les exercices méditatifs, c'est-à-dire quand il est en position assise. « Être assis » prend dans ce contexte le sens de s'adonner aux exercices religieux. Qu'il ne s'agisse pas d'une erreur de traduction ou de copiste semble être corroboré par au moins deux faits. Le passage immédiatement précédent concerne en effet les pratiques en position assise de celui qui cultive l'examen mental : « En raison du vœu qu'il a formé, à tout moment et en tout lieu, sans la moindre paresse dans son esprit, il cultivera tous les biens autant qu'il en sera capable, sans jamais les rejeter. À l'exception des moments *où il sera assis* [en méditation] pour appliquer exclusivement son esprit à l'apaisement, il devra en toute autre occasion examiner sans faute ce qu'il doit faire et ce qu'il ne doit pas faire ».[63] Notre passage, qui préconise la pratique conjuguée et simultanée de l'apaisement et de l'examen mentaux, décrit dans ce contexte la pratique religieuse dans les autres occurrences de la vie ordinaire durant laquelle l'adepte doit s'efforcer de prolonger les bénéfices de l'état mental qu'il a acquis en méditation.

Par ailleurs, un passage antérieur du *Traité* établit bien cette différence entre deux plans de la pratique religieuse, l'un en état méditatif et l'autre dans la vie quotidienne : « Ainsi donc, une fois

---

[61] Traduction, p. 159.
[62] Sur ces différentes listes, v. note additionnelle de la p. 159.
[63] Traduction, p. 157.

qu'on s'est levé de la position assise et qu'on s'est mis en mouvement pour aller et venir ou stationner, ce n'en est pas moins à tout moment et perpétuellement qu'il importe de réfléchir à des moyens [pour continuer à cultiver l'apaisement mental] et d'appliquer son discernement en accord avec [le principe de l'immutabilité de la nature des choses] ».[64]

Le *Traité*, en dissociant ces deux sphères d'activité, indiquerait qu'il s'adresse de façon priviligiée à des adeptes considérés comme des débutants, parmi lesquels des laïcs, chez qui les activités ordinaires sont prépondérantes ; un tel accent mis sur la sphère du quotidien ne pouvait que séduire ces adeptes, notamment ceux des écoles du Dhyāna, et signale une des finalités du *Traité* qui les regroupe tous dans une communauté dite de *bodhisattva*.[65] La traduction de Śikṣānanda, elle, adopte la liste classique, ce qui semble montrer la volonté de la nouvelle version de s'adapter à un auditoire général ou trahit une habitude de pensée acquise du rédacteur ; en tout cas elle fait perdre une spécificité du texte.[66]

Le *Traité* affectionne l'usage du verbe *qi* 起, se produire, émerger, concevoir [une pensée], dans une acception parfois assez particulière, lorsqu'il décrit par exemple comment un phénomène se produit, certes causalement, mais indépendamment de la causalité mondaine. Tel est le cas, dans un sens, de l'usage qu'il en fait dans le titre même de l'ouvrage, *qixin* 起信, littéralement, « production de la foi ». Étant donné que cette expression désigne un mouvement délibéré de l'esprit, une émergence en quelque sorte absolue, nous avons préféré la rendre par celle d'« acte de foi ». Cette valeur se

---

64 Traduction, pp. 145-147.

65 On trouve la liste « marcher, stationner, être assis et se lever » 行住坐起, chez Guanding (561-632) du Tiantai, dans son *Commentaire du Mahāparinirvāṇasūtra*, T. XXXVIII, n° 1767, vol, 19, p. 150a : il semble vouloir éviter, parmi les quatre positions, celle couchée dans les immondices auprès des morts.

66 T. XXXII, n° 1667, p. 591b.

retrouve dans plusieurs passages du *Traité* où il est question de l'émergence de pensées fallacieuses, ou non éveillées, dans une phase non pas empirique de leur apparition, mais dans un moment qu'on peut qualifier de métaphysique : « Comment se fait-il que le parfumage produise des choses impures sans interruption ? On entend par là que c'est en prenant appui sur l'élément de la Talité qu'existe l'Inscience, et c'est parce qu'existe une cause pour les choses souillées, à savoir l'Inscience, qu'il y a parfumage de la Talité. C'est parce qu'il y a parfumage qu'il est des pensées erronées. C'est parce que celles-ci existent qu'il y a parfumage de l'Inscience. Tant qu'on n'a pas réalisé l'élément de la Talité, *on conçoit des pensées non éveillées, bujue nianqi* 不覺念起 et on manifeste des objets illusoires ».[67] Le caractère d'explication métaphysique de cette émergence est encore plus patent dans ce paragraphe du *Traité*, où il est souligné par l'adverbe « soudain » : « La nature de la pensée en question est qualifiée d'immuable car elle est constamment sans [activités] mentales. C'est parce qu'on n'a pas encore atteint la sphère de la Loi unique qu'on n'est pas en adéquation avec la pensée [dans sa nature foncière] et que, *soudain,* [*des activités*] *mentales se produisent, huren nianqi* 忽然念起, ce qu'on entend par Inscience ».[68] Cette utilisation du verbe *qi* fait penser à celle qu'on attribue à Dharmatrāta (début du Ve siècle) dans son enseignement « subit » du *dhyāna.* Il est censé faire une distinction entre l'« émergence » des phénomènes (*qi*) et leur « naissance » (*sheng* 生), c'est-à-dire leur production empirique dans le temps, tout comme il en fait une entre leur « disparition » (*mie* 滅) et leur « épuisement » conditionné (*jin* 盡) : « En ce qui concerne Dharmatrāta, il condense de multiples textes en une même voie et développe une seule matière (*yise* 一色, *ekarūpa*#) en une poussière de diversité. Pour ce qui est de l'examen [des choses, *guan* 觀, *vipaśyanā*#], il montre que l'apparition (*qi* 起, *utpāda*#) ne dépend

---

[67] Traduction, p. 65.

[68] Traduction, pp. 53-55.

pas [nécessairement] de la naissance (*sheng* 生, *udbhava*#) et que la disparition (*mie* 滅, *nirodha*#) ne résulte pas [nécessairement] de l'épuisement (*jin* 盡, *prānta*#). Bien que [les phénomènes] s'en aillent et reviennent sans qu'il y ait de terme (*ji* 際, *koṭi*#), il n'est cependant rien qui ne provienne de la *tathatā* (*ru* 如). C'est pourquoi il dit que le *rūpa* (*se* 色) n'est pas séparé de la *tathatā*, et que la *tathatā* n'est pas séparée du *rūpa* ; que le *rūpa* est la *tathatā* elle-même, et que la *tathatā* est le *rūpa* lui-même ». Sans que l'on sache si l'auteur du *Traité* connaissait Dharmatrāta, ou d'autres théoriciens s'y rattachant, il semble néanmoins avoir senti la différence existant entre ces concepts parallèles, s'agissant de traiter de l'origine radicale des choses.[69]

Nous terminerons par quelques remarques sur la traduction de certains termes. Nous avons donc opté pour l'expression d'acte de foi, *qixin* 起信, qui apparaît dans le titre de l'ouvrage, mais presque plus dans le corps du texte, et qui est au demeurant assez peu fréquente dans les textes bouddhiques[70]. Dans le *Traité*, le terme de *xin* correspond à tout un éventail de significations, allant d'actes de piété jusqu'à une forme d'adhésion et de conviction qui présuppose

---

[69] 達摩多羅闍衆篇於同道。開一色爲恒沙。其爲觀也。明起不以生滅不以盡。雖往復無際。而未始出於如。故曰色不離如如不離色。色則是如如則是色. *Sūtra de dhyāna de Dharmatrāta*, trad. Buddhabhadra (408-429) ; préface attribuée à Huiyuan (334-416), en 410-412. T. XV, n° 618, p. 301b[12-15] ; Trad. Lin Li-Kouang, I, pp. 341-344.

[70] Elle est inconnue du corps des huit textes mentionnés plus haut. On en trouve une similaire, concevoir la pensée de la foi 起信心, dans la traduction de Xuanzang de l'*Abhidharmakośa* (T. XXIX, n° 1558, p. 132c[14]), et dans un apocryphe chinois, le *Sūtra du Filet de Brahmā* (*Fanwangjing* 梵網經), par exemple, dans le passage suivant : « Fils de Buddha, lorsqu'il enseigne les êtres et leur fait concevoir la pensée de foi, le *bodhisattva* devient un maître qui enseigne les règles pour les autres. » (T. XXIV, n° 1484, p. 1008c : 若佛子。教化人起信心時。菩薩與他人作教誡法師者).

et participe d'une certaine connaissance ; c'est ce deuxième sens qui prévaut dans le *Traité*. Ce que nous avons rendu par acte de foi ne désigne donc pas un acte d'allégeance inconditionnel tenant à une adhésion aveugle. Il est, selon les définitions classiques, la mise en œuvre d'une foi déjà informée, sinon éclairée, un mouvement conscient de l'esprit en vue de sa fin ; l'expression chinoise indique littéralement une mise en évidence, une manifestation ou une expression de la foi qui, de latente, devient active et agissante. Le terme de foi est donc à prendre dans une acception assez souple, en tant qu'elle ressortit à une préconnaisance ou à une connaissance qui demande à être complétée et parachevée ; ce choix comporte une part d'arbitraire et l'on aurait pu lui préférer celui d'adhésion, si ce terme n'était à son tour trop limitatif dans certains cas. D'autres traductions envisageables de l'expression ont semblé ne répondre qu'imparfaitement à la teneur du *Traité* : « conception de la foi » présente le risque d'être pris pour « notion de la foi » et de laisser penser que l'ouvrage s'occupe d'une telle notion ; « éveil de la foi » limiterait le sens du terme *xin* à une adhésion encore balbutiante et non informée de la doctrine, ce qui n'est en général pas le cas, car le *Traité* s'occupe principalement de la question du parachèvement d'une pré-connaissance, ou d'une connaissance encore fragile chez le sujet, qui demande à être confirmée et menée à bonne fin.

Nous avons opté aussi dans ce texte pour le terme de « Talité » afin de rendre l'original indien *tathatā*, le caractère d'être ainsi ou tel, traduit en chinois *zhenru* 眞如, « manière d'être authentique [des choses] ». Ce terme est central dans le *Traité* et c'est à ses définitions que se réfèrent la majeure partie des interprètes ultérieurs qui l'utilisent. Il est la plupart du temps rendu en français par des mots, tels quiddité, siccéité, ainsité, quelque peu arbitraires et inélégants et, aux connotations assez différentes des originaux, si l'on veut éviter des circonlocutions. Notre option ne prétend pas être plus valide que d'autres, mais le terme offre l'avantage d'avoir une source scolastique et d'avoir déjà été utilisé en français pour sa valeur philosophique.[71] Il faudrait, en l'occurrence, traduire systématiquement par « Talité authentique ». Le qualificatif d'« authentique » (*zhen*), ajouté dans la traduction chinoise, n'est en effet doctrinalement pas de trop, puisqu'il sert à définir une « manière d'être » qui, en s'étant décapée d'obstacles cognitifs et passionnels, a réintégré un mode d'être et d'agir qui peut se déployer loin de toute manière d'être inauthentique. Mais comme il peut y signifier la manière d'être des choses empiriques aussi bien que celle de l'absolu, cette option ne serait pas sans quelque contradiction ni sans inconvénient dans certains cas. Lorsqu'il est question de « Talité », il est sous-entendu que c'est de la « vraie manière d'être » des choses dont on parle, et nous n'avons fait que nous conformer à un usage presque général, personne n'ayant par exemple tenté l'expression « ainsité véritable » ; le qualificatif « authentique », s'il sert bien à distinguer sémantiquement un bon d'un mauvais mode d'être, ne démarque pas formellement ce terme technique d'autres qui sont en usage mais auxquels le *Traité* ne fait pas appel, comme celui proprement chinois de *ru* 如 ou *rushi* 如是, « tel[s] », « ainsité[s] » ou « mode[s] d'être [authentiques des choses] » ; enfin, l'utilisation du seul substantif « Talité » offre l'avantage du laconisme, celui de l'original indien. Et tout scrupule ne peut-il être levé si l'on considère que, en toute occurrence, le terme en question n'est guère qu'une « désignation provisoire » servant à indiquer plutôt qu'à définir explicitement l'absolu d'un mental dégagé de ses scories, pour reprendre les mots mêmes du *Traité* ? C'est sur cet aspect qu'insiste l'interprète du *Traité*, Izutsu Toshihiko.

Concernant le premier élément du triptyque du *Traité*, *ti* 體, littéralement « corps », généralement traduit par « essence » ou « sub-

---

[71] Par Étienne Gilson à propos de Duns Scott, chez qui il a un sens il est vrai différent puisque, au lieu de s'appliquer à l'absolu, il désigne les qualités particulières des êtres. Néanmoins la *tathatā* se réfère aussi aux modes d'être contingents et spécifiques des êtres pour autant qu'ils sont éclairés par cette *tathatā*.

stance », nous avons en principe choisi de le rendre par « être » ou « être en soi ». Il est généralement utilisé en doublet avec *yong* 用, l'activité ou le fonctionnement d'un être.[72] Il s'agit de ce qu'une chose est « en soi » mais, dans un contexte bouddhique, un tel en soi n'existe ni ne reste en lui-même comme substance séparée ; il s'actualise et agit, ce qu'exprime le terme de *yong* ; il se manifeste et se signale à l'esprit humain selon certaines particularités, ce qu'indique celui de *xiang* 相. Ainsi dit-on que « le temps n'est pas une entité à part » *shiwubieti* 時無別體 mais qu'il existe à même les phénomènes, selon une célèbre définition du temps de l'*Abhidharma*. Rendre ce terme de *ti* par essence ou substance risquerait de donner de l'ontologie bouddhique un caractère substantialiste qu'il dénie vivement. La traduction par « être » nous a semblé moins inadéquate que les autres, même si parfois elle peut paraître peu élégante.

Les termes relatifs au psychisme et à la vie noétique sont délicats, voire impossibles à rendre. Le *Traité* utilise en parallèle *nian* 念 et *xin* 心. Des enquêtes sur de possibles originaux sanskrits réguliers, dans les deux versions du texte, n'ont pas donné de résultats concluants.[73] L'auteur s'est avant tout préoccupé du rendu en chinois. *Nian* s'applique presque toujours aux conceptions fallacieuses, aux pensées erronées et illusionnées. Par contraste, *xin* désigne souvent la pensée prise en elle-même, voire l'esprit considéré dans sa nature foncière, la Talité elle-même. Si le parallélisme avait été suffisamment régulier, il aurait été envisageable de rendre le premier mot par « pensée » et le second par « esprit », mais tel n'est pas le cas. Le premier a aussi les sens d'instant, plus spécifiquement d'instant de

---

[72] Sur le binôme *tiyong* 體用, voir Demiéville, *Entretiens de Lin-tsi*, Paris, Fayard, 1967, pp. 46-47. De même Jacques Gernet, *Chen-Houei*, à propos de l'absolu (118-10, 134-6), comme terme opposé à l'activité (102-10, 130-1), comme pureté (122-11, 132-7), comme essence de la sapience et de la concentration (129-1). Demiéville, *Wang le zélateur*, Paris, 1992, p. 85 (les trois doctrines ont même et unique corps, *sanjiao tong yiti* 三教同一體).

[73] V. Takasaki, 1987.

pensée (empirique ou absolue), ou d'application de la pensée (sur un objet ou le Buddha). Le second aussi est polysémique, d'autant plus que le *Traité* l'utilise sur plusieurs plans du psychisme. Une correspondance automatique avec « esprit » ne nous a de ce fait pas semblé appropriée. Non seulement les deux se recoupent parfois sémantiquement, mais encore le *xin* ne reste jamais une entité figée, même sous sa forme la plus quintessenciée, si bien que « pensée » nous a souvent semblé plus adéquat. Dans la traduction, on verra plus souvent apparaître le mot « pensée » que celui d'« esprit », sans que l'on sache quel en est l'original chinois, et de temps à autres « pensée [erronée] » ou « conception [erronée] », qui indiqueront presque toujours qu'il s'agit de *nian* utilisé péjorativement.

Remerciements

Je tiens à exprimer ma gratitude envers toutes les personnes qui m'ont aidé à réaliser ce livre. Tout d'abord M. Matsubara Hideichi, professeur émérite à l'université Keio et Président du comité de publication de la Bibliothèque Izutsu, qui m'a ouvert les portes de la collection Izutsu, et a manifesté son appui constant et patient tout au long de l'entreprise. Puis, Mme Izutsu Toyoko, qui m'a accueilli les bras ouverts dans la bibliothèque de son mari et m'a judicieusement conseillé, tous les membres du comité ainsi que M. Sakagami Hiroshi, Président des Presses Universitaires de Keio, qui a assumé la délicate tâche de publier mon texte en français dans ses collections.

Je remercie M. Ishii Kōsei, professeur à l'université Komazawa tanki daigaku, de m'avoir utilement guidé dans le dédale des études japonaises sur le *Traité* et d'avoir attiré mon attention sur des points d'interprétation particulièrement difficiles et souvent encore irrésolus, et M. Yoshizu Yoshihide, professeur à l'université Komazawa, de s'être vonlontiers prêté à mes questions.

Mes remerciements s'adressent à ceux qui m'ont aidé dans la réalisation matérielle du manuscrit, Mme Ogawa Yōko, responsable de publication aux Presses Universitaires de Keio, qui malgré les difficultés langagières s'est scrupuleusement acquittée de sa tâche, ainsi que ma femme, Naoko, qui la première m'avait donné l'idée de traduire l'ouvrage, lors d'un séjour à Kyoto il y a vingt-cinq ans, et n'a depuis lors pas ménagé ses peines pour me seconder.

J'ai une pensée particulière de gratitude envers M. Hirakawa Akira qui, dans ses cours, m'avait initié aux doctrines du *Traité* dont il a fait une présentation magistrale voici maintenant trente ans, à laquelle le présent livre doit d'avoir vu le jour.

Tous ont fait preuve au plus haut point de cette vertu bouddhique par excellence qu'est la *kṣānti*, dont le mot « patience » n'est qu'une lointaine approximation.

Le texte

Le texte dont nous nous sommes servi est celui de la traduction de Paramārtha, dans l'édition de Taishō (T. XXXII, n° 1666). Il a été collationné avec d'autres versions, mentionnées ci-dessous, pour la plupart incluses dans des commentaires du *Traité*, par Ui Hakuju et Takasaki Jikidō (Iwanami bunko, 308-1) ainsi que Kashiwagi. Nous avons mentionné les variantes notables, celles qui méritaient de l'être ou prêtaient à des discussions.

Parmi les versions de la traduction de Paramārtha, on peut distinguer entre celles qui sont antérieures à Zongmi et celles qui lui sont postérieures : les versions modernes — dont celle de Yamamoto Genshiki 山本儼識 est représentative — sont quasiment identiques à celle du commentaire de Fazang de l'ère Genroku 元禄 (1699) ainsi qu'à l'édition du commentaire de Zongmi de l'ère Enpō 延寶 (1679), à trois caractères près. La version de Ui-Takasaki tente de reconstituer la version première antérieure à Zongmi, soit celle antérieure à 750 environ, en se fondant sur la version dite « coréenne » du *Canon de l'ère Taishō* (T-C). Cette édition coréenne était conservée, avec celles des Song, des Yuan et des Ming, au temple familial des Tokugawa, le Zōjōji 増上寺 de Tokyo. L'édition coréenne étant presque entièrement identique à celle des Ming, c'est-à-dire à celle japonaise dite « de Ōbaku » [Ōbakuban 黄檗版], et ayant une typographie moins lisible que cette dernière, les éditeurs du Taishō ont en réalité utilisé l'édition Ōbaku, en la collationnant d'une part avec l'édition coréenne, mais d'une façon qui n'était, semble-t-il, pas exhaustive, et d'autre part avec les éditons Song et Yuan. Nous nous sommes procuré des reproductions des éditions Song, Yuan et coréenne, conservées au Zōjōji, grâce aux bons soins du professeur Ochiai Toshinori 落合俊典, de l'International College for Advanced Buddhist Studies (kokusai bukkyōgaku daigakuin daigaku 國際佛教學大學院大學), à Tokyo, que nous remercions, et nous avons procédé aux vérifications nécessaires pour restituer l'édition coréenne du Taishō ; nous n'avons pas fait ce travail avec l'édition des Ming qui est inaccessible. C'est cette reconstitution que nous suivons.

Le commentaire attribué à Zhikai 智愷 (538-597) (1) est un faux, peut-être japonais, d'une époque postérieure à son auteur[74], qui ne semble pas utiliser le *Traité* dans ses œuvres. C'est le commentaire de Tanyan 曇延 (516-588) qui est le plus ancien. Celui de Huiyuan 慧遠 (523-592) du Jingyingsi 淨影寺 (3) lui semble légèrement postérieur. Ils constituent les deux commentaires systématiques les plus anciens composés immédiatement après la diffusion du *Traité*.

Le commentaire de Tanyan (2) n'est pas mentionné dans les sources chinoises, comme La *Suite des Biographies des moines éminents* (Xu Gaosengzhuan 續高僧傳) de Daoxuan 道宣 (596-667), mais il semble bien l'être d'après des sources japonaises. Le *Catalogue des sūtra et des commentaires conservés à l'époque de Nara* (*Narachō genzai kyōsho mokuroku*) mentionne une copie, en date de Tenpyō shōhō 3 (751), de ce commentaire sous le nom du maître de la Loi [Tan]yan (n° 2435)[75] ; le *Catalogue de la transmission de la lampe dans les contrées de l'Est* (*Tōiki dentōroku* 東域傳燈録) le mentionne également sous le même

[74] Le *Catalogue de U-Cŏn* (T. LV, n° 2184, p. 1175a[22]), mentionne un autre commentaire de Zhiyi, le *Dashengqixinlun zhou* en 2 volumes, et le *Litai fabaoji* (T. XLIX, n° 2034, p. 99a[11]), fait état d'un *Commentaire* de Paramārtha en 2 volumes, mais il ne reste aucune attestation de l'existence de ces ouvrages.

[75] Une ordonnance du Bureau de construction du Tōji le donne à la date du 14 du 6e mois de Tenpyō shōhō 3, en 3 ou 2 volumes (Hirakawa, p. 396).

nom[76]. En outre, Tanyan passe pour avoir commenté des ouvrages dont les noms sont associés au *Traité*,[77] dont un *Commentaire sur le sens du Sūtra du Mahāparinirvāṇa*, ouvrage qu'il aurait composé à la suite d'un oracle où, en rêve, Aśvaghoṣa l'aurait enjoint de le faire.[78] L'ouvrage ne se réfère à aucun *sūtra* ou traité existant, à l'exception de la *Somme du Grand Véhicule* (*Mahāyānasaṃgraha*)[79] pour certains points de la doctrine gnoséologique. La partie subsistante de ce commentaire (le premier volume seulement) montre un ensemble structuré et construit qui a pu servir de modèle aux commentaires ultérieurs. Parmi ceux-ci, il est fait mention d'un commentaire de Tanxuan 曇遷 (542-607), aujourd'hui non conservé, mais son attribution a été mise en doute en Chine même, sans que l'on puisse néanmoins trancher la question[80]. Le *Catalogue des sūtra et des commentaires conservés à l'époque de Nara* en mentionne une copie, en date de Tenpyō shōhō 3 (751) (n° 2437).

Le commentaire attribué à Huiyuan (3) semble être authentique, notamment en raison de sa parenté terminologique avec le *Traité sur les significations du Grand Véhicule* (*Dashengyizhang* 大乘義章, T. XLV, n° 1856) du même moine, auquel il pourait être légèrement antérieur au le *Catalogue des sūtra et des commentaires conservés à l'époque de Nara* en mentionne une copie, en date de Tenpyō 15 (743) (n° 2436). Le commentaire se réfère notamment au *Śrīmālādevīsiṃhanādasūtra* (T. XII, n° 353) et au *Laṅkāvatārasūtra* (T. XVI, n° 671 et 672), et partage certaines vues de la doctrine gnoséologique du *Commentaire sur le Traité du Sūtra des dix terres* (*Shidijinglun yiji* 十地經論, T. XXVI, n° 1522, = T. LXXXV, n° 2758 et 2788 ?).

---

[76] En 2 volumes, DNBZ, 1, p. 34.

[77] Le *Ratnagotravibhāgaśāstra*, T. XXXI, n° 1611 ; le *Śrīmālādevīsiṃhanādasūtra*, T. XII, n° 353 ; le *Sūtra des rois bienveillants*, T. VIII, n° 245.

[78] *Niebanyishu* 涅槃義疏, en 15 volumes.

[79] T. XXXI, n° 1592-1594.

[80] Hirakawa, pp. 396-397.

Le commentaire de Wŏnhyo (4) suit en bonne partie celui de Huiyuan et se réfère à la *Somme du Grand Véhicule* (*Mahāyāna-saṃgraha*). Le *Commentaire particulier* (*Bieji*) (5) en est un manuscrit antérieur de notes prises librement et auquel le commentaire se réfère fréquemment. Le commentaire (4) est la matrice de celui de Fazang (6) qui s'en démarque à peine quant à l'organisation générale, à la distribution des sections et à l'interprétation de la terminologie.

Le commentaire de Fazang (6), tout en héritant de celui de Wŏnhyo (4), fait appel au *Traité* afin de donner un fondement à la doctrine de l'Ornementation fleurie de la causalité du point de vue du monde de la Loi, qui coexiste avec les sept consciences.

L'ouvrage développe ces idées dans la première partie doctrinale, en mettant l'accent sur l'unité de la nature des choses et des phénomènes, par le truchement de la causalité de l'embryon de *tathāgata*, en opposition à la nouvelle école gnoséologique de Xuanzang, et cède parfois le pas à l'exégèse de l'examen mental selon le Tiantai dans la seconde partie, qui touche la pratique. L'exégèse de Fazang, en particulier touchant la pensée unitive, les deux accès, les trois éléments, les quatre fois ou les cinq pratiques, a fortement infléchi la lecture qu'on a faite du *Traité*, notamment au Japon. Le *Commentaire particulier* (7), qui est censé faire état de points de doctrines laissés de côté par l'ouvrage précédent, a été controversé quant à son attribution au cours de l'époque d'Edo.

Le commentaire de Zongmi (11) suit l'ouvrage de Fazang (6), et envisage la pensée unitive du *Traité* du point de vue de l'enseignement parfait de l'Ornementation fleurie, reflètant la tendance à mettre en parallèle les doctrines du Huayan et le Dhyāna, avec l'essor du Chan à son époque.

Zixuan a commenté (12) l'ouvrage de Zongmi, en s'en prenant à une certaine tradition déviante à son avis, pour retrouver les interprétations de Fazang. Il a vu dans la pensée unitive l'acmé de l'enseignement du Buddha, et l'a mise en correspondance avec le monde la Loi unique de l'Ornementation fleurie. Il a voulu établir que la doctrine Huayan de la non-obstruction mutuelle des phénomènes trouvait son fondement dans celle de la production conditionnée de la Talité du *Traité*. Il a néanmoins été critiqué dans l'école pour avoir identifié les doctrines du *Traité* à l'enseignement parfait du Tiantai.

Préface
par Zhikai de Yangzhou

大乘起信論序

揚州僧智愷作

夫起信論者。乃是至極大乘。甚深祕典。開示如理緣起之義。其旨淵弘。寂而無相。其用廣大寬廓無邊。與凡聖爲依。衆法之本。以其文深旨遠。信者至微。故於如來滅後六百餘年。諸道亂興。魔邪競扇。於佛正法毀謗不停。時有一高德沙門。名曰馬鳴。深契大乘窮盡法性。大悲內融隨機應現。愍物長迷故作斯論。盛隆三寶重興佛日。起信未久迴邪入正。使大乘正典復顯於時。緣起深理更彰於後代。迷群異見者。 [p. 575a]

Une préface du *Traité sur l'acte de foi dans le Grand Véhicule* est adjointe à l'ouvrage dans certaines de ses versions, notamment celles des Song, des Yuan et du ministère des affaires impériales, qui ont servi à l'édition de Taishō, n° 1666. Elle manque dans la version coréenne. Elle est attribuée à un grand disciple de Paramārtha, le moine Zhikai (518-568), et est contrefaite [81].

Préface par Zhikai de Yangzhou

Le *Traité sur l'acte de foi* est le canon le plus profond et secret du Grand Véhicule suprême, qui expose la doctrine de la coproduction conditionnée conformément à la vérité. Ses principes sont profonds et étendus, apaisés et sans signes. Son activité est vaste, large et sans limite. Avec les profanes et les saints pour points d'appui, il est le fondement des êtres sensibles. Comme son texte est profond et que ses principes vont loin, la foi y est suprêmement ténue. Aussi bien, plus de six siècles après l'extinction du Tathāgata, toutes les voies se sont produites dans la confusion, les vices de Māra se déploient à qui mieux mieux, et les blasphèmes à l'endroit de la juste Loi du Buddha sont incessants. C'est alors qu'un moine de haute vertu, du nom d'Aśvaghoṣa adhéra profondément au Grand Véhicule et scruta intégralement la nature de la Loi. Sa grande compassion fusionnait à l'intérieur et se manifestait en réponse aux facultés des êtres. C'est parce qu'il prit en pitié les êtres qui erraient longuement qu'il composa ce traité. Il fit fleurir le Triple Joyau et s'élever à nouveau le soleil du Buddha. L'acte de foi ne s'était pas depuis longtemps détourné dans le fallacieux qu'il le fit entrer dans le juste et, lorsqu'il fit apparaître à nouveau l'authentique canon du Grand Véhicule, le principe profond de la coproduction conditionnée se manifesta à nouveau dans sa clarté pour la postérité. L'ensemble des êtres errants

---

[81] V. Demiéville, *Ibidem*, pp. 8, 11-15.

捨執而歸依。闇類偏情之黨。棄著而臻湊。自昔已來。久蘊西域。無傳東夏者。良以宣譯有時。故前梁武皇帝。遣聘中天竺摩伽陀國取經。幷諸法師。遇値三藏拘蘭難陀。譯名眞諦。其人少小博採。備覽諸經。然於大乘偏洞深遠。時彼國王應卽移遣。法師苦辭不免。便就汎舟。與瞿曇及多侍從。幷送蘇合佛像來朝。而至未旬便値侯景侵擾。法師秀採擁流。含珠未吐。慧日暫停。而欲還反。遂囑値京邑英賢慧顯智韶智愷曇振慧旻。與假黃鉞大將軍太保蕭公勃。以大梁承聖三年。歳次癸酉九月十日。於衡州始興郡建興寺。敬請法師敷演大乘。闡揚祕典。示導迷徒。遂翻譯斯論一卷。 [p. 575a]

et les hérétiques rejetèrent leurs préjugés pour prendre refuge en lui, la coterie de ceux qui sont dans les ténèbres et des êtres aux idées fixes abandonnèrent leurs attachements pour arriver à bon port.

Tandis que depuis les temps jadis, il était longtemps resté caché dans les contrées de l'Ouest sans avoir été transmis chez les Jia de l'Est, vint enfin le temps où l'on proclama par édit impérial de le traduire. Aussi le défunt empereur Wu des Liang fit-il dépêcher des envoyés dans le pays de Magadha en Inde centrale pour y prendre des *sūtra* et inviter des maîtres de la Loi. Ils rencontrèrent le maître en *Tripiṭaka* Kulanātha, dont le nom en traduction est Zhenti (Paramārtha). Ce personnage, de petite taille, embrassait largement, il avait lu panoramiquement tous les *sūtra*, mais c'est dans le Grand Véhicule qu'il avait une pénétration particulièrement profonde. A ce moment-là, le roi du pays répondit qu'on devait le dépêcher immédiatement. Le maître de la Loi, malgré son refus obstiné, ne put se dérober. Aussi, l'embarqua-t-on sur un vaisseau, en compagnie de Gautama ainsi que de nombreux compagnons, et l'envoya-t-on débarquer à Su [Jiangsu], avec des représentations de Buddha. A peine furent-ils arrivés depuis moins d'une décade, qu'ils furent en butte à la rebellion de Houjing. Le maître de la Loi embrassait remarquablement [tous] les courants, et n'avait pas encore dévoilé la gemme qu'il avait sur lui. Le soleil de la sapience s'était quelque temps éclipsé et l'on voulait le faire revenir. Finalement, dans la capitale [Nankin], il s'attacha les esprits insignes, Huixian, Zhishao, Zhikai, Tanzhen, Huimin, ainsi que le grand gardien Xiaokong Bo, généralissime qui a ravi la hache de guerre dorée [de l'empereur]. La troisième année de l'ère Zhengsheng [554??] des grands Liang, année *kuiyou* [553][en réalité 552], le dix du neuvième mois, dans le monastère Qianxingsi, dans le district Shixing de Hengzhou, on demanda au maître de la Loi d'expliquer le Grand Véhicule, d'exposer le canon secret, de guider les adeptes dans l'erreur et, finalement, de traduire ce *Traité* en un volume. En mettant en lumière les principes du *Traité*, au bout de deux années, il acheva le travail de

以明論旨。玄文二十卷。大品玄文 [p. 575a]
四卷。十二因緣經兩卷。九識義章
兩／卷。傳語人天竺國月支首那等。 [p. 575b]
執筆人智愷等。首尾二年方訖。馬
鳴沖旨。更曜於時。邪見之流伏從
正化。余雖慨不見聖。慶遇玄旨。
美其幽宗。戀愛無已。不揆無聞。
聊由題記。儻遇智者。賜垂改作
(T. XXXII, n° 1666, p. 575a5–b5).

traduction, en même temps que les *Arcanes* (*Xuanwen*) en vingt volumes [commentant le *Traité* ?] [82] , les *Arcanes de la Mahāprajñāpāramitā* (*Dapinxuanwen*) en quatre volumes [83] , le *Sūtra des douze conditions causales* (*Shier yinyuanjing*) en deux volumes [84], le *Traité sur le sens de la neuvième conscience* en deux volumes [85]. Il avait comme transmetteurs de la langue, l'Indien Upaśūnya ainsi que d'autres, et parmi ceux qui prirent la plume, [moi-même] Zhikai ainsi que d'autres. Les principes profonds d'Aśvaghoṣa se mirent à briller à nouveau et, à ce moment-là, les partisans des vues erronées furent subjugués et remis dans le droit chemin. Bien que je sois au regret de n'avoir pu rencontré le saint homme, je me réjouis d'avoir eu accès à ses principes mystérieux, je glorifie ses enseignements profonds en les affectionnant sans fin, insondables comme jamais on n'en a connu en ce monde. J'ai rédigé cette modeste préface, et s'il se rencontre des savants qui soient au courant, qu'ils fassent bénéficer de leurs lumières pour l'amender.

---

[82] Cf. *Dazongdi xuawen benlun* 大宗地玄文本論, T. XXXII, n° 1669.

[83] ?

[84] = ?

[85] Cf. *Jioushi yiji* 九識義記 ?

Liste non exhaustive des versions dispenibles

(I) traduction de Paramārtha 眞諦 (499-569) : *Dashengqixinlun* 大乘起信論, T. XXXII, n° 1666, pp. 575b-583b. Nous avons indiqué cette version par le sigle T, lorsque les quatre versions qui ont servi à son collationnement sont identiques ; et T-C pour la version coréenne, T-S, pour celle des Song, T-Y pour celle des Yuan, et T-M pour celle des Ming.

1. commentaire attribué à Zhikai 智愷 (538-597) : *Yixin ermen dayi* 一心二門大意, 1 volume, ZZ, XLV, n° 754. L'ouvrage est frauduleux, peut-être japonais, en tout cas postérieur aux deux commentaires suivants.
2. commentaire de Tan.yan 曇延 (516-588) : *Dashengqixinlun shu* 大乘起信論疏, 2 (ou 3) volumes dont le premier seul est conservé, ZZ, XLV, n° 755.
3. commentaire de Huiyuan 慧遠 (523-592) : *Dashengqixinlun yishu* 大乘起信論義疏, 2 volumes, T. XLIV, n° 1843 ; ZZ, XLV, n° 756.
4. commentaire de Wŏnhyo 元曉 (617-686) : *Dashengqixinlun shu* 大乘起信論疏 (*Haidongshu* 海東疏疏), 2 volumes, T. XLIV, n° 1844 ; ZZ, XLV, n° 757.
5. commentaire de Wŏnhyo 元曉 (617-686) : *Dashengqixinlun bieji* 大乘起信論別記, 1 volume, T. XLIV, n° 1845 ; ZZ, XLV, n° 757.
6. commentaire de Fazang 法藏 (643-712) : *Dashengqixinlun yiji* 大乘起信論義記, 2 (ou 3) volumes, T. XLIV, n° 1846 ; ZZ, XLV, n° 760.
7. commentaire attribué à Fazang 法藏 (643-712) : *Dashengqixinlun bieji* 大乘起信論別記, 1 volume, T. XLIV, n° 1847 ; ZZ, XLV, n° 761.
8. commentaire de Tehyŏn 太賢 (actif en 753) : *Dashengqixinlun neiyi lüetanji* 大乘起信論内義略探記, 1 volume, T. XLIV, n° 1847 ; ZZ, XLV, n° 758.
9. copie de l'ère Tenpyō shōhō 天平勝寶 6 (754), conservée au Kanchiin 觀智院 de Kyoto (v. *Narachō shakyō*, Nara kokuritsu hakubutsukan, Tōkyō bijutsu, 1983, n° 47).
10. copie de l'ère Jingo keiun 神護景雲 1 (767), conservée par M. Nezu 根津 à Tokyo.
11. commentaire de Zongmi 宗密 (780-841) : *Dashengqixinlun shu (zhushu)* 大乘起信論疏(注疎), 4 volumes, Shukusatsu zōkyō, Ronshobu, Chō 8 ; ZZ, XLV, n° 761.
12. commentaire de Zixuan 子璿 (?-1038) : *Dashengqixinlun bixiaoji* 大乘起信論筆削記, 20 volumes, T. XLIV, n° 1848 ; ZZ, XLV, n° 761.
13. édition de l'ère Enpō 延寶 7 (1679) du commentaire de Zongmi.
14. édition de l'ère Genroku 元禄 12 (1699) du *Dashengqixinlun yiji* 大乘起信論

義記 de Fazang. Sans doute préserve-t-il un texte collationné par Hōtan 鳳潭 (1657-1738), à partir de l'original et du commentaire de Fazang.

15. édition commentée du commentaire de Fazang, en date de Meiji 明治 27 (1894), par Yamamoto Genshiki 山本儼識, à partir de l'édition de Genroku, *Kandō bōchū Daijō kishinron giki* 冠導傍註大乘起信論義記. Nous avons indiqué cette version par le sigle S.

(II) traduction de Śikṣānanda (652-710) : *Dashengqixinlun* 大乘起信論, T. XXXII, n° 1667 : pp. 583b-591c.

16. commentaire de Tankuang 曇曠 (vers 700-788-?) (copie de 763) : *Dashengqixinlun lüeshu* 大乘起信論略述, 2 volumes, T. LXXXV, n° 2813.
17. commentaire de Tankuang 曇曠 (vers 700-788-?) (copie de 773) : *Dashengqixinlun guangshi* 大乘起信論廣釋, 3 volumes restants (3, 4, 5), T. LXXXV, n° 2814.
18. commentaire d'un auteur inconnu : *Qixinlun zhu* 起信論註, 1 volume, T. LXXXV, n° 2815.
19. commentaire de Zhixu 智旭 (1599-1655) : *Dashengqixinlun liewangshu* 大乘起信論裂網疏, 6 volumes, T. XLIV, n° 1850.

Autres ouvrages :

20. *Les Sons et les sens du Canon bouddhique* de Huilin 慧琳 (737-820) : *Yijiejing yinyi* 一切經音義, 100 volumes, T. LIV, n° 2128, volume 51, p. 647ab.

Tous les titres portés en gras ont été ajoutés par nous-même, en suivant le découpage traditionnel de l'ouvrage.

Indications pour les notes de l'original chinois :
/ : variantes
Ø : caractères en plus
[ ] : caractères en moins
Pour les sigles indiquant les variantes de caractères mentionnées, voir la liste des versions du *Traité* dans l'Introduction, pp. lxxii-lxxiii.

Nous avons porté sur la marge de droite la pagination du texte chinois avec les colonnes correspondantes (a, b, c), selon la version de Paramārtha, T. XXXII, n° 1666.

Traité sur l'acte de foi dans le Grand Véhicule

Composé par Aśvaghoṣa,
traduit par Paramārtha

大乘起信論
馬鳴菩薩造
眞諦譯

I.

Introduction : la prise de refuge

I. Introduction : la prise de refuge

[p. 575b]

歸命盡十方
最勝業遍知
色無礙自在
救世大悲者
及彼身體相
法性眞如海
無量功德藏
如實修行等[1]
爲欲[2]令衆生
除疑捨邪[3]執
起大乘正信
佛種不斷故

[1] [等] 2 [2] [欲] 2 [3] /耶 T-C

---

1 Ce type de stance introduit fréquemment les traités bouddhiques. Selon Fazang la prise de refuge porte sur les Trois Joyaux : le Buddha [vers 1, 2, 3], la Loi [vers 4, 5, 6] et la Communauté [vers 7]. Wŏnhyo inclut le vers 6 dans le Joyau de la Communauté, et Huiyuan inclut le vers 4 dans le Joyau du Buddha, faisant de l'essence du corps du Buddha le corps de la Loi et de ses marques distinctives son corps de rétribution. Pour une comparaison de cette stance avec celle de la version de Śikṣānanda, v. Introduction, pp. xxvii-xxxi.

2 *bianzhi* 遍知: La sapience parfaite constitutive de l'éveil, qui inclut aussi bien le savoir fondamental que le savoir appliqué. Huiyuan lit : l'activité et le savoir universel, faisant du Buddha un « corps de correspondance » pourvu des deux qualités de mérite et de savoir.

3 Le Buddha envisagé ici est en « corps de correspondance » (*yingshen* 應身), selon Huiyuan. Fazang analyse ce corps de correspondance en corps de rétribution (*baoshen* 報身) et en corps de transformation (*huashen* 化身). Le *Traité* adopte le point de vue synthétique d'un corps de la Loi authentique qui réunit en lui,

Je prends refuge[1] dans Celui à l'activité suprêmement excellente,
au savoir universel,[2]
Au corps sans obstacle et à la souveraine maîtrise,
Au grand compatissant qui sauve le monde,[3]
Ainsi que dans l'océan de la Talité de la nature des choses,
Qui est l'être même et les marques de son corps,[4]
Dans le trésor des qualités méritoires innombrables,
Ainsi que dans ceux qui cultivent les pratiques en justesse*,
Qui tous épuisent les dix directions.
Mon souhait est que les êtres
Dissipent leurs doutes et délaissent leurs attachements au faux,
Qu'ils conçoivent la foi droite dans le Grand Véhicule**
Pour que ne s'interrompe pas la lignée des *buddha*.

---

dans une non-dualité, les deux attributs du principe (*li* 理) et de la sapience (*zhi* 智), et analytique d'un corps de correspondance en lequel sont distingués un corps de fruition (*shouyongshen* 受用身) — le corps de rétribution — et un corps de transformation. En associant le principe [la Loi] à la sapience, il précède la bouddhologie classique qui, en envisageant analytiquement le corps de la Loi et synthétiquement le corps de correspondance, identifie respectivement le principe au corps de la Loi et la sapience au corps de rétribution.

4 L'être en soi du corps du Buddha est explicité ici par la nature des choses et la Talité, qui représentent la Loi ; celle-ci se laisse analyser à son tour en enseignement, en principe objet de l'enseignement, en mise en pratique de ce principe et en fruit qui réalise celui-ci pleinement dans l'unité d'une personne. Les marques différentielles sont figurées ici par les qualités innombrables afférentes à la sapience du Buddha, qui constituent un « trésor » (*zang* 藏) chez lui manifeste, et qui chez les êtres profanes restent latentes sous la forme d'embryon (*zang* 藏) de *tathāgata*. C'est à la fois de cet être en soi et des marques différentielles qu'est constitué le corps de la Loi.

II.
Thèse principale

II. Thèse principale

論曰。有法能起摩訶衍信根[4]。是故應說。說有五分。云何爲五。一者因緣分。二者立義分。三者解釋分。四者修行信心分。五者勸修利益分。 [p. 575b]

[4] /論曰。爲欲發起大乘淨信。斷諸衆生疑暗邪執。令佛種性相續不斷。故造此論 S

Nous traiterons de cette thèse qu'il est un enseignement permettant de faire concevoir la faculté de la foi dans le Mahāyāna,[5] ce que nous avons à expliciter en cinq parties. Quelles sont-elles ?

Premièrement, les motifs de la composition,
Deuxièmement, l'établissement de la doctrine,
Troisièmement, l'exégèse de la doctrine,
Quatrièmement, la culture de la pensée de foi, et
Cinquièmement, la promotion de la culture et des profits afférents.

---

[5] La version de Śikṣānanda explicite et développe la teneur des trois derniers vers de la stance introductive, en spécifiant clairement ici que l'acte de foi porte sur le Grand Véhicule : « C'est afin de faire concevoir une foi pure à l'endroit du Grand Véhicule ainsi que de trancher les doutes et les attachements fallacieux de tous les êtres pour que la lignée des *buddha* se perpétue sans discontinuité, que nous avons composé ce *Traité* ».

Le terme de Mahāyāna, seulement transcrit *moheyan* 摩訶衍 dans la version de Paramārtha, y est systématiquement traduit *dasheng* 大乘.

I. Première partie : les motifs de la composition

初說因緣分 [p. 575b]

問曰。有何因緣而造此論。

答曰。是因緣有八種。云何爲八。

一者因緣總相。所謂爲令衆生離一切苦得究竟樂。非求世間名利[5]恭敬故。二者爲欲解釋如來根本之[6]義。令諸生正解不謬故。三者爲令善根成熟[7]衆生於摩訶衍法堪任不

[5] 相 2 [6] ［之］2 [7] /就 2

[6] Bien-être supramondain que sont la réalisation de l'état de *buddha*, la libération et l'extinction.

[7] Le terme de Tathāgata, en traduction chinoise [*rulai* 如來], se laisse comprendre, selon Fazang, dans l'acception de Celui qui est venu de la Talité afin de manifester la vérité : c'est là que réside la signification de son enseignement, qui est qualifiée de foncière ou de radicale. Fazang utilise le composé en chinois tantôt comme nom propre, « le Tathāgata », tantôt comme nom commun, « la venue de la Talité » : « Dans la porte de la naissance et de la disparition, l'éveil foncier a pour nom "Talité" [*ru*] et l'éveil inceptif "venue" ou "advenue" [*lai*]. La non-dualité de l'inceptif et du foncier est qualifiée de Tathāgata [Celui qui est venu de la Talité]. Aussi bien, le *Traité qui met en branle la roue de la Loi* déclare-t-il : "La vérité authentique est qualifiée de Talité [*ru*] et l'éveil juste d'advenu [*lai*]. C'est parce qu'il s'éveille en justesse à la vérité authentique qu'on le qualifie d'advenu de la Talité." Le principe

I.
Première partie : les motifs de la composition

Exposons tout d'abord les motifs de la composition.

Question : « Quelles sont les motivations pour lesquelles le *Traité* a été composé ? »

Réponse : « Elles sont au nombre de huit. Quelles sont-elles ?

La première est de caractère général. Le motif en est en effet de libérer les êtres de toutes leurs douleurs et de faire en sorte qu'ils obtiennent le bien-être suprême,[6] et non point qu'ils recherchent le renom, le profit et la vénération du monde.

La seconde est de faire entendre à tous les êtres le sens de l'enseignement fondamental du Tathāgata[7] afin que leur juste intelligence ne soit pas abusée.

La troisième est que les êtres dont les facultés de faire le bien sont mûries fassent preuve d'une foi acquiescente indéfectible à l'endroit de la Loi du Mahāyāna.[8]

---

authentique réalisé est qualifié de Talité et le savoir indistinctif réalisant de "venue". Lorsque les êtres n'ont pas encore le savoir indistinctif, il n'y a pas "venue de la Talité". C'est ici parce que Celui qui est venu de la Talité réalise [l'état de *buddha*] selon cette idée [*xin* 心] qu'on qualifie celle-ci de signification foncière de [l'enseignement du] Tathāgata [/de la venue de la Talité]." » Fazang prend ici le mot chinois de *ru* 如, et non le composé entier, *zhenru* 眞如, comme rendant seul la notion de Talité.

[8] La foi devient irréversible lorsqu'elle est fermement établie dans la première station après avoir été portée à complétion au terme des dix stades de foi. L'acquiescement consiste à reconnaître l'état des choses de telle sorte que, dans le registre passionnel, on jugule les élans venant des affects et que, dans le registre cognitif, on prenne acte de l'ordonnancement de la réalité ; il se situe au plan du jugement et de la décision.

退信故。四者爲令善根微少衆生。 [p. 575b]
修習信／心故。五者爲示方便消惡 [p. 575c]
業障善護其心。遠離癡慢出邪[8]網
故。六者爲示修習止觀。對治凡夫
二乘心過故。七者爲示專念方便。
生於佛前必定[9]不退信心故。八者
爲示利益勸修行故。有如是等因緣。
所以造論

問曰。修多羅中具有此法何須重說。
答曰。修多羅中雖有此法[10]。以衆
生根行不等受解緣別。所[11]謂如來
在世衆生利根。能說之人色心業勝。

---

[8] /耶 10　[9] ［心定］ 2　[10] /此諸句義。大乘經中雖已具有 S　[11] ［所］ 2

---

[9] Ce sont des procédés qui, tels le repentir ou le culte, tout en n'appartenant pas à la sapience fondamentale, n'en ont pas moins pour profit de promouvoir chez les personnes aux facultés ténues, la volonté d'accroître les facultés à accomplir le bien.

[10] Les gens des Deux Véhicules sont les Auditeurs et les Buddha-pour-soi, assimilés par les fidèles du Grand Véhicule, aux gens du Petit Véhicule considérés comme ne visant qu'un idéal de sainteté pour eux-mêmes et non pas un salut universel s'étendant aux autres êtres.

La quatrième est que les êtres dont les facultés bonnes sont ténues cultivent la pensée de foi.

La cinquième est d'enseigner des procédés[9] afin de dissiper les obstacles des actes de mal, de les engager à s'en tenir fidèlement à cette pensée en les mettant hors de portée de la stupidité et de l'orgueil, et de sortir des rênes de la fausseté.

La sixième est de montrer de quelle manière cultiver l'apaisement et l'examen mentaux et contrecarrer les erreurs de la pensée des profanes ainsi que des gens des Deux Véhicules.[10]

La septième est d'enseigner des procédés pour commémorer exclusivement [le Buddha Amitābha / Amitāyus] afin d'aller naître en sa présence d'une foi absolument indéfectible.

La huitième est de préconiser la culture en en montrant les profits.

Telles sont les motivations pour lesquelles ce *Traité* a été composé ».

Question : « Puisque cette doctrine se trouve en intégralité dans les *sūtra*, quelle nécessité y a-t-il de l'exposer à nouveau ? »

Réponse : « Cette doctrine se trouve certes dans les *sūtra*, mais il importe de tenir compte du fait que les facultés et les pratiques des êtres sont différentes et que les circonstances selon lesquelles on en a l'intelligence sont diverses. En effet, à l'époque où le Tathāgata était en ce monde, les êtres avaient des facultés aiguës et Celui qui exposait la Loi [le Buddha] avait une activité corporelle et mentale supérieure. C'est pourquoi, une fois qu'il proférait uniment la parole parfaite,[11]

---

[11] *yuanyin* 圓音. La parole parfaite du Buddha est dite aussi ne constituer qu'un « unique son », car elle est dévolue aux gens du Petit comme du Grand Véhicule (Bodhiruci), parce que cette parole qui est totale est néanmoins comprise différemment par les êtres (Kumārajīva), ou encore parce que, épousant les facultés réceptives des êtres, elle recèle une efficace merveilleuse sans avoir d'orientation *a priori* (doctrine de l'Ornementation fleurie). V. article *button* 佛音 du *Hōbōgirin*, fascicule III, pp. 215–217.

圓音一演異類等[12]解。則不須論。 [p. 575c]
若如來滅後。或有衆生能以自力廣聞而取解者。或有衆生亦以自力少聞而多解者。或有衆生無自心[13]力因於廣論而得解者。自[14]有衆生復以廣論文多爲煩。心樂總持少文而攝多義能取解者。如是此論。爲欲總攝如來廣大深法無邊義故。應説此論

[12] /各 2 [13] /智 T-S, T-Y [14] /亦 T-S, T-Y ; /佛涅槃後。或有能以自力少見於經而解多義。復有能以自力廣見諸經乃生正解。或有自無智力因他廣論而得解義。亦 S

les divers êtres en avaient à égalité l'intelligence ; aussi bien les traités ne s'avéraient-ils pas nécessaires. Mais après l'extinction du Tathāgata il s'est trouvé des êtres soit qui pouvaient en obtenir d'eux-mêmes l'intelligence en ayant beaucoup entendu, soit qui comprenaient d'eux-mêmes beaucoup en n'entendant que fort peu,[12] mais il en était d'autres qui, dépourvus de facultés mentales propres, en obtenaient l'intelligence grâce à des traités développés, ou d'autres encore qui, naturellement incommodés par la longueur de ces traités développés, souhaitaient qu'on y introduise la signification la plus riche possible dans un texte réduit, tel qu'ils le retiennent entièrement[13] dans leur esprit et qu'ils puissent de la sorte en obtenir l'intelligence. C'est en vertu de cela que le présent *Traité* englobe les significations illimitées de la vaste et profonde Loi du Tathāgata, et c'est dans cette optique qu'il importe d'exposer ce *Traité* » .

---

[12] La version de Śikṣānanda intervertit les deux premiers membres de la phrase, avec des variantes terminologiques.

[13] *congji* 總持, traduction habituelle de *dhāraṇī*, terme à prendre ici dans le sens de formule mnémotechnique. Le propos du *Traité* est clairement de fournir un compendium des doctrines bouddhiques à caractère synthétique et didactique.

II. Deuxième partie : l'établissement de la doctrine

1. Le contenu et sa signification

已說因緣分次說立義分。 [p. 575c]

摩訶衍者。總說有二種。云何爲二。

一者法[15]。二者義[16]。

2. La pensée unitive

所言法者。謂衆生心。是心則攝一切世間法[17]出世間法[18]。依於此心顯示摩訶衍義。

[15] /有法 S [16] /法 S [17] ［法］ 14, 15 [18] /世出世法 S

[14] Fazang : L'objet [la teneur] est l'être objectif du Mahāyāna (le Grand Véhicule). Le sens est la signification allouée à l'appellation même de Mahāyāna. Il est objet parce qu'il a un être propre, parce qu'il s'applique au savoir et parce qu'il manifeste le sens. Il est l'être propre du Grand Véhicule — c'est-à-dire la pensée des êtres — et est pourvu du principe authentique. L'objet ayant un être propre, il met en œuvre l'activité donnant naissance au savoir. Dans ce *Traité* en particulier, la conception de la foi désigne la puissance suscitant le savoir confiant qui réside dans la nature du principe authentique de la pensée des êtres ; il manifeste le sens car la pensée des êtres est dotée d'une force excellente. La signification désigne la raison pour laquelle la pensée des êtres est appelée Mahāyāna. Elle montre l'excellence de leur pensée. L'objet montre ce qu'est le Mahāyāna et le sens son excellence.

II.
Deuxième partie : l'établissement de la doctrine

1. Le contenu et sa signification

Nous venons d'exposer les motivations de la composition ; nous allons exposer ensuite l'établissement des points de la doctrine. On peut rendre compte sommairement de ce qu'est le Mahāyāna de deux manières. Quelles sont-elles ? Premièrement le contenu, et deuxièmement le sens.[14, *]

2. La pensée unitive

Le contenu se dit de la pensée des êtres sensibles. Cette pensée englobant toutes les choses mondaines et supra-mondaines, c'est grâce à elle qu'on manifeste la signification du Mahāyāna.

La version de Śikṣānanda comprend le binôme de manière différente : ce qui connaît l'objet, c'est-à-dire le sujet (*dharmin*[#]) (la pensée des êtres) ; et l'objet (*dharma*[#]) (les trois grandeurs) (Kashiwagi).

La distinction entre *fa* 法 et yi 義 est courante. Dans les traités exégétiques, elle désigne les textes et les thèses, c'est-à-dire les *sūtra* et les thèses qu'ils enseignent : *Mahāyānasūtrālaṃkāra*, XI-1-4, T. XXXI, n° 1604, pp. 609c ; trad. S. Lévi, p. 99, et Lamotte, *Mahāyānasaṃgraha*, p. 3 en note (= Xuanzang, T. XXXI, n° 1597, pp. 321c[29], 322a[1] ; = Paramārtha, T. XXXI, n° 1595, p. 154b[17]) : les textes (*dharma*) et les thèses (*artha*) [enseignés par les *sūtra*].

Elle s'applique aux choses et à leur but ou sens : Lamotte, *Idem*, p. 3, Xuanzang, T. XXXI, n° 1597, p. 322a[10] ; = Paramārtha, T. XXXI, n° 1595, p. 154b[27]: la scène (*āśraya*) 依, le caractère (*lakṣaṇa*) 相, la chose (*dharma*) 法 et le but (*artha*) 義.

C'est cette dernière acception qui est à retenir ici.

3. Les deux modes

何以故。是心眞如相。卽示[19]摩訶衍體故。是心生滅因緣相。能示摩訶衍自體相用故。 [p. 575c]

4. Les trois grands éléments

所言義者。則有三種。云何爲三。一者體大[20]。謂一切法眞如平等不增減故。二者相大。謂如來藏具足無量[21]性功德故。三者用大。能生一切世間出世間善因果故。

5. Le véhicule

一切諸佛本所乘故。一切菩薩皆乘此法到如來／地故。 [p. 576a]

---

[19] /能顯示 S [20] ［大］14, 15 [21] /漏 2, 4, 5

---

[15] Huiyuan : l'aspect de la vraie manière d'être de la pensée désigne la neuvième conscience, celle qui est immaculée ; l'aspect conditionné de la naissance et de la disparition de la pensée se dit de la huitième conscience, celle qui est le fondement des choses. Fazang : l'aspect de la Talité de la pensée désigne l'accès par la non-production, et l'aspect conditionné de la naissance et de la disparition l'accès par la production.

[16] Littéralement, « grand », qui est censé rendre compte du qualificatif « Grand » dans l'expression Grand Véhicule.

3. Les deux modes

Pour quelle raison ? Parce que l'aspect de la manière d'être authentique de cette pensée manifeste l'être même du Mahāyāna. Parce que l'aspect conditionné de naissance et de disparition de cette pensée est en mesure de manifester l'être même du Mahāyāna ainsi que son aspect et sa mise en œuvre.[15]

4. Les trois grands éléments

Il est trois sortes de sens. Quels sont-ils ?

Premièrement, l'élément[16] de grandeur de l'être en soi, dans ce sens que la manière d'être authentique [la Talité] de toutes les choses est égale et ne connaît ni accroissement ni diminution. Deuxièmement, l'élément de grandeur des signes caractéristiques. En effet, l'embryon de *tathātaga* est pourvu des qualités naturelles innombrables.[17] Troisièmement, l'élément de grandeur de l'activité, car il est en mesure de donner naissance aux causes et aux fruits de tous les biens mondains ainsi que supra-mondains.*, **

5. Le véhicule

[La Loi] est en effet ce sur quoi tous les *buddha* sont originellement montés.[18] C'est en effet en montant sur cette Loi que tous les *bodhisattva* ont atteint la terre de *tathāgata*.[19]

---

[17] La variante « immaculées », relevée par Tanyan et Wŏnhyo retient l'attention, mais n'est pas vraiment corroborée par l'ensemble du texte. V. cependant, p. 24, l. 6. À la p. 96, l. 8, on a bien « innombrables » aussi.

Il est d'ailleurs vraisemblable que cette phrase, tout comme le vers 7 de la stance introductive, s'inspire directement d'un passage du *Ratnagotravibhāga* : « Comme le grand océan, l'embryon de *tathāgata* est le réceptacle inépuisable du trésor des qualités innombrables ». T. XXXI, n° 1611, p. 831b[11-12]. V. Takasaki, 1987, pp. 7-8.

[18] Leur corps de Loi.

[19] La pensée des êtres.

III. Troisième partie : l'exégèse

已說立義分。次說解釋分解釋分有三種。云何爲三。一者顯示正義。二者對治邪執。三者分別發趣道相。 [p. 576a]

Chapitre premier : la mise en évidence du sens exact
1re section : les deux accès

顯示正義者。依一心法。有二種門。云何爲二。一者心眞如門。二者心生滅門。是二種門皆各總攝一切法。此義云何。以是二門不相[22]離故。

[22] 捨 2

III.
Troisième partie :
l'exégèse

Nous avons exposé les points de doctrine ; faisons-en ensuite l'exégèse.

La section exégétique est de trois sortes. Quelles sont-elles ? Premièrement, on met en évidence le sens exact. Deuxièmement, on contrecarre les attachements fallacieux. Troisièmement, on analyse les aspects de la mise en marche sur la voie.

Chapitre premier :
la mise en évidence du sens exact

1re section :
les deux accès

Dans la mise en évidence du sens exact, il est deux accès concernant l'élément de la pensée unitive. Quels sont-ils ? Premièrement, l'accès par la manière d'être authentique [la Talité] de la pensée.* Deuxièmement, l'accès par le cycle d'apparition et de disparition de la pensée.** Ces deux accès englobent, chacun, toutes les choses. Qu'entend-on par là ? Que ces deux accès ne sont pas à part l'un de l'autre.***

A. L'accès par la Talité de la pensée

• La Talité dégagée du langage

心眞如者。卽是一法界大總相法門 [p. 576a]
體。所謂心性不生不滅。一切諸[23]
法唯依妄念而有差別。若離心[24]念
則無一切境界之相。是故一切法。
從本已來。離言說相。離名字相。
離心緣相。畢竟平等。無有變[25]異。
不可破壞。唯是一心。故名眞如。
以一切言說。假名無實。但隨妄念。
不可得故。言眞如者。亦無有相。
謂言說之極。因言遣言。此眞如體。
無有可遣。以一切法。悉皆眞故。
亦無可立。以一切法。皆同如故。
當知一切法不可說不可念故。名爲
眞如。

問曰。若如是義者。諸衆生等云何
隨順而能得入。

答曰。若知[26]一切法雖說無有能說

[23] ［諸］2 [24] /妄 T-C, S /於 6 [25] 易 2 [26] ［知］9

[20] Dans ces deux phrases, le *Traité* analyse le terme de « Talité », non pas à partir du mot indien *tathatā*, mais en découpant le terme chinois *zhenru* 眞如, en ses deux éléments, « authentique » (*zhen*), et « telles » ou « telles

A. L'accès par la Talité de la pensée

• La Talité dégagée du langage

La Talité de la pensée est la sphère de la Loi unique,* le caractère général par excellence ainsi que l'essence même des rubriques de la doctrine. Ce qui veut dire que la nature de la pensée ni ne se produit ni ne disparaît. Toutes les choses sont différenciées en raison des idées fausses seules. Dès lors qu'il n'est aucun signe d'objet en dehors des idéations mentales,** toutes les choses sont, dès l'origine, distinctes des signes du langage, des mots et des objets mentaux. Elles sont, en dernière instance, égales, ne sont pas sujettes à changement et sont indestructibles. Il n'est que la pensée unitive qu'on qualifie spécifiquement du terme de Talité.***

En effet, toutes les paroles sont des dénominations provisoires sans réalité, elles sont uniquement sujettes aux pensées erronées et échappent à l'appréhension. Ce qu'on appelle la Talité, à son tour, ne présente pas de signe distinctif, ce qui veut dire qu'à la pointe ultime du langage, on congédie le langage à l'aide du langage. L'être de cette Talité n'a rien qui puisse être nié car toutes les choses y sont « authentiques ». Il n'y a en outre rien à poser en plus car toutes les choses y sont « telles quelles » à égalité.[20] Il importe de s'aviser que toutes les choses sont indicibles et inconcevables.[21] Voilà pourquoi on parle de Talité.

Question : « Si telle est bien le sens de cette doctrine, de quelle façon tous les êtres y adhèreront-ils et seront-ils en mesure de la pénétrer ? »

Réponse : « Si l'on s'avise que, à propos de toutes choses, quoiqu'il y ait discours, il n'est ni locuteur ni objet de discours et

---

quelles » (*ru*). Il ne peut s'agir que d'une adjonction explicative du rédacteur chinois. La version de Śikṣānanda élude ce passage.

[21] Cette phrase est portée en début de paragraphe dans la version de Śikṣānanda, avec des variantes terminologiques.

可說[27]。雖念亦無能念可念。是名隨順。若離於念名爲得入。 [p. 576a]

• La Talité s'appuyant sur le langage

復次[28]眞如者[29]。依言說分別[30]有二種義。云何爲二。一者如實空。以能究竟顯實故。二者如實不空。以有自體具足無漏性功德故[31]。

所言空者。從本[32]已[33]來一切染法不相應故。謂離一切法差別之相。以無虛妄心念故。當知眞如自性。非有相[34]非無相。非非／有。相非非無相。非有無俱相。非一相非異相。 [p. 576b]

---

[27] /無能說所說 S [28] 此 T-S, T-Y [29] ［者］S [30] /依言說建立 S [31] /一眞實空。究竟遠離不實之相顯實體故。二眞實不空。本性具足無邊功德有自體故 S
[32] /昔 T-S, T-Y [33] /以 9 [34] ［相］9

---

[22] La version de Śikṣānanda semble s'inspirer directement ici du *Laṅkāvatāra-sūtra*, dans la traduction de Śikṣānanda : « Il n'y a ni sujet percevant ni objet vu, il n'y a ni locuteur ni objet de discours » 無有能見亦無所見。無有能說亦無所說. T. XVI, n° 672, p. 588c[6-7].

[23] La version de Śikṣānanda interprète le verbe « analyse » (*fenbie* 分別, *vijānāti*[#]) de la version de Paramārtha dans le sens d'une expression métaphorique appartenant à l'ordre de la « vérité mondaine » (*jianli* 建立, *prajñapti*[#]) et servant à exprimer la « vérité absolue » (Kashiwagi).

[24] La vacuité de la vraie manière d'être des choses. La Talité envisagée sous son angle négatif ; là où, au terme d'un examen exhaustif, il n'y a plus distinction de choses illusoires, et où l'on fait apparaître en pleine lumière

que, bien qu'il y ait des conceptions, il n'est ni sujet pensant ni objet de pensée,[22] on est dans ce qu'on appelle l'adhésion. Et dès qu'on coupe court aux conceptions, on aura affaire à ce qu'on appelle la pénétration ».

• La Talité s'appuyant sur le langage

Ensuite, la Talité revêt deux significations pour peu qu'on l'analyse à l'aide du langage.[23] Quelles sont-elles ? Premièrement, la vacuité dans la réalité telle quelle, car elle est à même de manifester la réalité dans son sens ultime.[24] Deuxièmement, la non-vacuité dans la réalité telle quelle, car elle a un être propre qui est pourvu de qualités naturelles immaculées.[25]

La vacuité se dit du fait que, dès l'origine, aucune souillure n'est associée [à la Talité] ; celle-ci est départie [vide] des marques différentielles de toutes les choses, car elle ne comporte aucune conception fallacieuse. Avisons-nous du fait que la nature propre de la Talité n'est ni signe d'existence, ni signe d'inexistence, n'est ni signe de non-existence, ni signe de non-inexistence, n'est ni signe

---

la vraie manière d'être des choses. Le *Traité* défend une théorie de la vacuité différente de celle des textes de la littérature de *Prajñāpāramitā*. Selon ces derniers, c'est la nature foncière des choses qui est vide. Pour le *Traité*, cette nature foncière est la réalité même telle qu'elle est, c'est-à-dire la Talité, et c'est la nature de l'Inscience et des passions qui est vide. C'est donc au sein de la Talité qu'il y a vacuité de l'illusoire.

[25] La non-vacuité de la vraie manière d'être des choses. La Talité envisagée sous son angle positif, où elle apparaît pourvue de ses qualités immaculées originelles. La Talité est la réalité même ; en elle, les qualités de la nature ne sont donc pas vides.

La version de Śikṣānanda inverse les deux éléments du dernier membre de la phrase et porte « illimitées » à la place d'« immaculées » : « Premièrement, la vacuité authentique, car ultimement elle se départit des caractères irréels et manifeste l'être réel. Deuxièmement, la non-vacuité authentique, car la nature originelle est pourvue de qualités illimitées et a un être propre ». V. *supra*, p. 19, n. 17.

非非一相非非異相。非一異俱相[35]。 [p. 576b]

乃至總說。依一切衆生以有妄心念

念分別。皆不相應[36]故。說爲空。

若離妄心實無可空故。

所言不空者。已顯法體空無妄故。

卽是眞心常恒不變淨法滿足[37]。故[38]

名[39]不空。亦無有相可取。以離念

境界唯證相應故[40]。

---

[35] /應知眞如非有相非無相。非有無相。非非有無相。非一相非異相。非一異相。非非一異相 S [36] 不能觸 S [37] 則 T-S, T-Y [38] /卽 17 ; /則 4, 14, 15 [39] /即明 16 [40] /唯離念智之所證故 S

---

[26] La version de Śikṣānanda réduit les deux séries de cinq termes à deux séries du tétralemme courant : ni signe d'existence, ni signe d'inexistence, ni signe d'existence et d'inexistence en même temps, ni signe de non-existence et de non-inexistence en même temps ; ni signe d'identité, ni signe d'altérité, ni signe d'identité et d'altérité en même temps, ni signe de non-identité et de non-altérité en même temps.

Jizang (549-623) cite presque tel quel ce passage dans la version de Paramārtha (*Grotte précieuse*, T. XXXVII, n° 1744, p. 73c).

[27] La leçon de la version de Śikṣānanda : « ne peuvent entrer en contact », pourrait s'inspirer du *Sūtra de Śrīmāladevī* : « Les passions n'entrent pas en contact avec la pensée, et la pensée n'entre pas en contact avec les passions » 煩惱不觸心。心不觸煩惱. T. XII, n° 353, p. 222b[26] ; T. XI, n° 310, p. 677c[27].

[28] La nature des choses, c'est-à-dire la Talité, étant la réalité ultime, elle a donc évacué tout élément illusoire. Néanmoins, tout comme le *Traité sur les cinq enseignements selon l'Ornementation fleurie* de Fazang, selon lequel la Talité ne conserve pas sa nature propre (T. XLV, n° 1866, p. 499b[8-12]). Le *Traité* admet que la Talité est susceptible de recevoir des imprégnations venant de l'Inscience et donc de faire apparaître des entités illusoires :

d'existence et d'inexistence en même temps ; qu'elle n'est non plus ni signe d'identité, ni signe d'altérité, n'est ni signe de non-identité, ni signe de non-altérité, n'est ni signe d'identité et d'altérité simultanément.[26] En somme, tous les êtres sensibles possèdent des pensées fallacieuses, [établissent] des différenciations à chaque instant de pensée et ne sont pas associés [à la Talité] ;[27] voilà pourquoi on parle de vacuité. En effet, dès lors qu'on s'est départi des pensées fallacieuses, il n'y a plus rien en réalité à évacuer.

Par non-vacuité, on entend que, une fois qu'on a montré que l'être des choses était vide et qu'il n'y existait rien d'illusoire,[28] la pensée authentique méritait d'être qualifiée de non-vide car elle est pérenne, immuable et parfaitement pure. Il n'est donc pas de signes distinctifs qu'on puisse *a fortiori* y appréhender. En effet, le domaine de ce qui est dégagé des conceptions [erronées] y est pure union par la réalisation.[29]

---

comme pour l'école de l'Ornementation fleurie, il met l'accent sur le phénoménisme. Sur ce point, il s'écarte de la théorie de la Talité de l'école gnoséologique [Faxiang], pour laquelle la Talité est toujours et uniquement immaculée.

[29] Cette double signification de la Talité reprend un passage du *Sūtra de Śrīmāladevī* : « Vénéré du monde, il est deux sortes d'intelligence de la vacuité de l'embryon de *tathāgata*. Vénéré du monde, l'embryon de *tathāgata* vide qui est séparé, libéré et distinct du réceptacle de toutes les passions. Vénéré du monde, l'embryon de *tathāgata* non-vide constitué des qualités de *buddha* inconcevables, plus nombreuses que les sables du Gange, dont il n'est ni séparé, ni départi, ni distinct ». T. XII, n° 353, p. $221c^{16-18}$; v. aussi T. XI, n° 310, p. $677a^{22-25}$.

On peut la rapprocher également d'une stance du *Traité sur la nature de buddha* de Vasubandhu, traduit par Paramārtha, stance portant sur la vacuité et la non-vacuité de la Talité : « C'est en raison des passions adventices que la vacuité est séparée du monde de la Loi. C'est parce que la Loi suprême est non-vide qu'elle est conforme au monde de la Loi ». T. XXXI, n° 1610, p. $812b^{23-24}$.

B. L'accès par l'apparition et la disparition de la pensée — l'apparition et la disparition du souillé et du pur —
[a] L'apparition et la disparition de la pensée
[1] La conscience-de-tréfonds (*ālaya-vijñāna*)

心生滅者。依如來藏故[41]有生滅心[42]。 [p. 576b]
所謂不生不滅與生滅和合非一非異。
名爲阿梨[43]耶識。
此識有二種義。能攝一切法生一切法。云何爲二。一者覺義。二者不覺義。

[2] L'éveil

所言覺義者。謂心體[44]離念。離念相者等虛空界無所不遍。法界一相即是如來平等法身。依此法身說名本覺。何以故。本覺義者。對始覺義說。以始覺者[45]即同本覺。

---

[41] [故] S [42] 轉 S [43] /黎 T-S, T-Y ; / 賴 S [44] /心第一義性 S [45] [者] 2

---

[30] La conscience-de-tréfonds du *Traité* associe à la fois l'authentique (le pur) et le fallacieux (l'impur), à la différence de celle de l'école gnoséologique de Xuanzang, qui passe pour uniquement fallacieuse (impure).

[31] L'éveil est l'intelligence sapientielle dans laquelle le sujet (la pensée pure de soi, l'embryon de *tathāgata*) et l'objet (la Talité) ne sont pas distincts.

B. L'accès par l'apparition et la disparition de la pensée — l'apparition et la disparition du souillé et du pur —

[a] L'apparition et la disparition de la pensée

[1] La conscience-de-tréfonds (*ālaya-vijñāna*)

Quant à l'apparition et à la disparition de la pensée, c'est en raison de l'embryon de *tathāgata** comme support qu'il est de la pensée qui se produit et disparaît. En effet, la non-naissance et la non-disparition sont unies à la naissance et à la disparition. Les premières et les secondes ne sont ni identiques ni différentes. Telle est ce qu'on appelle la conscience-de-tréfonds.[30, **]

Cette conscience s'entend en deux sens, selon qu'elle est en mesure d'englober toutes les choses ou selon qu'elle peut leur donner naissance. Quels sont ces deux sens ? Le premier est celui de l'éveil, et le second celui du non-éveil.

[2] L'éveil

Par éveil, on entend que l'être même de la pensée se départit des conceptions [erronées].[31] Ce caractère d'être dégagé des conceptions [erronées] est à l'instar du monde de l'espace, et il n'est rien où il ne s'étende.[32] Aussi bien est-il le caractère d'unité de la sphère de la Loi, à savoir le corps de la Loi égal du Tathāgata. C'est en vertu de ce corps de la Loi qu'on parle d'éveil foncier. Pourquoi ? Car, l'éveil foncier prenant explicitement son sens en regard de celui de l'éveil inceptif, ce dernier est identique au premier.

Lorsqu'il apparaît au sein de la conscience-de-tréfonds, il est dégagé de l'aspect impur de celle-ci, c'est-à-dire des conceptions fallacieuses, et reçoit le nom d'éveil inceptif. La version de Śikṣānanda rend l'expression d'« être de la pensée » par celle de « nature absolue de la pensée ».

[32] Fazang : l'éveil s'étend du stade de profane à celui de la sainteté.

✦ L'éveil inceptif

始覺義者。依本覺故而有不覺。依不覺故說有始覺。 [p. 576b]

又以覺心源[46]故。名究竟覺。不覺心源[47]故。非究竟覺。此義云何。

如凡夫人。覺知前念起惡故。能止後念。令其[48]不起。雖復名覺卽是不覺故。如二乘觀智初發意菩薩等。覺於念異。念無異相。以捨麁分別執著相故。名相似覺。如法身菩薩等。覺於念住。念無住相。以[49]離

[46] /原 2, 3, 5, 7-13, 16-19, 20 [47] /原 *idem* [48] ［令其］ 2 [49] /心 T-S, T-Y, 9

[33] Les profanes acquis au bouddhisme, ceux qui en sont au stade des dix degrés de foi.

[34] Ces êtres ont certes conçu l'éveil, si on les compare aux profanes non-bouddhistes qui n'ont pas comme eux coupé court aux pensées de mal, mais il n'ont pas acquis l'éveil car ils n'ont pas éradiqué les racines du mal. Ils en sont donc au premier stade de l'éveil inceptif.

[35] Les *bodhisattva* de la première station jusqu'à la dixième rétroversion des mérites.

[36] Celles des passions de convoitise, d'aversion et de la notion d'un moi.

[37] Qui suscitent les passions de convoitise, etc.

[38] Le deuxième degré de l'éveil inceptif, qui n'est pas encore authentique car on n'y a pas acquis le savoir saint.

[39] Ceux qui sont au-delà de la première terre [Fazang], qui sont à la dixième terre [Wŏnhyo], et qui ont réalisé que tout n'est que pensée. C'est le troisième stade de l'éveil inceptif.

❖ L'éveil inceptif

Par éveil inceptif on veut dire que, si celui-ci repose certes sur l'éveil foncier, il y a néanmoins non-éveil [à l'endroit de ce dernier], et que c'est en raison de cette absence d'éveil qu'on professe qu'il est un éveil inceptif.

En outre, c'est parce qu'on s'éveille à la source de l'esprit qu'on parle d'éveil ultime. Sans éveil à cette source de l'esprit , il n'y a pas d'éveil ultime. Qu'en est-il de ce dernier point ?

[1] Des êtres profanes,[33] ayant réalisé le mal qu'ont produit des pensées antérieures, peuvent par là même porter un coup d'arrêt à des pensées subséquentes afin qu'elles ne se produisent plus. Dans ce cas, on parle certes là encore d'éveil, mais il s'agit d'un non-éveil.[34]

[2] [Ceux qui ont] le savoir d'examen mental des gens des Deux Véhicules ainsi que les *bodhisattva* qui ont conçu pour la première fois la pensée d'éveil,[35] réalisant [le caractère] d'évolution des conceptions [erronées],[36] coupent court à celui-ci dans leurs pensées et rejettent les marques d'attachement aux différenciations grossières.[37] C'est pourquoi on parle à leur endroit d'éveil par analogie.[38]

[3] Les *bodhisattva* en corps de la Loi,[39] ayant réalisé [le caractère] de durée des pensées [erronées],[40] coupent court à ce caractère et se défont des marques de différenciation [subtile][41] et des conceptions [erronées] grossières.[42] C'est pourquoi on parle à leur endroit d'éveil partiel.

---

[40] Celles qui conçoivent faussement l'individu de même que les *dharma*.

[41] L'attachement aux *dharma*.

[42] La version de Śikṣānanda lit : « ... se défont des différenciations de catégorie moyenne », c'est-à-dire de celles qui sont à mi-chemin entre le grossier et le subtil. Cette interprétation semble plus cohérente que celle de Paramārtha, dans le cours de l'exposé.

分別麁念相故[50]。名隨分覺。如菩薩地盡。滿足方便。一念相應。覺心初起。心無初相。以遠離微細念故。得見心性。心卽常住。名究竟覺。是故修多羅說。若有衆生能觀無念者。則爲向佛智故。又心起者[51]。無有初相可知。而言知初相者。卽謂無念。是故一切衆生不名爲覺。 [p. 576b]

[50] /捨中品分別故 S　　[51] /又言心初起者。但隨俗説 S

[43] Le chemin des moyens.

[44] Par lequel ils tranchent les dernières passions et manifestent la pensée vraie. A ce moment précis l'éveil inceptif entre en union avec l'éveil foncier. C'est le chemin sans intermission.

[45] Dans leur pensée, il n'est plus ni naissance ni disparition.

[46] Les pensées erronées conçues pour la première fois.

[47] La pensée pure de soi de l'embryon de *tathāgata*.

[48] C'est le quatrième stade de l'éveil inceptif.

[49] Il s'agirait d'une citation approximative du *Sūtra de la descente à Ceylan*, selon Huiyuan, mais on ne l'y trouve pas. C'est en fait une citation de l'*Avataṃsakasūtra* en soixante volumes, chapitre de la Production de la nature de *tathāgata* (T. IX, n° 278, p. 623c$^{26\text{-}27}$), tirée du *Ratnagotravibhāga* (traduit par Ratnamati (T. XXXI, n° 1611, p. 827b$^{3\text{-}4}$) (Ōtake) : « S'étant départi au loin des méprises, il produit le savoir d'omniscience, le savoir sans maître et le savoir sans obstacle » 遠離顚倒、起一切智無師智無礙智. (Ōtake, 2004, pp. 52-54). On peut lire la dernière partie de la phrase soit « le savoir qui oriente vers l'état de *buddha* », soit « s'orienter vers le savoir de *buddha* ». Dans le premier cas, elle voudrait dire que la pensée actuelle est un *continuum* de différenciations erronées et que vouloir couper court aux pensées fausses ne reviendrait qu'à rajouter une superfétatoire pensée fausse. Mais, si examiner mentalement que l'aspect authentique de la pensée asujettie à des distinctions illusoires, n'est pas encore actualiser l'absence de pensée, cela

[4]Ceux qui ont mené à exhaustion les terres de *bodhisattva* possèdent les moyens au complet,[43] sont en adéquation avec l'unique [=ultime] instant de pensée.[44] En prenant conscience de la première apparition des pensées [erronées], ils effacent le caractère de commencement dans la pensée.[45] Ayant coupé court aux conceptions [erronées les plus] subtiles,[46] ils obtiennent de voir la nature de la pensée.[47] Cette pensée durant perpétuellement, on lui donne donc le nom d'éveil ultime.[48]

C'est dans ce sens que les *sūtra* exposent que « s'il est des êtres qui sont en mesure d'examiner l'absence de conception, ils se dirigent vers le savoir de *buddha* ».[49] En outre, concernant l'apparition des pensées [erronées], il n'est pas de caractère initial qui s'en signalerait à la connaissance.[50] Cependant, on assure que c'est prendre connaissance du caractère de commencement qui définit l'absence

---

n'en ressortit pas moins à progresser vers l'état de *buddha*. Ui et Takasaki optent pour la deuxième lecture qui s'accorde avec le sens de la citation.

L'absence de pensée (*wunian* 無念) désigne l'absence totale d'activité mentale (*acitta*, etc.) dans les recueillements d'inconscience. Mais, appliqué à l'appréhension de l'absolu ineffable, le terme désigne un mode de connaissance « abrupt », dénué de pensée distinctive et dichotomisante, comparé à celui d'un miroir clair. C'est cette acception qu'il a dans le *Traité*. Elle connaîtra un essor singulier dans les écoles du Dhyāna, où il y est synonyme de *wuxin* 無心, absence de pensée.

Il se trouve dans l'apocryphe chinois du *Vajrasamādhisūtra*, T. IX, n° 273 ; dans le contexte Chan, v. *Lidai fabaoji*, T. LI, n° 2075, p. 185a. Zhiyan (602-668), de l'école Huayan, l'utilise également dans un sens proche du *Traité* : « C'est par l'absence de pensée qu'on obtient de réaliser rapidement l'état de *buddha* » 依無念疾得成佛 (*Huayanjing kongmuzhang*, T. XLV, n° 1870, p. 585c).*

50 On ne peut assigner de début aux pensées illusionnées qui naissent et disparaissent. La version de Śikṣānanda spécifie : « La première apparition des pensées [erronées] se dit seulement en fonction de la vérité profane ». Elle semble suivre un passage du *Laṅkāvatārasūtra*, dans la traduction de Śikṣānanda : « Toutes les choses sont vides. C'est à l'intention des profanes obtus que je les établis provisoirement selon la vérité vulgaire, bien qu'elles n'aient pas de réalité ». T. XVI, n° 672, p. 632b.

以從本來念念／相續未曾[52]離念故。 [p. 576c]
說無始無明。若得無念者。則知心
相生住異滅[53]。以無念等故。而實
無有始覺之異。以四相俱時而有。
皆無自[54]立。本來平等。同一覺故。

✦ L'éveil foncier

復次本覺隨染分別。生二種相。與
彼本覺不相捨離。云何爲二。一者
智淨相。二者不思議業相。
智淨相者。謂依法力熏[55]習。如實
修行。滿足方便故。破和合識相。
滅相續心[56]相。顯現法身。智淳淨

[52] ［曾］2 [53] 即知心相生住異滅皆悉無相。以於一心前後同時皆不相應。無自性故 S
[54] 然 2 [55] /勳 9. Même variante pour la suite [56] /轉識 S

[51] Interprétation de Fazang. On pourrait aussi comprendre : « C'est en vertu de l'absence de toute conception qu'il n'est, en réalité, aucune distinction dans l'éveil inceptif », ou « aucune différence avec l'éveil inceptif ». La version de Paramārtha reconnaît la simultanéité des phases temporelles dans la pensée humaine. Celle de Śikṣānanda met l'accent sur leur absence de caractère propre. Celle-ci tient à leur non-association mutuelle et, en conséquence, à leur absence de nature propre : « on sait que les phases [temporelles] de la pensée, à savoir, la naissance, la durée, l'évolution et la disparition, sont sans aucun caractère propre. En effet, l'avant et l'après dans la pensée unifiée étant simultanés, ils sont indissociés et sans nature propre ».

de conception. Voilà bien pourquoi aucun être sensible ne peut être qualifié d'éveillé. On parle d'Inscience sans commencement, car, dès le principe, les pensées forment série entre elles et ne sont pas détachées des conceptions [fallacieuses].* Dès lors qu'on réalise l'absence de conception, on connaît les phases [temporelles] de la pensée, à savoir, la naissance, la durée, l'évolution et la disparition. Mais comme on est à l'égal de l'absence de conception,[51] il n'est en réalité pas de changement [temporel] dans l'éveil inceptif. Les quatre phases [du temps] étant simultanées et ne s'érigeant pas par elles-mêmes, elles sont originellement égales, elles sont un seul et même éveil.

✣ L'éveil foncier

Ensuite, l'éveil foncier** se différencie en suivant les impuretés et donne naissance à deux catégories de caractères, sans pour autant que ceux-ci soient dissociables de l'éveil foncier. Quels sont-ils ? Premièrement le caractère de la pureté du savoir[52] et, deuxièmement, celui de l'activité inconcevable.[53]

Le caractère de la pureté du savoir — Grâce à l'imprégnation de la force de la Loi,[54] la pratique conforme à la réalité est exhaustive dans ses préparatifs.[55] C'est la raison pour laquelle en brisant les marques de la conscience unitive,[56] on anéantit les caractères des pensées continues,[57] en manifestant ainsi le corps de la Loi et purifiant le savoir.

---

52 Le savoir foncier.

53 Le savoir altruiste, le savoir acquis qui s'applique au salut des êtres.

54 Les imprégnations internes aussi bien qu'externes (les amis de bien) venant de la Talité. Cette étape se situe avant les dix terres.

55 Les dix terres accomplies.

56 La conscience-de-tréfonds, qui « unit » à la fois, l'éveil et le non-éveil, l'absence de naissance et de disparition, la naissance et la disparition.

57 La version de Śikṣānanda comprend : « La conscience en procession », ou « en action », qui pourrait correspondre au sanskrit *pravṛtti-vijñāna*. Le même terme est utilisé dans les deux versions, p. 47. et n. 94.

故。此義云何。以[57]一切心識之相 [p. 576c]
皆是無明。無明之相不離覺性[58]。
非可壞。非不可壞。如大海水因風
波動。水相風相不相捨離[59]。而水
非動性。若風止滅動相則滅。濕性
不壞[60]。如是衆生自性清淨心。因
無明風動。心與無明俱無形相。不
相捨離。而心非動性。若無明滅。
相續[61]則滅。智性不壞故。

不思議業[62]相者。以依智淨[63]。能作
一切勝妙境界。所謂無量功德之
相[64]。常無斷絕。隨衆生根[65]。自然
相應。種種而現[66]得利益故。

---

[57] /心 9 [58] /無明相。與本覺非一非異 S [59] /非一非異 S [60] 故 T-C, T-S, T-Y, 14, 15 [61] /動識 S [62] /用 S [63] 相 14, 15 ; /依於浄智 [64] /謂如來身具足無量增上功徳 S [65] /想 10 [66] /見 T-C, 2 ; /見皆 10

---

[58] L'aporie posée est de savoir comment l'éveil foncier qui est un attribut de la conscience-de-tréfonds peut se libérer de celle-ci.

[59] Version de Śikṣānanda : « les signes de l'Inscience ne sont ni identiques ni différents de l'éveil foncier ». De même, deux phrases plus loin, comprend-elle : « Le caractère de l'eau et celui du vent ne sont ni identiques ni différents ».

Que veut-on dire par là ?[58] Tous les signes de la conscience noétique sont Inscience. Or, les signes de l'Inscience ne sont pas dissociés de la nature de l'éveil.[59] Aussi bien, ne sont-ils ni destructibles ni indestructibles. Ainsi en est-il de l'eau d'un grand océan agité par les vagues sous l'effet du vent. Le caractère de l'eau et celui du vent ne sont pas à part l'un de l'autre : l'eau n'ayant pas de mouvement par nature, lorsque le vent tombe, le caractère du mouvement disparaît, sans pour autant que celui de l'humidité soit détruit.[60] De la même façon, la pensée des êtres pure de sa nature se met en mouvement à cause du vent de l'Inscience.* La pensée et l'Inscience sont également sans forme et ne sont pas séparées l'une de l'autre. Cependant la pensée n'ayant pas de mouvement par nature, lorsque l'Inscience est dissipée, le *continuum* [mental][61] disparaît, sans pour autant que la nature sapientielle soit oblitérée.

Le caractère de l'activité inconcevable — En s'appuyant sur[62] la pureté du savoir,[63] [le Tathāgata] réalise tous les domaines excellents et sublimes. En effet, les signes des qualités infinies[64] sont sans interruption et s'adaptent aux facultés[65] des êtres. Elles leur sont spontanément associées et, de manière diversifiée, se manifestent[66] en leur faisant obtenir du profit.

---

[60] Le caractère *gu* 故 de 1, 14 et 15 semble inutile ici.

[61] La version de Śikṣānanda comprend : « La conscience en action » ou « en mouvement ».

[62] Le caractère *xiang* 相, signe spécifique, semble inutile ici.

[63] Version de Śikṣānanda : « en s'appuyant sur le savoir pur ».

[64] Version de Śikṣānanda : « les qualités suprêmes infinies dont est pourvu le corps de *tathāgata* ».

[65] *gen* 根 : la lecture *xiang* 想, représentation, de 10 ne semble pas s'imposer.

[66] *qian* 見, voir, donner à voir, est remplacé par *xian* 現, apparaître, dans 1. Cette variante, assez fréquente dans les textes bouddhiques en raison de sa proximité sémantique, ne s'impose pas ici.

✤ L'éveil foncier pur de sa nature

[p. 576c]

復次覺體相者。有四種大義。與虛空等。猶如淨鏡[67]。云何爲四。一者如實空鏡[68]。遠離一切心境界相。無法可現。非覺照義故。二者因熏習鏡。謂如實不空[69]。一切世間境界悉於中現。不出不入。不失不壞。常住一心。以一切法卽眞實性故[70]。又一切染法所不能染。智體不動。具足無漏。熏衆[71]生故。三者法出離鏡。謂不空法。出煩惱礙智礙。離和合相。淳淨明故。四者緣熏習鏡。謂依法出離故。遍照衆生之心。令修善根。隨念示現故。

67 /清淨如虛空明鏡 S　68 /眞實空大義。如虛空明鏡 S　69 /眞實不空大義。如虛空明鏡 S　70 /謂一切法圓滿成就能懐性 S　71 /習 2

✣ L'éveil foncier pur de sa nature

Ensuite, le caractère propre de l'éveil est « grand » en quatre sens, à l'égal de l'espace et à l'instar d'un miroir pur[67]. Quels sont-ils ?

Premièrement, [l'éveil] est le miroir de la vacuité conforme à la réalité.[68] Il est distinct de tous les signes de la pensée et des objets, il n'est rien qui puisse y apparaître ; car l'éveil n'éclaire rien [qui lui soit extérieur].

Deuxièmement, il est le miroir du parfumage des causes. Il se dit de la non-vacuité conforme à la réalité.[69] Tous les objets mondains se manifestent en lui, ils n'en sortent ni n'y entrent, ne s'y perdent ni n'y sont détruits ; il est l'unique pensée toujours pérenne. En effet, toutes les choses sont la nature de la réalité.[70] En outre, aucune impureté ne peut le souiller, car le savoir est en lui-même sans motion, il est toute pureté et parfume tous les êtres.

Troisièmement, il est le miroir de la délivrance de la Loi. Par là, on entend que les qualités non-vides, en se délivrant de l'obstacle des passions et de celui du savoir, ainsi que des signes [de la connaissance] unitive, sont pure clarté.

Quatrièmement, il est le miroir de parfumage circonstantiel. En effet, en raison de la délivrance de la Loi, il éclaire en tous lieux la pensée des êtres, fait cultiver les racines de bien et apparaît en s'adaptant aux conceptions [des êtres].

---

[67] Version de Śikṣānanda : « il est pur comme le miroir clair de l'espace ».

[68] La Talité reposant sur le langage. Version de Śikṣānanda : « la grandeur de la vacuité authentique est à l'instar du miroir clair de l'espace ».

[69] Version de Śikṣānanda : « La grandeur de la non-vacuité authentique est à l'instar du miroir clair de l'espace ».

[70] Version de Śikṣānanda : « Toutes les choses sont parfaitement accomplies et sont, par nature, indestructibles ». Cette phrase explicative est placée en début de paragraphe.

[3] Le non-éveil
✦ Le non-éveil foncier

[p. 577a]

所／言不覺義者。謂。不如實知[72]。眞如法一故。不覺心[73]起。而有其念。念無自相。不離本覺。猶如迷人。依方故迷。若離於方。則無有迷[74]。衆生亦爾。依覺故迷。若離覺性。則無不覺。以有不覺。妄想心故。能知名義。爲說眞覺。若離不覺之心。則無眞覺自相可說[75]。[76]

✦ Le non-éveil terminal [les trois éléments subtils et les six éléments grossiers]

復次依不覺故。生三種相。與彼不覺。相應不[77]離[78]。云何爲三。一者

[72] /智 T-S, T-Y, 2 ; /謂從無始來不如實知 S [73] /念 6 [74] /迷無自相。不離於方 S [75] /名 16 [76] /依於覺故而有不覺妄念迷生。然彼不覺自無實相。不離本覺。復待不覺以說眞覺。不覺既無。眞覺亦遣 S (huit derniers membres de phrase).
[77] 相 6, 14, 15 [78] /依於覺故。而有不覺。生三種相。不相捨離 S

[71] *xin* 心 : la leçon *nian* 念, pensée instantanée, de 6 [Fazang] ne s'impose pas.

[3] Le non-éveil

✣ Le non-éveil foncier

Par non-éveil, on entend le fait qu'on ne connaisse pas correctement l'unité de la Talité en elle-même. En conséquence de quoi, se produit la pensée[71] non éveillée et l'on a des conceptions [erronées]. Or, ces conceptions n'ont ni caractère propre ni ne sont à part de l'éveil foncier. Il en va comme d'une personne égarée qui se fourvoie car elle se fixe sur les directions, tandis que si elle faisait abstraction de celles-ci, elle n'errerait jamais.[72] De même, les êtres s'égarent parce qu'ils s'appuient sur l'éveil, alors que s'ils faisaient abstraction de la nature de l'éveil, ils ne manqueraient pas d'être éveillés. C'est parce qu'il est des conceptions fallacieuses venant du non-éveil qu'on distingue noms et significations, pour parler d'un éveil authentique. Mais si l'on faisait abstraction des pensées non éveillées, on ne parlerait pas non plus de caractère propre de l'éveil authentique.[73]

✣ Le non-éveil terminal [les trois éléments subtils et les six éléments grossiers]

En outre, en raison de ce non-éveil, se produisent trois sortes de signes distinctifs qui lui sont associés sans partage. Quelles sont-elles ?

---

[72] Version de Śikṣānanda : « tandis que l'errance n'a pas de caractère propre et est indissociable des directions ». L'erreur vient de ce qu'on se fonde sur une orientation, comme l'est celle de l'éveil foncier pour qui le viserait.

L'auteur de cette version se contente d'établir un constat sur l'origine de l'erreur, tandis que le rédacteur de celle de Paramārtha préconise de l'éradiquer en faisant abstraction de toute orientation *a priori*.

[73] La version de Śikṣānanda lit les trois dernières phrases : « C'est parce qu'ils s'appuient sur l'éveil qu'il est des conceptions fallacieuses venant du non-éveil et que l'erreur naît. Mais [dès qu'ils s'avisent que] le non-éveil n'a de lui-même aucun caractère de réalité, ils ne se départiront pas de l'éveil foncier. C'est en regard d'un non-éveil qu'on parle d'un éveil authentique. Que le premier ne soit plus et le second sera congédié ».

無明業相。以依不覺故。心動說名 [p. 577a]
爲業。覺則不動。動則[79]有苦。果
不離因故。二者能見相。以[80]依動
故能見。不動則無見。三者境界相。
以[81]依能見故。境界妄現。離見則
無境界。

以有境界緣故。復生六種相。云何
爲六。一者[82]智相。依於境界心起。
分別愛與不愛故[83]。二者相續相。
依於智故。生其苦樂覺[84]。心起念
相應不斷故。三者執取相。依於相
續緣念境界。住持苦樂。心起著故。
四者計名字相。依於妄執分別假名
言相故。五者起業相。依於名字尋[85]

---

[79] 即 T-S, T-Y [80] /心 9 [81] /心 9 [82] ［者］2 [83] /謂緣境界。生愛非愛心 S [84] ［覺］2 [85] ［尋］2

---

[74] Le premier des trois éléments subtils, c'est-à-dire les activités des pensées illusoires subtiles.

[75] La pensée qui objective et qui se différencie en sujet connaissant et en objet connu. Le deuxième des éléments subtils, qui définit le sujet connaissant.

[76] Le troisième des éléments subtils, qui désigne l'aspect de l'objet.

[77] Le premier des éléments grossiers, l'intelligence, qui distingue le bien et le mal à l'endroit des objets.

[78] Version de Śikṣānanda : « En visant un objet, on conçoit du désir ou du non-désir ». Cette phrase est à mettre en parallèle avec un passage du *Laṅkāvatārasūtra*, T. XVI, n° 672, p. 593a.

Premièrement, le signe de l'activité de l'Inscience.[74] C'est en raison du non-éveil que la pensée se met en branle, ce qu'on entend sous le nom d'acte. Dès qu'il y a éveil, elle ne se meut plus, mais si elle se meut, il y a douleur : il n'est pas d'effet sans cause.

Deuxièmement, le signe de la vision.[75] C'est en raison de la motion [de la pensée] qu'il y a vision. Sans cette motion, il n'est pas de vue.

Troisièmement, le signe de l'objet.[76] C'est en raison de la vision que l'objet apparaît illusoirement. Il n'est pas d'objet sans vue.

Dès qu'il y a appréhension d'un objet, six sortes de signes se produisent; Quels sont-ils ?

Premièrement, le signe de la connaissance intellective.[77] Lorsque la pensée se produit en raison de l'objet, elle établit des démarcation, comme entre le désir et le non-désir.[78]

Deuxièmement, le signe d'un *continuum*.[79] En raison de la connaissance intellective, se produisent des sensations de douleur et de plaisir accompagnées de conceptions [erronées] afférentes, sans interruption.

Troisièmement, le signe de l'attachement.[80] En raison de ce *continuum* on vise un objet et on conforte la douleur et le plaisir, ce qui produit de l'attachement dans la pensée.

Quatrièmement, le signe des dénominations supputatives.[81] En raison d'attachements illusoires, on distingue des signes de dénominations provisoires.

---

[79] Ce deuxième élément grossier assure la continuité de la conscience de sensations physiques de plaisir ou de douleur à l'endroit d'un objet de désir ou de répulsion. Selon Wŏnhyo, ce signe est le composé de la conscience qui, à son tour, se laisse analyser en les six premières consciences.

[80] Ce troisième élément est l'attachement à l'endroit des domaines de la douleur et du plaisir. Selon Wŏnhyo, il s'agit du composé des sensations.

[81] Ce quatrième élément applique des notions et des dénominations à l'endroit des objets. Il ressortit aux actes mentaux. Selon Wŏnhyo, c'est le composé des représentations.

名。取著造種種業故。六者業繫苦 [p. 577a]
相。以依業受果[86]不自在故。當知無明能生一切染法。以一切染法皆是不覺相故。

[4] Identité et différence entre l'éveil et le non-éveil [le pur et l'impur]

復次覺與[87]不覺有二種相。云何爲二。一者同相。二者異相。

言[88]同相者。譬如種種瓦器皆同微塵性相。如是無漏無明種種業幻[89]。皆同眞如性相[90]。是故修多羅中。依於此眞如[91]義故[92]說。一切衆生。本來常住入於涅槃。菩提之法。非可修相非可作相。畢竟無得。亦無

[86] /報 14, 15 [87]［與］10 [88]［言］T-C, 10, 14, 16 [89] /幻用 S
[90]［相］2 [91]［眞如］2, 9, 10, 14, 15 [92]［故］2, 9, 10, 14, 15

[82] Ce cinquième élément définit les activités journalières vis-à-vis des objets. Il appartient aux actes corporels et de parole et a les passions en arrière-fond.

[83] Ce sixième élément désigne le mal-être et le bien-être qu'on reçoit en raison des actes bons et mauvais, qui aliènent et éloignent de la délivrance, mais il s'applique particulièrement au mal-être, d'où son nom. Les six éléments grossiers ensemble sont appelés conscience différenciatrice des objets, ou conscience mentale.

[84] C'est-à-dire les passions ou affects.

Cinquièmement, le signe de production des actes.[82] En raison des dénominations, on s'enquiert de noms et on s'attache à tout un ensemble d'actes.

Sixièmement, le signe de la douleur en dépendance de l'acte.[83] Ayant reçu un fruit en raison de l'acte, on n'a pas la maîtrise de soi. Avisons-nous que l'Inscience génère toutes les souillures,[84] car celles-ci sont le signe d'un non-éveil.

[4] Identité et différence entre l'éveil et le non-éveil [le pur et l'impur]

En outre, l'éveil et le non-éveil ont deux sortes de signes. Quels sont-ils ? Premièrement, le signe d'identité, et deuxièmement, le signe de différence.

Le signe d'identité[85] —. De la même façon que des récipients en terre ont tous, de façon identique, la nature et les caractères de la glaise subtile, l'évanescence des activités[86] de toutes sortes, qu'elles soient pures ou qu'elles ressortissent à l'Inscience, a de façon identique la nature et les caractères de la Talité. C'est la raison pour laquelle il est exposé dans les *sūtra*[87] que, « en vertu de la définition même de la Talité, tous les êtres sont originellement pérennes et entrés dans l'extinction,[88] que l'éveil n'est en lui-même pas un caractère qui soit à cultiver, [89] ni un signe qui doive être [*a fortiori*] produit : il n'est en dernière instance pas à réaliser ».[90] En outre bien

---

[85] Les choses vues sous l'angle de leur égalité foncière, c'est-à-dire de la Talité.

[86] Version de Śikṣānanda : « des activités évanescentes ».

[87] C'est une citation approximative de l'*Enseignement de Vimalakīrti*, dans la traduction de Kumārajīva, T. XIV, n° 475, p. 542b$^{15\text{-}23}$.*

[88] Ce point de vue, qui ne reconnaît que l'éveil foncier, perd de vue celui de la nécessité qu'il y a à susciter l'éveil inceptif au moyen de la pratique. Huiyuan parle à ce propos d'un *nirvāṇa* principiel [*liniepan* 理涅槃].

[89] Afin de manifester sa nature foncière.

[90] Il n'est pas à réaliser à nouveau car l'homme en est originellement pourvu.

色相可見。而有見色相者。唯是隨 [p. 577a]
染業幻所作。非是智色不空之性。
以智相無[93]可見／故。 [p. 577b]
言[94]異相者。如種種瓦器各各不同。
如是無漏無明。隨染幻差別。性染
幻差別故。

[b] Les causes et les conditions de l'apparition et de la disparition
[1] L'apparition des cinq mentaux ou consciences

復次生滅因緣者。所謂衆生。依心
意意識轉故。此義云何。以依阿梨
耶識。說有無明。不覺而起。能見
能現。能取境界。起念相續。故說
爲意。
此意復有五種名。云何爲五。一者
名[95]爲業識謂無明力不覺心動故。
二者[96]名爲轉識。依於動心能見相[97]

[93] 不 2, S [94] ［言］ T-C, 10, 14, 15, 16 [95] ［名］ 9 [96] ［者］ 2 [97] /能見境相 S

[91] Les choses vues sous l'angle de leur opposition mutuelle et de leur disparité.
[92] Aucune source précise n'explicite cette doctrine. Voir cependant notes complémentaire, p. 29*,** (référence au *Laṅkāvatārasūtra* en particulier).
[93] La pensée unifiée qui ni ne naît ni ne disparaît se transforme en pensée

qu'on n'ait pas de signes sensibles à voir, s'il arrive qu'on en aperçoive, il ne s'agit que du seul produit de l'illusion de l'activité afférente aux souillures. Ce savoir [de l'éveil foncier] ne ressortit pas à la nature de la non-vacuité du sensible, car il est impossible d'entrevoir des signes du savoir [de l'éveil foncier].

Le signe de différence[91] —. De la même façon que toutes sortes de récipients ne sont pas identiques, il est des différences dans les phantasmes afférents aux souillures dans la pureté [de l'éveil foncier], ainsi que dans les phantasmes du souillé dans sa nature au sein de l'Inscience [du non-éveil].

[b] Les causes et les conditions de l'apparition et de la disparition

[1] L'apparition des cinq mentaux ou consciences

Ensuite, quant aux causes et aux conditions de l'apparition et de la disparition, c'est en raison de la pensée que, chez les êtres, le mental et la conscience mentale entrent en action. Qu'en est-il de ce point ?[92] C'est en vertu de la conscience-de-tréfonds qu'on explique l'existence de l'Inscience. On parle de mental en raison du fait que, non éveillée, [la pensée soumise à l'apparition et à la disparition] se produit [1], qu'elle voit [des objets] [2] et, ce faisant, les manifeste [3], et que, les appréhendant [4], elle conçoit des pensées de façon continue [5].

Ce mental porte à son tour cinq dénominations. Quelles sont-elles ? La première s'appelle la conscience de l'acte, à savoir qu'en raison de la force de l'Inscience, la pensée non-éveillée se met en branle.[93] La seconde a pour nom la conscience en procession,[94] car il y a signe de vision[95] en raison de la pensée mise en branle. La

---

soumise à la naissance et à la disparition.*

[94] La pensée qui se différencie en sujet et en objet ainsi que comme activité du sujet connaissant.** V. aussi p. 35, n. 57.

[95] Version de Śikṣānanda : « signe de vision d'objet ».

故。三者名爲[98]現識。所謂能現[99]一切境界[100]。猶如明鏡現於色像。現識亦爾。隨其五塵對至卽現無有前後。以一切時任運而起常在前故。四者名爲智識謂分別染淨法故。五者名爲相續識。以念相應[101]不斷故。住[102]持過去無量世等。善惡之業令不失故。復能成熟現在未來。苦樂等報。無差違故[103]。能令現在已經之事。忽然[104]而念。未來之事不覺妄慮[105]。 [p. 577b]

[2] Le triple monde n'est autre que de la pensée

是故三界虛僞。唯心所作[106]。離心則無六塵境界。此義云何。以一切法皆從心起妄念而生。一切分別卽分別自心。心不見心無相可得。當知世間一切境界[107]。皆依衆生無明

[98] ［爲］2 [99] ［現］2 [100] ［界］16 [101] 心 2 [102] /任 T-S [103] /能成熟現在未來苦楽等報。無差違故 2 [104] /尓 9 [105] /虚 10 [106] /是故三界一切皆以心爲自性 S [107] /之相 S

[96] L'activité mentale qui imagine de manière erronée que les signes d'objet de la conscience d'actualisation sont de réels objets extérieurs et opère des distinctions à leur propos.

troisième reçoit pour nom la conscience de manifestation,* car elle est susceptible de manifester des objets, ou encore parce qu'elle est comme un miroir clair qui manifeste des images sensibles. Aussi, dès qu'elle se trouve en face des cinq objets [des sens], elle les reflète sans qu'il y ait écoulement du temps. En effet, elle se produit en tout temps spontanément, comme si [les objets] se trouvaient toujours devant les yeux. Quatrièmement, elle porte le nom de conscience cognitive, car elle opère des distinctions entre choses souillées et choses pures.[96] Cinquièmement, on l'appelle conscience continue, car, les pensées se répondant les unes aux autres, il n'est pas de solution de continuité entre elles ; car [aussi] elle offre un support aux actes bons et mauvais qui ont cours depuis les temps indéfinis du passé, sans jamais disparaître ; car [de même] elle peut faire fructifier les rétributions douloureuses ou heureuses, ou autres, dans le présent et le futur, sans aucun hiatus ; car [enfin] elle peut faire penser soudain à des événements présents ou actuels ou imaginer fictivement sans qu'elle en ait conscience des événements futurs.

[2] Le triple monde n'est autre que de la pensée

C'est la raison pour laquelle le triple monde est fallacieux et n'est que le produit de la pensée.[97] En effet, indépendamment de la pensée,[98] les six objets des sens[99] n'existent pas. Qu'est-ce à dire ? Toutes les entités se produisent à partir de la pensée et naissent de conceptions erronées ; toutes les dichotomies opèrent des distinctions au sein de sa propre pensée ; et dès lors que la pensée ne se voit plus elle-même, il n'est plus de signe à appréhender.

Il importe de s'aviser que tous les objets mondains n'arrivent à subsister qu'en raison de la pensée abusée par l'Inscience des êtres.

---

[97] La pensée phénoménale. Version de Śikṣānanda : « tout dans le triple monde a la pensée pour nature propre ».

[98] La pensée principielle qui est au fondement de la pensée phénoménale.

[99] Visible, son, odeur, saveur, tangible et objet conçu synthétiquement.

妄心而得住持。是故一切法。如鏡中像無體可得。唯心虛妄[108]。以心生[109]則種種法生。心滅則種種法滅故。 [p. 577b]

[3] La conscience mentale

復次言意識者。卽此相續識。依諸凡夫取著轉深計我我所。種種妄執隨事攀緣。分別六塵名爲意識。亦名分離識。又復說名分別事識。此識依見愛煩惱增長義故。

[4] La causalité mondaine et supra-mondaine

依無明熏習所起識者。非凡夫能知。亦非二乘智慧所覺[110]。謂依菩薩。從初正信發心[111]觀／察。若證法身 [p. 577c]

---

[108] /唯從虛妄分別心轉 S [109] 故 2 [110] /二乘所究 2 [111] /解行地菩薩姑學 S

---

[100] Version de Śikṣānanda : « C'est par les seules illusions que la pensée dichotomisante se met en œuvre ».

[101] Cette dernière phrase est l'un des classiques du Zen sino-coréano-japonais. V. *Entretiens de Lin-tsi*, § 35 (traduction Paul Demiéville, p. 155). Tout ce passage s'inspire doctrinalement du *Sūtra des dix terres*, qui fait partie du cycle de l'Ornementation fleurie : « Le triple monde est illusoire, il n'est que le produit de la seule pensée. Les douze membres [de la coproduction] conditionnée reposent tous sur la pensée ». T. IX, n° 278, p. 558c$^{10-11}$.

Voilà bien pourquoi toutes les choses sont sans être propre qu'on puisse saisir, à l'instar de reflets dans un miroir. Elles ne sont que pure pensée et simple illusion[100] : dès que la pensée naît, la multiplicité des choses naît, et, dès que la pensée disparaît, la multiplicité des choses disparaît aussi.[101]

[3] La conscience mentale

Ensuite, la conscience mentale* se dit de la conscience continue. On veut dire par là que les êtres profanes, en s'attachant de plus en plus profondément, imaginent un moi et un mien, se lient illusoirement en toutes sortes de façons, s'agrippent au conditionné en suivant les phénomènes et distinguent les six objets des sens. Voilà ce qu'on appelle la conscience mentale. On la qualifie encore de conscience dissociatrice,[102] ou de conscience distinctive des phénomènes.[103] Ceci parce que cette conscience s'accroît en fonction des passions dues aux opinions et aux désirs.[104]

[4] La causalité mondaine et supra-mondaine

La conscience qui se produit en raison des imprégnations de l'Inscience ne peut être connue des profanes,[105] ni non plus réalisée par l'intelligence des gens des Deux Véhicules. Même un *bodhisattva*, qui, après avoir fait naître pour la première fois une foi droite, aura conçu la pensée [de l'éveil], aura examiné mentalement, et aura

---

[102] La conscience qui dissocie les six activités provenant des sens. Le *Traité* englobe les six consciences dans la conscience mentale.

[103] Les phénomènes aussi bien mentaux que constitués par les objets.

[104] Les passions dues aux opinions portent sur le principe des choses et peuvent être tranchées par la compréhension de la loi de la coproduction conditionnée. Celles dues aux désirs portent sur les phénomènes et ne peuvent être extirpées que par une culture prolongée.

[105] Les profanes bouddhistes qui en sont au stade des dix degrés de foi.

得少分知。乃至菩薩究竟地不能知盡[112]。唯佛[113]窮了。何以故。是心從本已來自性淸[114]淨[115]。而有無明。爲無明所染。有其染心[116]。雖有染心而常恒不變。是故此義唯佛能知。 [p. 577c]

[5] La production subite des pensées par l'Inscience

所謂心性常無念。故名爲不變。以[117]不達一法界故。心不相應忽然

[112] /盡知 T-S, T-Y, 14, 15 [113] /如来 S [114] ［清］16, 17 [115] /以其心性本來清淨 S [116] /無明力故染心相現 S [117] ［以］2

[106] Ce passage insiste sur la difficulté qu'il y a à comprendre que la Talité de la pensée est une pensée pure de soi — car elle n'est pas souillée par les passions —, mais qu'en même temps il existe une pensée souillée en raison de l'Inscience. Il s'agit ici du *bodhisattva* qui a accompli le stade de foi (la foi droite), est entré dans la première station (la conception de la pensée d'éveil), parcourt les trois stades de sagesse (les dix stations, les dix pratiques et les dix rétroversions des mérites, marquées par un examen mental purement discursif), et à partir de la première terre réalise le principe universel de la coproduction conditionnée (le corps de la Loi). Prétendre avoir compris le principe de la coproduction conditionnée, selon lequel la pensée pure en elle-même serait souillée par les passions adventices, ne fait qu'ajouter une illusion de plus.

[107] La dixième terre.

[108] La pensée unitive, celle des êtres sensibles [la Talité de la pensée].

[109] Le *Traité* s'inspire ici des conceptions du *Sūtra de Śrīmālādevī* (T. XII, n° 353), selon lesquelles la coproduction conditionnée de l'embryon de *tathāgata* ne peut être connue des *buddha* et des grands *bodhisattva*, tandis que

réalisé le corps de la Loi, n'en retirera qu'une compréhension infime.[106] Parvenu à la terre ultime de *bodhisattva*,[107] il ne pourra non plus en avoir une intelligence exhaustive. Seul un *buddha* en a une compréhension achevée. Quelle en est la raison ? C'est que cette pensée[108] est pure en elle-même dès le départ mais elle comporte de l'Inscience ; c'est en raison de l'Inscience qu'elle est souillée et qu'existe une pensée souillée. Bien qu'existe une pensée souillée, [la Talité de la pensée] reste constante et ne change pas. Voilà pourquoi seul un *buddha* est en mesure de comprendre ce principe.[109]

[5] La production subite des pensées par l'Inscience

La nature de la pensée en question est qualifiée d'immuable car elle est constamment sans [activités] mentales. C'est parce qu'on n'a pas encore atteint la sphère de la Loi unique qu'on n'est pas en adéquation avec la pensée [dans sa nature foncière][110] et que,

les autres hommes qui n'en sont pas à ce stade doivent seulement ajouter foi aux paroles du *buddha* qui la professent. C'est de ce point de vue que le *Traité* met en évidence dans son titre même la notion de « foi » : son auteur ne cherche pas à y rendre compte rationnellement des liens de dépendance mutuelle unissant la nature de la pensée, l'Inscience et la pensée souillée ; il se contente d'en faire état.

110 Tel est le sens obvie de ce membre de phrase. Mais l'exégèse l'interprète dans un double sens : c'est parce qu'on ignore que la nature de la pensée ressortit au monde de la réalité unique, qui transcende les oppositions entre sujet et objet, que l'on n'est pas en adéquation avec cette pensée foncière ; l'Inscience ne se produit pas en association avec chaque pensée ou activité mentale, à chacun des instants du temps où elles naissent et disparaissent ; il n'est que la seule Inscience qui se produise, dissociée d'avec les mouvements de la pensée avant que celle-ci se différencie en sujet et en objet et, en conséquence, transcendant toute dimension temporelle. C'est ce que veut dire le *Traité* par « "soudain" des activités mentales [des conceptions erronées] se produisent ». Ces activités mentales ont un caractère extrêmement subtil qui fait qu'elles se produisent sans qu'on puisse leur assigner un commencement.

念起[118]名爲[119]無明。 [p. 577c]

[6] Les six souillures

染心者有六種。云何爲六。一者[120]執相應染。依二乘解脱及信相應地遠離故。二者不斷相應染。依信相應地修學方便漸漸能捨。得淨心地究竟離故。三者分別智相應染。依具戒地漸離。乃至[121]無相方便地究竟離故。四者現色不相應染依色自

[118] /不相應無明分別起 S [119]〔爲〕9 [120]〔者〕2 [121] /具彗地能少分離 S

[111] Les gens des Deux Véhicules ont tranché l'attachement au moi et les passions aussi bien par la vision que par la culture. La terre associée à la foi désigne les trois stades de sagesse des stations, des pratiques et des rétroversions des mérites, d'où la foi, pure et achevée, ne régresse plus. Jizang : « Dans le *Traité* d'Aśvaghoṣa, il est question de signe d'attachement ou d'impureté associée à l'attachement. Dans le même *Traité*, les autres [passions], comme les vues fausses ou le désir sont appelées signes des dénominations imaginaires. Il entend par dénominations imaginaires le fait de s'enquérir de noms, d'imaginer un moi et de faire naître par là tous les liens passionnels.» (*La Grotte précieuse de Śrīmālādevī*, T. XXXVII, n° 1744, p. 51ab). Cette citation est sans doute une des plus anciennes sources qui indique que le *Traité* était attribué à Aśvaghoṣa.

soudain, [des activités] mentales se produisent, ce qu'on entend par Inscience.

[6] Les six souillures

La pensée souillée est de six sortes. Quelles sont-elles ?

Premièrement, la souillure associée à l'attachement, dont on se départit grâce à la délivrance des gens des Deux Véhicules ainsi que par la terre associée à la foi.[111]

Deuxièmement, la souillure associée sans interruption [à l'attachement aux choses]. On peut l'abandonner graduellement par des moyens qu'on cultive en s'appuyant sur la terre associée à la foi, et l'on s'en départit définitivement en réalisant la terre de la pensée pure.[112]

Troisièmement, la souillure associée au savoir dichotomisant.[113] On s'en éloigne graduellement en s'appuyant sur la terre où l'on est complètement pourvu des règles disciplinaires,[114] jusqu'à s'en départir définitivement dans la terre des moyens sans signes.[115]

Quatrièmement, la souillure dissociée [=subtile] du sensible

---

[112] Cette terre est la première des dix terres où l'attachement aux entités disparaît, après avoir pratiqué l'examen mental sur le rien-que-conscience, à partir des stations.

[113] Ce sont les passions liées à l'attachement aux entités et produisant des distinctions comme celles de désir ou d'aversion ; ce sont les plus subtiles qui soient à trancher par la culture.

[114] La deuxième terre, selon Huiyuan, Wŏnhyo et Fazang. La version de Śikṣānanda insère, après cette « terre », un autre stade : « la terre pourvue de l'intelligence où l'on peut partiellement s'en départir ».

[115] La septième terre, celle qui va loin (*yuanxingdi* 遠行地), selon Huiyuan, Wŏnhyo et Fazang, où l'on met en œuvre des pratiques préparatoires dans la culture de l'examen mental sans signes, grâce auquel on laisse loin derrière soi le monde des auditeurs et des *buddha*-pour-soi. Elle précède immédiatement le stade de non-régression que marque la huitième terre.

在地能離故。五者能見心不相應染。 [p. 577c]
依心自在地能[122]離故。六者根本業
不相應染。依菩薩盡地得入如來地
能離故。

[7] La coupure de l'Inscience fondamentale

不了一法界義者。從信相[123]應地觀
察學斷。入淨心地隨分得離。乃至
如來地能究竟離故[124]。
言相應義者。謂心念法異。依染淨
差別。而知相緣相同故。不相應義

---

[122] ［能］2 [123] ［相］9 [124] ［故］9, 10

---

[116] Les cinq objets des sens se reflètent dans la pensée comme dans un miroir, par l'action seule de la « conscience de manifestation » [l'objet] mue par l'Inscience, apportant d'emblée de la souillure. Celle-ci n'est donc pas associée à la pensée et aux activités mentales, à la « conscience en procession » (le sujet), tandis que dans les trois stades précédents le sujet

actuel, dont on peut se départir en s'appuyant sur la terre de la maîtrise souveraine du sensible.[116]

Cinquièmement, la souillure dissociée [=subtile] de la pensée visualisante, dont on peut se départir en s'appuyant sur la terre de la maîtrise souveraine de la pensée.[117]

Sixièmement, la souillure dissociée [=subtile] de l'acte fondamental, dont on peut se départir lorsque, ayant mené à exhaustion les terres de *bodhisattva*, on parvient à entrer dans la terre de *tathāgata*. [118]

[7] La coupure de l'Inscience fondamentale

Pour autant qu'on n'a pas réalisé la sphère de la Loi unique, il importe d'examiner mentalement, à partir de la terre associée à la foi, [la pensée dans sa nature], de pénétrer dans la terre de la pensée pure en tranchant [les impuretés] par l'exercice afin de s'en départir par degrés, et, arrivé à la terre de *tathāgata*, de pouvoir s'en dégager intégralement.

Par association, on entend que la pensée en soi et les activités mentales diffèrent et que, en raison de la distinction de l'impur et du

---

connaissant, en s'associant illusoirement à des objets, érigeait faussement ceux-ci en entités extérieures sans comprendre qu'ils n'étaient que des manifestations de la pensée.

La maîtrise du sensible intervient à la huitième terre où l'on purifie des terres de *buddha*. Les souillures subtiles (non associées) sont celles attachées intrinsèquement à l'Inscience tant qu'œuvre la conscience-de-tréfonds.

[117] L'activité du sujet connaissant, dans la « conscience en procession » (les sept premières consciences à l'exclusion de la conscience-de-tréfonds qui reste en puissance) mise en branle par l'Inscience foncière, comporte d'emblée de la souillure qui n'est pas associée à la pensée et aux activités mentales en tant que telles. Le *bodhisattva* se libère des obstacles subtils de la vision à la neuvième terre.

[118] À l'instant où le *bodhisattva* quitte la dixième terre pour réaliser l'éveil égal et sublime de *buddha*. L'acte fondamental est celui des conceptions erronées qui naissent de l'Inscience dans la « conscience de l'acte » ; les souillures y sont dissociées de la pensée unique.

者。謂卽[125]心不覺常無別異。不同知相緣相故。又染心義者。名爲煩惱礙[126]。能障眞如根本智故。無明義者。名爲智礙[127]。能障世間[128]自然業智[129]故。此義云何。以依染心能見能現。妄取境界違平等性故。以一切法常靜無有起相。無明不覺妄與法違故。不能得隨順世間一切境界種種知[130]故。 [p. 577c]

[125] 此 9 [126] /煩悩障 S [127] /所知障 S [128] ［世間］2 [129] /世間業自在智 S [130] /智 1

[119] Un passage de la *Grotte précieuse de Śrīmālādevī* donne le texte original qui semble inspirer cette phrase : « À l'étranger, ce qu'on appelle l'instant [*kṣaṇa*] se dit *nian* 念 instant de pensée. Lorsque la pensée rectrice s'applique un instant à un objet, les passions se produisent en la suivant, simultanément et sans s'en séparer. C'est pourquoi on parle d'association à l'instant. Aussi bien Aśvaghoṣa déclare-t-il : "Il y a distinction dans la pensée [rectrice] et dans les pensées instantanées, mais comme elles connaissent à l'identique et ont le même objet, on les qualifie d'associées à l'impur. Lorsqu'il n'y a pas apparition de passions, la pensée [rectrice] se prend elle-même comme objet. Les passions ne se produisant pas, elles ne sont pas associées à la pensée [rectrice]. Sous le nom de liens du désir, ce sont elles qui sont les pensées instantanées [*nian*]" » (T. XXXVII, n° 1744, p. 51c$^{20\text{-}25}$).

Deux types d'association sont envisagés : celle entre la pensée rectrice [la conscience mentale, la conscience cognitive et la conscience continue] et les activités ou fonctions mentales — selon que la première est pure ou impure, les secondes le sont aussi ; celle entre le sujet connaissant et l'objet connu.

pur, le caractère de connaissance et celui de l'objet sont identiques.[119] Par non-association, on entend le non-éveil à même la pensée, qui n'est jamais distinct de celle-ci, sans pour autant qu'il soit identique au caractère de connaissance ainsi qu'à celui de l'objet.[120] La pensée souillée se dit des obstacles des passions, qui obstruent le savoir fondamental de la Talité.[121] L'Inscience désigne l'obstacle au savoir, car elle oblitère l'intelligence [du Tathāgata] qui œuvre spontanément dans le monde.[122] Qu'est-ce à dire ? C'est en raison de la pensée souillée qu'il y a vision et manifestation,[123] qu'on appréhende illusoirement un objet et que l'on s'écarte de la nature d'égalité [de la Talité]. Toutes les choses sont perpétuellement apaisées et sans caractère de production mais, comme l'Inscience et le non-éveil, en se fourvoyant, contreviennent à la Loi [=la Talité], l'on se trouve incapable de réaliser une pluralité de savoirs qui seraient conformes à tous les objets mondains.

---

[120] L'Inscience se produit à même la conscience-de-tréfonds avant que celle-ci se différencie en sujet et objet. Elle n'en est donc pas distincte et n'est en conséquence pas identique au sujet et à l'objet. Le *Sūtra de Śrīmālādevī* semble avoir inspiré cette phrase, par l'expression qu'il emploie de « terre de résidence de l'Inscience sans commencement non associée à la pensée » (T. XII, n° 353, p. 220b). Jizang la commente ainsi : « La terre de résidence dans l'Inscience désigne l'être même de la pensée aux représentations erronées, ce qu'on entend par Inscience. Il n'est pas d'activité mentale qui serait à part, en dehors de la pensée, et qui lui serait associée. C'est pourquoi on parle de non-association avec la pensée. Aśvaghoṣa déclare en conséquence : “Le non-éveil à même la pensée est toujours indistinctif. C'est pourquoi on parle de non-association avec la pensée”. Telle est la terre de résidence dans l'Inscience » (La *Grotte précieuse de Śrīmālādevī*, T. XXXVII, n° 1744, p. 52a$^{4\text{-}7}$).

[121] Le savoir indistinctif foncier qui réalise la Talité.

[122] L'intelligence distinctive acquise après coup, qui s'adapte aux différentes situations afin de sauver les êtres. Le terme de *zhi.ai* 智礙, utilisé pour désigner l'obstacle au connaissable est peu usité. La version de Śikṣānanda fait appel à celui plus courant de *suozhizhang* 所知障. V. Introduction p. XXXII.

[123] Sujet et objet.

[c] Le caractère de naissance et de disparition

復次分別[131]生滅相者。有二種。云何爲二。一者麁[132]。與心相應故。二者細。與心不相應故。又麁中之麁凡夫[133]境界。麁中之細及細中之麁菩薩[134]境界。細中之細是佛境界[135]。 [p. 577c]

此二種／生滅。依於無明熏習而有。所謂依因依緣。依因者。不覺義故。依緣者。妄作境界義故。若因滅則[136]緣滅。因滅故。不相應心滅。緣滅故。相應心滅。 [p. 578a]

問曰。若心滅者。云何相續。若相續者。云何說究竟滅。

答曰。所言滅者。唯心相滅非心體

131 ［分別］2 132 /塵 T-Y 133 /智 S 134 /智 S 135 ［細中之細是佛境界］S 136 /即 16, 17

124 Les activités cognitives.

125 L'état grossier désigne l'activité cognitive où le sujet et l'objet de même que la pensée rectrice et les fonctions mentales sont associés. L'état subtil

[c] Le caractère de naissance et de disparition

Ensuite, l'état de naissance et de disparition[124] se laisse analyser de deux manières. Quelles sont-elles ?

Premièrement l'[état] grossier, car il est associé à la pensée. Deuxièmement, l'[état] subtil, car il n'est pas associé à la pensée.[125] En outre, le grossier dans le grossier appartient au domaine du profane, le subtil dans le grossier ainsi que le grossier dans le subtil ressortissent au domaine du *bodhisattva*, et le subtil dans le subtil est du domaine de *buddha*.

Ces deux sortes [d'états] de naissance et de disparition existent en raison du parfumage de l'Inscience,[126] ceci en raison de causes et en raison de conditions. Par « en raison de causes » on entend le non-éveil, et par « en raison de conditions » on veut dire qu'on conçoit illusoirement des objets. Si les causes disparaissent, les conditions disparaissent également. Dès lors que les causes ont disparu, les pensées non-associées disparaissent,[127] et dès lors que les conditions ont disparu, les pensées associées disparaissent.[128]

Question : « Si les pensées [soumises à naissance et disparition] disparaissent, comment se perpétueront-elles continûment ? Si elles se perpétuent continûment, comment pourra-t-on soutenir qu'elles disparaissent définitivement ? »

Réponse : « Ce qu'on appelle la disparition désigne seulement la disparition des signes extérieurs de la pensée et non pas celle de son

---

est celui où l'activité mentale œuvre sans s'associer. Jizang reprend des définitions similaires dans la *Grotte précieuse de Śrīmālādevī*, en se référant au *Traité* : « Le *Traité sur l'acte de foi* qualifie les passions grossières d'associées et les passions subtiles de non-associées. » (T. XXXVII, n° 1744, p. 52a).

[126] L'Inscience qui colore la pensée unique, la pensée authentique qui n'est pas soumise à naissance et à disparition.

[127] La conscience de l'acte, la conscience en procession et la conscience d'actualisation.

[128] La conscience cognitive, la conscience continue et la conscience mentale.

滅。如風[137]依水而有動相[138]。若水 [p. 578a]
滅者。則風相[139]斷絶無所依止。以水不滅[140]。風相相續。唯風滅故。動相隨滅。非是水滅。無明亦爾。依心體而動。若心體滅[141]。則衆生斷絶無所依止。以體不滅[142]心得相續。唯癡滅故。心相隨滅非心智滅。

2e section : les liens mutuels entre l'impur et le pur
• Les quatre choses impures et pures

復次有四種法熏習義故。染法淨法起不斷絶。云何爲四。一者淨法。名爲眞如。二者一切染因。名爲無明。三者妄心。名[143]爲業識。四者妄境界。所謂六塵。

---

[137] 而 10 [138] /如水因風而有動相 S [139] ［相］10 [140] 故 9 [141] 者 14, 15 [142] 故 9 [143] ［名］9

---

[129] Version de Śikṣānanda : « Il en est comme de l'eau qui, en raison du vent, présente un signe de mouvement ».
[130] Dans cette comparaison célèbre le signe éolien désigne les vagues, à savoir

être même. Il en est comme du vent qui, en prenant appui sur l'eau, présente un signe de mouvement.[129] Que l'eau disparaisse, et le signe éolien ne se perpétuera plus, n'ayant plus de point d'appui. C'est parce que l'eau ne disparaît pas que le signe éolien est continu. C'est seulement lorsque le vent tombe que le signe de mouvement disparaît à sa suite, et non parce que l'eau se serait évanouie. Il en va de même de l'Inscience. C'est en raison de l'être même de la pensée qu'elle se met en branle. S'il advenait que l'être de la pensée disparaisse, les êtres sensibles ne se perpétueraient pas non plus, n'ayant plus de point d'appui. C'est en raison de son être même que la pensée peut se perpétuer. C'est uniquement lorsque l'égarement disparaît que le signe de la pensée disparaît à sa suite, et non pas parce que l'intelligence mentale disparaîtrait ».[130]

2e section : les liens mutuels entre l'impur et le pur

• Les quatre choses impures et pures

Ensuite, il est une doctrine du parfumage par quatre types de choses, en vertu de laquelle des choses impures[131] et pures[132] se produisent sans connaître d'interruption. Quelles sont ces quatre ? Premièrement, les choses pures, qu'on qualifie de Talité. Deuxièmement, toutes les causes impures, par quoi on désigne l'Inscience. Troisièmement, les pensées erronées qu'on qualifie de conscience de l'acte. Et quatrièmement, les objets illusoires, par quoi on entend les six objets des sens.

---

l'Inscience. Celle-ci ne vient pas œuvrer sur la pensée en venant du dehors de la Talité de la pensée ; elle est une activité de la pensée et ne lui est donc pas séparée. Le signe du vent, de même, est insaisissable sans les vagues qu'il lève.

131 Les passions, analysées ici en Inscience, pensées erronées et objets illusoires.

132 Ici, la Talité qui désigne l'éveil de la conscience-de-tréfonds.

• La définition du parfumage

熏習義者。如。世間衣服。實無於香。若人以香。而熏習[144]故。則有香氣。此亦如是。眞如淨法。實無於染。但以無明。而熏習故。則有染相。無明染法。實無淨業。但以眞如。而熏習故。則有淨用。 [p. 578a]

• Le parfumage des choses impures

云何熏習起染法不斷。所謂以依眞如法故有於無明。以有無明染法因故卽[145]熏習眞如。以熏習故則有妄心。以有妄心[146]卽[147]熏習無明。不了[148]眞如法故不覺念起現妄境界。以有妄境界染法緣故卽熏習妄心。令其念著造種種業。受於一切身心等苦。

144 /習勳 9 145 /則 2 146 [心] 10 147 /有 2 148 /即 9

133 Le parfumage (*vāsanā*) est l'acquisition d'une seconde nature grâce à l'habitude, à l'expérience répétée d'un phénomène. Il s'entend en deux sens : la force active qui imprègne le psychisme ; et la puissance passive latente qui reste dans le fond du psychisme.

• La définition du parfumage

Le parfumage[133] est comparable au fait que des habits mondains, qui n'ont en réalité pas d'odeur, s'imprègnent du parfum qu'y appliquent les hommes et possèdent, en conséquence, une fragrance. De même, les éléments purs de la Talité, qui sont en réalité dénués de toute impureté, s'imprègnent de l'Inscience et, en conséquence, présentent des signes d'impureté. De même aussi, les éléments impurs de l'Inscience, qui n'ont en réalité pas d'activité pure, s'imprègnent de la Talité et, en conséquence, présentent des signes de pureté.

• Le parfumage des choses impures

Comment se fait-il que le parfumage produise des choses impures sans interruption ? On entend par là que c'est en prenant appui sur l'élément de la Talité qu'existe l'Inscience, et c'est parce qu'existe une cause pour les choses souillées, à savoir l'Inscience, qu'il y a parfumage de la Talité. C'est parce qu'il y a parfumage qu'il est des pensées erronées [1]. C'est parce que celles-ci existent qu'il y a parfumage de l'Inscience. Tant qu'on n'a pas réalisé l'élément de la Talité, on conçoit des pensées non éveillées et on manifeste des objets illusoires [2]. C'est parce qu'existent un ancrage dans les choses souillées, à savoir les objets illusoires, qu'il y a un parfumage des pensées erronées ; il s'ensuit que les pensées d'attachement [au moi et aux choses] génèrent la multiplicité des actes de sorte que le corps et l'esprit subissent toutes les douleurs [3].

De manière à expliquer l'existence irréductible de la nature d'éveil et de l'absence d'éveil, le *Traité* en est amené à soutenir le point de vue d'un parfumage émanant de leurs principes respectifs, la Talité et l'Inscience.

Ce point de vue, qui est une thèse propre au *Traité*, est critiqué par l'école gnoséologique qui reconnaît un parfumage de la conscience-de-tréfonds, mais non pas de la Talité elle-même.*

此妄境界熏習義則[149]有二種。云何 [p. 578a]
爲二。一者增長念熏習。二者增長取熏習。

妄心熏習義則[150]有二種。云／何 [p. 578b]
爲[151]二。一者業識根本熏習。能受阿羅漢辟支佛一切菩薩生滅苦故。二者增長分別事識熏習。能受凡夫業繫苦故。

無明熏習義有二種。云何爲二。一者根本熏習。以[152]能成就業識義故。二者所起見愛熏習。以能成就分別事識義故。

• Le parfumage par les choses pures

云何熏習起淨法[153]不斷。所謂以有[154]眞如法故能熏習無明。以熏習

[149] 增 T-S, T-Y, ［則］9, 10, 14, 15 [150] ［則］T-S, T-Y, 9, 10, 14, 15 [151] ［爲］9 [152] ［以］16 [153] /法淨 [154] /有 9

[134] Celui qui, par la force des objets illusoires, renforce la conscience cognitive et la conscience continue, accroissant ainsi l'attachement aux choses.

[135] Celui qui, par la force des objets illusoires, renforce l'attachement au moi.

[136] Celui qui renforce l'Inscience, fait apparaître la conscience en procession et la conscience de manifestation, parfumage par lequel s'établit la conscience-de-tréfonds.

Il est deux significations attachées au parfumage dû aux objets illusoires [=3]. Quelles sont-elles ? Premièrement, le parfumage qui accroît les pensées [erronées].[134] Deuxièmement, le parfumage qui accroît l'attachement.[135]

Il est également deux significations attachées au parfumage dû aux pensées erronées [=2]. Quelles sont-elles ? Premièrement le parfumage fondamental dû à la conscience de l'acte,[136] qui fait subir les douleurs de la naissance et de la disparition aux *arhat*, aux *buddha*-pour-soi et à tous les *bodhisattva*. Deuxièmement, le parfumage qui accroît la conscience dichotomisante des phénomènes,[137] qui fait subir aux profanes les douleurs des liens de l'acte.

Il est également deux significations attachées au parfumage par l'Inscience [=1]. Quelles sont-elles ? Premièrement, le parfumage fondamental qui constitue la conscience de l'acte.[138] Deuxièmement, le parfumage par les vues fausses et le désir suscité [par le parfumage fondamental], qui constitue la conscience dichotomisante des phénomènes.[139]

• Le parfumage par les choses pures

De quelle façon le parfumage produit-il des choses pures sans interruption.[140] On entend par là que c'est parce qu'existe l'élément de la Talité qu'il y a parfumage de l'Inscience, et que c'est grâce à la

---

[137] La conscience mentale, à savoir les signes d'appropriation et ceux des dénominations imaginatives, ainsi que la conscience cognitive et la conscience continue. Ces consciences œuvrent sur l'Inscience dérivée, suscitent les passions dues aux vues fausses et au désir, et produisent des actes physiques et vocaux.

[138] Celui par lequel l'Inscience parfume la Talité et suscite les trois signes subtils — la conscience de l'acte, celle d'action et celle de manifestation.

[139] Celui par lequel l'Inscience dérivée parfume la nature de la pensée.

[140] Celui de l'Inscience et des conceptions erronées grâce à la Talité. On distingue un parfumage interne de la pensée sur elle-même et un parfumage externe dû aux *buddha* et aux *bodhisattva*.

因緣力故。則令妄心厭生死苦樂求 [p. 578b]
涅槃[155]。以此妄心有厭求因[156]緣故。
卽熏習眞如。自信己性。知心妄動
無前境界。修遠離法。以如實知無
前境界故。種種方便起隨順行不取
不念[157]。乃至久遠熏習力[158]故。無
明則滅。以無明滅故心無有起。以
無起故境界隨滅。以[159]因緣俱滅故
心相皆盡。名得涅槃成自然業[160]。

• Le parfumage de la pensée erronée

妄心熏習義有二種。云何爲二。一
者分別事識熏習。依諸凡夫二乘人

[155] /求涅槃樂 S [156] [因] 2 [157] /無所分別。無所取著 S [158] [力] 2
[159] [以] 2 [160] /種種自在業用 S

[141] Ce dernier membre de phrase reproduit presque tel quel un passage du *Sūtra de Śrīmālādevī* : « S'il n'y avait pas d'embryon de *tathāgata*, il n'arriverait pas qu'on prenne en détestation la douleur et souhaite le *nirvāṇa* » 若無如來藏者不得厭苦樂求涅槃 (T. XII, n° 353, p. 222b[14-15]). La version de Śikṣānanda comprend : « et recherchent le bien-être du *nirvāṇa* ».

[142] C'est le stade des dix degrés de foi.

[143] Ce sont les trois stades de la sagesse.

force des causes et des conditions du parfumage, que les pensées erronées prennent en détestation les douleurs des naissances et des morts et recherchent le *nirvāṇa* [1].[141] C'est parce que dans les pensées erronées se trouvent les causes et les conditions de la détestation et de l'appétence, qu'il y a parfumage de la Talité [2]. [Les êtres] ajoutent eux-mêmes créance au fait que le moi serait la nature [des choses][142] et, s'avisant que seule la pensée se met en branle illusoirement et que les objets présents n'existent pas,[143] ils cultivent la méthode pour en faire abstraction [2-1].[144] Comme ils s'avisent conformément à la réalité qu'il n'existe pas d'objet présent, ils font montre de pratiques conformes à l'aide d'une multiplicité de procédés ; ils ne s'attachent ni ne conçoivent [faussement les choses] et, grâce à la force durable des imprégnations, l'Inscience disparaît.[145] L'Inscience une fois disparue, les pensées [erronées] ne se produisent plus et, dès lors qu'elles ne se produisent plus, les objets disparaissent à leur suite. Etant donné que les causes et les conditions ont toutes disparu, les signes de la pensée [erronée] sont épuisés : cela s'appelle appelle obtenir le *nirvāṇa* et déployer une activité spontanée [2-2].[146]

• Le parfumage de la pensée erronée

Il est deux significations au parfumage des pensées erronées [par la Talité]. Quelles sont-elles ? Premièrement, le parfumage de

---

[144] C'est le chemin de vision dans la première terre.

[145] C'est le chemin de la culture sur les dix terres grâce auquel l'Inscience fondamentale disparaît. L'absence d'attachement et de conceptions se réfère de manière antinomique aux imprégnations des objets illusoires (v. « Le parfumage des choses impures », 3).

[146] Les causes sont l'Inscience et les pensées fausses, les conditions sont les objets illusoires. La disparition de ces trois entités souillées marque le fruit de la coupure des passions. Les activités spontanées sont celles que le Buddha accomplit « sans effort » à titre de qualités de la réalisation de la Loi pour sauver les êtres.

等。厭生死苦隨力所能。以漸趣向無上道故[161]。二者意熏習。謂諸菩薩發心勇猛速趣涅槃故[162]。 [p. 578b]

• Le parfumage de la Talité dans son être propre et ses caractères

眞如熏習義有二種。云何爲二。一者自體相熏習[163]。二者用熏習[164]。自體相熏習者。從無始世來具無漏法。備有不思議業。作境界之性。依此二義恒常熏習。以有[165]力故能令衆生厭生死苦樂求涅槃[166]。自信己身有眞如法[167]發心修行。

[161] ［故］2 [162] /速疾趣入無住涅槃 S [163] /體熏 S [164] /用熏 S [165] 熏習 14, 15 ; 動習 9 [166] /求涅槃樂 S [167] /眞實法 S

[147] La conscience mentale qui distingue des objets extérieurs comme existant réellement et n'a pas encore réalisé que tout n'est que conscience.

[148] Les quatre autres consciences dont celle de l'acte est fondamentale. Une fois libéré de la conscience mentale, le *bodhisattva* au-delà de la première terre réalise que tout n'est que conscience et comprend la nature de la conscience-de-tréfonds.

[149] Version de Śikṣānanda : « le *nirvāṇa* non fixé », c'est-à-dire l'état du *bodhisattva* qui ne s'établit ni dans le *nirvāṇa* ni dans le *saṃsāra*.

la conscience dichotomisante des phénomènes,[147] par lequel les profanes [bouddhistes] et les gens des Deux Véhicules, grâce à leur détestation vis-à-vis des douleurs [inhérentes] aux naissances et aux morts, se dirigent peu à peu sur la voie suprême autant que leurs forces le leur permettent. Deuxièmement, le parfumage du mental,[148] grâce auquel tous les *bodhisattva* se dirigent rapidement vers le *nirvāṇa*[149] avec l'énergie du courage [venant de] leur conception de la pensée d'éveil.

• Le parfumage de la Talité dans son être propre et ses caractères

Il est deux significations attachées au parfumage venant de la Talité. Quelles sont-elles ? Premièrement, le parfumage dans l'être propre et les caractères de la Talité. [150] Deuxièmement, le parfumage dû à son action. [151]

Le parfumage dans son être propre et ses caractères est [celui de la Talité par laquelle], depuis les temps sans commencement, étant pourvu d'éléments purs, a au complet une activité inconcevable,[152] et devient la nature du domaine [à viser].[153] Grâce à ces deux dernières significations,[154] la Talité parfume en permanence. En raison de sa puissance, elle peut faire détester aux êtres la douleur des naissances et des morts et aspirer au *nirvāṇa*, et, en leur donnant créance au fait qu'ils ont en eux-mêmes le principe de la Talité, faire en sorte qu'ils conçoivent la pensée d'éveil et cultivent les pratiques.

---

[150] C'est le parfumage en tant que la Talité est intérieure à soi-même — son être propre —, et qu'il se signale par la sapience qui en est le caractère. La Talité y est personnifiée en tant que pensée pure de sa nature, selon l'accès par la naissance et la disparition, et constitue l'éveil dans la conscience-de-tréfonds.

[151] C'est l'activité de la Talité qui se déploie sous la forme de Buddha et de *bodhisattva* en corps de la Loi, qui agissent de l'extérieur auprès des êtres.

[152] C'est la Talité en tant que savoir qui examine mentalement.

[153] Pour la pensée illusionnée ; c'est la Talité en tant qu'objet à examiner.

[154] L'activité de la sapience éveillée et l'objet de visée qu'elle représente.

問曰。若如是義者。一切衆生悉有眞如等皆熏習。云何有信無信。無量前後差別。皆應一時自知有眞如法。勤修方便等入涅槃。 [p. 578b]

答曰。眞如本一。而有[168]無量無邊無明。從本已來自性差別厚薄不同故。[169] 過恒[170]沙等上／煩惱依無明起差別。我見愛染煩惱依無明起差別。如是一切煩惱。依於無明所起。前後無量差別。唯如來能知故。又諸佛法有因有緣。因緣具足乃得成辦。如木中火性是火正因。若無人知不假方便能自燒木[171]。無有是處。衆生亦爾。雖有正因熏習之力。若不値[172]遇諸佛菩薩善知識等以之爲緣。能自斷煩惱入涅槃者。則無有[173]是處。若雖有外縁之力。而內淨法未有熏習力者。亦不能究竟厭生死苦樂求涅槃[174]。若因縁具足者。 [p. 578c]

[168] ［有］9　[169] 有 T-S, T-Y　[170] 河 9, 14, 15　[171] /若無人知。或有雖知。而不施功。欲令出火焚燒木者 S　[172] ［値］T-S, T-Y, 9, 14, 15, S　[173] ［有］T-C, T-S, T-Y, 10, 14, 15　[174] /求涅槃樂 S

---

155 La version de Śikṣānanda rajoute : « , ou quand bien même le saurait-il, ».
156 L'action de parfumage interne par la Talité.
157 Les conditions extérieures.

Question : « S'il en était bien ainsi, la Talité devrait se trouver chez tous les êtres et les parfumer tous à égalité. Or, comment se fait-il qu'on trouve des différences à l'infini sur le plan temporel entre ceux qui ont la foi et ceux qui ne l'ont pas ? Tous devraient simultanément savoir qu'ils ont en eux-mêmes l'élément de la Talité, s'employer à cultiver les moyens appropriés et à égalité entrer dans le *nirvāṇa* ».

Réponse : « La Talité est originellement une, mais il est [des états d'] Inscience innombrables et infinis qui, par définition, offrent des différences de par leur nature et ne sont pas identiques en degré. Aussi bien, les passions supérieures* qui sont plus nombreuses que les sables du Gange présentent-elles également des différences, lorsqu'elles se produisent en raison de l'Inscience ; et de même en est-il pour les passions que sont la vue fausse sur le moi et l'impureté du désir. De la sorte, toutes les passions sont suscitées par l'Inscience et se distinguent en nombre infini sur le plan temporel, ce que seuls les *tathāgata* sont en mesure de savoir. En outre, selon l'enseignement de tous les *buddha*, il est des causes comme il est des circonstances [extérieures] : une fois réunies, les choses sont en mesure de se réaliser. Ainsi en est-il de la nature du feu dans le bois, qui est la cause directe du feu : si, cependant, quelqu'un l'ignore[155] et n'emploie pas de moyens appropriés, il ne sera aucunement en mesure de consumer du bois. Il en va de même des êtres. Quand bien même auraient-ils en eux la puissance de parfumage qu'est la juste cause directe,[156] s'ils n'usent pas des opportunités qu'ils ont de rencontrer des *buddha*, des *bodhisattva* ou des amis de bien,[157] ils ne seront aucunement en mesure de trancher par eux-mêmes les passions et d'entrer dans le *nirvāṇa*. Quand bien même bénéficieraient-ils de la force de circonstances extérieures, s'ils n'ont pas encore la puissance de parfumage grâce aux éléments purs internes, ils seront incapables en fin de compte de prendre en détestation les douleurs des naissances et des morts et d'éprouver de l'appétence pour le *nirvāṇa*. Mais pour peu

所謂自有熏習之力。又爲諸佛菩薩等慈悲願[175]護故。能起厭苦之心。信有涅槃修習善根。以修善根成熟故[176]。則値諸佛菩[177]薩示教利喜。乃能進趣向涅槃道。 [p. 578c]

• Le parfumage de l'action de la Talité

用熏習者。卽是衆生外緣之力。如是外緣有無量義。略說二種。云何爲二。一者差別緣。二者平等緣。差別緣者。此人依於諸佛菩薩等。從初發意始求道時乃至得佛。於中若見若念。或爲眷屬父母諸親。或爲給使。或爲知友。或爲怨家。或起四攝乃至一切所作無量行緣。以起大悲熏習之力。能令衆生增長善根。若見若聞得利益故。此緣有二

[175] /願慈悲 10 [176] [故] T-S, T-Y, 9 [177] /善 T-Y

[158] Ce sont les activités de parfumage des *buddha* sur la conscience dichotomisante des phénomènes à l'endroit des profanes acquis au bouddhisme et des gens des Deux Véhicules. Les *buddha* se manifestent sous forme de leur corps de réponse ou de transformation.

[159] Ce sont les activités de parfumage des *buddha* sur la conscience des actes à

que les causes et les conditions soient réunies, c'est-à-dire qu'ils aient en eux-mêmes la puissance de parfumage et que, en outre, grâce à la compassion de tous les *buddha* et *bodhisattva*, les protégeant par leurs vœux, ils pourront de ce fait concevoir une pensée de détestation à l'endroit de la douleur, croire en l'existence du *nirvāṇa* et cultiver les facultés de bien. Et, une fois que cette culture sera arrivée à maturation, ils se réjouiront du profit tiré du bénéfice de l'enseignement de tous les *buddha* et *bodhisattva*, et, partant seront, en mesure de progresser pour se diriger sur la voie du *nirvāṇa* ».

• Le parfumage de l'action de la Talité

Le parfumage de l'action désigne la puissance agissante des conditions extérieures sur les êtres. Ces conditions s'entendent en des acceptions innombrables, mais pour faire bref on en retient deux. Quelles sont-elles ? Premièrement, les conditions différenciées.[158] Deuxièmement, les conditions égales.[159]

Par conditions différenciées, on entend qu'un individu, depuis l'instant où pour la première fois il a conçu la pensée de l'éveil et s'est enquis de la voie auprès de tous les *buddha* et *bodhisattva* jusqu'à ce qu'il ai réalisé l'état de *buddha*, soit qu'il les ait rencontrés *de visu* ou qu'il ait appliqué sa pensée sur eux durant tout ce laps de temps, il les considère comme père, mère, parentèle, ou bien serviteurs, ou encore amis et même ennemis, que [ces *buddha* et *bodhisattva*] mettent en œuvre les quatre moyens de captation,[160] ou tout ce qui est à accomplir parmi les innombrables pratiques. Déployant la force de parfumage de leur grande compassion, ils peuvent amener les êtres à accroître leurs facultés d'accomplir le bien et, soit par la vision, soit par l'audition, à recevoir des profits.

---

l'endroit des *bodhisattva* à partir des dix stations. Les *buddha* leur apparaissent dans des *samādhi* de visualisation.

[160] Les moyens de conversion que sont le don, la parole aimable, le service rendu et la poursuite d'un but en commun.

種。云何爲二。一者近緣。速得度故。二者遠緣。久遠得度故。是近遠二緣。分別復有二種。云何爲二。一者增長行緣。二者受道緣。 [p. 578c]

平等緣者。一切諸佛菩薩。皆願度脫一切衆生。自然熏習恒常不捨。以同體智力故。隨應見聞而現作業。所謂衆生依於三昧。乃得平等見諸佛故。

• L'union de l'être et de l'action de la Talité

此體用熏習。分別復有 / 二種。云何爲二。一者未相應。謂凡夫二乘初發意菩薩等。以意意識熏習。依信力故而能[178]修行。未得無分別心與體相應故。未得自在業修行與用 [p. 579a]

[178] ［能］T-S, T-Y, 9

[161] Le savoir impur et ce qui permet de pratiquer les six perfections.

[162] Le savoir pur et ce qui permet de susciter la pratique selon l'audition et la réflexion. Huiyuan l'interprète comme un profit.

[163] La connaissance grâce à laquelle ils savent que saints — *buddha* et *bodhisattva* — et profanes — les êtres — ont pour même nature foncière la Talité.

[164] Les êtres qui ignorent le principe du rien-que-pensée.

Ces conditions sont à leur tour de deux types. Quel sont-ils ?

Premièrement, les conditions prochaines, par lesquelles on obtient rapidement le salut. Deuxièmement, les conditions lointaines, grâce auxquelles on obtient le salut à long terme. Ces deux sortes de conditions, prochaines et lointaines, se laissent à nouveau analyser en deux catégories. Quelles sont-elles ? Premièrement, les conditions qui accroissent la pratique.[161] Deuxièmement, les conditions permettant d'être réceptif à l'éveil.[162]

Par conditions égales on entend que tous les *buddha* et *bodhisattva* forment le vœu de délivrer tous les êtres, qu'ils les parfument spontanément sans jamais les délaisser, et que, forts de leur connaissance de leur connaturalité,[163] ils manifestent des activités en fonction de [ce que les êtres] ont à voir ou entendre. Ce qui veut dire que les êtres sont à égalité en mesure de voir tous les *buddha* grâce au *samādhi*.

• L'union de l'être et de l'action de la Talité

Le parfumage de cet être propre et de cette action [de la Talité] se laisse analyser en deux façons. Quelles sont-elles ?

Premièrement, celle qui n'est pas encore en adéquation [avec la Talité]. Elle se dit du fait que les profanes, les gens des Deux Véhicules[164] et les *bodhisattva* qui ont conçu pour la première fois la pensée de l'éveil,[165] en raison du parfumage du mental et de la conscience mentale,[166] ne peuvent pratiquer que grâce à la force de la foi, sans pourtant encore que la pensée non-dichotomisante puisse être en adéquation avec l'être propre [de la Talité],[167] ni que la culture

---

[165] Ceux du stade des trois sagesses qui n'ont qu'une intelligence théorique du principe du rien-que-pensée.

[166] C'est-à-dire la pensée illusionnée dans sa partie profonde — la conscience des actes —, et dans son activité superficielle — qui prend en aversion la douleur et est en quête du *nirvāṇa*, celle qui met en œuvre le jugement objectif —.

[167] Le corps de la Loi des *buddha* dans lequel la pensée est éveillée à sa nature foncière que constitue sa vraie manière d'être.

相應故。二者已相應。謂法身菩薩 [p. 579a]
得無分別心。與諸佛智用相應[179, 180]。
唯依法力自然[181]修行。熏習眞如滅
無明故。

• Durée du parfumage des choses impures et pures

復次染法從無始已來熏習不斷。乃至得佛後則有斷。淨法熏習則無有斷盡於未來。此義云何。以眞如法常熏習故。妄心則滅法身顯現。起用熏習故無有斷。

---

[179] /佛自體相應得自在業與諸佛智 14, 15 ; /與一切如來自體相應故。得自在業與一切如來智用相應故 S [180] 故 10 [181] /任運 S

---

[168] Celles salvatrices des *bodhisattva* à partir de la huitième terre.

[169] Ceux qui, à partir de la première terre, ont réalisé le principe que la Talité s'étend à l'univers entier.

[170] Celle du savoir postérieur propre aux corps de rétribution et de correspondance ou de transformation. La variante de 14 et 15, c'est-à-dire des versions de Genroku, reprend dans ses grandes lignes le texte de la version de Śikṣānanda.

des activités souverainement autonomes[168] arrive à être associée à l'action [de la Talité].

Deuxièmement, celle qui est en adéquation [avec la Talité]. Elle se dit du fait que les *bodhisattva* en corps de la Loi,[169] en ayant réalisé la pensée non-dichotomisante, sont en adéquation avec l'action de la sapience des *buddha*[170] ; grâce à la seule force de la Loi, ils pratiquent spontanément, parfument la Talité et coupent court à l'Inscience.[171]

• Durée du parfumage des choses impures et pures

Ensuite, les impuretés[172] parfument sans interruption depuis les temps sans commencement, jusqu'à ce qu'il y ait cessation une fois qu'est réalisé l'état de *buddha*. Le parfumage des choses pures ne connaît pas d'interruption jusqu'à l'infinité des temps futurs. Qu'entend-on par là ?[173] On veut dire que les choses dans leur vraie manière d'être parfument perpétuellement. Dès que les pensées erronées disparaissent, le corps de la Loi apparaît, suscitant un parfumage dans son action, qui ne connaît de ce fait pas d'interruption.

---

[171] Le *Traité* applique les notions d'association ou d'adéquation (*saṃprayukta, xiangying* 相應) et non-association ou d'inadéquation (*viprayukta, buxiangying* 不相應), non seulement à la pensée rectrice et aux fonctions mentales, ce qui est dans la tradition de l'*Abhidharma* et de l'école gnoséologique (v. pp. 53-59), mais encore, dans ce passage, à la Talité et à l'Inscience, ce qui est étranger à cette tradition. Cette innovation doctrinale tient à nouveau au postulat de départ du *Traité* d'envisager la Talité et l'Inscience comme deux principes à la fois irréductibles et pourtant indissociables.

[172] L'Inscience, les pensées erronées et les objets illusoires.

[173] Le sens de la question est que le parfumage des entités pures a une raison d'être tant que l'Inscience existe, mais n'a plus lieu d'être dès que celle-ci a disparu. Tel est le point de vue du Petit Véhicule qui voit dans le *nirvāṇa* la fin ultime de la pratique. La position du *Traité* est celle du Grand Véhicule selon lequel l'action de la pureté est infinie dans les temps futurs car le savoir appliqué, en s'appuyant sur le savoir non-dichotomisant, a à œuvrer sans fin pour le salut des êtres.

3e section :
les trois grands éléments.
A. Les éléments de l'être et des qualités de la Talité

復次眞如自體相者。一切凡夫聲聞縁覺菩薩諸佛無有[182]增減。非前際生非後際滅。畢竟常恒。 [p. 579a]

從本已[183]來性自[184]滿足一切功徳。

所謂自體有大智慧光明義故。遍照法界義故。眞實識知義故。自性淸淨心義故。常樂我淨義故。淸涼不變自在義故。具足如是過於恒沙不

[182] 差別 T-S, T-Y [183] /以 4, 9 [184] /自性 14, 15 ; /性自然 9

---

[174] La troisième section développe le « sens » de l'accès par l'apparition et la disparition de la pensée (v. pp. 28-29), c'est-à-dire la Talité dans son être et son efficience, tandis que jusqu'à présent c'est son « objet » ou sa « teneur » qui a été exposé, à savoir les liens entre l'Inscience et l'éveil.

[175] Littéralement, la « fraîcheur » (*śītībhūta*) propre au *nirvāṇa*, car le saint est « refroidi » à l'endroit des *dharma* impurs du monde du désir. V. LVP, *Kośa*, tome IV, p. 265.

[176] Fazang interprète (*Yiji*) : la lumière de la sapience de l'éveil foncier [1], l'éclairage de toutes les choses par l'éveil foncier [2], l'absence de méprise lors de cet éclairage [3], le détachement de la nature à l'endroit des impuretés des passions [4], le fait d'être entièrement pourvu des qualités de la nature [5], et l'immutabilité de ces qualités [6].

Le [5] décrit l'état du *nirvāṇa* selon le *Sūtra du Mahāparinirvāṇa* et attribue ces quatre qualités à la nature de *buddha*. Selon le *Sūtra de Srīmaladevī*, ces qualités sont le propre de l'embryon de *tathāgata*. Pour le *Traité*, elles sont les attributs de la pensée pure de sa nature [4], c'est-à-dire de l'embryon de *tathāgata* : il hérite donc des conceptions de ces deux *sūtra* ici encore.

Ces attributs reprennent une terminologie propre aux *Upaniṣad* afin de

3e section : les trois grands éléments[174]

A. Les éléments de l'être et des qualités de la Talité

Ensuite, l'être en soi et les qualités propres de la Talité sont sans augmentation ni diminution chez tous les profanes, les auditeurs, les *buddha*-pour-soi, les *bodhisattva* et les *buddha*. Ils ne sont pas plus apparus en un temps antérieur qu'ils ne disparaîtront en un temps ultérieur. Ils sont finalement pérennes.

Dès le départ, la nature [foncière] est entièrement pourvue de tous les attributs. On entend par là que l'être en soi a pour sens la lumière de la grande sapience [1], l'éclairage universel de la sphère de la Loi [2], la connaissance de la vraie réalité [3], la pensée pure de par sa nature [4], la pérennité, le bien-être, le soi et la pureté [5], l'apaisement,[175] l'immuabilité et l'autonomie souveraine [6].[176] Il est de la sorte [en somme] pourvu et empli, sans qu'aucune lui fasse défaut, des qualités inconcevable de *buddha* plus nombreuses que les grains de sable du Gange, qui sont de n'être ni séparées, ni coupées

---

qualifier le Soi absolu [*ātman*] identique au Brahman, et semblent prendre le contrepied des positions du bouddhisme ancien selon lesquelles le profane se méprend quand à la nature du monde transmigratoire qu'il conçoit faussement comme permanent, bienheureux, individué et pur, tandis qu'il est décrit comme impermanent, douloureux, privé de soi et impur. Cependant, de même que les deux *sūtra* mentionnés, le *Traité* pourrait s'inspirer d'idées émises dans le bouddhisme ancien, comme celles exposées dans les *Stances de la Loi* [*Dhammapada*], selon lesquelles le *nirvāṇa* est conquête de l'apaisement pérenne, du bien-être, du vrai soi [*mahātman* : le soi par excellence] et de la pureté, c'est-à-dire les quatre méprises fondamentales sublimées en vérités conquises dans le Grand Véhicule. Il obéit par ailleurs à la logique du Grand Véhicule d'actualiser le *nirvāṇa* dans ce monde-ci, par le truchement de la doctrine de la vacuité. C'est un point controversé de savoir s'il réinstaure un substantialisme ou si, plus subtilement, il lui échappe pour restaurer la réalité phénoménale.

離不斷不異[185]不思議佛法。乃至滿 [p. 579a]
足無有所少義故。名爲如來藏。亦
名如來法身。

問曰。上說眞如其體平等離一切相。
云何復說體有如是種種功德。

答曰。雖實有此諸功德義。而無差
別之相。等同一味唯一眞如[186]。此
義云何。以無分別離分別相。是故
無二。復以何義得說差別。以依業
識生滅相示。此云何示[187]。以一切
法本來唯心實無於念。而有妄心不
覺起念見諸境界故說無明。心性
不[188]起卽是大智慧光明義故。若心
起見則有不見之相。心性／離見卽 [p. 579b]
是遍照法界義故。若心有動非眞識

185 /非同非異 S　　186 /皆同一味一眞 S　　187 ［示］10　　188 /無 10

177 Version de Śikṣānanda : « qui ne sont ni identiques ni différentes ».
178 Le *Traité* reprend le terme d'embryon de *tathāgata* du *Sūtra de Śrīmaladevī*, mais tandis que dans ce *sūtra* il désigne le corps de la Loi qui est « enveloppé » dans les passions, l'auteur l'applique aux éléments de l'être en soi et des qualités et le comprend dans ce sens que la Talité donne naissance aux *tathāgata*.
179 Version de Śikṣānanda : « en tout point d'une saveur unique et une seule réalité ».
180 Les entités objectives distinctes sont certes des projections de la pensée, mais

ni différentes [de la sapience],[177] ni concevables [7]. Voilà pourquoi on le qualifie d'embryon de *tathāgata* ou encore de corps de la Loi de *tathāgata*.[178]

Question : « On a expliqué plus haut que la Talité dans son être en soi échappait à toute qualification. Comment dès lors professer à nouveau qu'elle dispose de toute cet ensemble d'attributs ? »

Réponse : « Bien qu'elle ait en réalité tous ces attributs, elle n'en est pas moins sans caractère distinctif, d'une saveur unique et égale et ainsi la seule et unique manière d'être vraie.[179] Que veut-on dire par là ? On entend que, dépourvue [d'activité] dichotomisante et se trouvant à part de tout signe différentiel, elle est non-duelle ».

[Question] : « Mais, dans ces conditions, comment pouvoir professer des distinctions [entre les êtres] ? »

[Réponse] : « C'est que celles-ci sont exposées en fonction des signes d'apparition et de disparition de la conscience de l'acte ».

[Question] : « De quelle façon sont-elles expliquées ? »

[Réponse] : « C'est que toutes les choses ne sont que [le produit] de la pensée bien que les conceptions [erronées] n'aient pas la moindre réalité.[180] Néanmoins, il est des pensées illusionnées qui, non éveillées, conduisent à concevoir et à visualiser toutes sortes d'objets. C'est dans ce sens qu'on parle d'Inscience. Etant donné que la nature de la pensée ne conçoit [aucune idée erronée], elle est immédiatement la lumière de la grande sapience [1]. Si la pensée conçoit une vision, elle aura alors le caractère d'une absence de vision et, la pensée dans sa nature étant à part de toute vue, elle éclaire tout de suite universellement la sphère de la Loi [2].[181] Si la

---

la nature foncière de celle-ci ne comporte pas la moindre activité venant de conceptions erronées qui auraient quelque consistance.

[181] Lorsque la pensée dans sa nature vraie soulève des conceptions illusoires lui faisant voir un objet, comme cet acte de vision ne peut lui-même être vu, il subsistera sous la forme d'un signe d'absence de vision enfoui dans l'esprit. Qu'on se départisse de ces vues fausses et l'on sera en mesure de voir clairement le monde tel qu'il est.

知無有自性。非常非樂非我非淨。 [p. 579b]
熱惱[189]衰變則不自在。乃至具有過恒沙等妄染之義。對此義故。心性無動[190]則有過恒沙等諸淨功德相義示現。若心有起。更見前法可念者則有所少。如是淨法無量功德。卽是一心更無所念。是故滿足[191]名爲法身如來之藏。

B. L'élément de l'action de la Talité
• La Talité et l'élément de l'action

復次眞如用者。所謂諸佛如來。本在因地發大慈悲。修諸波羅蜜攝化[192]衆生。立大誓願盡欲度脫等衆生界[193]。亦不限劫數盡[194]未來。以取一切衆生如己身故。而亦不取衆

[189] /惚 9 [190] /動 9 [191] 過於恒沙非異非一不可思議諸佛之法。無有斷絶。故説眞如 S [192] /凡 10 [193] ［界］16 [194] 於 9

pensée se meut, elle ne sera plus une vraie connaissance [3], elle ne sera plus dans sa nature propre [4], elle ne sera plus ni pérenne, ni bien-être, ni [vrai] soi ni pure [5] et, en proie à la fièvre, elle dépérira, perdant ainsi son autonomie souveraine [6]. Et ainsi elle sera pourvue d'impuretés illusoires plus nombreuses que les grains de sable du Gange [7]. Etant donné qu'elle revêt un sens contraire, la pensée est dans sa nature immobile et, en conséquence, s'y trouve manifesté le sens de tous les attributs purs plus nombreux que les grains de sable du Gange. Si la pensée a de quoi conceptualiser, elle croit *a fortiori* voir apparaître des choses auxquelles elle peut appliquer son attention, mais il lui manquera [tous ces attributs].[182] Ainsi donc, les attributs innombrables des choses pures sont-ils l'unique pensée, sans qu'il y ait *a fortiori* d'objet conçu. C'est la raison pour laquelle le fait pour elle d'être pourvue [de tous ces attributs] est qualifié de corps de la Loi et d'embryon de *tathāgata* ».

B. L'élément de l'action de la Talité

• La Talité et l'élément de l'action

Ensuite, l'action de la Talité se dit du fait que tous les *buddha* et *tathāgata*, se trouvant originellement dans les terres causales,[183] ont conçu la grande compassion, ont cultivé toutes les perfections, ont prêché aux êtres, et ont formé de grands vœux afin de délivrer ceux-ci durant un nombre d'éons illimité jusqu'à un avenir indéfini. Ils se sont attachés tous les êtres comme s'ils étaient leur propre

---

[182] Car, ne reconnaissant que se qui se présente à l'esprit en tant qu'objet, elle ne verra pas ce qui lui échappe. Si, en revanche, on s'avise qu'il n'est pas de différence entre conception et non-conception, on sera pourvu de toutes les qualités.

[183] Lorsqu'ils s'adonnaient aux pratiques de *bodhisattva*.

生相[195]。此以何義。謂如實知一切 [p. 579b]
衆生及與己身眞如平等無別異故[196]。以有如是大方便智。除滅無明見本法身。自然而有不思議業種種之用。卽與眞如等遍一切處。又亦無有用相可得[197]。何以故。謂諸[198]佛如來唯是法身智相之身。第一義諦無有世諦境界。離於施作。但隨衆生見聞得益故說爲用。

• Corps de réponse et corps de rétribution [1]

此用有二種。云何爲二。
一者依分別事識。凡夫二乘心所見者。名爲應身[199]。以不知轉識現故見從外來。取色分齊不能盡知故。
二者依於業識。謂諸菩薩從初發意。

---

[195] /之 16 [196] ［無別異故］9, 10, 16 [197] /德 10 [198] ［諸］10 [199] /化身 S

---

[184] Les *buddha* ont pris l'aspect des êtres afin de les sauver, sous la forme de *buddha* transformationnels, les aimant comme eux-mêmes. Mais, ce faisant, par crainte que les êtres ne s'attachent à leur condition actuelle, ils se départissent de leur aspect d'êtres sensibles.
[185] Ces deux dernières phrases manquent dans la Version de Śikṣānanda.
[186] Version de Śikṣānanda : « corps de transformation ».

personne, sans pour autant prendre leur aspect.[184] Qu'entend-on par là ? On veut dire qu'ils savent avec justesse que tous les êtres et eux-mêmes sont égaux dans leur manière d'être authentique, sans distinction aucune.[185] C'est parce qu'ils ont la connaissance par excellence des moyens qu'ils dissipent l'Inscience, manifestent le corps de la Loi originel et, spontanément, ont une multiplicité d'activités qui sont autant d'œuvres inconcevables.* Ils sont égaux à la Talité et emplissent tous lieux sans qu'on arrive à appréhender de signe de leur activité. Quelle en est la raison ? On veut dire par là que tous les *buddha* et les *tathāgata* ne sont que corps de la Loi et signes de la sapience. N'étant que vérité absolue, ils ne ressortissent pas au domaine de la vérité mondaine. Se gardant de toute mise en œuvre, on parle seulement à leur propos d'action en fonction du fait que les êtres, en les voyant et en les entendant, en retirent du profit.

• Corps de réponse et corps de rétribution [1]

Cette activité se dit en deux sens. Quels sont-ils ?

Premièrement, c'est ce qui s'appuie sur la conscience distinctive des faits, à savoir ce qu'aperçoit la pensée des profanes ainsi que celle des gens des Deux Véhicules, qui a pour nom corps d'adéquation.[186] Etant donné que ceux-ci ignorent que ce corps est une manifestation de la conscience en procession, ils croient qu'il vient du dehors et, s'attachent à l'idée qu'il est une détermination sensible. Ils ne peuvent donc avoir une connaissance exhaustive de cette activité.[187]

Deuxièmement, c'est ce qui dépend de la conscience de l'acte[188] que l'on qualifie de corps de rétribution,[189] c'est-à-dire ce qu'aperçoit

---

[187] Car ils prennent pour argent comptant les manifestations sensibles du *buddha* en corps d'adéquation qui fait apparaître, par exemple, trente-deux signes distinctifs et quatre-vingt marques secondaires.

[188] La couche profonde de la psychologie en regard de la zone superficielle appréhendée par la conscience distinctive des faits.

[189] Version de Śikṣānanda : « corps de fruition ».

乃至菩薩究竟地心所見者。名爲報身[200]。身有無量色。色有無量相。相有無量好。所住依果亦有無量種種莊嚴隨所示現卽無有邊不可窮盡離分齊相。隨其所應常能住持不毀不失。如是功德皆因諸波羅蜜等無漏行熏。及不思議熏之所成就。／具足無量樂相故。說爲報身[201]。 [p. 579b] [p. 579c]

• Corps d'adéquation et corps de rétribution [2]

又[202]凡夫所見者是其麁色。隨於六道各見不同。種種異類非受樂相故。說爲應身[203]。

復次初發意菩薩等[204]所見者。以深信眞如法故少分而見。知彼色相莊嚴等事。無來無去離於分齊。唯依

[200] /名受用身 S [201] ［身］4, 9, 19 ; /具無邊喜樂功德相故亦名報身 S [202] 爲 1, 9, 14, 15 [203] ［身］9 ; /化身 S [204] ［等］T-S, T-Y, 9 ; /初行菩薩見中品用 S

[190] Au sens strict, il s'agit des Terres Pures qui sont des manifestations des mérites de *buddha* comme Vairocana, selon le *Sūtra de l'Ornementation fleurie*, ou Amida, au stade où ils se situaient au delà de la première terre. Mais pour le *Traité*, les *bodhisattva* au stade des trois sagesses y ont accès.

[191] Tel le Vairocana du *Sūtra de l'Ornementation fleurie* qui est sans limite.

la pensée des *bodhisattva* depuis qu'ils ont conçu pour la première fois la pensée de l'éveil jusqu'à ce qu'ils aient atteint la terre ultime des *bodhisattva*.[190] Ce corps est sans limitation sensible, possède des signes distinctifs ainsi que des marques secondaires innombrables.[191] Les fruits de l'environnement où il réside ont de même une multitude d'ornements innombrables.[192] Là où il apparaît, on ne peut lui assigner de limites ni l'épuiser exhaustivement. Il est dégagé de toute marque de détermination et là où il est « en adéquation », il dure perpétuellement sans jamais se détruire ni disparaître. De tels attributs viennent de l'accomplissement du parfumage des complexions immaculées[193] de toutes les perfections ainsi que du parfumage inconcevable.[194] Et c'est parce qu'il est pourvu de signes innombrables de félicité qu'on le qualifie de corps de rétribution.[195]

• Corps d'adéquation et corps de rétribution [2]

Ce que voient les profanes n'est que du sensible grossier. Etant donné que ce qu'ils voient diffère selon les six destinées [où ils se trouvent], il en est une multitude de sortes différentes. On parle à ce propos de corps d'adéquation car celui-ci n'a pas pour caractéristique d'éprouver le bien-être.[196]

Ensuite, ce qu'aperçoivent les *bodhisattva* qui conçoivent pour la première fois la pensée de l'éveil est une vision partielle reposant sur une foi profonde à l'endroit du principe de la Talité. Mais ils savent que les signes sensibles et les ornements n'ont ni venue ni allée, sont

---

[192] Tel est le cas de la Terre Pure de Vairocana, le Monde du réceptacle de la fleur de lotus, selon le commentaire de Huiyuan.

[193] Tenant à l'éveil inceptif.

[194] Venant de l'éveil foncier.

[195] Version de Śikṣānanda : « qu'on le qualifie aussi de corps de rétribution ». Cette version admet donc les deux appellations de « corps de fruition » et de « corps de rétribution » pour le deuxième corps de *buddha*.

[196] Tel est le cas de Śākyamuni qui n'a pu éviter l'expérience de la naissance, de la vieillesse, de la maladie et de la mort.

心現[205]不離眞如。然此菩薩猶自分 [p. 579c]
別。以未入法身位故。若得淨心所
見微妙[206]其用轉勝。乃至菩薩地盡
見之究竟[207]。若離業識則無見相。
以諸佛法身無有彼此色相迭相見故。
問曰。若諸佛法身離於色相者。云
何能現色相。
答曰。卽此法身是色體故能現於色。
所謂從本已來色心不二。以色性卽
智故色體無形。說名智身[208]。以智
性卽色故。說名法身遍一切處。所
現之色[209]無有分齊。隨心能示十方
世界。無量菩薩無量報身[210]。無量
莊嚴[211]各各差別。皆無分齊而不相
妨。此非心識分別能知。以眞如自

205 /知如來身無去無來無有斷絶。唯心影現 S 206 /微細用S 207 /此微細用是受用身。以有業識。見受用身 S 208 /以色本性即心自性。說名智身 S 209/受用身 S 210 土 S 211 /依於法身。一切如來所現色身 S

197 Version de Śikṣānanda : « Mais ils savent que le corps de *tathāgata* est sans allée ni venue, est sans discontinuité et n'est que le reflet de la seule pensée ».

198 Etant encore attaché à l'existence d'entités, le *bodhisattva* au stade des trois sagesses met encore en œuvre les consciences intellective et de continuité, d'où s'ensuivent des différenciations grossières.

199 A la première terre où le *bodhisattva* perçoit le corps de la Loi.

200 La Version de Śikṣānanda ajoute la phrase : « Cette activité subtile est le corps de fruition, et c'est parce qu'ils ont la conscience de l'acte qu'ils voient ce corps de fruition ».

dégagés de toute détermination et n'apparaissent qu'en fonction de la pensée seule[197] sans jamais se départir de la Talité. Néanmoins, ces *bodhisattva* font encore eux-mêmes des différenciations car ils ne sont toujours pas entrés dans le stade du corps de la Loi.[198] Dès qu'ils ont obtenu la pensée épurée,[199] ce qu'ils voient est subtil et l'activité de ce qu'ils voient en est de même plus excellente encore. Que, encore, les *bodhisattva* arrivent au terme des terres, et leur vision sera ultime.[200] Qu'ils se départissent de la conscience de l'acte, il n'y aura plus chez eux de signe visuel. Ceci parce que le corps de la Loi de tous les *buddha* n'apparaît plus, ni pour les uns ni pour les autres, sous des espèces sensibles.

Question : « Si le corps de la Loi se départit de ses aspects sensibles, de quelle façon ceux-ci pourront-ils se manifester ? »

Réponse : « Ce corps de la Loi étant l'être même du sensible, il est en mesure de manifester celui-ci. On veut dire par là que, dès le principe, le sensible et la pensée ne sont pas duels. La nature du sensible étant par définition sapience, on qualifie de corps sapientiel l'absence de forme de l'être du sensible.[201] La nature de la sapience étant par définition du sensible, on la définit comme le corps de la Loi qui s'étend en tout lieu.[202] Bien que le sensible[203] qui apparaît ne comporte pas de délimitations, en fonction de la pensée, il peut manifester des *bodhisattva* innombrables, des corps de rétribution innombrables ainsi que des ornements innombrables des mondes décadimensionnels, ceci avec distinction pour chacun sans pour autant qu'il y ait la moindre délimitation, ni non plus la moindre obstruction mutuelle. Ce fait échappe à la connaissance distinctive de la conscience reposant sur la pensée, car il ressortit à l'action

---

201 Version de Śikṣānanda : « La nature originelle du sensible étant la nature en soi de la pensée, on qualifie cette dernière nature de corps sapientiel ».

202 Les corps de rétribution et de réponse étant des manifestations du corps de sapience, ils sont une forme sensible de celle-ci.

203 Version de Śikṣānanda : « ... le corps sensible de tous les *tathāgata* qui apparaît grâce au corps de la Loi ... ».

在用義故。 [p. 579c]

• De la naissance et de la disparition à la Talité

復次顯示從生滅門卽入眞如門。所謂。推求五陰。色之與心。六塵境界。畢竟無念。以心無形相。十方求之。終不可得[212]。如人迷故。謂東爲西。方實不轉。衆生亦爾。無明迷故。謂心爲念。心實不動。若能觀察。知心無念[213]。卽得隨順入。眞如門故。

[212] /復次爲令衆生從心生滅門入眞如門故。令觀色等相皆不成就。云何不成就。謂分析麁色漸至微塵。復以方分析此微塵。是故若麁若細一切諸色。唯是妄心分別影像實無所有。推求餘蘊漸至刹那。求此刹那相。別非一無爲之法。亦復如是。離於法界終不可得。如是十方一切諸法應知悉然 S [213] /起 T-S, T-Y ; /不起 9 ; 若知動心即不生滅 S

[204] La connaissance distinctive de la conscience est, selon Fazang, la conscience erronée. Celle-ci ne s'aperçoit pas que ce qui rend possible la distinction entre moi et autrui est précisément leur égalité. Ce paragraphe illustre l'idée que le sensible et la pensée ne sont pas duels, non pas dans le sens où ils seraient uns, mais où ils ont dépassé toute dualité tenant à la connaissance distinctive. Il reprend celle du *Sūtra de Śrīmālādevī* selon laquelle « le sensible du Tathāgata est inépuisable, et qu'il en va de même de la sapience », de même que celle de l'Ornementation fleurie selon laquelle le Buddha Vairocana est un corps de la Loi né de la nature de la Loi, c'est-à-dire en proximité immédiate avec le corps de rétribution.

[205] Autrement dit, comment de la temporalité on entre dans la pérénité.

[206] Les cinq objets des sens et la synthèse qui en est faite par l'esprit ne sont que le produit de la pensée et, en conséquence, ne sont pas à considérer en dehors d'elle.

[207] La version de Śikṣānanda développe ce passage : « Ensuite, on fait pénétrer les êtres de la sphère de la naissance et de la disparition dans la

souverainement autonome de la Talité ».[204]

• De la naissance et de la disparition à la Talité

Ensuite, nous allons montrer comment, de la sphère de la naissance et de la disparition, on pénètre dans la sphère de la Talité.[205] A scruter les cinq ensembles psycho-somatiques, il ressort qu'ils ne sont que du sensible et de la pensée ; il en va de même pour les six objets de la connaissance : en fin de compte rien à quoi appliquer son esprit.[206] En effet, pour autant que dans la pensée il n'est pas d'apparence sensible, l'on ne pourra en appréhender aucune, dût-on s'en enquérir dans les dix directions.[207] Les hommes s'égarent ; c'est pourquoi ils prennent l'Occident pour l'Orient, alors que, en réalité, les directions ne varient pas. Il en va de même pour les êtres.[208] Abusés qu'ils sont par l'Inscience, ils prennent ce qu'est leur pensée pour un esprit [objectivant]. Mais leur pensée est en réalité immuable. Dès qu'ils s'avisent que celle-ci ne s'applique à rien,[209] ils peuvent, dès lors, pénétrer en bonne intelligence dans la sphère de la Talité.

---

sphère de la Talité. On leur fait examiner que les signes du sensible, et des autres [ensembles psychosomatiques] ne s'érigent pas. En quoi ne s'érigent-ils pas ? Lorsqu'on analyse le sensible grossier graduellement jusqu'à celui qui est subtil, ils se laissent précisément analyser dans le subtil. Aussi bien, le sensible tout entier, qu'il soit grossier ou subtil, n'est qu'image distinguée par la pensée erronée et n'existe en réalité pas. Que l'on s'enquière des autres ensembles jusqu'à atteindre graduellement un instant de pensée, on n'arrivera à isoler aucun signe d'instant de pensée en tant qu'unité à part. Il en va de même des éléments inconditionnés. En fin de compte, on ne pourra rien appréhender hormis la sphère de la Loi. C'est de cette façon qu'on connaîtra toutes choses dans les dix directions ».

[208] Qui se laissant abuser par leur esprit qui s'applique à l'endroit des objets, sous l'influence de l'Inscience, ne réalisent pas que leur pensée est en elle-même immuable dès lors qu'ils découvrent sa véritable nature, à savoir la Talité. Le *Traité* met en contraste ici la pensée en tant que telle (*xin* 心) et l'esprit objectivant qui s'applique à des objets (*nian* 念).

[209] Version de Śikṣānanda : « et dès qu'ils s'avisent que leur pensée en mouvement est sans naissance ni disparition ».

Chapitre II : contrecarrer les attachements erronés

• Les deux sortes d'attachements erronés

對治邪[214]執者。一切邪[215]執皆依我見。若離於我則無邪執。是我見有二種。云何爲二。一者人我見。二者法我見。 [p. 579c]

• Les cinq sortes d'idées fixes substantialisant l'individu

人我見者。依諸凡夫說有五種。云何爲五。

一者聞修多羅說。／如來法身畢竟寂寞[216]猶如虛空。以不知爲破著故。卽謂虛空是如來性[217]。云何對治。明虛空相是其妄法體無不實。以對色故有。是可見相令心生滅。以一切色法本來是心實無外色。若無色者則無虛空之相。所謂一切境界唯心妄起故有。若心離於妄動。則一切境界滅。唯一眞心[218]無所不遍。 [p. 580a]

[214] /耶 9 [215] /耶 9 [216] /漠 9 ; /究意寂滅 S [217] /凡愚聞之不解其義。則執如來性同於虛空常恒遍有 S [218] /唯眞如心 S

Chapitre II : contrecarrer les attachements erronés

• Les deux sortes d'attachements erronés

Tous les attachements erronés reposent sur l'idée de substantialiser. Dès lors qu'on se départit d'elles, il n'est plus d'attachement erroné. Il est deux catégories de ces idées. Quelles sont-elles ? Premièrement, l'idée de substantialiser l'individu. Deuxièmement, l'idée de substantialiser les choses.

• Les cinq sortes d'idées fixes substantialisant l'individu

Les idées fixes substantialisant l'individu sont propres à tous les profanes. Elles sont de cinq sortes. Quelles sont-elles ?

Premièrement, c'est celle qui consiste à penser que l'espace vide est la nature du *tathāgata* en raison du fait qu'ils ignorent l'enseignement des *sūtra* : « Le corps de la Loi du *tathāgata* est ultimement apaisé, tel l'espace vide », destiné à trancher les attachements.[210] Comment la contrecarrer ? L'espace vide en tant que signe distinctif est une chose illusoire. N'ayant pas d'être en soi, cet espace est sans réalité. Il existe parce qu'on a en face de soi du sensible, qui est un signe visible faisant naître et disparaître des pensées [à son endroit]. Mais il n'est en réalité pas de sensible extérieur, car toutes les choses sensibles [ne] sont dès le principe [que] de la pensée. Dès lors que le sensible n'est plus, il est clair que l'espace en tant que signe distinctif n'est à son tour plus. On entend par là que tout le champ du connaissable n'existe qu'en raison du fait que la pensée le conçoit illusoirement. Mais que la pensée se départisse de toute pulsion illusoire, et derechef ce champ entier disparaît. Il n'est

---

[210] Attachements selon lesquels le corps du *buddha* serait matériel et physique, alors que ce type de sermon n'a qu'une valeur prophylactique. V. note complémentaire de pp. 95-100.*

此謂如來廣大性智[219]究竟之義[220]。 [p. 580a]
非如虛空相故。
二者聞修多羅說世間諸法畢竟體空。
乃至涅槃眞如之法亦畢竟空。從本已[221]來[222]自[223]空離一切相[224]。以不知爲破著故。卽謂眞如涅槃之性唯是其空。云何對治。明眞如法身自體不空。具足無量性功德故。
三者聞修多羅說如來之藏無有增減[225]。體備一切功德之法[226]。以不解故卽謂如來之藏有色心法自相差別云何對治。以唯依眞如義說故。
因生滅染義示現說差別故。

---

[219] /性知 10 ; /智性 9, 16 [220] /此是如來自性。如虛空義 S [221] /以 9
[222] /本來 14, 15, ［從本已來］9, 10 [223] ［自］9 [224] /一切世法皆畢竟空。乃至涅槃眞如法亦畢竟空。本性如是離一切相 S [225] /凡夫聞已 S [226] /性 T-S, T-Y

---

[211] V. note complémentaire de pp. 95-100.* Cette cotation serait à rapprocher d’un passage du *Traité* sur les tentations de Māra, p. 149 (Kashiwagi).

[212] Ce terme clé du *Traité* comporte deux sens principaux : le corps de la Loi du *tathāgata* en tant qu’il est recouvert par les passions des êtres et fait que ceux-ci recèlent des qualités égales au *tathāgata* ; le fait que les êtres sont portés par le *tathāgata* comme en leur matrice et en sont des embryons. Dans cette phrase, c’est le premier sens qui est retenu.

[213] V. note complémentaire de pp. 95-100.*

[214] L’erreur consiste à interpréter la phrase de référence de manière univoque et de croire que l’embryon de *tathāgata* est identique aux illusions innombrables, ce qui impliquerait que celles-ci sont vouées à ne jamais disparaître.

rien à quoi l'unique pensée authentique ne s'étende, ce qu'on entend par l'état ultime de la sapience de la vaste et grande nature du *tathāgata*, qui n'a rien à voir avec un espace vide caractérisé.

Deuxièmement, c'est celle qui consiste à penser que la Talité et le *nirvāṇa* ne sont que du vide, par ignorance que c'est afin de couper court aux attachements que les *sūtra* professent, que « Toutes les choses mondaines sont finalement vides dans leur être propre, que les éléments du *nirvāṇa* et de la Talité sont finalement vides, et que, dès le principe, ils sont dénués de toute marque, étant d'eux-mêmes vides ».[211] Comment la contrecarrer ? On met à cette fin en évidence que la Talité et le corps de la Loi sont dans leur être propre non-vides et sont pourvus des qualités naturelles innombrables.

Troisièmement, c'est celle qui consiste à penser que, dans l'embryon de *tathāgata*, les éléments sensibles et mentaux ont des caractères propres qui sont différenciés, en mésinterprétant ce que les *sūtra* professent, à savoir que « L'embryon de *tathāgata*[212] ne comporte ni augmentation ni diminution et que dans son être il est pourvu de toutes les qualités ».[213] Comment la contrecarrer ? En expliquant que c'est du seul point de vue de la Talité [qu'il est question d' « absence d'augmentation et de diminution »] ; et en expliquant que c'est du point de vue des [éléments] souillés soumis à la naissance et à la disparition qu'on parle de « différenciations » à propos de la manifestation [de toutes les qualités].[214]

En réalité, le premier membre de la phrase est à interpréter du point de vue de la Talité qui, identique à la nature même de l'embryon de *tathāgata*, n'est pas soumise à variation ; elle est pérenne et immuable. Ce point de vue est celui d'une non-dualité d'une dualité, selon Fazang. Le deuxième membre de la phrase est à comprendre du point de vue des changements innombrables qui affectent les choses soumises à naissance et disparition, dans lesquelles se trouvent les qualités de l'embryon de *tathāgata* que recèlent les êtres, sous les espèces de l'éveil foncier ; ces qualités de l'éveil foncier sont dites innombrables par analogie avec l'infinité des changements qui affectent les impuretés. Ce point de vue est celui d'une dualité non-duelle, selon Fazang.

四者聞修多羅說一切世間生死染法 [p. 580a]
皆依如來藏而有[227]。一切諸法不離
眞如。以不解故謂如來藏自體具有
一切世間生死等法。云何對治。
以[228]如來藏從本已來唯有過[229]恒沙
等諸淨功德。不離不斷不異眞如義
故。以過恒沙等煩惱染法。唯是妄
有性自本無[230]。從無始世來未曾與
如來藏相應故。若如來藏體有妄法。
而使證會永[231]息妄者。則無有[232]是
處故[233]。

---

[227] /如來藏起 S ; 以 9 [228] ［以］ 9 [229] 於 T-S, T-Y [230] 性自無本 9 ; /本無自性 S [231] /求 T-Y [232] ［有］ 10, 16 [233] ［故］ 14, 15

---

[215] V. note complémentaire de pp. 95-100.*

[216] L'erreur est ici de comprendre la Talité du point de vue de l'immuabilité et non pas de sa réponse aux conditions. Elle identifie purement et simplement l'embryon de *tathāgata* aux souillures. Le *sūtra*, qui se place du second point de vue, veut seulement montrer que le domaine du mondain prend la Talité pour point d'appui. Seules sont indissociables de la Talité les qualités pures de l'embryon de *tathāgata*. Si les illusions l'étaient aussi, elles seraient éternelles et l'on ne pourrait les détruire.

C'est, semble-t-il, ce type d'opinions « naturalistes » ou plutôt « spontanéistes » professées à son époque, que combat le moine Dōgen (1200-1253), dans son *Hōkyōki* (n° IV) : un seul acte de connaissance identifiant tels quels les êtres aux *tathāgata* ne suffit pas à réaliser l'état de *buddha* ; il importe de faire intervenir une pratique réalisatrice. Voici le dialogue qu'il a eu avec son maître chinois :

« J'ai posé la question suivante.

"Des amis de bien de jadis et d'aujourd'hui déclarent : 'C'est de connaissance spontanée qu'on a l'éveil, de la même manière qu'en avalant de

Quatrièmement, c'est celle qui consiste à penser que, dans l'être même de l'embryon de *tathāgata*, existent telles quelles toutes les choses mondaines soumises à naissance et mort, en mésinterprétant ce que les *sūtra* professent, à savoir que « Toutes les choses souillées mondaines soumises à la naissance et à la disparition existent en prenant appui sur l'embryon de *tathāgata* et qu'aucune chose n'est à part de la Talité ».[215] Comment la contrecarrer ? En raison du principe que, dans l'embryon de *tathāgata*, seules se trouvent, dès l'origine, toutes les qualités pures plus nombreuses que les sables du Gange, qui ne sont ni à part, ni en discontinuité, ni différentes de la Talité. Les choses impures plus nombreuses que les sables du Gange n'ont qu'une existence illusoire et leur nature n'existe originellement pas d'elle-même, car depuis les temps sans commencement elles n'ont jamais été en adéquation avec l'embryon de *tathāgata*. Il serait contre la raison de soutenir que l'être même de l'embryon de *tathāgata* recèlerait de l'illusoire, et qu'il s'agirait de réaliser ce fait afin de dissiper les illusions.[216]

---

l'eau le poisson a spontanément connaissance du froid et du chaud. Voilà en quoi consiste l'éveil.'

A ceci, j'ai objecté que si l'éveil parfait était une connaissance spontanée tous les êtres devraient grâce à elle être des *tathāgata* parfaitement éveillés, étant donné qu'ils sont sans exception pourvus d'une telle connaissance.

Or, une personne m'a rétorqué : 'Il en est bien ainsi. Tous les êtres sont des *tathāgata* de par leur être foncier sans commencement.'

Et une autre de me répliquer : 'Tous les êtres ne sont pas nécessairement des *tathāgata*. En effet, ceux qui prennent conscience que l'éveil est l'intelligence de la nature de son propre éveil, sont des *tathāgata*, tandis que ceux qui ne le savent pas encore n'en sont pas.'

Peut-on tenir que de telles thèses ressortissent à l'enseignement bouddhique ?"

Le maître m'a répondu : "Ceux qui tiennent que tous les êtres sont par définition des *buddha* sont assimilables aux dissidents spontanéistes. Ils mettent le moi et le mien à la même enseigne que les *buddha*, et ne laissent de tenir pour acquis et réalisé ce qui ne l'est pas." »

五者聞修多羅說依如來藏故有生死。 [p. 580a]
依如來藏故得涅槃。以不解故謂衆
生有始。以見始故復謂如來所得涅
槃。有其終盡還作衆生。云何對治。
以如來藏無前／際故。無明之相亦 [p. 580b]
無有始。若說三界外更有衆生始起
者。卽是外道經說。又如來藏無有
後際。諸佛所得涅槃與之相應則無
後際故。

---

217 V. note complémentaire de pp. 95-100.*

218 Cette opinion est attribuée au *Sūtra du grand être* (*Dayoujing* 大有経), selon le *Sūtra des rois bienveillants* (T. VIII, n° 245, p. 827a ; v. aussi n° 246, p. 836c) : « La thèse du *Sūtra du grand être,* "J'ai exposé que, en dehors du triple monde, il était un réceptacle à un monde des êtres sensibles", est hérétique. Elle n'est pas celle des Sept Buddha ». La référence textuelle donnée ici est strictement identique dans la version de Śikṣānanda.

219 Tout ce paragraphe se fonde sur le raisonnement bouddhique que ce qui a un commencement connaît nécessairement une fin et inversement, ce qui est le cas du conditionné, et que ce qui n'a pas de commencement ne connaît pas de fin et inversement, à savoir l'inconditionné. Mais comme le *Traité* admet avec l'ensemble de la tradition bouddhique que l'Inscience a une fin, il faudrait qu'il lui reconnaisse également un début ; sinon il devrait en faire aussi un inconditionné. Pour contourner la difficulté, le *Traité* spécifie bien que l'Inscience n'a pas de commencement *assignable*, c'est-à-dire qu'elle ne présente pas de marque extérieure et connaissable (*xiang* 相) d'un début, ce qui revient à ne pas statuer sur son origine et son commencement dans le temps. Le *nirvāṇa* et le cycle transmigratoire n'ont pas de liens chronologiques entre eux.

L'erreur incriminée est celle qui consiste à croire que l'embryon de *tathāgata* serait antérieur et que, en conséquence, le cycle de la vie et de la

Cinquièmement, c'est celle qui se méprend sur ce qu'exposent les *sūtra*, à savoir que « C'est en s'appuyant sur l'embryon de *tathāgata* que le cycle de la naissance et de la mort existe ; c'est en s'appuyant sur l'embryon de *tathāgata* qu'on réalise le *nirvāṇa* ».[217] Elle consiste à croire qu'il est un début chez les êtres sensibles et que, en fonction de ce préjugé, on tient que, dans le *nirvāṇa* réalisé par les *tathāgata*, il y aurait une fin et que l'on deviendrait à nouveau un être sensible. Comment la contrecarrer ? En mettant en avant le fait que, comme il n'est pas de commencement dans le passé à l'embryon de *tathāgata*, il n'est pas non plus de début que l'on puisse assigner à l'Inscience. Si l'on professait que, en dehors du triple monde, il était en outre des êtres sensibles qui apparaîtraient pour la première fois, cela reviendrait à soutenir ce que disent les *sūtra* des hérétiques.[218] Pour autant qu'il n'est pas de fin à venir dans l'embryon de *tathāgata*, le *nirvāṇa* qu'ont réalisé tous les *buddha* qui est en adéquation à cet embryon, ne peut en avoir non plus.[219]

---

mort lui serait postérieur. C'est admettre qu'on puisse chuter du *nirvāṇa*. La thèse est réfutée par le fait que l'embryon de *tathāgata* et la Talité, étant des réalités pérennes échappant au temps, n'ont pas de commencement. De même, on ne peut assigner de commencement à l'Inscience qui est la source du cycle de la naissance et de la mort. Pour admettre la thèse en question, il faudrait poser que les êtres existent initialement en dehors du triple monde et qu'ils entrent dans celui-ci un jour, thèse non bouddhique. De même, l'embryon de *tathāgata* et le *nirvāṇa* qui lui est associé, étant pérennes, ne peuvent avoir de fin.

C'est cette même erreur que Myōe (1173-1232) a combattue lorsqu'il s'en est pris à un individu qui soutenait à son époque : « Jadis, tous les êtres se trouvaient dans la capitale de l'éveil foncier et c'est, incités par leurs attachements illusoires, qu'ils sont devenus maintenant des profanes soumis à la naissance et à la mort » (*La Doctrine du rien-que-pensée selon l'Ornementation Fleurie* [*Kegon yuishingi*], DNBZ, 13, pp. 52-53). Selon lui, le vrai et le faux sont dans un rapport de causalité simultanée (*guu inga* 倶有因果).

C'est vraisemblablement de ce type d'erreur que seront accusés les chrétiens européens au XVIIe siècle par leurs réfutateurs bouddhiques, dont le moine Sessō (*Traité pour réfuter la religion erronée* [*Taiji jashūron*], 1648).

• L'idée fixe de substantialiser les choses

[p. 580b]

法我見者。依二乘鈍根故。如來但爲說人無我。以說不究竟。見有五陰生滅之法[234]。怖畏生死妄取涅槃。云何對治。以五陰法自性不生則無有滅。本來涅槃故。

• Le détachement ultime

復次究竟離妄執者。當知染法淨法皆悉相待。無有自相可說。是故一切法從本已[235]來。非色非心。非智非識。非有非無[236]。畢竟不可說相。而有言說[237]者。當知如來善巧方便。假以言說引導衆生。其旨趣者皆爲離念歸於眞如[238]。以念一切法令心生滅不入實智故[239]。

[234] 性 9 [235] /以 10 [236] /非無非有 S [237] 示教之 S [238] /令捨文字入於眞實。若隨言執義。增妄分別 S [239] /不生實智不得涅槃 S

[220] L'erreur est ici de croire que les choses conditionnées existent réellement en tant que substance et donc de rechercher un *nirvāṇa* en dehors de la transmigration, qui ne peut en conséquence partant être qu'un néant. Mais dès qu'on s'avise que ces choses ne sont pas réellement en soi mais ont pour

• L'idée fixe de substantialiser les choses

Les idées fixes substantialisant les choses proviennent des facultés émoussées des gens des Deux Véhicules. Le Tathāgata a seulement exposé l'insubstantialité de l'individu. Aussi bien, en présence d'un enseignement aussi incomplet, ces gens ont-ils cru que les éléments relevant des cinq ensembles psychosomatiques, soumis à la naissance et à la disparition, existaient et, par crainte du cycle de la naissance et de la mort, se sont-ils attachés illusoirement au *nirvāṇa*. Comment les contrecarrer ? En mettant en avant le fait que les éléments de ces cinq ensembles, ne naissant pas en ayant une nature propre, ne connaissent donc pas non plus de disparition et que c'est dès l'origine qu'ils [sont dans] le *nirvāṇa*.[220]

• Le détachement ultime

Ensuite, il importe de savoir ce qu'est se départir au plan ultime, des attachements illusoires. Les choses impures et les choses pures sont en dépendance mutuelle ; il n'est pas de caractère propre qu'on puisse définir à leur endroit. Toutes les choses ne sont, dès l'origine, ni du sensible, ni de la pensée, ni de la sapience, ni de la connaissance dichotomisante, ni de l'être, ni du non-être : elles ont, en dernière instance, un caractère indéfinissable. Néanmoins, il importe de savoir qu'il existe des explications à leur sujet. Mais il ne s'agit là que de procédés habiles de la part des *tathāgata* qui font usage du langage à titre provisoire afin de guider les êtres. Ce qu'ils visent est de départir [les êtres] de toute application de concept afin de les faire revenir à la Talité. En effet, conceptualiser à propos des choses entraîne la pensée à se soumettre à la naissance et à la disparition et ne permet pas de la faire entrer dans le savoir plénier.[221]

---

fondement la Talité, on se départit de l'illusion que le cycle des naissances et des disparitions soit une réalité substantielle et l'on sait que c'est dès l'origine que ces choses sont « éteintes » ou « apaisées » (*nirvāṇa*).

Chapitre III :
analyse des aspects
de la mise en marche
sur la voie

分別發趣道相者。謂一切諸佛所證之道[240]。一切菩薩發心修行趣向義故。略說發心有三種。云何爲三。一者信成就發心。二者解行發心。三者證發心。 [p. 580b]

---

240 /謂一切如來得道正因 S

---

221 Il n'est aucune chose qui prenne de sens en dépendance et en contraposition avec d'autres. Aussi bien, en vérité absolue, ne peut-on assigner à aucune un caractère qui lui soit propre : ainsi, le bien n'existe qu'en rapport avec le mal, mais le bien absolu est quant à lui inexprimable à l'aide du langage. Néanmoins, afin d'indiquer quelle est la sphère de la vérité absolue, il est nécessaire d'avoir recours à ce langage. Mais en dernière instance, il est congédié pour qui veut atteindre la connaissance authentique.

222 Lorsque les dix degrés de foi sont réalisés, c'est-à-dire à la première station dite de la conception de la pensée de l'éveil : le pratiquant a la foi assurée que sa nature foncière est la Talité et qu'elle est la pensée pure d'elle-même.*

Chapitre III : analyse des aspects de la mise en marche sur la voie

L'analyse des aspects de la mise en marche sur la voie se dit du sens par lequel tous les *bodhisattva* conçoivent la pensée de l'éveil et cultivent la pratique [pour se diriger] sur la voie réalisée par tous les *buddha*. La conception de la pensée de l'éveil se laisse définir sommairement de trois manières. Quelles sont-elles ? Premièrement, la conception de la pensée de l'éveil au stade de l'accomplissement de la foi.[222] Deuxièmement, la conception de la pensée de l'éveil au stade de la compréhension et de la pratique.[223] Troisièmement, la conception de la pensée de l'éveil au stade de la réalisation.[224]

---

[223] Lorsque le pratiquant, au terme des dix stations, pénètre dans le stade des dix pratiques où il a une intelligence parfaite de la Talité et de la nature des choses, et entre dans les dix rétroversions des mérites pour pratiquer les six perfections.

[224] Lorsque le pratiquant pénètre dans la première terre et réalise le principe de la Talité.

Fazang distingue quatre conceptions de la pensée d'éveil, dont les trois dernières correspondent aux trois du *Traité* : 1/ celle par laquelle on rejette l'erroné pour se diriger vers le juste, qui correspond au stade de profane ; 2/ celle par laquelle on évite la chute et on obtient la détermination ; elle permet de réaliser une foi irréversible et se produit au moment où l'on se trouve dans la pensée complète des dix degrés de foi et pénètre dans la première des dix stations ; 3/ celle par laquelle on se départit du brut et acquiert le mûr, lorsqu'on a passé les dix stations pour entrer dans le stade des dix rétroversions des mérites ; 4/ celle par laquelle on abandonne le raisonnement inductif et on obtient la réalisation concernant la Talité, lorsque, en pénètrant dans la première terre, on réalise le corps de la Loi et dépasse l'éveil de similitude.

Les deux premières conceptions de l'éveil du *Traité* sont dites de similitude, tandis que la troisième est authentique et représente le *Véhicule* dans l'expression « Grand Véhicule ».**

(1) Premièrement, la conception de la pensée de l'éveil au stade de l'accomplissement de la foi
1) Présentation générale

信成就發心者。依何等人修何等行。得信成就堪能發心。所謂依不定聚衆生。有熏習善根力故。信業果報能起十善。厭生死苦欲求無上菩提。得值諸佛親承供養修行信心。經[241]一萬劫信心成就故。諸佛菩薩教令 [p. 580b]

---

[241] /逕 9

---

[225] La foi, comme faculté clarifiant et purifiant la pensée, porte tout d'abord sur le Triple Joyau, le Buddha, la Loi et la Communauté. En y adhérant, la pensée devient pure en devenant identique à la nature pure aux Trois Joyaux. Ensuite, en s'appliquant au principe de la causalité, elle se purifie en faisant acte d'humilité et d'allégeance devant la vérité qui la dépasse. Le *Traité* fait enfin porter la foi sur la Talité conçue comme la nature foncière de l'être. Cette Talité est inconnaissable et inaccessible au profane qui, même s'il sait que sa nature foncière est l'embryon de *tathāgata* et la pensée pure d'elle-même, ignore en quoi elle consiste. Il ne lui est donné d'autre moyen que de croire en la parole du Buddha et en le Tathāgata, répète à l'envi le *Sūtra de Śrīmaladevī*. Cette foi n'est pas la foi du charbonnier ni une fin en soi ; elle n'en reste pas à elle même : elle aboutit à la réalisation qu'elle contient à titre de possibilité, ce que désigne le terme d'embryon de *tathāgata*, et, pour se faire, se développe en intelligence et s'accompagne de pratique.*

[226] Les *bodhisattva* qui n'ont pas encore atteint le point de non-retour et peuvent chuter parmi les gens des Deux Véhicules. Selon Fazang (*Yiji*), la catégorie indéterminée correspond au stade des dix degrés de foi où les *bod-*

(1) Premièrement, la conception de la pensée de l'éveil au stade de l'accomplissement de la foi

1) Présentation générale

La conception de la pensée de l'éveil au stade de l'accomplissement de la foi.[225] Quels individus, au moyen de quelles pratiques, peuvent mener à son accomplissement la foi pour être en mesure de concevoir la pensée de l'éveil ? Ce sont les êtres de la catégorie indéterminée.[226] Comme ils sont pourvus d'imprégnations et de la faculté d'accomplir le bien, ils ajoutent foi à la rétribution des fruits des actes ; ils peuvent produire les dix biens,[227] prennent en aversion la douleur de ce qui est soumis à apparition et disparition, et veulent s'enquérir de l'éveil suprême. Une fois qu'ils sont arrivés à rencontrer la totalité des *buddha*, ils se mettent de près à leur service et les révèrent, [grâce à quoi] ils cultivent leur pensée de foi. Leur pensée de foi sera ainsi accomplie au cours d'une myriade d'éons,[228] tous les *buddha* et *bodhisattva*, grâce à leur enseignement, leur permettront de

---

hisattva sont comme « poils dans l'espace », en se référant au *Sūtra sur les actes fondamentaux ornements des bodhisattva* (*Pusa yingluo benyejing*, T. XXIV n° 1485). Auparavant, lorsqu'on est encore profane, on appartient à la catégorie déterminée à l'erreur, car on n'ajoute pas créance à la loi de cause à effet. C'est à partir de la première station qu'on est déterminé et irréversible.

[227] Ce sont les dix défenses qu'observent les religieux, dont la liste est variable dans le détail. A titre d'exemple, on a celle de dix mises en garde concernant des actions néfastes graves : 1. tuer, 2. voler, 3. luxure amoureuse, 4. mensonge, 5. double langage, 6. médisance s'accompagnant d'auto-éloge, 7. paroles oiseuses déviant de la Loi, 8. convoitise, 9. aversion, 10. vue erronée.

[228] Pour cette durée de temps où les *bodhisattva* sont « balottés d'est en ouest au gré des vents » ; Wŏnhyo et Fazang se réfèrent au *Sūtra sur les actes fondamentaux ornements des bodhisattva* et au *Sūtra des rois bienveillants*. On compte de grands éons, ceux habituels qui sont d'une durée immense, et de petits éons qui valent la durée de cent ans d'une vie humaine. Dans ce dernier cas, une myriade d'éons désigne dix mille renaissances.

發心。或以大悲故能自[242]發心。或 [p. 580b]
因正法欲滅。以護法因緣[243]能[244]心。
如是信心成就得發心者。入正定聚
畢竟不退。名住如來種中正因相應。
若有衆生善根微少。久遠已來煩惱
深厚。雖值於[245]亦得供養。然起人
天種子。或起二乘種子。設有求大
乘者。根則不定若進若退／或有供 [p. 580c]
養諸佛。未經[246]一萬劫。於中遇緣
亦有發心。所謂見佛色相而發其心。
或因供養衆僧而發其心。或因二乘
之人教令發心。或學他發心。如是
等發心悉皆不定。遇惡因緣。或便
退失。墮二乘地。

[242] /自能 9 [243] /自 9 [244] /故 15 [245] /諸 9 [246] /逕 9

[229] Ici, la famille de *tathāgata* constitue, selon le *Sūtra des rois bienveillants*, la nature séminale acquise (*xizhongxing* 習種性), par opposition à la nature séminale

concevoir la pensée de l'éveil ; ou bien, grâce à leur grande compassion, ils pourront d'eux-mêmes faire naître cette pensée ; ou bien encore, face à l'imminence de la disparition de la juste Loi, pour le motif de préserver celle-ci, ils seront spontanément en mesure de concevoir la pensée de l'éveil. Ceux qui auront de la sorte porté à achèvement leur pensée de foi et réussi à concevoir la pensée de l'éveil feront partie de la catégorie déterminée en justesse* et, définitivement, ils ne régresseront plus. Aussi, dit-on à leur propos qu'ils résident dans la famille des *tathāgata* et qu'ils sont en adéquation avec la juste cause.[229]

S'il est des êtres dont les facultés de bien sont ténues, qui sont affectés depuis les temps les plus lointains de passions profondément enracinées, même s'il leur est donné de rencontrer un *Buddha* et de le révérer, ils ne produiront que des germes d'humains ou de divinités, ou bien des germes de gens des Deux Véhicules. Quand bien même se trouverait-il des gens s'enquérant du Grand Véhicule que, en raison de leurs facultés instables, on les verrait tantôt avancer et tantôt reculer. Ou encore, s'il leur était arrivé de révérer la totalité des *buddha* et que, avant que s'écoule une myriade d'éons, advienne entre-temps une [excellente] occasion, il leur arrivera de concevoir la pensée de l'éveil. Tel est ce qu'on appelle concevoir la pensée de l'éveil en voyant les signes sensibles des *buddha*. Ou encore, ils pourront concevoir cette pensée en rendant hommage à la communauté des moines, ou grâce à l'enseignement des gens des Deux Véhicules, ou bien encore en prenant modèle sur d'autres personnes. Toutes ces conceptions de la pensée de l'éveil sont indéterminées. Qu'ils viennent à rencontrer des conditions néfastes et ils régresseront pour chuter dans les terres des gens des Deux Véhicules.

---

innée (*xingzhongxing* 性種性). On cultive la nature de *buddha* en conformité avec les causes de parfumage interne, qui sont les causes justes permettant de réaliser l'état de *buddha* (Fazang, *Yiji*).

2) Les trois types de conception de la pensée de l'éveil

復次信成就發心者。發何等心。略說有[247]三種如何爲三。一者直心[248]。正念眞如法故。二者深心[249]。樂集一切諸善行故。三者大悲心。欲拔一切衆生苦故。 [p. 580c]

問曰。上說法界一相佛體無二[250]。何故不唯念眞如。復假求學諸善之行。

答曰。譬如大摩尼寶體性明淨。而有礦穢之垢。若人雖念寶性。不以

[247] [有] 14, 15 [248] /正直心。如理 S [249] /深重心 S [250] /問一切衆生一切諸法皆同一法界。無有二相 S

[230] La version de Śikṣānanda a une nomenclature commune avec celle de la traduction par Śikṣānanda du *Sūtra de l'Ornementation fleurie*, T. X, n° 279, p. 185a (Kashiwagi).

[231] Fazang (*Yiji*) : Les deux premières pensées sont relatives à la pratique pour son profit propre, et la troisième pour le profit d'autrui. La pensée droite est celle qui se dirige vers le principe sans emprunter de chemin de traverse. La pensée profonde est celle qui est pourvue de toutes les qualités et retourne à la source de l'esprit. La pensée de grande compassion permet de faire réaliser l'éveil aux êtres en les libérant de leurs souffrances. Elles correspondent aux trois groupes de règles disciplinaires — les défenses pour se départir du mal, les règles pour accumuler du bien pour soi-même et celles pour apporter profit à autrui —, aux trois qualités — bienfait pour autrui, trancher les passions et sapience —, aux trois orientations — vers la cime de l'être, l'éveil et la totalité des êtres —.*

[232] La version de Śikṣānanda explicite sa thèse annoncée à propos de la Talité

2) Les trois types de conception de la pensée de l'éveil

Ensuite, quel type de pensée doit-on produire pour concevoir la pensée de l'éveil au stade de l'accomplissement de la foi ? Pour faire bref, on en expose trois sortes. Quelles sont-elles ? Premièrement, la pensée droite.[230] Car elle s'applique directement à la vraie manière d'être des choses. Deuxièmement, la pensée profonde. Car elle fait le vœu d'accumuler toutes les bonnes pratiques. Troisièmement, la pensée de grande compassion. Car elle veut extirper les douleurs de tous les êtres.[231]

Question : « On a expliqué plus haut que la sphère de la Loi est de caractère unique et que l'être en soi des *buddha* n'est pas duel.[232] Pour quelle raison alors ne pas uniquement appliquer sa pensée sur la Talité et avoir besoin de chercher en outre à s'exercer dans toutes les pratiques bonnes ? »[233]

Réponse : « Il en est comme de la nature d'une grande gemme qui, bien que brillante et pure, revêtirait des scories impures de minerai. Dans ce cas, quelqu'un aura beau penser qu'elle a une

---

de la pensée, que la sphère de la Loi réunit sans dualité le monde des êtres sensibles et des choses : « Tous les êtres sensibles et toutes les choses sont le même et unique monde de la Loi, sans avoir de caractère de dualité ». V. III, 1, 1, A, p. 23 ; v. aussi p. 147.

[233] La question rappelle le passage plus haut, p. 29 : « Par éveil, on entend que l'être même de la pensée est à part des conceptions [erronées]. Ce caractère d'être à part des conceptions [erronées] est, à l'instar du monde de l'espace, et il n'est rien où il ne s'étende. Aussi bien est-il le caractère d'unité de la sphère de la Loi, à savoir le corps de la Loi égal du Tathāgata ». Les *buddha* sont multiples mais, ayant tous le corps de la Loi égal, ils ne sont pas en dualité.

Dans ces conditions, distinguer trois sortes de pensée d'éveil ne revient-il pas à introduire de la dualité ? Ne suffirait-il pas de faire appel à la seule pensée droite qui s'applique à la Talité, qui est unique, égale et non duelle, sans qu'il soit besoin de mobiliser d'autres pensées, comme celle de profondeur et de grande compassion pour cultiver les actes bons et ceux secourables aux êtres ?

方便。種種磨治。終無得淨。如是衆生。眞如之法。體性空淨。而有無量。煩惱染垢[251]。若人雖念眞如。不以方便。種種熏修。亦無得淨。以垢無量[252]遍一切法故。修一切善行以爲對治。若人修行。一切善法[253]。自然歸順。眞如法故。 [p. 580c]

3) Les quatre procédés pour retourner à la Talité

略說方便有四種。云何爲四。

一者行根本方便。謂觀一切法。自性無生。離於妄見。不住生死。觀一切法。因緣和合。業果不失。起於大悲。修諸福德。攝化衆生。不住涅槃。以隨順法性無住故。

[251] /垢染 14, 15 [252] /量無 14, 15 [253] ［法］9

[234] Vide de passion et pure d'elle-même.

[235] La culture, qui dépend de ses propres forces, en mettant en œuvre les imprégnations de la Talité qui sont internes et externes et ressortissent à une force autre.

[236] Grâce à la sapience, le *bodhisattva* ne réside pas dans le cycle de la naissance et de la mort, et grâce à la compassion il ne demeure pas non plus dans le *nirvāṇa*. En faisant le constat que les choses sont uniquement la résultante de causes, le *bodhisattva* connaît leur véritable manière d'être qui est celle, ici, de la pensée. L'obstacle des actes est celui des mauvaises actions passées qui empêchent de rechercher l'éveil. Ce paragraphe s'inspire du *Vimalakīrtinirdeśa*,

nature de gemme, s'il ne la polit pas de diverses façons à l'aide de procédés appropriés, il ne pourra finalement pas faire en sorte de la rendre pure. De la même manière, l'élément de la Talité chez les êtres est par nature vide et pur.[234] Cependant, dès lors qu'il est entaché de passions innombrables, on aura beau appliquer sa pensée sur la Talité qu'on ne pourra la purifier, tant qu'on ne l'assimilera pas par imprégnation[235] de diverses manières à l'aide de procédés appropriés. Comme les impuretés sont innombrables et s'étendent à toutes choses, il importe de cultiver toutes les bonnes actions pour les contrecarrer. Si, en effet, quelqu'un cultive tous les biens, c'est de lui-même qu'il en reviendra à suivre l'élément de la Talité ».

3) Les quatre procédés pour retourner à la Talité

Exposons sommairement quatre sortes de procédés. Quels sont-ils ?

Premièrement, voici quels sont les procédés qui sont au fondement des pratiques. En examinant mentalement qu'aucune chose, dans sa nature propre, n'est soumise à la naissance, on se départit des visions erronées et on ne réside plus dans le cycle de la naissance et de la mort. En examinant mentalement que toute chose est une réunion de causes et de conditions et que le fruit des actes ne s'éteint jamais, on conçoit la grande compassion, on cultive tous les mérites et on convertit les êtres sensibles, sans pour autant résider dans le *nirvāṇa*, puisqu'on se plie au fait que la nature des choses ne réside nulle part.[236]

---

dans la traduction par Kumārajāva :
Toutes choses sont sans exister ni non exister
C'est en raison de causes et de conditions qu'elles naissent.
Bien qu'étant sans soi, non confectionnées, ni perçues
Les actes bons et mauvais seront néanmoins sans se perdre.
説法不有亦不無　以因緣故諸法生　無我無造無受者　善惡之業亦不亡
T. XIV, n° 475, p. 537c[15-16]. Le même passage est repris plus loin par le *Traité*, p. 159. (Ōtake, *idem*, p. 63).

二者能止方便。謂慚愧悔過。能止 [p. 580c]
一切惡法不令[254]增長。以隨順法性
離諸過故。
三者發起善根增長方便謂勤[255]供養
禮拜三寶。讚歎隨喜勸請諸佛。以
愛敬三寶淳厚心故。信得增長。乃
能志求無上之道。又因佛法僧力所
護故。能消[256]業障善根不退。以隨
順法性離癡障故。
四者大願平等／方便。所謂發願盡 [p. 581a]
於未來。化度一切衆生使無有餘。
皆令究竟無餘涅槃。以隨順法性無
斷絕故。法性廣大遍一切衆生平等
無二。不念彼此。究竟寂滅故。

[254] /令不 9, S　[255] /懃 9　[256] /銷 T-S, T-Y

[237] Ce sont les pratiques pour son propre profit qui procèdent négativement à partir du constat que la véritable manière d'être des choses est fondamentalement à part des fautes. L'obstacle de l'égarement est celui de l'Inscience dont la vraie nature des choses est fondamentalement coupée.

Deuxièmement, voici quels sont les procédés permettant de couper court [aux maux]. En éprouvant de la honte en soi-même et à l'égard d'autrui, on fait acte de repentance et on se trouve en mesure de couper court à l'ensemble de tous les maux sans leur permettre de s'accroître. En effet, on acquiesce au fait que la nature des choses est dégagée de toute faute.[237]

Troisièmement, voici les procédés pour accroître les facultés d'accomplir le bien. Avec zèle, on révère et on salue le Triple Joyau, on loue, on assiste joyeusement et on convie tous les *buddha*. Avec une pensée pure et sincère de vénérer le Triple Joyau, la foi arrive à s'accroître. On se trouve alors en mesure de s'enquérir de l'éveil suprême. En outre, comme on est protégé par le Buddha, la Loi et la Communauté, l'obstacle des actes parvient à disparaître et les facultés d'accomplir le bien ne régressent plus, puisqu'on acquiesce au fait que la nature des choses est dégagée de l'obstacle de l'égarement.[238]

Quatrièmement, voici les procédés égalitaires du grand vœu. On forme le vœu de sauver tous les êtres jusqu'à la fin des temps futurs, sans en omettre un seul, et en leur faisant accomplir exhaustivement le *nirvāṇa* sans reliquat [d'acte], puisqu'on acquiesce au fait que la nature des choses est sans discontinuité. La nature des choses étant immense, elle s'étend à tous les êtres, est égale et sans dualité, sans égard à untel ou à untel [en particulier] et, à son terme ultime, est apaisée.[239]

---

[238] Ce sont les pratiques pour son propre profit qui promeuvent le bien grâce à la sapience.

[239] Ce sont les pratiques pour le profit d'autrui. L'éveil, c'est-à-dire la véritable manière d'être de la pensée, s'étend, comme le monde de l'espace, à toute chose sans discontinuité. Dans cette perspective orientée vers la totalité des êtres, ceux-ci se trouvent en leur fondement mis sur un pied d'égalité.

4) Les profits de la conception de la pensée de l'éveil

菩薩發是心故。則得少分見於法身。 [p. 581a]

以見法身故。隨其願力。能現八種

利益衆生。所謂從兜率天退[257]入胎。

住胎出胎。出家成道[258]。轉[259]法輪

入於涅槃[260]。然是菩薩[261]未名法身。

以其過去無量世來有漏之業未能決

斷。隨其所生與微苦相應。亦非業

繫。以有大願自在力故。如修多羅

中。或說有退墮惡趣者。非其實退。

[257] /天來下 S [258] /成佛 S [259] 大 9 [260] /般涅槃 S [261] [菩薩] S

[240] *Yiji* : En raison de la culture des dix degrés de foi, la faculté de foi mûrit et, grâce à elle, le *bodhisattva* conçoit la pensée de l'éveil et entre dans le stade de station de la première conception de la pensée d'éveil. Etant donné qu'il a alors une compréhension intellective du corps de la Loi, il est en mesure de voir celui-ci partiellement et conçoit de ce fait le grand vœu de sauver les êtres. C'est grâce à la conception de la pensée d'éveil qu'il est pourvu de cette force de vœu, et c'est grâce à celle-ci qu'il naît dans ce monde en « corps transformationnel » [*huashen* 化身], en passant par les huit étapes de la vie d'un *buddha* qui sont une illustration de sa vertu altruiste. Ce corps est qualifié de « corps né du vœu » [*yuanshengshen* 願生身].

[241] Le *bodhisattva*, encore dans les stations, n'est pas un *bodhisattva* sur les terres qui aurait réalisé le corps de la Loi. Subsistent des reliquats d'actes impurs tenant à des affects suscités dans le passé, qui génèrent des douleurs seulement subtiles. Mais comme c'est en vertu de son grand vœu de porter secours aux êtres qu'il se manifeste, maître de lui-même, dans le monde, il n'est pas lié par des actes porteurs de douleurs grossières à l'instar des profanes qui, eux, reçoivent un « corps né de l'acte » (*yeshengshen* 業生身).

4) Les profits de la conception de la pensée de l'éveil[240]

Comme il conçoit une telle pensée, le *bodhisattva* obtient de voir partiellement le corps de la Loi. Grâce à cette vision du corps de la Loi, en fonction de la force de son vœu, il est en mesure de manifester huit manières d'apporter profit aux êtres. Elles sont : [1] la descente du ciel Tuṣita ; [2] l'entrée dans la matrice ; [3] la gestation dans la matrice ; [4] la sortie de la matrice ; [5] la sortie de la maison ; [6] la réalisation de l'éveil ; [7] la motion de la Roue de la Loi ; [8] et l'entrée dans le *nirvāṇa*. Cependant, le *bodhisattva* n'est pas encore qualifié de corps de la Loi, car il n'a pas encore réussi à trancher les actes impurs de ses innombrables existences passées. Mais s'il est encore associé à des douleurs subtiles en fonction de sa naissance, il n'en est pas pour autant lié à l'acte, étant donné qu'il est doté d'une puissance de maîtrise tenant à son grand vœu.[241] Il en va comme l'exposent les *sūtra*, à savoir qu' « Il leur arrive de chuter dans de mauvaises destinées », mais il ne s'agit pas d'une chute réelle ;[242]

[242] Wŏnhyo et Fazang : cette chute n'est qu'un expédient propre aux enseignements provisoires. Wŏnhyo cite à ce propos, de façon abrégée, un passage du *Sūtra de l'Ornementation fleurie* : « Le *bodhisattva* qui a conçu pour la première fois la pensée de l'éveil est immédiatement tel quel un *buddha*. Aussi est-il toujours l'égal de tous les *tathāgata* des trois dimensions du temps et est-il égal aux domaines de *buddha* des trois dimensions du temps, ainsi que l'égal de la juste Loi des *buddha* des trois dimensions du temps. Il obtient le corps unique ainsi que les innombrables corps de *tathāgata*. [...] Tous peuvent manifester dans la totalité des mondes qu'ils réalisent l'état de *buddha*. » (T. IX, n° 278, p. 452c).

Concernant la régression fictive des *bodhisattva* dans leur pensée d'éveil et dans les mauvaises destinées, qui a lieu avant la septième station, Wŏnhyo et, à sa suite, Fazang, mentionnent le *Sūtra des actes antérieurs ornements du bodhisattva* (*Pusayingluo benyejing*, T. XXIV, n° 1485, p. 1014bc), qui est un apocryphe chinois. Il s'agit d'une citation du *Bodhisattvabhūmisūtra* (T. XXX, n° 1581, p. 889b[8] : 種性菩薩久處生死或墮悪道), faite à partir du *Traité de Vajrarṣi* : 解云地持經中道言入者。催怖地前菩薩令其生懼速證初地。非謂實入阿鼻地獄 (T. XXV, n° 1512, p. 803b[27-29])(Takemura, p. 427 ; Ōtake, idem, pp. 60-63).

但爲初學菩薩未入正位而懈怠者。 [p. 581a]
恐怖令使[262]勇猛故[263]。又是菩薩一發心後[264]。遠離怯弱。畢竟不畏。墮二乘地[265]。若聞無量無邊阿僧祇劫勤苦難行乃得涅槃。亦不怯[266]弱。以信知一切法。從本已來自涅槃故。[267]

(2) Deuxièmement, la conception de la pensée de l'éveil au stade de la compréhension et de la pratique

解行發心者當知轉勝。以是菩薩從初正信已來。於第一阿僧祇劫將欲滿[268]故。於眞如法中深解現前所修離相。以知法性體無慳貪故。隨順

---

[262] ［令使］9；［令］10；/令彼 14, 15
[263] 非如實説 S
[264] 自利利他修諸苦行 S
[265] 況於悪道 S
[266] /性 9, 10
[267] /以決定信一切諸法從本已來性涅槃故 S
[268] 足 9

s'ils agissent ainsi c'est uniquement afin de susciter de la peur et de donner du courage aux *bodhisattva* débutants qui ne sont pas encore entrés dans le stade de la justification et qui font preuve de négligence. Une fois qu'il a conçu la pensée de l'éveil, un tel *bodhisattva* s'est départi de toute pusillanimité si bien qu'il ne craint à terme plus de retomber dans les terres des gens des Deux Véhicules. Il s'en départit même s'il entend dire que c'est uniquement en s'adonnant à des austérités ainsi qu'à des ascèses au cours d'un nombre incalculable d'immenses éons, qu'il obtiendra le *nirvāṇa*. En effet, il a la conviction de science certaine que toutes les choses sont, depuis l'origine, d'elles-mêmes nirvāṇées.[243]

(2) Deuxièmement, la conception de la pensée de l'éveil au stade de la compréhension et de la pratique

Il importe de s'aviser que la conception de la pensée de l'éveil au stade de la compréhension et de la pratique excelle plus encore [que la précédente]. En effet, étant sur le point d'achever la première période incalculable depuis qu'il a [conçu] pour la première fois la foi droite, le *bodhisattva* actualise une compréhension profonde à l'endroit de l'élément de la Talité et ce qu'il pratique est dégagé des

---

[243] C'est la doctrine du « *nirvāṇa* originellement pur en lui-même » (*benlai zixing qingjing nieban* 本来自性清浄涅槃). Avec le « *nirvāṇa* sans résidence », celui « avec reliquat » et celui « sans reliquat », ils constituent les quatre catégories de *nirvāṇa*, qui sont connues de Paramārtha (500-569), le traducteur du *Commentaire de la Somme du Grand Véhicule* (T. XXXI n° 1595). La connaissance convaincue (*xinzhi* 信知) réduit à néant toute peur de chute, puisque celle-ci n'en est pas réellement une. Le terme de *xinzhi* semble désigner une certitude, qui est encore d'ordre intellectuel et concerne un principe appréhendé par l'intelligence. La version de Śikṣānanda comprend : une conviction assurée et une foi ferme. Takasaki y voit un synonyme de *xinjie* 信解, qui sert à rendre le sanskrit *adhimukti*, adhésion convaincue.

修行檀[269]波羅蜜。以知法性無染離 [p. 581a]
五欲過故。隨順修行尸羅[270]波羅蜜。
以知法性無苦離瞋惱故。隨順修行
羼提波羅蜜。以知法性無身心相離
懈[271]怠故。隨順修行毘梨耶波羅蜜。
以知法性常定體無亂故。隨順修行
禪[272]波羅蜜。以知法性體明離無明
故。隨順修行般若波羅蜜。

[269] /那 S　[270] ［羅］ T-C　[271] /慢 9, 10　[272] 那 S

signes.[244] Comme il s'avise que, dans la nature des choses en soi, il n'y a pas de convoitise, il cultive la perfection de don conformément à cela. Comme il s'avise que, dans la nature des choses, il n'y a pas de souillure et que l'on y est dégagé de l'erreur des cinq désirs [venant des sens], il cultive la perfection de discipline conformément à cela. Comme il s'avise que, dans la nature des choses, il n'y a pas de douleur et que l'on y est dégagé de l'affect de l'aversion, il cultive la perfection de patience conformément à cela. Comme il s'avise que, dans la nature des choses, il n'est pas de signes distinctifs du corps et de la pensée et qu'on s'y est dépris de la négligence, il cultive la perfection de diligence conformément à cela.[245] Comme il s'avise que la nature des choses est déterminée de façon pérenne et qu'elle ne connaît pas de trouble dans son être en soi, il cultive la perfection d'enstase conformément à cela. Comme il s'avise que la nature des choses est lumineuse en soi et dégagée de l'ignorance, il cultive la perfection de sapience conformément à cela.

---

[244] La première période incalculable couvre les dix degrés de station, de pratique et de rétroversion des mérites, et mène au seuil de la première terre. Le *bodhisattva* a une compréhension de la Talité plus profonde qu'au stade de la complétion de la foi, car elle s'accompagne de la pratique des perfections, mais l'actualisation qui se produit laisse cette Talité face à soi ; elle est en conséquence inférieure au stade suivant de réalisation où la Talité est assimilée et intégrée dans l'esprit, où l'on fait corps avec elle (elle n'est plus que ma pensée [*weixin* 唯心]). La compréhension et la pratique entrent dialectiquement en jeu, la seconde permettant d'assimiler la teneur de la première et celle-ci fournissant le point de référence de celle-là. La compréhension à l'endroit de la Talité permet certes de saisir qu'en elle il n'y a pas de dualité entre un sujet et un objet, mais aussi profonde soit-elle, elle laisse la Talité en tant qu'objet — ce que marque le mot d'« élément » [*dharma*] de la Talité [*zhenrufa* 眞如法] — ; seule la culture de la vérité permettra à terme que cette non-dualité [l'absence de convoitise à l'égard de la nature des choses en soi] soit sienne, ce en quoi la pratique est dite dégagée des signes.

[245] C'est de tout son être que le *bodhisattva* s'emploie, selon une « finalité sans fin », sans adopter un point de vue oppositionnel, comme celui de distinguer le corps et la pensée.

(3) Troisièmement, la conception de la pensée d'éveil au stade de la réalisation

證發心者。從淨心地乃至菩薩究竟 [p. 581a]
地證何境界。所謂眞如。以依轉識
說爲[273]境界。而此證者無有境界。
唯眞如智名爲法身。是菩薩／於一 [p. 581b]
念頃能至十方無餘[274]世界。供養諸
佛請轉法輪。唯爲開導利益衆生。
不依文字[275]。或示超地速成正覺。
以爲怯弱衆生故。或說我於無量阿
僧祇劫當成佛道。以爲懈慢衆生故。
能示如是無數方便不可思議。而實
菩薩種性根等。發心則等。所證亦
等。無有超過之法。以一切菩薩皆

---

[273] ［爲］9 [274] /量 9 [275] /不求聽受美妙音詞 S

---

[246] De la première terre, où l'on réalise la Talité, jusqu'à la dixième terre où on l'approfondit, devenant ainsi un « noble » [*ārya*].

[247] Pas plus que la Talité, le corps de la Loi n'est une entité objective qui existerait réellement ; il n'est qu'un autre nom donné par pis-aller pour l'intelligence qu'on a directement de la Talité. La sapience qui réalise la Talité et fait corps avec elle, est une intelligence fondamentale non-dichotomisante : étant elle-même la Talité — celle-ci n'est rien d'autre que la pensée qu'on en a —, elle est donc corps de la Loi.

Fazang lève la difficulté qu'il y a à présenter cette Talité comme un « objet » et comme non-objectivable, par l'action concomitante de l'intelligence foncière, dans laquelle il n'y a plus de dualité, et du « savoir postérieur

(3) Troisièmement, la conception de la pensée d'éveil au stade de la réalisation

La conception de la pensée d'éveil au stade de la réalisation va de la terre de la pensée pure jusqu'à celle ultime de *bodhisattva*.[246] Quel objet réalise-t-elle ? Elle réalise la Talité. Comme elle s'appuie sur la conscience en procession, on parle certes [à ce propos] d'objet, mais il n'est pas d'objet dans cette réalisation. Il n'est que la seule sapience de la Talité, à laquelle on donne le nom de corps de la Loi.[247]

En un seul instant, le *bodhisattva* parvient à atteindre sans exception [la totalité] des mondes des dix directions et salue tous les *buddha* pour leur demander de faire tourner la Roue de la Loi, dans l'unique but de guider les êtres et de leur apporter profit, sans recourir au langage.[248] Il lui arrive de manifester qu'il réalise rapidement l'éveil dans sa justesse en dépassant les terres, pour les êtres qui sont effrayés, ou encore, il lui arrive d'annoncer qu'il va réaliser l'éveil de *buddha* au cours d'éons incalculables pour les êtres paresseux et imbus d'eux-mêmes.[249] C'est de cette façon inconcevable qu'il manifeste d'innombrables procédés salvateurs. Mais, en réalité, de par leur famille, les *bodhisattva* sont égaux dans leurs facultés, égaux dans leur conception de la pensée d'éveil, et égaux dans ce qu'ils réalisent, sans qu'une Loi transcendante existe [pour

---

appliqué », qui met en action la « conscience de l'acte », celle « en procession » et celle « actuelle », jusqu'à la dixième terre, afin de montrer la vérité aux êtres.

[248] Traduction incertaine. Cette incise n'est pas aisée à interpréter : on peut la rapporter à la phrase précédente, en suivant la nouvelle version : « sans chercher à écouter leurs beaux discours ») (Hirakawa) ; ou en faire l'introduction de la présente phrase (Takasaki). Nous avons opté pour la première solution pour une question d'équilibre grammatical : il semble plus naturel que ce soit une nouvelle phrase qui commence avec l'expression : « Il lui arrive de... ».

[249] Les deux types extrêmes de pratique, l'une présentée comme facile et l'autre comme difficile, en fonction des catégories d'êtres à convertir.

經三阿僧祇劫故。但隨衆生世界不同。所見所聞根欲性異。故示所行亦有差別。 [p. 581b]

1) Les caractéristiques de la conception de la pensée d'éveil au stade de la réalisation

又是菩薩發心相者。有三種心微細之相。云何爲三。一者眞心。無[276]分別故。二者方便心。自然遍行利益[277]衆生[278]故。三者業識心。微細起滅故。

2) Les caractéristiques de l'accomplissement des qualités du *bodhisattva*

又是菩薩功德成滿[279]。於色究竟處。示一切世間最高大身[280]。謂以一念

[276] 有 S [277] [益] 10 [278] /任運利他 S [279] /又此菩薩福徳智慧二種莊嚴悉圓滿已 S [280] /最尊勝身 S

[250] La sapience supramondaine qui a une connaissance directe de la Talité.

[251] Le savoir postérieur mondain qui, en un instant, peut se déployer par compassion dans le monde entier, car à ce stade celui-ci n'est plus que de la pensée.

[252] La conscience-de-tréfonds sous son aspect subtil, dans laquelle des pensées, en vertu d'un ultime reliquat de la puissance de l'Inscience, naissent et disparaissent dans le but d'œuvrer auprès des êtres.

Selon Fazang, cette conscience-de-tréfonds, sous les espèces de la conscience de l'acte — mais aussi en réalité de la conscience en procession et de celle actuelle —, est le support des deux premiers types de pensée d'éveil mais ne certains d'entre eux seulement]. Tous les *bodhisattva* ont en effet uniquement à passer par les trois périodes incalculables. Néanmoins, comme les mondes des êtres ne sont pas identiques, les manières de manifester les pratiques sont différentes selon ce que ceux-ci voient et entendent, ou selon leurs facultés, leurs désirs et leurs caractères.

1) Les caractéristiques de la conception de la pensée d'éveil au stade de la réalisation

Les caractéristiques de la conception de la pensée d'éveil du *bodhisattva* sont les états subtils de trois catégories de pensées. Quels sont-elles ? Premièrement, la pensée authentique, qui est non dichotomisante.[250] Deuxièmement, la pensée des procédés salvifiques, qui apporte spontanément en tous lieux profit aux êtres.[251] Troisièmement, la pensée de la conscience de l'acte, qui apparaît et disparaît de manière subtile.[252]

2) Les caractéristiques de l'accomplissement des qualités du *bodhisattva*

En outre, lorsque le *bodhisattva* mène à leur accomplissement parfait ses qualités, il manifeste dans le lieu ultime du sensible le corps le plus grand qui soit parmi tous les mondes.[253] Ce qui veut

---

fait pas partie comme eux des qualités pures des *buddha*, car elle souffre du défaut d'être soumise à naissance et extinction. [T. XLIV, n° 1846, p. 280c].

[253] Le ciel *Akaniṣṭha*, sommet du monde sensible, où les divinités ont encore une forme corporelle, la plus grande et la plus subtile qui soit parmi les êtres, mais sont dépourvues de désirs. C'est pour montrer la splendeur de son corps, qui est devenu à l'égal du corps de la Loi — mais qui bouddhologiquement est encore un corps de fruition pour soi, car il est perçu comme étant la résultante d'une causalité —, qu'il manifeste le corps le plus grand qui soit dans tous les mondes connus possibles. Pour cette phrase, la version de Śikṣānanda lit : « En outre, lorsque le *bodhisattva* mène à leur perfection les deux ornements des qualités méritoires et de la sapience, il manifeste dans le lieu ultime du sensible le corps excellent le plus vénérable ».

相應慧。無明頓盡。名一切種智。 [p. 581b]
自然[281]而有不思議業。能現十方利
益衆生。
問曰。虛空無邊故世界無邊。世界
無邊故衆生無邊。衆生無邊故心行
差別亦復無邊。如是境界不可分齊
難知難解。若無明斷無有心想[282]。
云何能了名一切種智。
答曰。一切境界本來一心離於想念。
以衆生妄見境界故心有分齊。以妄
起想念不稱法性故不能決[283]了。諸
佛如來離於見想[284]無所不遍。心眞
實故。卽是諸法之性。自體顯照一

[281] 任運 S [282] /相 9, S [283] ［決］10 [284] /相 6, 9, 14, 15, 16

[254] L'omniscience (*yijiezhongzhi* 一切種智) au sens de l'intelligence de la « graine », de la quintessence de toutes choses. La sapience qui pénètre l'essence des choses, aussi bien sous l'angle de leurs différences — celui du savoir postérieur — que sous celui de leur égalité — celui du savoir foncier —. Cette omniscience se produit au moment précis où le dernier instant de pensée ignorante disparaît avec le dernier instant d'intelligence de l'éveil inceptif, et où s'instaure simultanément le premier instant « intemporel » du savoir foncier propre à l'éveil foncier et à la Talité. Elle comporte deux versants, l'un causal, l'autre concernant le fruit : par le premier, elle déploie une activité inconcevable, sans effort [« spontanée »], et, par le second, elle manifeste la pureté de la sapience, le corps de la Loi. V. aussi n. 262.

dire que, grâce à sa sapience associée à un instant de pensée [de réalisation de la Talité], l'Inscience disparaît sur-le-champ en son entier, ce qui qualifie l'omniscience,[254] et que c'est spontanément qu'il a une activité inconcevable lui permettant de se manifester dans les dix directions pour apporter profit aux êtres.

Question : « L'espace étant sans limite, les mondes sont également sans limite. Comme les mondes sont sans limite, les êtres sont aussi sans limite. Et comme les êtres sont sans limite, la diversification des activités mentales est également sans limite. Dans ces conditions, les objets cognitifs ne peuvent être délimités : ils sont impossibles à connaître et à comprendre. Or, si l'on tranche l'Inscience, les représentations mentales elles-mêmes n'existent plus. Comment la faculté de comprendre pourrait-elle être qualifiée d'omniscience ? »[255]

Réponse : « Les objets cognitifs sont tous à l'origine la pensée unifiée et sont tous dégagés des représentations et des conceptions [fallacieuses]. Parce qu'ils conçoivent faussement des idées fixes sur les objets cognitifs, les êtres introduisent des découpages dans la pensée. Comme ils font de la sorte naître des représentations et des conceptions fausses qui ne sont pas en accord avec la nature des choses, ils sont incapables de la scruter avec exactitude.[256] Les *buddha* et les *tathāgata* s'étant tous quant à eux départis des idées fixes et des représentations, [ils ont une intelligence qui] s'étend à tout sans exception. Leur pensée étant ancrée dans la réalité authentique n'est autre que la nature de toutes choses. Elle apparaît dans son être en

---

[255] L'argument mis en avant est que, lorsque disparaît le dernier moment d'Inscience, c'est le savoir appliqué qui reconnaît les différences entre les êtres, le versant causal de l'omniscience, qui disparaîtra et sera donc vide de contenu. L'omniscience n'en sera plus une.

La réponse se donne pour tâche de montrer que, sur la base de la connaissance de l'être en soi des choses, le savoir appliqué éclaire dans sa diversité le phénoménal, sans se désunir de l'unité de la pensée.

[256] *Yiji* : ils visualisent faussement des objets cognitifs délimités et substantialisés.

切妄法。有大智[285]用無量方便。隨諸衆生[286]所應得解。皆能開示種種法義。是故得名一切種智。 [p. 581b]

又問曰。若諸佛有自然業。能現一切處利益衆生者[287]。一切衆生。若見其身若覩神變。若聞其說無不／得利。云何世間多不能見。 [p. 581c]

答曰。諸佛如來法身。平等遍一切處。無有作意故。而[288]說自然。但依衆生心現。[289] 衆生心者猶如於鏡。鏡若有垢色像不現。如是衆生心若有垢。法身不現故。

[285] /知 10　[286] 性 T-S, T-Y　[287] /問若諸佛有無邊方便。能於十方任運利益諸衆生者 S　[288]［而］9, 10　[289] /答如來實有如是方便。但要待衆生其心清淨。乃爲現身 S

soi, mettant en lumière tous les phénomènes fallacieux ; elle dispose de l'activité de la grande sapience[257] avec d'innombrables procédés salvifiques pour expliciter, en adéquation aux êtres, la signification de tout un ensemble de doctrines, selon ce qu'ils sont en mesure de comprendre. Voilà pourquoi on peut qualifier cette pensée d'omniscience ».

Autre question : « Si tous les *buddha* ont une activité spontanée qui leur permet de se manifester en tous lieux pour apporter profit aux êtres,[258] tous les êtres devraient voir leur corps, ou être témoins de leurs transformations magiques, ou bien entendre leur prédication, pour sans faute en retirer du profit. Comment se fait-il, dans ces conditions, que nombreux sont ceux qui dans le monde ne peuvent les voir ? »

Réponse : « Le corps de la Loi de tous les *buddha* et *tathāgata* est égal, s'étend en tous lieux et ne comporte jamais d'élaboration mentale. Aussi, bien qu'il soit qualifié de spontané, n'apparaît-il seulement qu'en fonction de la pensée des êtres.[259] Cette pensée est à l'instar d'un miroir. Si de la poussière se trouve sur le miroir, les images des objets sensibles ne s'y refléteront plus. De la même manière, si des scories se trouvent dans la pensée, le corps de la Loi ne lui apparaîtra pas ».

---

[257] Le savoir appliqué.

[258] Version de Śikṣānanda : « Si tous les *buddha* ont des moyens illimités leur permettant d'apporter profit à tous les êtres dans les dix directions ».

[259] Les *buddha* agissent toujours mais agissent seulement si les êtres le requièrent par eux-mêmes, ce qu'on entend ici par « en fonction de la pensée des êtres ». Leur activité ne tient pas à leur initiative : elle est, dans ce sens, « spontanée ». La version de Śikṣānanda comprend : « Les *tathāgata* possèdent réellement de tels moyens salvifiques, et c'est seulement en fonction de la pureté de la pensée des êtres qu'ils manifestent leurs corps ».

IV. Quatrième partie : la culture de la pensée de foi

1. Position du problème

故已說解釋分次說修行信心分。 [p. 581c]

是中依未入正定[290]。衆生故。說修行信心。何等信心云何修行。

2. Les quatre sortes de pensées de foi

略說信心有四種。云何爲四。

一者信根本。所謂樂念眞如法故。

二者信佛有無量功德[291]。常念親近[292]供養恭敬[293]。發起善根。願

[290] 聚 T-S, T-Y, 14, 15 [291] /信佛具足無邊功德 S [292] 常樂頂禮 S [293] 聽聞正法如法修行 S

[260] La présente partie est destinée, non pas aux êtres qui sont déterminés au mal, car ils sont inconvertissables, mais à ceux qui sont indéterminés quant à la vérité, c'est-à-dire aux êtres qui ont une connaissance du principe de causalité et qui ont une expérience de la foi en ce principe, mais qui restent encore hésitants quant à une adhésion plénière. Il s'agit des personnes auxquelles il est fait allusion p. 107 (Traduction) : « Quels individus, au moyen de quelles pratiques, peuvent mener à accomplissement la foi pour être en mesure de concevoir la pensée de l'éveil ? Ce sont les êtres de la catégorie indéterminée. Comme ils sont pourvus d'imprégnations et de la faculté

IV.
Quatrième partie : la culture de la pensée de foi

1. Position du problème

Nous avons fini d'exposer la partie sur l'exégèse. Passons maintenant à l'explication de la partie sur la culture de la pensée de foi.

Parce qu'il est des êtres qui ne sont pas encore entrés dans la juste détermination nous expliquons ce qu'est la culture de la pensée de foi. De quels types de pensée de foi s'agit-il et de quelle manière les cultiver ?[260]

2. Les quatre sortes de pensées de foi

On expose, en bref, quatre sortes de pensées de foi. Quelles sont-elles ? Premièrement, on met sa foi dans le fondement ; aussi s'applique-t-on à s'enquérir du principe de la Talité.[261] Deuxièmement, on est convaincu que les *buddha* ont des qualités innombrables ; aussi s'applique-t-on perpétuellement à les servir intimement, à leur

---

d'accomplir le bien, ils ajoutent foi à la rétribution des fruits des actes ; ils peuvent produire les dix biens, prennent en aversion la douleur de ce qui est soumis à apparition et disparition, ils veulent s'enquérir de l'éveil suprême. Une fois qu'ils sont arrivés à rencontrer la totalité des *buddha*, ils se mettent de près à leur service et les révèrent, [grâce à quoi] ils cultivent leur pensée de foi ».

[261] *Yiji* : Le fondement est le principe de la Talité, c'est-à-dire ce que tous les *buddha* prennent pour maître et qui est la source de toutes les pratiques. Ce n'est pas qu'on conçoive une pensée de foi appliquée directement à son endroit, mais qu'on applique son esprit à s'en enquérir et à le scruter. C'est pourquoi on parle de s'appliquer à s'enquérir. Dans le *Traité,* ce fondement est aussi la pensée pure de sa nature.

求[294]一切智故。 [p. 581c]

三者信法有大利益常念修行諸波羅蜜故。

四者信僧能正修行自利利他[295]。常樂親近[296]諸菩薩衆[297]。求學如實行故。

3. Les cinq méthodes de pratique

修行有五門。能成[298]此信。云何爲五。一者施門。二者戒門。三者忍[299]門。四者進門。五者止觀門[300]。

[294] / 廻向 S [295] / 信正行僧 S [296] / 常供養 S [297] 正修自利利他行 S
[298] ［成就］ 9 [299] 辱 9 [300] ［門］ 9

[262] Version de Śikṣānanda : « Aussi cherche-t-on volontiers à les saluer, à les révérer, à leur rendre hommage ainsi qu'à écouter la vraie Loi pour cultiver les pratiques qui soient conformes à celle-ci et s'orienter vers la connaissance d'omniscience ». La connaissance d'omniscience (*yijiezhi* 一切智) est ici l'intelligence de toutes les choses [*dharma*] ; elle est synonyme de sapience de *buddha* (*fozhi* 佛智) : elle comporte, outre la destruction de l'obstacle des passions à laquelle s'arrêtent les Auditeurs, celle de l'obstacle du connaissable qui permet aux *buddha* de prêcher aux êtres. V. aussi n. 254.

[263] *Yiji* : les trois derniers types de pensées de foi s'appliquent aux domaines excellents des Trois Joyaux. Dans ceux-ci, deux volets sont distingués : les qualités excellentes sur lesquelles porte la foi ; la production de causes excellentes pour s'en enquérir. La position du *Traité*, telle que l'interprète Fazang, loin de tout fidéisme, s'apparente à la définition anselmienne de la *fides quærens intellectum*.

rendre hommage, à les révérer, ainsi qu'à déployer ses facultés de faire le bien pour s'enquérir de la connaissance d'omniscience.[262] Troisièmement, on est convaincu que la Loi comporte un grand profit ; aussi s'applique-t-on perpétuellement à cultiver toutes les perfections. Quatrièmement, on met sa foi dans [la Communauté] des moines qui est en mesure de pratiquer aussi bien pour son propre profit que pour celui d'autrui ; aussi souhaite-t-on toujours servir intimement toutes les assemblées de *bodhisattva* pour chercher à s'adonner aux pratiques conformes à la réalité.[263]

3. Les cinq méthodes de pratique

Il est cinq méthodes pour cultiver la pratique, qui permettent de mener la foi à son accomplissement. Quelles sont-elles ? Ce sont : premièrement le don ; deuxièmement, la discipline ; troisièmement, la patience ; quatrièmement, la diligence ; et cinquièmement, l'apaisement et l'examen mentaux.[264]

L'assemblée des *bodhisattva* est, ici, celle des moines-*bodhisattva*, c'est-à-dire des religieux du Grand Véhicule, par opposition à celle des Auditeurs. L'acception technique du terme laisse supposer un original indien (*bodhisattva-gaṇa*), dont on tire argument pour soutenir la thèse que le *Traité* a une origine indienne (Hirakawa, p. 341 ; Kashiwagi). La version de Śikṣānanda comprend : « On met sa foi dans [la Communauté] des moines à la pratique correcte ; aussi bien rend-on perpétuellement hommage à toutes les assemblées de *bodhisattva* qui cultivent correctement les pratiques pour leur propre profit et celui d'autrui ».

[264] *Yiji* : Les cinq types de pratiques permettent de consolider et de mener à bien la foi : « Si l'on a la foi sans pratique, la foi n'est pas solide. Une foi qui n'est pas solide régresse dès qu'elle rencontre des conditions [défavorables]. C'est pourquoi, en cultivant ces cinq pratiques, on parachève les quatre pensées de foi et empêche qu'elles régressent ». Il s'agit, en réalité, des six perfections, l'apaisement et l'examen mentaux correspondant aux perfections de *dhyāna* et de *prajñā*. Le *Traité* accorde à ces dernières la plus grande importance en leur consacrant les développements les plus détaillés. Sur les six perfection, v. P. Magnin, *Bouddhisme*, n. 268-297.

(a) Le don et la discipline

云何修行施門。若見一切來求索者。 [p. 581c]
所有財物隨力施與。以自捨慳貪令彼歡喜。若見厄難恐怖危逼。隨己堪任施與無畏。若有衆生來求法者。隨己能解方便爲說[301]。不應貪求名利恭敬。唯念自利利他迴向菩提故。

云何修行戒門。所謂[302]不殺不盜不婬不兩舌不惡口不妄言[303]不綺語。遠離貪嫉[304]欺詐[305]諂曲瞋[306]恚邪見[307]。若出家者爲折伏煩惱故[308]。亦應遠

[301] 修行如是三種施時 S [302] 在家菩薩 S [303] 語 9 [304] /疾 9 [305] /誑 9
[306] /嗔 9 [307] /當離殺生。偸盜。邪婬。妄言。兩舌。悪口。綺語。慳貪。瞋嫉。諂誑。邪見 S [308] ［故］ 10

(a) Le don et la discipline

De quelle manière pratiquer le don ? Si l'on voit quiconque venir pour demander quelque chose, on lui dispensera tout bien matériel dans la mesure où on le pourra ; en faisant soi-même fi d'avarice, on lui procurera de la joie. Si on le voit face à un malheur, effrayé ou menacé, on lui procurera l'absence de peur autant qu'on pourra l'endurer. S'il est des êtres qui viennent s'enquérir de la Loi, on la leur expliquera à l'aide de procédés appropriés dans la mesure de l'intelligence qu'on en a. En aucun cas, on aura à en rechercher gloire et profit ou à être respecté. On s'appliquera seulement à son propre bénéfice ainsi qu'à celui d'autrui en en orientant les mérites vers l'éveil.[265]

De quelle manière pratiquer la discipline ? Elle consiste à ne pas tuer, ne pas voler, ne pas s'adonner à la luxure, ne pas tenir un double langage, ne pas proférer de médisance, ne pas tenir des propos frauduleux, ne pas user d'une rhétorique oiseuse, et à se départir au loin de la convoitise, de la duperie, de l'adulation, de l'aversion et des idées fixes erronées.[266] Dans le cas des moines, dans le but de subjuguer les passions, il importe en outre de se tenir à l'écart du

---

[265] Huiyuan et Fazang : Ce sont les trois sortes de dons, en biens matériels, d'absence de crainte et de la Loi.

Le don doit être gratuit et non pas pratiqué dans l'expectative d'un gain : il doit être orienté vers l'éveil et du donateur et du donataire, sur fond de vacuité et de l'un et de l'autre ainsi que de la chose donnée.

[266] Si l'on tient compte du fait que l'absence de convoitise est analysée en trois éléments — se départir de l'envie convoiteuse, de la duperie et de l'adulation —, on obtient la liste classique des « dix biens » définis négativement qui sont communs aux moines et aux laïcs. D'ailleurs, la version de Śikṣānanda rajoute la mention « pour les *bodhisattva* laïcs » : sa liste de défenses est plus conséquente que celle de la version de Paramārtha, en interdisant la « luxure illicite », au lieu de la « luxure » tout court. La suite s'attache à décrire plus particulièrement les normes de conduite des moines.

離憒鬧[309]常處寂靜修習少欲知足[310] [p. 581c]
頭陀等行。乃至小罪心生怖畏。慚
愧改悔不得輕於如來所制禁戒。當
護譏嫌不令衆生妄起過罪故。

(b) La patience et la diligence

云何修行[311]忍門。所謂應忍他人之
惱心不懷報。亦當忍於利衰／毀譽 [p. 582a]
稱譏苦樂等法故[312]。

---

[309] ／市 9 [310] ／止足 S [311] ［行］ 9 [312] ／所謂見惡不嫌。遭苦不動。常樂觀察甚深句義 S

---

[267] Les austérités sont des renoncements (*dhūta*) au nombre de douze, et touchent le vêtement — qui doit être de rebut —, la nourriture — qui doit être mendiée — et la résidence — qui est un siège sous un arbre.

[268] Par leur conduite, dans des actions qui, sans être en elles-mêmes répréhensibles — comme consommer de l'alcool ou des condiments forts —, peuvent

tumulte et de résider perpétuellement dans le calme afin de cultiver des pratiques visant à réduire les désirs, à se contenter du suffisant, et à s'adonner aux austérités,[267] ainsi que pour faire naître dans sa pensée de la frayeur à l'égard de fautes fussent-elles légères, à en éprouver de la honte en soi-même et vis-à-vis d'autrui et à s'en repentir, de même qu'à ne pas mépriser les interdictions édictées par le Tathāgata. Il leur importe également de se garder de devenir l'objet de critiques ou de détestation [chez les gens du monde],[268] ainsi que de faire naître inconsidérément des transgressions et des fautes chez les êtres.[269]

(b) La patience et la diligence

De quelle manière pratiquer la patience ? Elle consiste à endurer les afflictions causées par autrui et ne pas en concevoir un esprit de vengeance. Il y a en outre à endurer des choses telles que les profits et les pertes, les déshonneurs et les honneurs, les éloges et les critiques, les peines et les bonheurs.[270]

être mal considérées par les gens du monde (Hirakawa) ; la version de Śikṣānanda induit cette interprétation, que nous suivons. La version de Paramārtha donne, en stricte grammaire — mais la phrase est peut-être elliptique —, le sens de : se garder de vilipender et de prendre en détestation autrui, sens qui semble un peu faible et être redondant avec la liste précédente des dix biens.

[269] Fazang analyse ce passage en fonction de la théorie des trois catégories de règles pures : les interdictions [première phrase] ; le bien pour soi [deuxième phrase] ; et le bien pour autrui [troisième phrase]. Mais cette interprétation semble forcée, car la dernière phrase ne donne que des recommandations par trop négatives. La version de Śikṣānanda semble expliciter ici la « doctrine du non-soi » à laquelle elle a fait allusion dans sa stance introductive : « Elle consiste à voir le mal sans le prendre en aversion, à faire face à la douleur sans bouger, et à constamment souhaiter examiner le sens des énoncés extrêmement profonds [sur le non-soi] ».

[270] Ce sont les deux sortes de patience : celle qui consiste à endurer les torts causés par autrui ; et celle qui consiste à rester égal d'esprit, que les conditions soient propices ou contraires.

云何修行[313]進門。所謂於諸善事心不懈退。立志堅強遠離怯[314]弱。當念過去久遠已來[315]。虛受一切身心大苦無有利益。是故應勤修諸功德。自利利他速離衆苦。 [p. 582a]

復次若人雖修行信心。以從先世[316]來多有重罪惡業障故。爲魔邪[317]諸鬼之所惱亂。或爲世間事務種種牽纏。或爲病苦所惱。有如是等衆多障礙[318]。是故應當勇猛精勤。晝夜六時禮拜諸佛[319]。誠心懺悔勸請隨喜迴向菩提。常不休廢[320]。得免諸

---

313 [行] 9 314 /性 9 315 /爲求世間貪欲境界 S 316 已 T-S, T-Y, T-S, T-Y 317 /邪魔 14, 15 318 故 9 ; 令其行人廢修善品 S 319 供養讚嘆 S 320 /度 10 ; /迴向無上菩提。發大誓願無有休息 S

---

271 Ce sont les trois types de diligence : dans l'encouragement, dans la difficulté, et dans l'insatisfaction. La version de Śikṣānanda ajoute : « pour avoir recherché les objets des désirs mondains ».

De quelle manière pratiquer la diligence ? Elle consiste à ne pas régresser dans sa pensée à l'endroit des choses bonnes ; à asseoir sa volonté de manière ferme et forte ainsi qu'à se départir de la pusillanimité ; et à considérer que, depuis l'immensité du passé où l'on a subi en vain tout un lot de grandes douleurs dans son corps et dans son esprit, on n'en a retiré aucun mérite.[271] C'est la raison pour laquelle il importe de s'employer à cultiver tous les mérites et à se départir rapidement des douleurs pour son propre profit ainsi que celui d'autrui.[272]

En outre, il peut arriver qu'une personne, même si elle cultive la pensée de la foi, soit affligée de nombreux obstacles tenant à des fautes graves et à des actes de mal venant d'existences antérieures : de ce fait, elle peut être tourmentée par les vices de Māra ou par tout autre esprit maléfique, ou bien être prise, de façon inextricable, par les rênes des affaires mondaines, ou bien encore être la proie des douleurs de la maladie.[273] En raison d'une telle cohorte d'obstacles,[274] elle aura à exercer son zèle en redoublant de courage pour révérer tous les *buddha* aux six heures de la journée,[275] à se repentir d'un cœur sincère, à convier [les *buddha* pour leur rendre hommage], à se réjouir [du bien accompli par autrui] et à orienter [ses mérites] en vue de l'éveil.[276] Si elle ne connaît pas le moindre relâchement, elle

---

[272] À la diligence du bouddhisme ancien, qui comporte quatre volets — s'exercer au bien qui n'est pas encore apparu, s'employer à ne pas faire disparaître le bien qu'on a fait, faire barrage au mal qui n'est pas encore né et s'employer à détruire le mal qu'on a généré —, on ajoute, du point de vue du Grand Véhicule du profit non seulement personnel mais aussi altruiste, la culture des mérites et l'éloignement rapide de la douleur.

[273] *Yiji* : D'une cause, les obstacles des actes (*yezhang* 業障), proviennent trois conséquences, les obstacles rétributifs (*baozhang* 報障).

[274] La version de Śikṣānanda rajoute : « qui empêchent le pratiquant de cultiver les bonnes pratiques ».

[275] La version de Śikṣānanda rajoute : « leur rendre hommage et faire leur éloge ».

[276] La version de Śikṣānanda rajoute : « à orienter [ses mérites] en vue de l'éveil et à concevoir ses grands vœux ».

障善根增長故。 [p. 582a]

(c) L'apaisement et l'examen mentaux
a) Définition

云何修行止觀門。

所言止者。謂止一切境界相。隨順奢摩他觀義故[321]。

所言觀者。謂分別因緣生滅相。隨順毘鉢[322]舍那觀義故[323]。云何隨順。

---

[321] /息滅一切戲論境界是止義 S [322] /婆 T-S, T-Y, /波 9 [323] /明見因果生滅之相是觀義 S

---

[277] Ces obstacles qui proviennent de rétributions d'actes antérieurs constituent une manière de « destin » — si celui-ci restait inexpliqué —, mais qui peut être contourné en convertissant l'orientation des actions humaines, selon les perspectives du *Traité*. Pour Wŏnhyo et Fazang [*Yiji*], révérer les *buddha* permet de se libérer de ces obstacles en recevant leur protection ; le repentir permet de dissiper l'obstacle des actes de mal ; convier les *buddha* permet de couper court à la critique de la juste Loi ; se réjouir du bien accompli par autrui permet de surmonter la jalousie éprouvée devant la

réussira à écarter ces obstacles et accroîtra ses facultés à accomplir le bien.[277]

(c) L'apaisement et l'examen mentaux

a) Définition

De quelle manière pratiquer l'apaisement et l'examen mentaux ?[278] Ce qu'on appelle l'apaisement mental désigne le fait de mener à cessation tout signe d'objet cognitif, ce qui signifie adhérer à une juste pénétration du *śamatha* [apaisement]. Ce qu'on qualifie d'examen mental désigne le fait de discerner les signes de naissance et de disparition selon des causes et des conditions, ce qui signifie adhérer à une juste pénétration de la *vipaśyanā* [discernement].[279] Qu'est-ce qu'adhérer ? C'est, lorsqu'on cultive graduellement dans

---

supériorité d'autrui ; et la rétroversion des mérites permet de combattre l'attachement à l'existence.

Pour Wŏnhyo, ces quatre pratiques ne permettent pas en elles-mêmes d'éliminer les obstacles ; ce sont les innombrables mérites accumulés qu'elles induisent qui le permettent et qui font s'accroitre les facultés de bien.

Le *Traité* a situé cette section à ce point de l'exposé pour indiquer que l'éradication complète des obstacles est une condition *sine qua non* de l'exercice de l'apaisement et de l'examen mentaux subséquents, et qu'elle doit être assumée par la vertu d'énergie portée à son paroxysme.

[278] Il s'agit du doublet *śamatha* et *vipaśyanā*. Wŏnhyo et Fazang : l'apaisement, qui permet à la pensée de ne plus être troublée et de retourner au calme, est cause de l'obtention de l'intelligence fondamentale indistinctive : en portant un coup d'arrêt au mental qui appréhende les objets extérieurs comme des substances, elle en saisit directement leur vrai mode d'être, sous l'angle de la Talité. L'examen mental, qui est un exercice du discernement sur les aspects des choses et leur principe de vérité, sous l'angle de leur apparition et de leur disparition causaux, est cause de l'obtention de l'intelligence appliquée. Les deux doivent se déployer de façon concomitante pour s'exercer pleinement.*

[279] Version de Śikṣānanda : « L'apaisement, c'est couper court à tout objet de spéculation vide. L'examen mental, c'est voir clairement les signes de naissance et de disparition selon des causes et des conditions ».

以此二義漸漸修習不相捨離雙現前故[324]。 [p. 582a]

若修止者。住於靜處端坐正意[325]。

不依氣息不依形色。不依於空不依

[324] /初各別修。漸次增長。至于成就。任運雙行 S [325] /結加趺坐。端身正意 S

[280] La lecture et la traduction de ce passage font quelque peu difficulté. Les termes rendant les notions d'apaisement et d'examen sont une fois traduits en chinois (*zhi, guan*), une autre fois transcrits (*śamatha, vipaśyanā*) ; et le terme de *guan* ne peut dans les deux cas signifier *stricto sensu* « examen mental », ce qui impliquerait contradiction et redondance, si on les rendait mécaniquement de façon identique, dans les expressions : « examen de l'apaisement », car l'apaisement est incompatible avec l'examen ; et « examen de l'examen », car le redoublement n'est pas ici porteur de signification. Le terme de *guan*, en dehors de ce doublet, peut également se prendre dans le sens de « culture » (*bhavāna*) (Ui, Takasaki), de « méditation discursive » (*upapārikṣā*) (v. Paul Demiéville, *Le concile de Lhasa*, IHEC, Paris, PUF, 1952, pp. 62, 79, 97, 130 et n. 6), ou encore d'« intellection », de « conception [véridique] », d'« [exacte] pénétration » (Hirakawa) ou de *yoga* (Kashiwagi). Par ailleurs, l'expression *suishun*, se conformer, épouser, s'adapter, adhérer, peut se prendre dans le sens d'adhésion convaincue afférente à la foi (*adhimokṣa, chanda*) (*Vijñaptimātratāsiddhi*, T. XXXI, n° 1585, p. 29c).* Enfin, dans l'esprit des Chinois, laisser un terme en transcription revient à préserver son halo originel de significations, tandis qu'une traduction en limite le sens. Tenant compte du fait qu'un véritable apaisement est indissociable de l'examen, et qu'un examen véridique s'accompagne toujours de l'apaisement, les interprètes Wŏnhyo et Fazang comprennent : l'apaisement a le sens d'adhérer à la pénétration directe [ou à la culture] du *śamatha* [l'apaisement plénier qui s'accompagne d'examen] ; et l'examen a pour sens d'adhérer à la pénétration directe [où à la culture intellective] de la *vipaśyanā*. Ils situent donc ici l'apaisement et l'examen (*zhi* et *guan*) à un plan inférieur à celui d'une intelligence intuitive et directe non dualisante, c'est-à-dire à un niveau d'exercices techniques préliminaires chez le pratiquant « croyant », qui prend pour visée une réalisation plénière où tous

ces deux sens, n'en rejeter aucun d'eux et les actualiser de façon concomitante.[280]

Celui qui cultive l'apaisement mental doit demeurer dans un lieu calme et redresser son mental[281] en position assise droite, sans s'appuyer sur sa respiration,[282] ni sur des formes corporelles ou des coloris, ni sur la vacuité, ni sur [les éléments de] la terre, de l'eau, du

---

deux sont concommitants (ce que désignent les termes en transcription de *śamatha* et *vipaśyanā*).

Cependant, l'expression de *piposhenakan* 毘婆舍那觀, au sens d'objet de l'examen mental (*vipaśyanā*), est attestée dans la traduction de Bodhiruci du *Sūtra du dénouement des mystères, Saṃdhinirmocanasūtra* : « Unique est l'objet de l'apaisement, l'objet étant indistinctif [...]. Unique [est l'objet de l'examen mental], l'objet comportant des distinctions ». 惟有一種奢摩他觀。所謂無分別觀...惟有一種[毘婆舍那觀]。所謂差別觀 (T. XVI, n° 675, p. 674b$^{15\text{-}127}$). *Guan* y a le sens d'objet de la connaissance, ainsi que l'indique la traduction de Xuanzang du même *sūtra* : « Unique est l'objet visé par l'apaisement, les images ne comportant pas de distinctions ; unique est l'objet visé par l'examen mental, les images comportant des distinctions ». 一是奢摩他所縁境事。謂無分別影像。一是毘鉢舍那所縁境事。謂有分別影像 (T. XVI, n° 676, p. 697c$^{24\text{-}26}$). Ce sens de *guan* chez Bodhiruci se trouve confirmé par un autre passage du même *sūtra*, où Xuanzang traduit aussi par objet : « Ce qui, dans les choses, est l'Objet pur, je déclare que c'est l'Absolu. Or le caractère dépendant n'est pas cet Objet pur. Donc il est appelé Irréalité absolue ». 於諸法中清淨觀相。我説彼是第一義相。成就第一義。以他力相中清淨觀故。是故我説第一義諦無自體相(Bodhiruci, T. XVI, n° 675, p. 670c$^{19\text{-}22}$) ; 於諸法中若是清淨所縁境界。我顯示彼以爲勝義無自性性。依他起相非是清淨所縁境界。是故亦説名爲勝義無自性性 (Xuanzang, T. XVI, n° 676, p. 694a$^{23\text{-}26}$). (Étienne Lamotte note que le terme d'« Objet pur » désigne l'objet de la pensée pure ; ce que la pensée purifiée perçoit dans les choses, *Saṃdhinirmocanasūtra*, Lamotte, p. 194, n. 3). V. aussi note complémentaire.**

La version de Śikṣānanda comprend la dernière phrase autrement : « C'est les cultiver initialement de façon indépendante l'un de l'autre pour les accroître de manière graduelle, jusqu'à les réaliser et les pratiquer sans effort ensemble ».

281 En l'orientant vers l'éveil suprême pour soi-même et autrui (Wŏnhyo et Fazang).

282 Comme dans le *dhyāna* ancien, car la concentration mentale porte ici sur la Talité par l'examen du rien-qu'information.

地水火風。乃至不依見聞覺知。一切諸想隨念[326]皆除。亦遣除想。以一切法[327]本來無相[328]。念念不生念念不滅。亦[329]不得隨心外念境界後以心除心。心若馳散。卽當攝來住於正念。是正念者。當知唯心無外境界。既復此心亦無自相[330]。念念不可得。若從坐起。去來進止。[331]有[332]所[333]施作[334]。於一切時常念方

[326] /一切分別想念 S [327] ［法］10 ; 従 9 [328] /想 T-S, T-Y, 9, 14, 15
[329] 常 14, 15 [330] /想 9 [331] /以離眞如不可得故。行住坐臥 S [332] ［有］T-S, T-Y [333] /所有 9 [334] /所作之事 10

[283] La contemplation dissuadante de l'impur et du squelette ; la visualisation de couleurs peintes sur une enceinte sacrée ou un *maṇḍala* (bleu, jaune, rouge, blanc), des quatre éléments (terre, eau, feu, espace) et de la conscience mentale. Les choses vues le sont par la conscience visuelle, celles entendues par la conscience auditive, celles perçues le sont par les consciences olfactive, gustative et tactile et celles comprises ou intelligées le sont par la conscience mentale. Cette tétrade, commune aux *Upaniṣad* et au bouddhisme, résume les divers modes de connaissance empirique, et devient très courante dans l'école chinoise du Chan dès l'époque des Tang (Demiéville, *Le Concile de Lhasa*, pp. 14 et n. 7, 144 et n. 7 ; voir *Laṅkāvatārasūtra*, traduction de Śikṣānanda, T. XVI, n° 672, p. 631b).

La liste donnée correspond à la visualisation de dix domaines comme emplissant l'univers entier (*daśakṛtsnāyatana*) pour se détacher des passions du triple monde, selon l'*Abhidharma*. Le méditant s'avise que tous ces objets ne sont, en réalité, que sa propre pensée (*weixin* 唯心) (Wŏnhyo et Fazang).

[284] *Wuxiang* 無相, notamment selon la version coréenne, de Wŏnhyo, de Fazang [*Yiji*], de Jingo Keiun et celle de Śikṣāṇanda. D'autres versions (celles de Tenpyō Shōhō, de Genroku, etc.) portent *wuxiang* 無想, absence de notion ou de représentation, au-delà des notions ou représentations. Les deux

feu et du vent, ni non plus sur ce qu'il voit, entend, perçoit ou intellige.[283] On élimine toute représentation à l'instant où elle se produit et on coupe court jusqu'à l'élimination des représentations. En effet, toutes les choses étant originellement sans signes distinctifs,[284] elles ne naissent ni ne disparaissent à aucun instant. En outre, après qu'on a eu conçu un objet cognitif en dehors de la pensée, il ne convient pas d'écarter cette conception à l'aide de la pensée [de l'arrêter]. Si l'esprit se disperse, il importe qu'il devienne récollecté et qu'on le fasse résider dans une attention droite. Il importe de s'aviser que l'attention droite est la pensée sans plus, sans qu'existent des objets extérieurs, et que cette pensée à son tour est sans signe distinctif propre et échappe à chaque instant à l'appréhension.[285]

Ainsi donc, une fois qu'on s'est levé de la position assise et qu'on s'est mis en mouvement pour aller et venir ou stationner,[286] ce n'en est pas moins à tout moment et perpétuellement qu'il importe de réfléchir à des moyens [pour continuer à cultiver l'apaisement

---

caractères lus *xiang* sont fréquemment interchangés en raison de leur similitude graphique, l'un comportant la clé du cœur (notion, représentation) et l'autre non (signe, caractéristique) : de fait, le contenu des représentations étant précisément constitué des signes différentiels, ils ne sont que l'envers et l'endroit d'une même réalité qui est interprétée ici comme étant la Talité de la pensée ou le rien-que-pensée, et ils peuvent être aisément pris l'un pour l'autre sans qu'on y voie d'inconvénient doctrinal, la différence ne tenant qu'à celle de l'emphase mise sur l'un ou l'autre aspect visé.

[285] Une fois qu'on constate que les objets n'existent pas en eux-mêmes, il n'est plus que la seule pensée apaisée. Cet arrêt accomplit la pratique de l'apaisement et régente le *samādhi* de la Talité (*zhenru sanmei* 眞如三昧) (Fazang, *Yiji* et *Bieji*).

Ces deux dernières phrases sont citées dans le *Petit Traité du calme et de l'examen* attribué à Zhiyi (T. XLVI, n° 1915, p. 467a).

La version de Śikṣānanda lit : « échappe à toute appréhension indépendamment de la Talité ».

[286] Version de Śikṣānanda : « Qu'on soit en marche, en station debout, assis ou couché ».

便隨順觀察。久習淳[335]熟其心得住。 [p. 582a]
以心住故漸漸猛利。隨順得入眞如三昧[336]。深伏煩惱信心增長速成不退。唯除疑惑不信誹謗重罪業障我慢懈怠。如是等人所不能入。

b) Le *samādhi* de pratique unitive

／復次。依如[337]是三昧故。則知法界一相。謂一切諸佛法身。與衆生身。平等無二。卽名一行三昧[338]。當知眞如。是三昧根本。若人修行。漸漸能生。無量三昧。 [p. 582b]

---

[335] /純 9 [336] /漸次得入 S [337] [如] T-S, T-Y, 9, 14, 15 [338] /皆是一相。是故説名一相三昧 S

---

[287] Interprétation de Fazang.
[288] Le *samādhi* par lequel on voit que toutes choses sont la seule et unique Talité.
[289] En parachevant le stade de la foi pour devenir irréversible dès la première station — celle de la conception de la pensée d'éveil — et entrer dans la catégorie de juste détermination.
[290] Le *Traité* reprend ici les éléments de la définition de l'éveil qu'il avait donné plus haut, p. 29.
[291] La version de Śikṣānanda porte : *yixiang sanmei* 一相三昧, le *samādhi* du

mental] et d'appliquer son discernement en accord avec [le principe de l'immutabilité de la nature des choses].[287] Lorsque, après une assimilation prolongée, on sera rompu à l'exercice [de l'apaisement mental], la pensée parviendra à être stable. Grâce à cette stabilité, elle gagnera graduellement en acuité pour arriver, en s'accordant à lui, à pénétrer dans le *samādhi* de la Talité.[288] On subjuguera alors les passions, et on accroîtra la pensée de foi pour rapidement atteindre [le stade de] non-régression.[289] Néanmoins, sont exclus les sceptiques, les mécréants, les blasphémateurs, les fauteurs graves, les personnes entachées de l'obstacle d'actes criminels, les orgueilleux ou les paresseux, toutes gens qui ne peuvent pénétrer [dans ce *samādhi*].

b) Le *samādhi* de pratique unitive

Ensuite, grâce à ce *samādhi*, on connaîtra le caratère d'unité de la sphère de la Loi. On entend par là que le corps de la Loi de tous les *buddha* est égal et non duel avec le corps des êtres.[290] Tel est ce qu'on appelle le *samādhi* de pratique unitive.[291] Il importe de s'aviser que la Talité est le fondement des *samādhi*. En effet, si quelqu'un cultive [le *samādhi* de la Talité],[292] il sera à même de susciter graduellement d'innombrables *samādhi*.

---

caractère d'unité, ce qui semblerait plus approprié au contexte. De fait, le *Sūtra de la sapience prêché par Mañjuśrī*, auquel se réfèrent Wŏnhyo et Fazang à propos du *samādhi* de pratique unitive, le définit en considération du caractère unitif de la sphère de la Loi sur lequel il porte : « La sphère de la Loi présente un aspect unifié. On appelle *samādhi* de pratique unitive le fait de s'appuyer sur la sphère de la Loi. » (T. VIII, n° 731, p. 731a).

Le *samādhi* de pratique unitive connaîtra un succès particulier dans l'école du Chan et du Zen, puisqu'il y qualifiera le *dhyāna* de Bodhidharma. Le *Sūtra de l'estrade* en fait une culture de la pensée droite unifiée en tout lieu et toute circonstance (T. XLVII, n° 2007, p. 338b). Rujing, le maître chinois de Dōgen, s'y réfère (*Hōkyōki*, n° XLII).*

[292] Interprétation de Wŏnhyo et Fazang.

c) Les tentations de Māra

[p. 582b]

或有衆生無善根力。則爲諸魔外道鬼神之所[339]惑亂[340]。若於坐中現形恐怖。或現端正男女等相。當念唯心[341]境界則滅終不爲惱[342]。或現天像菩薩像。亦作如來像相好具足。若[343]說陀羅尼。若[344]說布施持戒忍辱精進禪定智慧。或說平等空無相無願無怨無親無因無果畢竟空寂是眞涅槃[345]。或令人知[346]宿命過去之事。亦知未來之事。得他心智辯才無礙。能令衆生貪著世間名利之事。又令使人數瞋數喜性無常準[347]。或多慈愛多睡多病[348]其心懈怠。或卒起精進後便休[349]廢。生於不信多疑多慮。或捨本勝行便[350]修雜業。若

[339] ［之所］9 [340] ［之所惑亂］10 [341] /以 9 [342] ［當念唯心境界則滅終不爲惱］S [343] /或 T-S, T-Y, 9 [344] /或 9 [345] /畢竟空寂本性涅槃 S [346] 於 10 [347] /准 1, 9 [348] /宿 14, 15 [349] /伏 T-S, T-Y [350] /更 10

[293] La version de Śikṣānanda porte cette phrase explicative, ainsi que la suivante à la fin de cette section sur les tentations de Māra, en ces termes : « Ainsi avisé, il considérera que toutes choses ne sont que sa seule pensée et que, ainsi envisagé, chaque instant de pensée disparaîtra immédiatement, dégagé au loin de tout signe, et il entrera dans le *samādhi* authentique ». (cf. variante n. 353) C'est par l'expérience d'une vision en songe d'un démon effrayant que

c) Les tentations de Māra

Lorsqu'un être n'a pas une faculté suffisante d'accomplir le bien, il peut alors être induit en erreur par tous les Māra, les hérétiques ou les esprits démoniaques. S'ils lui apparaissent physiquement pour l'effrayer durant qu'il est assis [en méditation], ou sous la forme d'hommes et de femmes de belle allure, il lui faudra alors considérer qu'ils ne sont que [le produit] de sa pensée.[293] Dès lors, ces objets disparaîtront et il n'en sera plus affligé. Ils pourront aussi prendre la forme de divinités [*deva*], de *bodhisattva*, voire même celle de *tathāgata* pourvu des trente-deux signes distinctifs. Ils pourront exposer des formules mnémotechniques [*dhāraṇī*], prêcher le don, la discipline, la patience, la diligence, la concentration en *dhyāna* et la sapience, ou expliquer que le *nirvāṇa* authentique est égalité, vide, absence de signe, absence de vœu,[294] absence de courroux, absence d'intimité, absence de cause, absence d'effet, c'est-à-dire l'ultime calme vide. Ils pourront faire connaître aux hommes des événements qui leur seront survenus dans des existences passées ainsi que des événements futurs, leur procureront la connaissance de la pensée des autres ainsi qu'une éloquence indéfectible, suscitant ainsi en eux la convoitise des honneurs et des profits mondains. Ils feront également en sorte que ces hommes s'irritent sur-le-champ pour devenir non moins immédiatement après joyeux, les rendant ainsi d'humeur inconstante. Ils les gratifieront d'un excès d'affection et les affligeront de trop de torpeur, ou de maladie ainsi que de paresse mentale. Après avoir soudain suscité chez eux du zèle, ils feront en sorte qu'ils se relâchent aussitôt, qu'il conçoivent de l'incrédulité et deviennent excessivement suspicieux et préoccupés. Ils leur feront aussi

---

Wŏnhyo a réalisé le principe du rien-que-pensée et a renoncé à poursuivre son voyage en Chine.

[294] Ces trois éléments sont les trois portes de la délivrance : la vacuité des choses implique leur absence de signe distinctif et celle-ci l'absence de quête à leur égard.

著世事種種牽纏。亦能使人得諸三昧少分相似。皆是外道所得。非眞三昧。或復令人若一日若二日若三日乃至七日住於定中。得自然香美飲食。身心適悅不飢不渴。使人愛著。或亦[351]令人食無分齊乍多乍少顏色變異。以是義故。行者常應智慧觀察。勿令此心墮於邪網。當勤正念不取不著。則能遠離是諸業障。 [p. 582b]

d) De la fausseté et de la vérité

應知外道所有[352]三昧。皆不離見愛我慢之心。貪著世間名利恭敬故[353]。眞如三昧者。不住見相不住得相。乃至出定亦無懈慢。所有煩惱漸漸

---

[351] ［亦］14, 15　[352] 得 16　[353] /如是知已。念彼一切皆唯是心。如是思惟。利那即滅。遠離諸相入眞三昧 S

abandonner les excellentes pratiques essentielles[295] pour les inciter à s'adonner à des œuvres dispersives. Ou encore, ils les feront s'attacher aux affaires mondaines afin qu'ils se trouvent ligotés de façon inextricable. Ou bien ils leur feront obtenir des semblants partiels de tous les *samādhi*, qui correspondent immanquablement à ce que réalisent les hérétiques mais n'ont rien à voir avec le *samādhi* authentique. Ou encore, ils feront en sorte que ces hommes demeurent en concentration mentale un, deux, trois et même jusqu'à sept jours, en leur procurant de délicieux mets naturels de riche senteur, qui leur donneront du plaisir dans leur chair et dans leur esprit et les épargneront de la faim et de la soif, de façon à les attacher aux délices [extatiques]. À d'autres moments, ils leur donneront de la nourriture sans dosage, tantôt trop et tantôt pas assez, au point que leur visage changera de couleur. C'est pour de telles raisons que le pratiquant doit toujours faire preuve de discernement à l'aide de son intelligence afin que sa pensée ne tombe pas dans le filet des erreurs. Il importe de s'appliquer à avoir la pensée droite sans s'approprier ni s'attacher [à de tels objets] pour, de ce fait, être en mesure de se dégager de tous ces obstacles des actes.

d) De la fausseté et de la vérité

Il importe de s'aviser qu'aucun *samādhi* des hérétiques n'est dégagé des idées de fixation, de désir et d'auto-suffisance,[296] car ils s'attachent avec convoitise à la renommée, aux profits et au respect [qu'ils pensent leur être dû]. Le *samādhi* de la Talité ne réside ni dans les vues [du sujet] ni dans les appropriations [d'objets]. Une fois qu'on sera sorti de concentration, on n'aura plus ni paresse ni infatuation de soi, si bien que les passions deviendront de plus en plus

---

[295] Celles menant au fruit juste du *nirvāṇa*.

[296] C'est-à-dire toutes les passions.

微薄[354]。若諸凡夫不習此三昧法。 [p. 582b]
得入如來種性。無有是處。以修世
間諸禪三昧多起味著。依於我見繫
屬三界。與外／道共。若離善知識 [p. 582c]
所護。則起外道見故。

e) Les profits de la culture

復次精勤專心修學此三昧者。現世當得十種利益。云何爲十。一者常爲十方諸佛菩薩之所護念。二者不爲[355]諸魔惡鬼所能恐怖。三者不爲九十五種外道鬼神之所惑亂。四者遠離誹謗甚深之法重罪業障漸漸微薄。五者滅一切疑[356]諸惡覺觀。六者於[357]如來境界信得增長。七者遠離憂悔於生死中勇猛不怯。八者其心柔和捨於驕慢不爲他人所惱。九

[354] 以三昧力壞其種故。殊勝善品隨順相續。一切障難悉皆遠離。起大精進。恒無斷絶 S
[355] ［爲］9 [356] 或 T-S, T-Y [357] 諸 14, 15

[297] La version de Śikṣānanda rajoute : « Si, grâce à ce *samādhi*, on tarit ces germes [des passions], des biens excellents s'ensuivront continument, on se départira au loin de tous les obstacles, et on produira un grand zèle sans aucune interruption ».

ténues.[297] Pour les profanes qui n'ont pas assimilé cette méthode de *samādhi*, l'entrée dans la famille des *tathāgata*[298] n'a aucunement lieu d'être. Lorsqu'ils cultivent les *dhyāna* et les *samādhi* mondains, il leur arrive fréquemment de s'attacher aux délices [extatiques] et, en raison de leur substantialisation du moi, ils restent prisonniers du triple monde pour devenir les compagnons des hérétiques. Sans la protection d'amis de bien, en effet, on produit les manières de voir des hérétiques.

e) Les profits de la culture

Ensuite, si l'on cultive ce *samādhi* en y appliquant son esprit avec zèle, on en retirera dix sortes de profits en ce monde actuel. Quels sont-ils ? Premièrement, on sera toujours protégé en pensée par tous les *buddha* et les *bodhisattva* des dix directions. Deuxièmement, on ne pourra être effrayé par la cohorte de Māra et les mauvais démons. Troisièmement, on ne sera pas induit en erreur ni troublé par les quatre-vingt-quinze sortes d'hérétiques et les esprits [maléfiques]. Quatrièmement, on se gardera bien de vilipender la Loi extrêmement profonde[299] et on amenuisera graduellement les obstacles des actes tenant à des fautes graves. Cinquièmement, on détruira tous les doutes et toutes les mauvaises recherches et spéculations.[300] Sixièmement, on parviendra à accroître la foi à l'endroit du domaine de *tathāgata*. Septièmement, on se départira de la désolation et du chagrin pour se montrer vaillant et sans pusillanimité au milieu du cycle des naissances et des morts. Huitièmement, l'esprit avenant et

---

[298] Entrer dans la catégorie déterminée à devenir *tathāgata*.

[299] La doctrine de l'embryon de *tathāgata*.

[300] *queguan* 覺觀, traduction habituelle de *vitarka-vicāra*, recherche et examen. V. *Lhasa*, p. 69. Ce sont les spéculation inutiles de ceux qui sont attachés à la « vue du moi ». V. *Saṃdhinirmocanasūtra*, T. XVI, n° 675, p. 667a$^{22\text{-}29}$; Lamotte, p. 175.

者雖未得定於一切時一切境界處則 [p. 582c]
能減損煩惱不樂世間。十者若得三
昧不爲外緣一切音聲之所驚動。
復次若人唯修於止。則心沈沒或起
懈怠。不樂衆善遠離大悲。是故修
觀。

f) Les quatre sortes d'examens mentaux

修習觀者。當觀一切世間有爲之法。
無得久停須臾變壞一切心行念念生
滅。以是[358]故[359]苦[360]。應觀過去所
念諸法慌[361]惚[362]如夢。應觀現在所
念諸法猶如電光。應觀未來所念諸
法猶如於雲忽爾而起。應觀世間一

---

[358] 義 9 [359]［故］16 [360]［苦］16 [361] /恍 T-C, T-S, T-Y, 9, 14, 15
[362] /忽 T-S, T-Y

---

301 *ding* 定 : la récollection de la pensée sans la moindre dispersion.

détaché de tout orgueil, on ne sera plus affligé en raison des autres. Neuvièmement, même si l'on n'a pas encore obtenu la stabilité [de la pensée],[301] à tout moment et à propos de tout objet, on pourra réduire ses affects sans rechercher [les biens de] ce monde. Dixièmement, une fois qu'on aura réalisé le *samādhi* [de la Talité], on ne sera plus interloqué ni troublé par aucun bruit du monde extérieur.[302]

f) Les quatre sortes d'examens mentaux

Ensuite, si quelqu'un se contente de cultiver l'apaisement, sa pensée risque de sombrer dans la torpeur et la paresse d'apparaître. Il ne souhaitera plus alors accomplir de bonnes actions et s'éloignera de la grande compassion. C'est à cette fin qu'il cultivera l'examen mental.[303]

[1] Celui qui cultive l'examen mental doit appréhender [correctement] qu'aucune chose conditionnée dans le monde n'arrive à durer longuement, que toutes changent pour dépérir en un moment et que toutes les complexions psychiques naissent et disparaissent à chaque instant ; c'est pourquoi elles sont toutes empreintes de douleur. Il doit s'enquérir que toutes les choses auxquelles il a pensé dans le passé sont comme des rêves en état de ravissement, que tout ce à quoi il pense à présent est comme la lumière de l'éclair, que les choses auxquelles il pensera dans le futur sont comme des nuées qui

---

[302] Selon Fazang, ce sont les dix profits de la protection accordée par des amis de bien [1], de se départir de l'obstacle de mauvaises conditions extérieures [2, 3], de se dégager de l'obstacle d'actes illusionnés intérieurs [4, 5], d'accroître la foi dans le principe [6], de ne pas se laisser imprégner de souillure et d'être sans peur [7], de ne pas se laisser détruire en raison de conditions [mauvaises] [8], de ne pas savourer le monde [9], de réaliser la concentration en *dhyāna* profond [10].

Les listes des « dix profits » des versions de Paramārtha et de Śikṣānanda sont pratiquement identiques jusque dans le détail terminologique.

[303] Sous quatre formes. L'examen de l'aspect des choses ; celui de la grande compassion ; celui du grand vœu ; et celui de la diligence.

切有身悉皆不淨。種種穢汚[363]無一可樂[364]。 [p. 582c]

如是當念。一切衆生。從無始世[365]來。皆因無明。所熏習故。令[366]心生滅。已受一切。身心大苦。現在卽有。無量逼迫。未來所[367]苦。亦無分齊。難捨難離。而不覺知。衆生如是。甚爲可愍。

作此[368]思惟。卽應勇猛立大誓願。願令我心離分別故。遍於十方修行一切諸善功德[369] 盡其未來。以無量方便救拔一切苦惱衆生。令得涅槃第一義樂。

以起如是願故。於一切時一 / 切處。所有衆善隨已堪能。不捨修學心無懈怠。唯除坐時專念於止。若餘一切悉當觀察應作[370]不應作。 [p. 583a]

---

[363] /汚穢 9 [364] 觀諸凡愚所見諸法。於無物中妄計爲有。觀察一切從緣生法。皆如幻等畢竟無實。觀第一義諦非心所行。不可譬喩不可言説 S [365] /時 14, 15 [366] /念 10 [367] /世 T-S, T-Y, 9 [368] /是 14, 15 [369] /親近一切諸佛菩薩。頂禮供養恭敬讚歎。聽聞正法如説修行 S [370] /作應 10

---

[304] Ou : que l'on puisse désirer, souhaiter. La version de Śikṣānanda rajoute ici un passage exposant implicitement la doctrine des trois natures, selon l'école

s'élèvent soudain, et que tous les êtres qui ont un corps dans le monde sont impurs et sont entachés de multiples souillures, sans qu'il soit rien qui procure du contentement.[304]

[2] Il devra appliquer sa pensée ainsi. Depuis les temps sans commencement, tous les êtres, imprégnés qu'ils sont par l'Inscience, voient leur pensée soumise à apparition et disparition. Ils ont déjà subi les plus grandes douleurs possibles dans leur corps et dans leur esprit, ils connaissent à présent des oppressions innombrables et, dans le futur aussi, sans fin seront leurs souffrances. Au plus haut point pitoyables sont ces êtres qui, non seulement se trouvent dans l'incapacité de se détacher et de se départir [de cette douleur] mais qui, en outre, n'en ont pas connaissance !

[3] En faisant ces réflexions, il formera avec courage ce grand vœu : je fais le vœu que ma pensée, dégagée des discriminations, s'étende dans les dix directions pour cultiver la totalité des mérites les meilleurs[305] et, jusqu'à la fin des temps futurs, de sauver les êtres affligés de toutes leurs douleurs à l'aide d'innombrables procédés afin qu'ils atteignent la félicité suprême du *nirvāṇa*.

[4] En raison du vœu qu'il a formé, à tout moment et en tout lieu, sans la moindre paresse dans son esprit, il cultivera tous les biens autant qu'il en sera capable, sans jamais les rejeter. À l'exception des moments où il sera assis [en méditation] pour appliquer exclusivement son esprit à l'apaisement, il devra en toute autre occasion examiner sans faute ce qu'il doit faire et ce qu'il ne doit pas faire.

---

gnoséologique : « Il considérera, à propos de toutes les choses que voient les profanes obtus, que là où il n'y en a aucune, ils imaginent faussement qu'il y en a une. Il constatera que toutes les choses nées de conditions sont comme des phantasmagories, et n'ont en dernier ressort aucune réalité. Il s'avisera que la vérité de sens premier n'est pas une complexion mentale, ne peut faire l'objet de comparaison métaphorique ni de discours ».

305 La version de Śikṣānanda spécifie : « servir intimement tous les *buddha* et *bodhisattva*, les saluer, leur rendre hommage, les révérer, faire leur éloge, écouter la Loi correcte et cultiver les pratiques selon la prédication ».

g) La concomitance entre l'apaisement et l'examen mentaux

若行若住[371]若臥若起。皆應止觀俱行。所謂。雖念諸法。自性不生。而復卽念。因緣和合。善惡之業。苦樂等報。不失不壞。雖念因緣。善惡業報。而亦卽念。性不可得。若修止者。對治凡夫。住著世間。能捨二乘。怯弱之見。若修觀者。對治二乘。不起大悲。狹劣心過。遠離凡夫。不修善根。以此[372]義故。是止觀二[373]門。共相助成。不相捨離。若止觀不具。則無能入。菩提之道。 [p. 583a]

[371] /往 10, 若坐 14, 15 ; /行住坐臥 S [372] /是 14, 15 [373] ［二］10

g) La concomitance entre l'apaisement et l'examen mentaux

Que l'on soit en marche, debout, couché[306] ou qu'on se lève, c'est simultanément qu'il faut pratiquer l'apaisement et l'examen mentaux.

On aura eu beau considérer que toutes les choses, dans leur nature propre, ne naissent pas, il faudra néanmoins envisager également que les actes bons et mauvais nés de l'association de causes et de conditions ainsi que leur rétribution en mal-être et bien-être, ne se perdent ni ne se détruisent. On aura beau considérer les causes et les conditions, les actes bons et mauvais ainsi que leur rétribution, il faudra néanmoins envisager que, de même, la nature [des choses] n'est pas appréhendable. Lorsqu'on cultive l'apaisement mental, on contrecarre l'attachement que les profanes ont à l'égard du monde et l'on peut se dégager de la vision peureuse des choses des gens des Deux Véhicules.[307] Lorsqu'on cultive l'examen mental, on contrecarre l'erreur de la pensée étriquée et inférieure des gens des Deux Véhicules de ne pas concevoir la grande compassion et l'on s'éloigne de celle des profanes qui ne cultivent pas les facultés d'accomplir le bien. C'est pour ces raisons que les deux méthodes de l'apaisement et de l'examen mentaux se développent en conjugaison mutuelle et sont indissociables l'une de l'autre. Si les deux ne se trouvent pas au complet, l'on ne pourra pénétrer dans la voie de l'éveil.

---

[306] La version de Genroku rajoute *ruozuo* 若坐, « qu'on soit assis », expression qu'on attendrait à la place de « se lever ». L'absence de mention de la position assise dans la majeure partie des versions connues de Paramārtha pourrait indiquer l'insistance que le *Traité* veut mettre sur les actes de la vie quotidienne, à l'exclusion des moments où l'on médite en position assise. La version de Śikṣānanda porte la liste classique : « être en marche, en station debout, assis ou couché ».*

[307] A l'endroit du cycle des naissances et des morts.

4. Les moyens de non-régression et la naissance dans la Terre pure par la commémoration de Buddha

[p. 583a]

復次衆生初學是法。欲求正信。其心怯弱。以住[374]於此娑婆世界。自畏不能。常値諸佛。親承供養。懼謂信心。難可成就。意欲退者[375]。當知如來。有勝方便。攝護信心。謂以專意。念佛因緣。隨願得生。他方佛土。常見於佛。永離惡道[376]。如修多羅說。若人專念西方極樂世界阿[377]彌陀佛。所修善根迴向願求

[374] 往 T-S, T-Y [375] /復次初學菩薩住此娑婆世界。或値寒熱風雨不時飢饉等苦。或見不善可畏衆生。三毒所纏邪見顚倒。棄背善道習行惡法。菩薩在中心生怯弱。恐不可値遇諸佛菩薩。恐不能成就清淨信心。生疑欲退者 S [376] /應作是念。十方所有諸佛菩薩。皆得大神通無有障礙。能以種種善巧方便。救拔一切險厄衆生。作是念已發大誓願。一心專念佛及菩薩。以生如是決定心故。於此命終必得往生餘佛刹中。見佛菩薩信心成就永離惡趣 S [377] ［阿］9

[308] La version de Śikṣānanda développe ce passage dans un sens apocalyptique et fait de l'adepte débutant, qualifié du terme de *bodhisattva*, le sujet de son discours : « Ensuite, il arrive au *bodhisattva* débutant, lorsqu'il réside dans ce monde Sahā, d'être confronté à des souffrances, comme la froidure, la canicule, des tornades, des pluies diluviennes, ou d'intempestives mauvaises récoltes, ou encore de voir des maux effrayants, les trois poisons dont sont prisonniers les êtres, des vues fausses et des aberrations, des violations des bonnes règles de conduite, des pratiques coutumières du mal ; lorsque le *bodhisattva* se trouve là, son esprit devient pusillanime ; il craint de ne pouvoir rencontrer des *buddha* et des *bodhisattva*, de ne pouvoir réaliser une pensée de foi pure ; alors le doute naît en lui qui va le faire régresser ».

[309] Par la méditation ou par la récitation de son nom ou de ses noms.

4. Les moyens de non-régression et la naissance dans la Terre pure par la commémoration de Buddha

Ensuite, quand des êtres s'exercent pour la première fois à cette doctrine et s'enquièrent de la foi droite, il importe de s'aviser que, les *tathāgata* ont un excellent moyen pour assurer la protection de la pensée de foi de ceux d'entre eux dont l'esprit est pusillanime, qui craignent, en restant dans ce monde Sahā, de ne pouvoir toujours rencontrer des *buddha* ou de leur rendre hommage de près, qui, par peur de ne pouvoir parachever leur pensée de foi, sont tentés de régresser dans leur vouloir.[308] Il s'agit, de toute sa pensée, de commémorer le Buddha[309] et, grâce à ce mobile, d'arriver conformément à ce vœu à naître dans une terre de *buddha* située dans une autre direction, afin de voir perpétuellement ce Buddha et de se délivrer pour toujours des mauvaises destinées.[310] Il en va comme il est expliqué dans un *sūtra* :[311] « Si quelqu'un applique exclusivement sa pensée sur le Buddha Amitābha du monde d'extrême bien-être

[310] Version de Śikṣānanda : « Il doit avoir cette pensée : Tous les *buddha* et *bodhisattva* qui se trouvent dans les dix directions possèdent de grands pouvoirs magiques et sont sans obstruction et, à l'aide de tout un ensemble de moyens ingénieux, ils sont en mesure de sauver les êtres de tous leurs malheurs. Après ces réflexions, il conçoit un grand vœu et, de tout son esprit, il commémore exclusivement *buddha* et *bodhisattva*. Comme il a conçu cette pensée déterminante, au moment de sa mort, il pourra sans faute aller naître dans une autre terre de *buddha*, voir *buddha* et *bodhisattva*, parfaire sa pensée de foi et quitter pour toujours les mauvaises destinées ».

[311] Il pourrait s'agir d'une citation du *Sukhāvatīvyūha* : « S'il est des êtres qui, en entendant son nom, s'en réjouissent dans leur pensée de foi, en un instant, d'une pensée sincère, ils se convertiront pour faire vœu d'aller naître dans cette contrée, et, lorsqu'ils y seront nés, leur foi ne régressera plus » 諸有衆生聞其名號。信心歡喜乃至一念。至心迴向願生彼國。即得往生住不退轉 (T. XII, n° 360, p. 272b[11-13]) (Takemura, pp. 505-506 ; Ōtake, p. 62).

生彼世界。卽得往生。常見佛故終無有退。若觀彼佛眞如法身。常勤修習畢竟得生住正定故[378]。 [p. 583a]

[378] /如經中說。若善男子善女人。專念西方極樂世界阿彌陀佛。以諸善根迴向願生決定得生。常見彼佛信心增長永不退轉。於彼聞法觀佛法身。漸次修行得入正位 S

de l'Ouest et forme le vœu d'aller naître dans ce monde en défléchissant les racines de bien qu'il a cultivées, il lui sera donné d'aller y naître ». Comme il verra constamment ce Buddha, il ne connaîtra finalement plus de régression.[312] Si, en examinant mentalement le corps de la Loi en tant que manière d'être authentique du Buddha,[313] il en cultive l'assimilation de façon constante, il arrivera finalement à aller naître [dans la Terre Pure] et résidera dans la juste détermination.[314]

---

[312] La citation pourrait aller jusqu'ici, si elle s'inspire de l'*Amitāyurbuddhānusmṛtisūtra* (T. XII, n° 365) (Takasaki).

[313] On peut supposer que ce type de pratique qui porte sur un *buddha* est plus « facile » qu'un examen mental sur la Talité en tant que principe. L'ensemble des ajouts de la version de Śikṣānanda suggère une conscience accrue du Déclin de la Loi.

[314] La version de Śikṣānanda infléchit clairement la citation de *sūtra* dans la direction des laïcs, et conclut son exposé par une description de l'adepte né dans la Terre Pure d'Amitābha : « Il en va comme il est expliqué dans un *sūtra* : "Si un homme de bien ou une femme de bien commémore exclusivement le Buddha Amitābha du monde d'extrême bien-être de l'Ouest et forme le vœu d'y naître à l'aide de toutes les racines de bien qu'il aura rétroverties, c'est de façon déterminée qu'il lui sera donné d'y naître". Comme il verra constamment ce Buddha, sa pensée de foi s'accroîtra et il ne régressera plus jamais. Tout en entendant sa Loi, il examinera le corps de la Loi du Buddha et, en cultivant graduellement les pratiques, il arrivera à entrer dans le stade de juste [détermination] ».

V. Cinquième partie : la promotion de la culture et des profits afférents

1. La promotion de la foi juste

已說修行信心分 [p. 583a]

次說勸修利益分。

如是摩訶衍諸佛祕藏[379]我已總說。若有衆生。欲於如來甚深境界得生正信遠離誹謗入大乘道。當持此論思量修習究竟能至無上之道。若人聞是法已不生怯弱。當知此人定紹佛種。必爲諸佛之所授記[380]。假使有[381]人能化三千大千世界滿中衆生令行十善。不如有人於一食[382]頃正思此法。/過前功德不可爲喩。復次若人受持此論觀察修行。若一日 [p. 583b]

[379] /如是大乘祕密句義 S [380] /速得授記 S [381] ［有］9 [382] /須臾 S

[315] Version de Śikṣānanda : « le sens de l'énoncé secret ».
[316] Version de Śikṣānanda : « et obtiendra rapidement la prédiction ».
[317] Version de Śikṣānanda : « l'intervalle d'un moment ». La source d'inspiration de ce passage semble être le *Sarvadharmapravṛttinirdeśa* : « Quand bien même un *bodhisattva* pourrait-il convertir les êtres enplissant le trichiliomégachiliocosme et leur faire pratiquer les dix biens, cela ne serait rien, pour un *bodhisattva*, en

V.
Cinquième partie :
la promotion de la culture et des profits afférents

1. La promotion de la foi juste

Nous avons exposé la partie sur la culture de la pensée de foi. À présent, nous allons ensuite expliquer celle sur la promotion de la culture et les profits afférents.

Le *Mahāyāna* ainsi décrit est le trésor secret de tous les *buddha*,[315] ainsi que nous en avons fait état synthétiquement. S'il est des êtres qui veulent concevoir une foi droite envers le domaine extrêmement profond du Tathāgata et se tenir loin de toute calomnie [de la Loi] pour entrer dans la voie du Grand Véhicule, ils devront s'en tenir à observer [ce qui est dit dans ce] *Traité*, y réfléchir et l'assimiler par l'exercice. Ils pourront ainsi finalement atteindre l'éveil suprême. Si quelqu'un, après avoir entendu cette doctrine, ne conçoit plus de peur, on saura qu'un tel homme s'est inscrit dans la lignée des *buddha* et recevra immanquablement d'eux la prédiction [de devenir *buddha*].[316] Quand bien même un homme pourrait-il convertir les êtres emplissant le trichiliomégachiliocosme et leur ferait-il pratiquer les dix biens, que l'on ne pourrait comparer ses mérites avec ceux de quelqu'un qui, ne fût-ce que durant l'intervalle d'un repas,[317] aura appliqué correctement sa pensée sur cette Loi. En outre, si quelqu'un se montre réceptif à ce *Traité,*

---

comparaison d'appliquer son esprit sur l'enseignement de la Loi de caractère unique, en concentrant sa pensée en un lieu calme, ainsi que d'être réceptif [à cette Loi] par l'audition et de réciter [les textes] pour l'expliquer. Combien ses mérites en seront-ils plus nombreux ! ». 菩薩若能教三千大千世界中衆生令行十善。不如菩薩如一食頃一心靜處念一相法門。乃至聞受讀誦解説是人福德勝彼甚多. T. XV, n° 650, p. 753b[19-22]. (Ōtake, *idem*, p. 64).

一夜[383]所有功德無量無邊不可得說。 [p. 583b]
假令十方一切諸佛。各於無量無邊阿僧祇劫。歎其功德亦不能盡。何以故。謂法性[384]功德無有盡故。此人功德亦復如是無有邊際。

2. Le rejet de la calomnie

其有衆生於此論中毀謗不信。所獲罪報經無量劫受大苦惱。是故衆生。但應仰信。不應誹[385]謗。以深自害。亦害他人。斷絕一切。三寶之種。以一切如來。皆依此法。得涅槃故。一切菩薩。因之修行[386]。入佛[387]智故[388]。
當知過去菩薩已依此法得成[389]淨信。現在菩薩今依此法得成淨信。未來菩薩當依此法得成淨信。是故衆生應勤修學[390]。

383 /如說修行 S　384 /眞如 S　385 /毀 14, 15　386 得 14, 15　387 /種 10
388 /一切諸佛依此修行成無上智。一切菩薩由此證得如來法身 S　389 大乘 S　390 /是故欲成自利利他殊勝行者。當於此論勤加修學 S

318 Version de Śikṣānanda : « conformément à la prédication ».
319 Et nature du Dharma, en même temps (?). Version de Śikṣānanda : « les

l'observe, le scrute et en cultive la pratique[318], ne fût-ce qu'une journée ou une nuit, les mérites qu'il en retirera seront innombrables et illimités et dépasseront toute description. Même si tous les *buddha* des dix directions faisaient chacun l'éloge de ces mérites durant d'incalculables éons innombrables et infinis, ils ne pourraient en venir à bout. Pour quelle raison ? On considère que les qualités méritoires de la nature [absolue] des choses[319] sont inépuisables. De la même manière, les mérites de cette personne ne connaissent pas de limite.

2. Le rejet de la calomnie

S'il arrive que des êtres calomnient ce *Traité* et n'y ajoutent pas foi, la rétribution des fautes qu'ils en retireront sera de subir les plus grandes douleurs et afflictions, dussent s'écouler des éons innombrables. C'est la raison pour laquelle les êtres doivent y appliquer leur foi et ne pas le dénigrer. Sinon, ils porteraient dommage à eux-mêmes ainsi qu'aux autres et tariraient la semence des Trois Joyaux. Or, c'est grâce à cette doctrine que les *tathāgata* réalisent le *nirvāṇa*, et c'est aussi grâce à sa pratique que tous les *bodhisattva* pénètrent dans la sapience de *buddha*.[320]

Il importe de s'aviser que c'est grâce à cette doctrine que les *bodhisattva* du passé ont réalisé la foi pure,[321] que les *bodhisattva* du présent la réalisent et que les *bodhisattva* du futur la réaliseront. C'est pourquoi les êtres doivent s'appliquer à en cultiver l'étude.[322]

---

qualités méritoires de la Talité ».

320 Version de Śikṣānanda : « Or, c'est grâce à la culture de ces pratiques que tous les *buddha* réalisent la sapience suprême, et c'est aussi grâce à elle que tous les *bodhisattva* réalisent le corps de la Loi ».

321 La foi en la pureté originelle de leur nature. La version de Śikṣānanda rajoute : « du Grand Véhicule ».

322 Version de Śikṣānanda : « C'est pourquoi ceux qui veulent accomplir les pratiques excellentes apportant profit à eux-mêmes ainsi qu'à autrui, ont à s'appliquer à en cultiver l'étude dans ce *Traité* ».

III.
Diffusion : stance de rétroversion des mérites

III. Diffusion : stance de rétroversion des mérites

諸佛甚深廣大義 [p. 583b]

我今隨分[391]總持說

迴此功德如法性

普利一切衆生界[392]。

大乘起信論一卷

[391] /順 14, 15

[392] /我今已解釋
甚深廣大義
功德施群生
令見眞如法 S

La signification profonde et grande [de l'enseignement] de tous les *buddha*
Je viens de l'exposer synthétiquement selon l'ordre des parties
J'en défléchis les mérites aussi [inépuisables] que la nature [absolue] des choses[323]
Afin d'apporter universellement profit à tous les mondes des êtres[324].

Traité sur l'acte de foi dans le Grand Véhicule, en un volume

[323] Et du Dharma (?). Les mérites qu'a eu l'auteur du traité d'exposer l'enseignement du Buddha sont illimités, à l'aune de l'infinité de la « nature des choses », dont la réalisation par l'adepte lui apporte aussi des mérites inépuisables, puisque cette nature des choses ignore toute limitation.

[324] Version de Śikṣānanda :
Je viens d'expliquer
La signification profonde et grande [de l'enseignement].
Je fais don de ces mérites à l'ensemble des êtres
Afin qu'ils voient le principe de la Talité.

Notes complémentaires

p. 5 :

* *rushi xiuxingdeng* 如實修行等 : littéralement, « les cultures des pratiques en justesse ». Le mot *deng* 等 prête pour le moins à confusion : indice du pluriel pour « les pratiques », ou de manière sous-entendue pour « ceux [qui s'adonnent à] ces pratiques », ou encore portant sur plusieurs éléments énumérés dans la phrase dont la liste n'est pas exhaustive ? L'original de cette expression semble être *mahāyogin* ou *mahāyogayogin*, grand pratiquant du *yoga*, c'est à-dire pratiquant du *yoga* du Grand Véhicule, si l'on se réfère à l'usage qui est fait de la même expression dans la traduction de Bodhiruci du *Laṅkāvatārasūtra*. V. l'étude de Takasaki Jikidō, *Hon.yaku Ryōgakyō no nyojitsu shūgyō to Kishinron*, 1993. Par ailleurs le terme de *dayujiashi* 大瑜伽師, grand maître de *yoga*, qui pourrait avoir le même original sanskrit, désignait les maîtres de *dhyāna* chinois des écoles Chan qui se fondaient sur le *Laṅkāvatārasūtra*, dans les controverses qui, au Tibet, les opposaient aux représentants indiens de l'école du Milieu.

** L'expression de conception de la foi se trouve dans *Mahāyānasūtrālaṃkāra* (XI-14, T. XXXI, n° 1604, p. 609b ; Lévi, p. 97), au chapitre exposant la foi 明信 (*adhimukti*), dans une acception proche du *Traité*. Elle se rapporte au Grand Véhicule et aux *sūtra* qui l'exposent et, à ce titre, est qualifiée de « grande ».

« La stance déclare :

La grande Loi [*mahāryadharma*] produit la grande foi
La grande foi a trois fruits
L'accroissement de la foi, l'accroissement des mérites
Et l'obtention de la nature des qualités de Buddha

Commentaire [de Vasubandhu] : La grande Loi produit la grande foi. La grande foi a trois fruits : ceux qui ont la connaissance conçoivent la grande foi à l'endroit de la Loi sainte du Grand Véhicule. A l'aide de cette grande foi, on obtient trois sortes de fruits. Question : "Quels fruits obtient-on ? " Réponse : "L'accroissement de la foi, l'accroissement des mérites et l'obtention de la nature des qualités de *buddha*". Cette phrase explique en premier l'obtention du fruit de la grande foi, car la foi s'accroît. En second, l'obtention du fruit des grands mérites, car les mérites s'accroissent. Troisièmement l'obtention du fruit du grand éveil, car les mérites en sont incomparables et grand est l'être du Buddha ».

偈曰

大法起大信　　大信果有三　　信增及福增　　得佛功德體
釋曰。大法起大信大信果有三者。謂有智人於大乘聖法而生大信。由此大信得三種果。問得何等果。答信增及福增得佛功德體。此明一得大信果。信增長故二得大福果。福增長故三得大菩提果。功德無等及佛體大故.

Le même texte utilise l'expression de foi du Grand Véhicule 大乘信, en contraste avec d'autres types de foi comme celle du Petit Véhicule 小乘信 (*Ibidem*, pp. 608c, 609a).[1] Un autre texte du Vijñānavāda, l'*Abhidharma-samuccayavyākhyā* de Sthiramati, connaît également l'expression de foi dans le Grand Véhicule 信大乘.

L'expression de conception de la foi ou d'acte de foi, *qixin* 起信, est connue des textes. Selon le *Mahāyānasūtrālaṃkāra*, c'est l'un des cinq actes du *bodhisattva* qui, sur le modèle d'un père compatissant, fait naître la foi pour en faire le germe de l'essence noble 令起信以爲聖體種子: « [12] Ils [les *bodhisattva*] sèment toujours la Foi dans tous les êtres ; ils les instruisent dans la Morale, etc. ; ils les unissent à la Libération ; [13] ils prient pour eux les Buddha, et ils écartent d'eux l'Obstruction ; par cinq actes, les fils des Vainqueurs sont comme des pères pour les êtres. Le père rend cinq sortes de services à ses fils : il sème la semence ; il leur apprend un métier ; il les unit à une épouse assortie ; il les remet à de bons amis ; il règle ses comptes de sorte qu'ils n'ont pas à payer la dette paternelle. Cinq actes des Bodhisattva sont analogues. La Foi, en effet, est pour les créatures la semence du recouvrement d'une existence personnelle anoblie ; l'ordre de l'Instruction, c'est le métier ; la Libération, c'est l'épouse, car elle fait éprouver le bonheur et la joie de la Libération. L'Obstruction correspond à la dette ».
令信令戒定　　令脫令勸請　　亦爲防後障　　五業如慈父.
釋曰。譬如慈父於子作五種饒益業。一下種子。二教工巧。三爲娉室。四付善友。五爲絶債不令後償。菩薩五業亦爾。一令起信以爲聖體種子。二令學增　上戒定以爲工巧。三令得解脫喜樂以爲娉室。四令勸請諸佛以爲善友。五爲遮諸障閡以爲絶債。是名菩薩五種似父業 (*Mahāyānasūtrālaṃkāra*, XIX-12, 13, T. XXXI, n° 1604, pp. 650c-651a ; Lévi, p. 268).

Idem : « Une fois la pensée arrêtée, l'aspect de confiance dans la Plénitude Supra-mondaine ; et, comme de confiance, aussi de résolution, de souvenir sans défaillance des Idéaux, d'arrêt de la pensée, de tri scrupuleux, dans le cas des organes (*indriya* : foi, *śraddhā*, énergie, *vīrya*, mémoire, *smṛti*, recueillement, *samādhi*, sapience, *prajñā*. 復次住心者。爲成就出世間故起信勤不忘心住簡擇五種修。是名五根種修 (XI-12, p. 611a ; Lévi, p. 106).

[1] Pour ce même texte, Nakamura, I, 777d, donne l'équivalence *shindaijō* 信大乘, *mahāyāna-dharma-adhimukti*, adhésion à la Loi du Grand Véhicule.

Idem :

« Tous les êtres, quand ils t'ont vu, reconnaissent en toi l'Homme par excellence ; à ta seule vue, ils ont la foi ; tu es l'ordonnateur ! Hommage à toi !

Commentaire [de Vasubandhu] : Cette stance révère les qualités excellentes des signes et sous-signes des *tathāgata*. Lorsque tous les êtres en ont la vue, ils savent que le Tathāgata est le Grand Homme. Ils conçoivent alors un acte de foi pure à l'endroit du Tathāgata, car ils font de ses signes et de ses sous-signes des moyens ».

偈曰

衆生若有見　　知定是丈夫　　深起淨信心　　方便我頂禮

釋曰。此偈禮如來相好勝功德。一切衆生若有見者。即知如來是大丈夫。及於如來起淨信業。由以相好爲方便故 (XXI-49, T. XXXI, n° 1604, p. 660b ; Trad. Lamotte, MS, p. 295).

On a de même l'expression parente de « production de l'adhésion convaincue » *qixinjie* 起信解 : *Mahāyānasaṃgrahabhāṣya*, de Vasubandhu, trad. de Dharmagupta, etc., T. XXXI, n° 1596, p. 299b : 信解正說者。謂與六波羅蜜相應言說。於此甚深正說中起信解故[...]今當顯示。所謂大乘由說甚深寬大故。即是菩薩自乘。於中甚深者謂法無我。寬大者。謂虛空器等三摩提。如所思惟淨。今當顯示。由知一切法唯是分別故。淨心體相今當顯示。欲及解此二淨故名淨心。於中欲者。已得勝希望故。解者信故。淨心相今當顯示。前者在淨心前故。及此者。即此淨心中故。得見諸佛此是其相.

p. 17 :

* Tannen 湛然 (1271-1346) commente le binôme *hōgi* à l'aide de l'image de l'or et des objets fabriqués avec celui-ci: « Il en est comme de l'or authentique qui, selon les conditions, l'artisan, etc., façonne des ustensiles différents, des anneaux, des bracelets, des bols ou des coupes. La nature de l'or ne change pas pour devenir du bronze ou du fer. L'or est la chose (*hō*), l'immutabilité en s'adaptant aux conditions est le sens (*gi*) ». *Résolution des doutes concernant le* Traité sur l'acte de foi, *Kishin ketsugishō* 起信決疑鈔, DNBZ, 94, p. 407.

p. 19 :

* L'exégèse de type scolastique des « trois grandeurs » par le *Traité* ne semble pas isolée. Les sources possible de cette doctrine des trois grands éléments sont passées critiquement en revue par Hirakawa Akira (*Daijō bukkyō no kyōri to kyōdan*, 1989, pp.255-284). Parmi celles-ci, mentionnons celle du *Daśabhūmikasūtraśāstra* : « Le *Traité* déclare : la grande excellence est de trois sortes : premièrement, la grandeur du

savoir; deuxièmement la grandeur de l'acte; troisièmement, la grandeur des qualités de résider dans les deux premières » 論日。大勝者。有三種大。一智大二業大三彼二住功德大 (T.XXVI, n°1522, p. 184a$^{13-14}$).

Néanmoins aucun descriptif dans ces sources ne correspond vraiment à la teneur du trinome du *Traité*. Selon celui-ci, l'être en soi est la Talité, le caractère l'embryon de *tathāgata* et l'activité les bonnes causes (la culture des pratiques) et les bons effets (la réalisation de l'état de *buddha* mais aussi l'activité altruiste). On pourrait s'attendre à ce que ces trois grands éléments soient identifiés aux trois corps de *buddha*, respectivement au corps de la Loi, à celui de rétribution et à celui de réponse, mais dans ses explications le *Traité* identifie l'être en soi et le caractère au corps de la Loi, et divise l'activité en corps de rétribution (qui agit auprès des *bodhisattva*) et de réponse (qui agit auprès des gens des Deux Vénhicules et des profanes). Cette particularité tient au parfumage que reçoit la Talité qui, de principe qu'elle est (*li*), entre en action sous la forme de l'intelligence (*zhi*) : c'est pourquoi elle comporte deux aspects que le *Traité* inclut dans le corps de la Loi.

Les textes du Grand Véhicule s'appliquent à montrer la grandeur ou supériorité (*mahattva*) du Mahāyāna. Le *Mahāyānasaṃgraha*, dans la traduction de Xuanzang, débute ainsi : « Dans l'*Abhidharmamahāyānasūtra*, en présence de Bhagavat, le Bodhisattva nommé Spécialiste du Grand Véhicule (*Mahāyānasupratipanna*), pour montrer la grandeur (*mahattva*) du Grand Véhicule, a dit : Relativement (*ārabhya*) au Grand Véhicule, la voix (*vāc*) des Buddha Bhagavat se distingue (*viśiṣṭha*) par dix supériorités (*daśavidha viśeṣa*) ». 阿毘達磨大乘經中。薄伽梵前已能善入大乘菩薩。爲顯大乘體大故説。謂依大乘諸佛世尊有十相殊勝殊勝語 (Xuanzang, T. XXXI, n° 1594, p. 132c$^{23-25}$; Lamotte, pp. 1-2 ; *Commentaire*, T. XXXI, n° 1597, p. 322b$^{13-14}$).

Xuanzang traduit « grandeur » par *tida* 體大, comme dans le *Traité*. La traduction du même ouvrage par Paramārtha n'a pas de terme équivalent ; elle mentionne néanmoins de façon parallèle que le propos de l'ouvrage, qui se fait l'interprète de la « voix du Buddha » concernant le Grand Véhicule, porte sur la « nature réelle de toutes choses qui est extrêmement profonde et grande » 甚深廣大諸法實性, expression qui semble gloser celle de « grandeur » (T. XXXI, n° 1595, p. 154a^{19} ; v. aussi, p. 154b^{2} : « la nature des choses extrêmement profonde et grande en est la caractéristique. » 甚深廣大法性爲相).

On trouve par exemple une analyse de « sept grandeurs du Grand Véhicule » 大乘七大義 dans le *Mahāyānasūtrālaṃkāra*, XIX-59-60, (p. 171, l. 17). T. XXXI, n° 1604, XII, p. 654c$^{19-28}$; Lévi, pp. 280-281 :

[stances 59-60] « Objet, mise en œuvre, connaissance, diligence, moyens salvifiques, fruit et acte ; grâce au sens de ces sept grandeurs, on établit le Grand Véhicule.

縁行智勤巧　果事皆具足　依此七大義　建立於大乘

Commentaire : On parle de Grand Véhicule lorsqu'on est pourvu du sens de sept grandeurs. 釋曰。若具足七種大義説爲大乘.

• Premièrement, la grandeur de l'objet (*ālambanamahattva*), parce qu'on prend pour objet la vaste et grande Loi des *sūtra*, etc., qui sont innombrables. 一者縁大。由無量修多羅等廣大法爲縁故.

• Deuxièmement, la grandeur en mise en œuvre (*pratipattimahattva*), parce qu'on est pourvu des pratiques pour son propre profit et pour celui d'autrui. 二者行大。由自利利他行皆具足故.

• Troisièmement, la grandeur en connaissance (*jñānamahattva*), parce qu'on pénètre en même temps les deux insubstantialités de l'individualité et des choses. 三者智大。由人法二無我一時通達故.

• Quatrièmement, la grandeur en diligence (*vīryamahattva*), parce qu'on cultive sans intermission durant trois grandes périodes incalculables. 四者勤大。由三大阿僧祇劫無間修故.

• Cinquièmement, la grandeur en moyens salvifiques (*upāyakauśalyamahattva*), parce que, sans pour autant en être souillé, on ne quitte pas le cycle des naissances et des morts. 五者巧大。由不捨生死而不染故.

• Sixièmement, la grandeur du fruit (*samudāgamamahattva*), par l'obtention des forces, des non-craintes et des qualités exclusives [du Buddha]. 六者果大。由至得力無所畏不共法故.

• Septièmement, la grandeur de l'œuvre de Buddha (*buddhakarmamahattva*), par laquelle il manifeste de façon répétée le grand Éveil et le grand Nirvāṇa). 事大。由數數示現大菩提大涅槃故 ».

Le même ouvrage passe en revue trois significations données à la grandeur de la prise de refuge dans le Grand Véhicule. *Mahāyānasútrālaṃkāra*, IX-11, III, p. 602c$^{16-21}$; Lévi, p. 71 (dans l'original indien, le sujet grammatical est la bouddhéité ; dans la traduction chinoise, c'est la grandeur de la prise de refuge) :

« [Stance 11] Jusqu'au terme des temps futurs, elle s'étend universellement à tous les êtres, pour perpétuellement leur apporter profit ; ainsi expose-t-on la grandeur de la prise de refuge.

盡於未來際　普及一切生　恒時利益彼　是説歸依大

Commentaire : Cette stance montre la grandeur de la prise de refuge. Cette grandeur a trois significations. 釋曰。此偈顯歸依大。大有三義.

Premièrement la grandeur en temps, parce qu'elle épuise les termes du cycle des naissances et des morts de tous les êtres. 一者時大。窮一切衆生生死際故.

Deuxièmement, la grandeur de l'objet, parce qu'elle prend tous les êtres pour objet. 二者境大。以一切衆生爲境故.

Troisièmement, la grandeur de l'œuvre, parce que, perpétuellement, elle apporte profit et délivre de la douleur pour apporter le salut. 三者事大。恒時作利益救脱其苦令出離故.

Bien que l'exégèse aille dans des directions différentes que le *Traité*, ces exemples montrent qu'on avait l'habitude d'introduire les ouvrages de Grand Véhicule par une analyse du qualificatif « grand ».

** Un manuscrit de Dunhuang (Stein, n° 4303, [191] à [213]), incomplet et sans titre, qu'on peut dater approximativement du milieu du VIe siècle, et qui est donc contemporain du *Traité*, fait état du trinôme caractéristique du *Traité*. Par les références qu'il donne, il semble provenir de l'école dite du *Traité du Sūtra des dix terres*, Dilunzong. Voici un passage où ce trinôme est mis en parallèle avec les trois corps de *buddha*, qui constitue le chapitre VIII de cet ouvrage : « Les trois vastes corps de *buddha*. Les trois corps sont appelés corps en raison de la partition du corps du Grand Saint, découpé en ensembles organiques. Bien qu'on en décompte un grand nombre, on les réduit pour l'essentiel à trois, à savoir les corps de la Loi, de rétribution et de réponse :

1. On parle de corps de la Loi qui, attaché au principe, en fait transparaître l'être en soi.

2. On parle de corps de rétribution qui, en s'appuyant sur les qualités, en laisse transparaître les signes particuliers.

3. On parle de corps de correspondance qui ordonne son activité en fonction des conditions.

Dans ces conditions,

1/ les affects illusoires, obturés au principe, en diffèrent d'eux-mêmes et s'en distancient. Le principe diffère de leur activité, ce qu'on appelle également "corps". Si on coupe court de soi-même aux affects, le principe n'est plus distancié, et le monde de la Loi se produit selon les conditions [= le travail du Buddha en corps de la Loi auprès des êtres, en s'adaptant à eux par compassion ; par la suite, l'expression signifiera, conformément à une ontologie du phénoménal souillé, "suivre les conditions"]. C'est alors conformément à son être réel propre qu'il a la Loi pour corps et est également qualifié de corps de la Loi. C'est ainsi que le *Sūtra* (=?) déclare : "La matrice du monde de la Loi est la matrice du corps de la Loi".

2/ Par les qualités, manifester les signes visibles particuliers. Les terres d'apprentissage sont multiples. Aussi bien les distinctions des signes sont-elles aussi nombreuses que les grains de sable infinis [du Gange]. Si on dépasse les qualités pour rechercher un objet, on sort du multiple et on dépasse les signes, les distinctions sont tranchées, on coupe court à la stupidité noire, et la clarté parfaite apparaît en évidence. C'est pourquoi les qualités du fruit au-delà de l'apprentissage constitue les signes sublimes du corps de rétribution.

3/ Ordonner l'activité en s'adaptant aux conditions est le profit altruiste [...] du Grand Saint. C'est pourquoi la grande compassion sans négligence [d'une seule âme] du sujet, n'est pas sans être dans les transformations, et comme les transformations et la réalisation se suivent l'une l'autre, on parle de "réponse". Comme c'est grâce au sujet et à l'objet de la manifestation qu'il doit son nom, on l'appelle "corps de correspondance". Si on exprime directement le sujet, on parle de "corps de moyens salvifiques".

Dans les *sūtra*, on parle encore de réunion de conditions, ce qui a le sens d'"ensemble organique". C'est donc un "corps".

1. Étant réunion de conditions conditionnées et, sans laisser de côté le monde, son activité, non orientée unilatéralement, il est corps de correspondance.

2. Étant réunion de conditions inconditionnées, sans résider dans le *Nirvāṇa*, il est appelé corps de rétribution.

3. Étant réunion de conditions de l'être en soi, non-duel dans la dualité, on lui donne le nom de corps de la Loi.

Ces trois corps, égaux dans la coproduction conditionnée, sont un seul corps de la Loi, et ce corps de la Loi met en évidence que le corps n'est pas sans être un corps.

Qu'on parle de corps de rétribution, il est à son tour égal dans la coproduction conditionnée et il est un seul corps de rétribution. Ce corps de rétribution étant pourvu de qualités, il n'est pas sans être un corps.

Il en va de même du corps de correspondance. Il est égal dans la coproduction conditionnée et il est un seul corps de correspondance. L'activité d'adêquation étant parfaitement à son comble, son corps n'est pas sans être un corps. »

[191] 広仏三種身　第八

三種身者、大聖躯分。躯分聚積、故名為身。[192]身雖衆多、拠要論三。曰法報応。

1) 論法、就理以彰体。

2) 論報、拠徳彰[193]相。

3) 論応、随縁辨用。

尓者、1) 夫惑情、噎理自異成隔。理非其用、等名為[194]身。若自以息情、理無隔、法界縁起。便如自実体[195]故以法為身、同名法身。是以経言、法界蔵即法身蔵。

2) [196]拠徳彰相、学地在数、即相別塵沙。若超徳求境、則[197]出数過相。分絶昏頑、円明独顕。故以無学果徳、以為報身[198]妙相。

3) 随縁弁用者、大聖[...]為利他。故能不[199]捨大悲、無不在化、化成相順故、称為応。此拠能所、彰当名故[201]曰応身。若直語其能、名方便身。

而経中或復名為縁集。[202]即是積聚の義。所以身也。

1) 拠有為縁集、不捨世間、大[203]用無方、以為応身。
2) 無為縁集、不住涅槃、名為報身。
3) 自体縁集、[204]於二而不二、名為法身。

此三身、縁起平等、為一法身、此[205)一法身、明身無不身。 若語報身、亦縁起平等、為一報身。報身備徳、身無[206]不身。 応身亦爾。縁起平等、為一応身。応用円極、身無[207]不身。

爾為三身、一〻各三。拠法論三、三皆是法。就報弁三、三皆是報。[208]拠応論三、三皆是応.

就法論、謂法法・報法・応法。真如自実、為法中法。[209]行軌無差、名為報法。化道不改、名為応法。

言報中三者、謂報報・法[210]報・応法。修行成徳、報中報。各修証法、法為已名為法報。又修化物、[211]用能以権、名為応報。

就応三者、謂応応・報応・法法。権化改迷、応[212]中応。以徳示明、名為報応。以理悟証、名為法応.

Il est vraisemblable que cette équivalence entre les trois « grands éléments » et les trois corps de *buddha*, dont les listes sont identiques avec celles du *Traité*, lui a serir de point de référence critique.

Ce manuscrit a été étudié par Aramaki Noritoshi, 2000, pp. 57-62.

On a aussi une référence à trois éléments, non spécifiés mais qui pourraient être la terre, l'eau et le feu 地火水, dans la *Grande exégèse*, *Mahāvibhāṣya*, T. XXVIII, n° 1546, p. 304a[9-10] (à propos de la terre ; deux lignes plus loin, p. 304a[12], elle fait état de quatre éléments cosmiques, *sida* 四大).

La *Biographie* de Daochong 道寵, utilise l'expression de *sanda* 三大 dans un sens qui est controversé. *Xu Gaosengzhuan* 續高僧傳, T. L, n° 2060, vol. VII, p. 482b[17]-c[23].

« Le moine Daochong avait pour patronyme Zhang et pour nom profane Bin. Sous le règne de Yuan Wei des Gaoqi, le grand lettré de l'université d'État, Xiong Ansheng, était honoré de tous. Il se trouva alors Li Fan (476-555; biographie, T. L, n° 2060, pp. 483b-484a) et Zhang Bin qui étaient allés écouter ses cours et, devant les talents qu'ils montrairent, on ne fut pas sans se rallier à leur école. Par la suite, ils furent nommés assistants [/disciples]. Tandis qu'il allait avoir trente ans, et avait plus de mille disciples, [Daochong] arriva aux abords du monastère Yanjuesi, à la sous-préfecture de Yuanshi de Zhaozhou. C'est l'actuel Yingjue[si]. Tandis que, arrivé au temple, il demandait de l'eau, un novice lui en apporta en lui posant la question : "Tu pourras en boire quand tu m'auras dit combien elle a de poussières". Ignorant qu'il était par nature des ouvrages bouddhiques, il resta interdit sans répondre.

Soudain, le novice lui aspergea d'eau le visage. Tout honteux, Zhang Bin déclara à l'assitance des disciples : "Ce n'est pas de l'eau qui va me faire honte. C'est sur-le-champ que je vais éclaircir la Loi du Buddha inconcevable. C'est immédiatement que je prends refuge dans la voie. Il me faut faire la liste de mes fautes". Le jour même il se fit moine dans le temple. Selon les règlemens du monastère, on devait passer trois années d'essai comme entré-en-religion. Mais, comme Zhang bin était intelligent et avait un vaste savoir, sans égards pour les règlements ordinaires, c'est le jour-même qu'on lui conféra les règles complètes. Par la suite, il entra au Xishan et s'enquit en détail des ouvrages du canon. Doué de facultés hors du commun, on louait son apprentissage tardif. L'empereur Xuanwu des Wei révérait la Loi bouddhique. Le moine indien Bodhiruci traduisit le *Daśabhūmikasūtraśāstra*; il résidait au palais de l'Ultime pourpre. Ratnamati [le traduisit aussi]; il résidait au palais de l'Ultime suprême. Chacun avait une garde du palais, sans avoir le droit de s'adresser mutuellement la parole. Ils collationnèrent leur traduction, craignant que des errreurs ne s'y glissent. Le travail, entrepris la première année de Yingping [508], fut achevé quatre années plus tard. Quand on compara les deux versions, on s'aperçut qu'elle ne différaient que par un seul caractère : là où [Bodhiruci] avait écrit "il y a non-dualité et non-épuisement", Ratnamati avait porté "à coup sûr, [il y a] non-dualité et non-épuisement". On s'en émerveilla à l'unisson en s'exclamant : "C'est comme s'ils avaient reçu l'esprit saint". Daochong présenta des questions et, pour ce faire, alla rendre visite à Bodhiruci s'en enquérir jusqu'au fond. [Bodhiruci] s'employa à l'enseigner sur le *Daśabhūmikaśāstra*, trois hivers durant. Au fur et à mesure qu'il l'entendait, [Daochong] composa un commentaire. Il ouvrit alors école [sur ce texte] et sa réputation grandissait à en emplir Ye [la capitale].

A cette époque, le génie littéraire ministre de cour Wei Shou, Xing Zicai ainsi que Yang Xiuzhi, qui, jadis, faisaient partie des auditeurs de Daochong, avaient réussi dans leurs études de lettrés, mais n'en avaient pas moins rejeté les rênes du monde, si bien que, depuis lors, plus personne ne les avait vus ou n'avait entendu parler d'eux. Les uns à la suite des autres, ils vinrent l'écouter, mais aucun ne comprenait ce qu'il disait. Daochong qui les avait reconnus sans rien dire, leur déclara soudain : "Vous tous, hommes sagaces qui êtes des gloires du pays, êtes-vous venus ici, parce que je vous avais donné jadis des cours ?" Ils répondirent à l'unisson : "Bien que nous vous avions pris pour maître, nous avons eu de l'aversion pour le [monde] profane et nous nous sommes fait moines". Daochong leur déclara alors : "Les liens de maître à disciples sont ce qu'ils sont, mais voyez ce que je suis devenu maintenant !". Ils rétorquèrent : "Extrêmement grave est notre faute. Lorsque, au début, nous avons entendu le son de votre voix, elle était exactement comme jadis mais votre complet changement d'allure physique a passé notre imagination". Là-dessus, à l'unisson, les trois grands [disciples] renforcèrent [leurs sentiments de respect] de tout leur esprit, tristesse et joie mêlées, puis firent état à l'empereur [de l'entrée en religion de Daochong]. En raison de sa vertu débordante dans le cours de son époque et de sa droiture insigne, il lui fut alloué jusqu'à la fin de sa vie trois onces d'or par jour. Il avait formé plus d'un millier de savants qui étaient capables de transmettre la voie. Parmi eux, les plus éminents étaient Sengxiu, Faji, Danli, Laoyi, Ruguo.

Une tradition rapporte la chose suivante. Au début, le maître en *tripiṭaka* avait enseigné à trois personnes. Il avait enseigné sa méthode mentale aux deux lettrés Fang et Ding et les règles disciplinaires à Huiguang seul. Le maître en *tripiṭaka* Bodhiruci avait enseigné au seul Daochong. Celui-ci se trouvait au nord de la voie et enseigna à quatre personne dont Laoyi. Huiguang se trouvait au sud de la voie et enseigna à dix personne, dont Feng et Fan. C'est pourquoi il y a les deux voies du nord et du sud à la capitale. Les deux présentes traditions débutent à partir de ce moment-là. Les quatre et cinq écoles remontent également à cette époque-là. Aujourd'hui, elles font défaut et ne prospèrent plus ».

魏鄴下沙門釋道寵傳釋道寵。姓張。俗名爲賓。高齊元魏之際。國學大儒雄安生者。連邦所重。時有李範張賓。齊鑣安席。才藝所指莫不歸宗。後俱任安下爲副。年將壯室。領徒千餘。至趙州元氏縣堰角寺側。即今所謂應覺是也。從寺索水。沙彌持與。問具幾塵方可飲之。素不内涉罔然無對。乃以水澆面。賓大恧謂徒屬曰。非爲以水辱我。直顯佛法難思。吾今投心此道。宜各散矣。即日於寺出家。寺法入道三年歴試。以賓聰明大博不可拘於常制。即日便與具戒。遂入西山廣尋藏部。神用深拔慨嘆晩知。魏宣武帝崇尚佛法。天竺梵僧菩提留支初翻十地在紫極殿。勒那摩提在大極殿。各有禁衛不許通言。校其所譯恐有浮濫。始於永平元年至四年方訖。及勘讎之。惟云。有不二不盡。那云。定不二不盡。一字爲異。通共驚美若奉聖心。寵承斯問。便詣流支訪所深極。乃授十地典教三冬。隨聞出疏。即而開學。聲唱高廣。鄴下榮推。時朝宰文雄魏收邢子才楊休之等。昔經寵席官學由成自遺世網形名靡寄。相從來聽皆莫曉焉。寵默識之。乃曰。公等諸賢既稱榮國。頗曾受業有所來耶。皆曰。本資張氏厭俗出家。寵曰。師資有由今見若此。乃曰。罪極深矣。初聆聲相寔等昔師。容儀頓改致此無悟。於是同敦三大罄一心。悲慶相循。遂以聞奏。以德溢時命義在旌隆。日賜黃金三兩盡於身世匠成學士堪可傳道千有餘人。其中高者。僧休法繼誕禮牢宜儒果等是也。

一説云。初勒那三藏教示三人。房定二士授其心法。慧光一人偏教法律。菩提三藏惟教於寵。寵在道北教牢宜四人。光在道南教憑範十人。故使洛下有南北二途。當現兩説自斯始也。四宗五宗亦仍此起。今則闕矣輒不繁云

Le passage « Là-dessus, à l'unisson, les trois grands [disciples] renforcèrent [leurs sentiments de respect] de tout leur esprit, tristesse et joie mêlées, puis firent état à l'empereur [de l'entrée en religion de Daochong] », a été lu par Tokiwa Daijō, puis par Takemura : "[Les quatre disciples] affectionnant les trois grands éléments et épuisant l'unique pensée [exposés par Daochong], tristesse et joie mêlés, présentèrent finalement à l'empereur [le *Traité sur l'acte de foi dans le Grand Véhicule*]". Cette lecture fait des « trois grandeurs » et de l'« unique pensée » l'ossature doctrinale du *Traité*, et de Chaozai Wenxiong un nom propre, donc un disciple de plus, et non un nom de fonction. Bien que l'expression ne soit pas courante, les « trois grands » peuvent s'appliquer aux « trois grands disciples » mentionnés de Daochong (Ōtake).

p. 21 :

* *xinzhenru* 心眞如 : *citta-tathatā*. L'ainsité ou la Talité de la pensée ; la pensée dans sa vraie nature, qui est la pensée lumineuse, selon le *Mahāyānasūtrālaṃkāra*, XIII-19, commentaire de Vasubandhu (IVe siècle, 320-380 ?). T. XXXI, n° 1604, p. 623a ; Lévi, pp. 157-158 :

Deux comparaisons sur l'eau pour faire reculer la peur.

« La stance déclare :

Tout comme une eau pure qu'on pollue,
Lorsque l'impureté en est éliminée, elle redevient pure,
De même est pure sa propre pensée,
Car on ne fait qu'en écarter les impuretés adventices.

Commentaire : Il en est comme d'une eau pure. Lorsque les impuretés adviennent, elle se souille. Par la suite, lorsqu'on la purifie, on ne fait qu'en éliminer les impuretés. La pureté ne vient pas de l'extérieur, car c'est sa nature foncière qui est pure. Il en va de même de la pureté des moyens de la pensée. La nature de la pensée est originellement pure. C'est seulement en raison des impuretés adventices qu'elle se souille. Si par la suite elle est pure, c'est qu'on n'a fait qu'en écarter les impuretés adventices. La pureté n'advient pas de l'extérieur, car c'est sa nature foncière qui est pure. C'est pourquoi il n'y a pas lieu d'avoir peur.

La stance déclare :

J'ai expliqué la pureté de la nature de la pensée,
Et que c'est en raison des impuretés adventices qu'elle se souille.
Ce n'est pas à part de la vraie manière d'être de la pensée,
Qu'il y aurait une nature de la pensée qui serait pure.

Commentaire : Il en est comme de la nature de l'eau qui est pure d'elle-même. C'est en raison d'impuretés adventices qu'elles est souillée. Ce point de doctrine est établi. En raison de ce point de doctrine, ce n'est pas en dehors de la véritable nature de la pensée qu'il y aurait une

pensée différente. C'est en s'appuyant sur un autre caractère qu'on professe qu'elle est pure de sa nature propre. Il importe de s'aviser ici que ce qu'on qualifie ici de pensée est la nature authentique de la pensée. On a expliqué que cette pensée était pure de par sa nature propre. Cette pensée est la conscience immaculée (*amalavijñāna*). On a fait obstacle à la peur. Ensuite on fera obstacle à la faute de la convoitise ».
此中復有似水譬喩。能遮後二怖畏. 偈曰

譬如清水濁　　穢除還本清　　自心淨亦爾　　唯離客塵故

釋曰。譬如清水垢來則濁。後時若清唯除垢耳。清非外來本性清故心方便淨亦復如是。心性本淨客塵故染。後時清淨除客塵耳。淨非外來本性淨故。是故不應怖畏。偈曰

已説心性淨　　而爲客塵染　　不離心眞如　　別有心性淨

釋曰。譬如水性自清而爲客垢所濁。如是心性自淨而爲客塵所染。此義已成。由是義故。不離心之眞如別有異心。謂依他相説爲自性清淨。此中應知。説心眞如名之爲心。即説此心爲自性清淨。此心即是阿摩羅識。已遮怖畏。次遮貪罪.

Nous devons cette indication à M. Kameleswar Bhattacharya.

Le *Laṅkāvatārasūtra*, dans sa traduction par Śikṣānanda, utilise l'expression proche parente : *xinsingzhenru* 心性眞如, véritable manière d'être de la nature de la pensée. T. XVI, n° 672, p. 629c.

Le *Sūtra combiné [du roi excellentissime] à la radiance d'or, Hobu jinguangmingjing, Suvarṇaprabhāsa[uttamarāja]sūtra*, connaît l'expression similaire de *xinruru* 心如如 : la Talité de la pensée, qui laisse supposer un original sanskrit identique (T. XVI, n° 664, p. 373c$^{9-10}$). Le *sūtra* a été traduit par Baogui (actif en 397) et Dharmakṣema (385-433), mais Paramārtha a participé à la traduction du chapitre où se trouve le terme, qui fait partie d'une liste de cinq choses définissant l'accomplissement de la perfection de vœu : « Troisièmement, la Talité de la pensée qui dépasse tout signe. Sans agir ni se mettre en marche, sans disparité ni mouvement, on établit la pensée dans la Talité » 三者過一切相心如如。無作無行。不異不動。安心於如. Le *Sūtra du samādhi adamantin*, apocryphe du VIIe siècle d'un auteur inconnu, reprend une expression identique au *Traité*, *xinru* 心如, la Talité de la pensée : « Observer les trois c'est observer les libérations. Garder l'un c'est garder la Talité de la pensée une. Pénétrer dans le *dhyāna* de *tathāgata* c'est examiner principiellement la Talité pure [le manuscrit du Gūnaishō supprime « pure »] de la pensée. Entrer dans un tel état mental c'est pénétrer dans la réalité ». 佛言。存三者。存三解脱。守一者守一心如。入如來禪者理觀心淨[var. sans 淨]如。入如是心地。即入實際 (T. IX, n° 273, p. 370a$^{25-27}$; Faure, *Le Traité de Bodhidharma*, p. 23). Le terme était prisé dans le Chan, comme par exemple chez Mazu.

** *xinshengmie* 心生滅 : L'expression est connue en tant que telle dans les traités du Vijñānavāda, mais dans des acceptions différentes. Selon le *Mahāyānasaṃgrahabhāṣya*, de Vasubandhu, dans sa traduction par

Paramārtha, les imprégnations du savoir chez les savants font naître et disparaître la pensée en même temps que l'acte de réflexion sur ce qu'ils ont appris par audition. Cette naissance et cette disparition sont simultanées, en excluant tout déroulement dans le temps ainsi que l'éternité des choses. La pensée de ces savants naît comme la cause engendrant le discours : « Le *Traité* déclare : "La pensée naît et disparaît en même temps que la réflexion répétée sur ce qu'il a entendu". Commentaire : Comme précédemment, on induit de nombreux raisonnements sur la saveur des mots et des phrases sur l'audition. La considération constante est, dans la considération, la pensée droite et la conscience mentale, qui naissent et disparaissent simultanément » 論曰。數思所聞共心生滅。釋曰。如前所聞名句味。引多道理。恒思量。是思量中正思與意識共生共滅 (T. XXXI, n° 1595, p. 162c). On trouve un passage équivalent dans le *Mahāyānasaṃgraha* d'Asaṅga, traduit par Xuanzang : 復次何等名爲薰習。薰習能詮何爲所詮。謂依彼法俱生俱滅。此中有能生彼因性。是謂所詮。如苣[廾/勝]中有花薰習。苣[廾/勝]與華俱生俱滅。是諸苣[廾/勝]帶能生彼香因而生。又如所立貪等行者。貪等薰習。依彼貪等俱生俱滅。此心帶彼生因而生。或多聞者多聞薰習。依聞作意俱生俱滅。此心帶彼記因而生。由此薰習能攝持故。名持法者。阿賴耶識薰習道理。當知亦爾復次阿賴耶識中諸雜染 (T. XXXI, n° 1594, p. 134c ; Lamotte, p. 33 = T. XXXI, n° 1597, p. 328a ; n° 1598, pp. 387c-388a).

Elle pourrait s'inspirer directement ou indirectement du *Traité de Sengzhao* : « Difficulté : L'esprit du saint est ignorant. Néanmoins il est sans différence dans sa manière de s'unir en réponse. Aussi, quand il doit répondre il répond, et quand il ne doit pas répondre il reste en lui-même. Dans ces conditions, l'esprit du saint tantôt se produit et tantôt disparaît. Comment peut-il en être ainsi ? Réponse : La naissance et la disparition sont la pensée qui se produit et disparaît. L'esprit du saint est sans pensée. Lorsque surviennent naissance et disparition, on n'a plus affaire à l'absence de pensée. Celle-ci est seulement esprit d'absence de pensée. Ce n'est pas non plus une absence de réponse. C'est une réponse sans réponse. Telle est la manière de s'unir en réponse qu'a le saint » 難曰。聖心雖無知。然其應會之道不差。是以可應者應之。不可應者存之。然則聖心有時而生。有時而滅。可得然乎。答曰。生滅者。生滅心也。聖人無心。生滅焉起。然非無心。但是無心心耳。又非不應。但是不應應耳。是以聖人應會之道 (T. XLV, n° 1858, p. 154b).

L'expression du *Traité* semble proche du *Laṅkāvatārasūtra* : « Ce qui est soumis à naissance et disparition est la connaissance dichotomisante (*vijñāna*), et ce qui n'y est pas soumis est l'intelligence sapientielle (*jñāna*) » 彼生滅者是識。不生不滅者是智 (T. XVI, n° 670, p. 500c). Le *Fanyimingyiji* 翻譯名義集 cite plusieurs textes qui identifient le courant des imprégnations mentales qui apparaissent et disparaissent à la conscience-de-tréfonds (T. LIV, n° 2131, p. 1155b[25-26] ; Lévi, *Matériaux*, pp. 141-142).

Outre Mazu, on retrouve l'expression et l'idée qu'elle exprime chez plusieurs maîtres du Chan, comme Linji : « Adeptes, si vous voulez devenir Buddha, ne suivez pas les dix mille choses. "C'est quand la pensée naît, que naît la multiplicité des choses" ; la pensée étant détruite, la multiplicité des choses l'est aussi.

Qu'aucune pensée ne naisse,
Et les dix mille choses seront inoffensives.

Dans le monde comme hors du monde, il n'y a ni Buddha ni Loi qui jamais s'actualisent ni se perdent. S'ils existent, ce n'est que comme noms et mots, paragraphes et phrases, bons à attirer les petits enfants, surimpositions fictives pour soigner la maladie, noms et phrases de surface. Or, un nom et une phrase ne sauraient se nommer eux-mêmes. C'est vous-mêmes, vous qui êtes là devant mes yeux tout clairs et vifs, vous qui mirez, percevez, entendez, connaissez et illuminez, c'est vous qui mettez sur toutes choses des noms et des phrases » 道流。爾欲得作佛。莫隨萬物。心生種種法生。心滅種種法滅。一心不生。世與出世。無佛無法。亦不現前。亦不曾失。設有者。皆是名言章句。接引小兒施設藥病。表顯名句。且名句不自名句。還是爾目前昭昭靈靈鑒覺聞知照燭底。安一切名句 (T. XLVII, n° 1985, p. 502b$^{7\text{-}13}$; Demiéville, *Lin-tsi*, § 35, pp. 155-156).

***La pensée des êtres, qui définit le Mahāyāna, se laisse analyser sous deux aspects qui, à leur tour sont comme l'endroit et l'envers d'une seule et unique pensée. On retrouve une idée proche parente du Traité dans le *Sūtra du Recueil de la Loi, Dharmasaṃghīti[sūtra]*#, ouvrage traduit par Bodhiruci. Selon cet ouvrage, il y a non-dualité, égalité et unicité entre le mondain et le supra-mondain, entre ce qu'il appelle la nature de la Talité du monde et la nature de la Talité du *nirvāṇa*, ce qui définit la nature inconditionnée et dont la connaissance permet de prêcher la vacuité : « Si l'on voit que la nature de la Talité du monde et la nature de la Talité du *nirvāṇa* ne sont qu'un seul aspect, c'est-à-dire la nature inconditionnée, on verra que la nature de la Talité du monde et celle de la Talité du *nirvāṇa* sont égales et sans différence de degré en dignité dans leur caractère, sans qu'on conçoive de doute, sans qu'on s'en étonne ni qu'on s'en effraie. C'est cela qu'on appelle connaître l'égalité de la nature du monde et de la nature du *nirvāṇa* et pouvoir prêcher la vacuité » 若見世間眞如性涅槃眞如性。此二法性唯是一相。所謂無爲之性。若見世間眞如性涅槃眞如性其相平等無有高下。不生於疑不驚不怖。是名知世間性涅槃性二法平等能説空者 (T.XVII, n° 761, p.615c$^{5\text{-}9}$). Un autre passage précise que le grand *parinirvāṇa*, c'est-à-dire le *parinirvāṇa* par excellence, n'est ni de ce monde-ci ni le *nirvāṇa* du Petit Véhicule, étant entendu que ce monde-ci et le *nirvāna* ont pour caractère d'être d'une seule saveur; en se déprenant de ces pensées duelles, on réalise la nature des choses de la

Talité et le savoir égalitaire de la réalité (T.XVII, n°671, p.611a[11-12], 22-24). Aussi bien, dans la pensée des êtres, toutes choses se ramènent à une pensée unique qui, elle-même se situe au plan de la pensée des êtres et non sur un plan le transcendant. C'est précisément la doctrine du *Traité*. : « Fils de bien ! Telle est la connaissance de la pensée d'autrui du *bodhisattva mahāsattva*. Le *bodhisattva mahāsattva* connaît exactement sa propre pensée. Comme il la connaît exactement,il connaît exactement la pensée de tous les êtres. Ce qui veut dire qu'il connaît exactement la pensée de convoitise et la pensée départie de la convoitise. Le *bodhisattva mahāsattva* connaît exactement la pensée de convoitise sans concevoir d'aversion; il connaît la pensée départie de convoitise sans éprouver de joie; il fait seulement naître une grande compassion à l'endroit des êtres à la pensée de convoitise, et une grande bonté à l'égard des être à la pensée départie de convoitise. C'est ainsi qu'il connaît exactement la pensée d'aversion et la pensée départie d'aversion, la pensée d'égarement et la pensée départie d'égarement, la pensée de désir et la pensée déprise de désir, la pensée de prise et la pensée départie de prise, la pensée souillée et la pensée déprise de souillure, la pensée conceptuelle et la pensée départie de conception, la pensée concentrée et la pensée départie de concentration. Il connaît exactement la pensée libérée et celle qui n'est pas libérée. Le *bodhisattva mahāsattva* connaît de la sorte exactement la pensée des êtres. A l'endroit des êtres qui n'ont pas encore obtenu la libération, il ne conçoit pas de pensée d'aversion, et à l'égarde des êtres qui ont obtenu la libération, il ne conçoit pas de pensée de joie. Il fait seulement naître une pensée de grande compassion à l'endroit des êtres qui n'ont pas encore obtenu la libération, et une pensée de grande bonté à l'endroit des êtres qui l'ont obtenue. Il sait exactement que toutes choses ne sont qu'une pensée une, et ne conçoit aucun attachement convoiteux à l'égard de telle ou telle pensée [particulière]. Le *bodhisattva mahāsattva* conçoit la connaissance de la pensée de la pensée et connaît exactement la pensée de tous les êtres. Si le *bodhisattva* ne donne pas la force d'application mentale, tous ces êtres ne peuvent connaître la pensée de *bodhisattva* ; de même l'œil divin [de l'*arhant*] ne peut-il la connaître; tous les Auditeurs et Buddha-pour-soi ne peuvent-il la connaître. A combien plus forte raison les profanes ignares ne peuvent-il la connaître. Tel est ce qu'on appelle la connaissance de la pensée d'autrui du *bodhisattva mahāsattva* ».

善男子。菩薩摩訶薩他心智者。菩薩摩訶薩。如實知自心。以如實知自心故。如實知一切衆生心。所謂如實知貪心離貪心。菩薩摩訶薩。如實知貪心而不生瞋。知離貪心而不生喜。唯於貪心衆生生於大悲。於離貪心衆生生於大慈。如是如實知瞋心離瞋心。癡心離癡心。愛心離愛心。取心離取心。染心離染心。思量心不思量心。三昧心離三昧心。如實知解脱心不解脱心。菩薩摩訶薩。如是如實知衆生心。於未得解脱衆生不生瞋心。得解脱衆生不生喜心。唯於未得解脱衆生生大悲心。得解脱衆生生大慈心。如實知一切法唯是一心。而於彼心此心不生貪著。菩薩摩訶薩。彼知他心智。如實知一切衆生心。彼諸衆生。若菩薩不與念力。則不能知菩薩心。乃至天眼亦不能知。一切聲聞辟支佛亦不能知。何況無智凡夫而能得知。是名菩薩摩訶薩他心智 (T. XVII, n° 761, p. 619b[7-24]).

p. 23 :

* *yifajiai* 一法界 : l'élément de la Loi unique. L'élément [point d'appui et cause] de la [noble] Loi unique [=absolue]. Fazang, *Yiji* : « L'élément de la Loi unique se dit de la pensée authentique non-duelle qui devient élément de la Loi unique. Il ne s'agit pas du "un" numérique. Le qualificatif d'unité se dit de la fusion dans le vide selon le principe, qui est égale et non-duelle. C'est parce que, en tant que point d'appui, il donne naissance aux éléments nobles, qu'on parle d'élément de la Loi ».

Le terme se trouve dans le *Commentaire de la Somme du Grand Véhicule, Mahāyānasaṃgrahabhāṣya,* de Vasubandhu, traduction de Paramārtha, T. XXXI, n° 1595, p. 266a : « L'élément de la Loi unique est égal, et tous les *buddha* sont des manifestations de l'élément de la Loi. Cet élément de la Loi étant un, tous les *buddha* sont un. En outre, on parle aussi d'unité car c'est en même temps que, dans un seul monde, les *buddha* non-duels apparaissent ensemble ».

Sūtra de la non-augmentation et de la non-diminution, Anūnatvāpūrṇatvanirdeśa-parivarta, trad. Bodhiruci, T. XVI, n° 668, p. 466b[8-9] : le monde de la Loi unique, que les gens égarés ne voient pas correctement.

Sūtra du support suprême, Anuttarāśrayasūtra, trad. Paramārtha, T. XVI, n° 669, p. 473c[3] : « *Les tathāgata* sont égaux au monde de la Loi unique ».

** *xinnian* 心念. Le terme se trouve dans les *Questions de Milinda*, traduction Demiéville, p. 177, n. 10, avec comme équivalent pāli possible, *ārammana*, les pensées de l'esprit ; ainsi que dans le *Concile de Lhasa*, Demiéville, p. 75, avec comme équivalent possible, *citta-smṛti* : « Il y a notion (*xiang* 想, *saṃjñā*#) lorsque la pensée de l'esprit (*xinnian*) se met en mouvement et saisit (*shu* 取, *grāha*) des objets extérieurs ».

On a de même l'équivalent *cittacarita*, opération de l'esprit, dans le *Sūtra d'Amitāyus*, T. XII, n° 360, p. 268a.

*** *zhenru* 眞如 : véritable manière d'être des choses, la « Talité », *tathatā*. On a une attestation du terme dans le *Saṃyuttanikāya*, trad. Guṇabhadra, T. II, n° 99, n° 1212, *Pravāraṇa*, *idem*, p. 330a : « Selon l'enseignement, ils se dirigent directement et souhaitent les bons *dharma* d'aspect véritable » 如其教授。正向欣樂眞如善法. *Idem*, T. II, n° 99, n° 535, *Rahogata*, p. 139a, lié au Véhicule Unique et aux *smṛtyupasthāna* (?) : « Le vénéré Anududdha [...] fait cette considération : il est une voie de véhicule unique qui purifie les êtres, écarte les afflictions et douleurs passionnelles et permet d'obtenir les *dharma* authentiques (*zhenrufa* 眞如法), ce sont les quatre applications de la pensée (*smṛtyupasthāna*) » 尊者阿那律[獨一靜處。禪思思惟。]作是念。有一乘道。淨衆生。離憂・悲・惱苦。得眞如法.

Il devient courant dans l'école gnoséologique. V. *Mahāyānasūtrālaṃkāra*, T. XXXI, n° 1604, p. 592c ; *id*., p. 602b = Lévi, pp. 68-69 et n. 1 : Quiddité, *tathatā*, tib. *de bzin ñid*, « la qualité d'être ainsi » ; *chin. jou* ou *tchen jou* « comme », « exactement comme ». C'est le fond intime, inaltérable, identique des *dharma* qui les fait ce qu'ils sont, comme ils sont (*tathā*). La *tathatā* est ainsi identique au *pariniṣpanna lakṣaṇa*, « l'indice absolu » (XI, 41), et aussi au *buddhatva* (IX, 4) ou la *buddhatā* (IX, 22) ; quand on la connaît et qu'on la pratique, on nettoie le *dharmadhātu* « le plan des idéaux » (IX, 57) ; elle est « l'égalité de tous les *dharma*" (*sarvadharmasamatā*, XVIII, 37). Elle est classée en sept espèces (XIX, 44-46). L'école Yogācāra range la *tathatā* parmi les *asaṃskṛta* « les idéaux inélaborés » ; le *Kathāvatthu* pali (XIX, 5) rapporte et combat cette thèse, que le commentaire attribue à certains *uttarapathaka* : « Les *dharma* de forme, etc., disaient-ils, ont tous quelque chose qui est leur nature propre de forme, etc., laquelle n'est pas comprise dans la forme, etc. ; la forme, etc., étant *saṃskṛta* « une élaboration de l'esprit », cette nature-propre (*tathatā*) est donc en dehors du *saṃskṛta* ; elle est *asaṃskṛta* ». Mais l'école palie n'admettait qu'un seul *asaṃskṛta*, le Nirvāṇa ; elle devait donc repousser cette thèse.

Le terme de *tathatā* pourrait désigner la manière d'être déterminée par des causes pour les choses soumises à la coproduction conditionnée (*pratītyasamutpāda*).

Paramārtha traduit *tathatā* par *ruru* 如如 ; Yijing de même.

Xuanzang, et Bodhiruci dans le *Daśabhūmikasūtra*, traduisent par *zhenru* 眞如 : pour se démarquer de la traduction de Parmārtha, Xuanzang a pu préférer un équivalent chinois mettant en évidence les deux caractéristiques de « vrai » (*bhūta*) et d'« immuable » (*tatha*) : de ce fait la *tathatā* rejoint, parmi les trois natures, la nature parfaite, *pariniṣpanna*, qui est elle aussi vraie et immuable, tandis que la nature imaginaire, *parikalpita*, n'est ni vraie ni immuable, et la nature dépendante, *paratantra âratantra*, est vraie mais non immuable (*Siddhi*, p. 746 ; v. *Siddhi*, p. 560).

Siddhi, T. XXXI, n° 1585, p. 6c$^{16\text{-}20}$; LVP, p. 77 : « Les cinq inconditionnés [du Vijñānavāda] s'établissent provisoirement en raison de la Talité (*tathatā*=*bhūtatathatā*), mais cette Talité n'est à son tour qu'une désignation provisoire. C'est pour écarter l'idée qu'elle n'est pas (*asattva*) qu'on expose qu'elle existe ; et c'est pour écarter l'idée qu'elle est qu'on explique qu'elle est vide (*śūnya*). C'est pour qu'on ne la tienne pas pour "idéale" ni illusoire, qu'on la déclare "réelle". Comme par principe, elle n'est ni inexistante (*abhūta*) ni fausse (*vitatha*, *viparīta*), on la qualifie de vraie Talité (*bhūtatathatā*). Il n'en va pas comme chez d'autres écoles [Mahīśāsaka] pour lesquelles il existe une réalité pérenne, à part du sensible et du mental, etc., qualifiée de vraie Talité (*bhūtatathatā*) ». 此五皆依眞如假立。眞如亦是假施設名。遮撥爲無故説爲有。遮執爲有故説爲空。勿謂虛幻故説爲實。理非妄倒故名眞如。不同餘宗離色心等有實常法名曰眞如.

Dans l'école gnoséologique, on compte sept *tathatā* : *Siddhi*, T. XXXI, n° 1585, p. 46c[19-27] : « Comment s'incluent réciproquement les trois natures et les Talités ? Les sept Talités sont : 1. la Talité de procession (*pravṛttitathatā*) 流轉眞如, la vraie nature du processus des choses conditionnées (*saṃskṛtadharma*) ; 2. la Talité de vrai caractère (*lakṣaṇatathatā*) 實相眞如, la vraie nature en tant que révélée par les deux « absences de moi » (*nairātmyadvayodbhavita*) ; 3. la Talité du rien-que-conscience (*vijñaptimātratathatā*) 唯識眞如, la vraie nature des choses souillées ou pures (*śuddha*), qui est « conscience[*vijñāna*]-sans-plus » ; 4. la Talité d'établissement (*saṃniveśatathatā*) 安立眞如, la vraie nature de la vérité de la douleur (*duḥkha*) ; 5. la Talité de la mise en œuvre fausse (*mithyāpratipattitathatā*) 邪行眞如, la vraie nature de la vérité de l'origine (*samudaya*) ; 6. la Talité pure (*viśuddhitathatā*) 清淨眞如, la vraie nature de la vérité de la destruction (*nirodha* ou *nirvāṇa*) ; 7. la Talité de la mise en œuvre juste (*samyakpratipattitathatā*) 正行眞如, la vraie nature [de la vérité] du Chemin (*mārga*). Ces sept vraies natures sont comprises dans la nature parfaite (*pariniṣpanna*), étant l'objet des deux savoirs purs (*anāsrava*), le savoir fondamental et le savoir acquis. Mais à tenir compte du « caractère » (*lakṣaṇa*), les première, quatrième et cinquième sont comprises dans les deux premières natures : car il s'agit de choses imaginaires (*parikalpita*), de choses qui souillent (*saṃkleśa*)(*paratantra*) ; les quatre autres sont de la nature parfaite (*pariniṣpanna*) ».
如是三性與七眞如云何相攝。七眞如者。一流轉眞如。謂有爲法流轉實性。二實相眞如。謂二無我所顯實性。三唯識眞如。謂染淨法唯識實性。四安立眞如。謂苦實性。五邪行眞如。謂集實性。六清淨眞如。謂滅實性。七正行眞如。謂道實性。此七實性圓成實攝。根本後得二智境故。隨相攝者流轉苦集三前二性攝。妄執雜染故。餘四皆是圓成實攝.

On a une liste similaire de sept Talités dans le *Mahāyānasūtrālaṃkāra*, XIX-44, T. XXXI, n° 1604, p. 653b ; Lévi, p. 275 : La classification des Vérités en sept espèces se fonde sur la Quiddité : 1. Quiddité de Fonctionnement 輪轉如, 2. Quiddité d'Indice, 3. Quiddité de Notification 唯識如, 4. Quiddité de Persistance 依止如, 5. Quiddité de Fausse Initiative 邪行如, 6. Quiddité de Nettoyage [restituée d'après le chin. et le tib.] 清淨

如, 7. Quiddité d'Initiative Régulière 正行如. 七種差別即是七如。一輪轉如。二空相如。三唯識如。四依止如。五邪行如。六清淨如。七正行如

« Commentaire : p. 653a[20]-b[3] : 1. la Talité de procession est le cycle de la vie et de la mort. Le triple monde, la pensée et les mentaux naissent de l'imagination. Cette imagination à son tour naît de causes et de conditions. Ce n'est pas librement qu'elle naît de causes, car l'objet de l'imagination est vide. Perpétuellement, il n'y a que procession des deux natures imaginaire et dépendante. 2. La Talité de caractère vide est l'insubstantialité des choses [*dharma*], car toutes choses ont pour caractère l'identique et seule manière d'être vide. 3. La Talité du rien-que-conscience est l'intelligence indistinctive. 4. La Talité de soutien est la vérité de la douleur. Il en est de deux sortes : premièrement, le monde réceptacle ; deuxièmement, le monde des êtres. 5. La Talité de l'action viciée est la vérité de l'origine [de la douleur] ; c'est-à-dire le désir. 6. La Talité pure est la vérité de l'extinction. Elle est de deux espèces : premièrement, la pureté de l'obstacle des passions ; deuxièmement, la pureté de l'obstacle au connaissable. 7. La Talité de l'action juste est la vérité du chemin. Ainsi ces sept espèces de Talités s'établissent provisoirement sous le nom de vérité. Il importe de s'aviser que, parmi elles, trois Talités (1, 4, 5) appartiennent aux natures imaginaire et dépendante, à savoir la Talité de procession [1], de soutien [4] et la Talité d'action viciée [5] ; et que quatre sont de la nature parfaite, à savoir la Talité de caractère vide [2], du rien-que-conscience [3], pure [6] et d'action juste [7]. Les deux natures imaginaire et dépendante appartiennent à [la vérité] mondaine, et la nature parfaite à [la vérité] authentique ».
輪轉如者謂生死。即是三界心心法。此從分別起。此分別復從因緣起。不從自在等因生。亦非無因生。由分別境界空故。一切時但有分別依他二性輪轉。空相如者謂法無我。一切諸法同一空如以爲相故。唯識如者謂無分別智。依止如者謂苦諦。此有二種。一器世間。二衆生世間。邪行如者謂集諦。此即是愛。清淨如者謂滅諦。此有二種。一煩惱障淨。二智障淨。正行如者謂道諦。如此七種如名諦假建立。此中應知三種如是分別依他二性。謂輪轉如依止如邪行如。四種如是眞實性。謂空相如唯識如清淨如正行如故。分別依他二性攝者即是世。眞實性攝者即是眞諦.

Le *Traité* pourrait avoir essayé de regrouper, ou refléter des regroupements, des listes de Talité, comme celles de sept que reflètent les textes du Vijñānavāda sous deux chefs : la Talité appartenant à la vérité mondaine et celle relevant de la vérité absolue dans sa distinction de Talité dégagée du langage et de Talité relevant du langage.

p. 29 :

* *rulaizang* 如來藏 : *tathāgatagarbha*. Un des textes les plus proches du *Traité*

sur le plan doctrinal est un passage du *Laṅkāvatārasūtra*, dans la traduction de Bodhiruci. Pour ce *sūtra*, l'embryon de *tathāgata* est la conscience-de-tréfonds (*ālayavijñāna*) purifiée de ses passions et imprégnations mentales. Mais l'embryon de *tathāgata* engendre toutes choses, bonnes comme mauvaises : « Le Buddha a déclaré à Mahāmati : l'embryon de *tahāgata* est la cause de ce qui est bien et de ce qui ne l'est pas ; c'est lui qui est la condition causale des naissances et des morts dans les six destinées. Il est comme un acrobate qui accomplit toutes sortes de tours. C'est en prenant appui sur l'embryon de *tathāgata* que les êtres naissent et meurent dans les cinq destinées. Mahāmati ! L'embryon de *tathāgata* se dégage ainsi du moi et du mien, ce que les hétérodoxes et autres gens ignorent et à quoi ils ne sont pas éveillés. C'est pourquoi ils ne tranchent pas les conditions causales de la vie et de la mort dans le triple monde. Mahāmati ! Comme les hétérodoxes et autres gens imaginent faussement un moi, ils sont incapables de connaître selon la réalité l'embryon de *tathāgata* ; ceci en raison de leurs illusions, de leurs attachements, de tout l'ensemble de leurs idées discursives et de leurs imprégnations mentales. Mahāmati ! La conscience-de-tréfonds [*ālaya-vijñāna*], sous le nom d'embryon de *tathāgata*, coexiste avec les sept consciences ignorantes. A l'instar de l'océan et des vagues, sans interruption, comme elles naissent avec un corps, elle est dégagée du travers de l'impermanence et du moi et est pure de sa nature propre. Les sept autres consciences sont la pensée, le mental et la connaissance (*citta-mano-vijñāna*) qui, d'instant de pensée en instant de pensée, ne stationnent pas : ce sont des éléments soumis à naissance et disparition. Les sept consciences naissent de causes fallacieuses et sont incapables de discerner aucune chose telle qu'elle est. Comme elles examinent les aspects — la hauteur, la longueur —, elles s'attachent aux dénominations et aux signes, elles permettent à la pensée elle-même de voir des signes sensibles, d'obtenir de la douleur et du bien-être, de se départir des causes de la délivrance, par les dénominations et les signes de faire naître les afflictions adventices et la convoitise. Grâce à ces pensées, on cause la destruction de toutes les facultés sensorielles, sans plus faire naître [les passions] à tour de rôle, les distinctions mentales des autres et de soi-même ne font plus naître de sensations douloureuses ni heureuses. Aussi, entre-t-on dans la concentration aux notions réduites et dans celle d'extinction [de ces notions], pénètre-t-on dans les égalisations [*samāpatti*], les quatre *dhyāna* et la libération dans la vérité. Cependant, le pratiquant fait naître [encore] la notion de la libération car il ignore les signes de la destruction du fallacieux. Mahāmati ! La connaissance de l'embryon de *tathāgata* ne réside pas dans la conscience-de-tréfonds. C'est pourquoi les sept consciences sont soumises à naissance et à disparition. La connaissance de l'embryon de

tathāgata ni ne naît ni ne disparaît ».
佛告大慧。如來之藏是善不善因故。能與六道作生死因緣。譬如伎兒出種種伎。衆生依於如來藏故。五道生死。大慧。而如來藏離我我所。諸外道等不知不覺。是故三界生死因緣不斷。大慧。諸外道等妄計我故。不能如實見如來藏。以諸外道無始世來虛妄執著種種戲論諸熏習故。大慧。阿梨耶識者。名如來藏。而與無明七識共俱。如大海波常不斷絶身俱生故。離無常過離於我過自性清淨。餘七識者。心意意識等念念不住是生滅法。七識由彼虛妄因生。不能如實分別諸法。觀於高下長短形相故。執著名相故。能令自心見色相故。能得苦樂故。能離解脱因故。因名相生隨煩惱貪故。依彼念因諸根滅盡故。不次第生故。餘自意分別不生苦樂受故。是故入少想定滅盡定。入三摩跋提四禪實諦解脱而修行者生解脱相。以不知轉滅虛妄相故。大慧。如來藏識不在阿梨耶識中。是故七種識有生有滅。如來藏識不生不滅。何以故 (T. XVI, n° 671, 556b^{22}-c^{13}).

Le *Mahāyānasūtrālaṃkāra* définit l'embryon de *tathāgata* comme étant la Talité. Il tient que celle-ci est également partagée par tous les êtres, et que les *tathāgata* sont ceux qui ont réalisé la pureté de la Talité (*tathatāviśuddhisvabhāva*) comme étant leur nature propre. La Talité opère ici comme un principe immanent, qui est plus ou moins bien dégagé de sa gangue par les êtres, et qui à ce titre est abrité chez ceux qui le retiennent en eux comme un possibilité de devenir des *tathāgata* : les êtres sont à la fois des matrices et des embryons de *tathāgata*, deux valeurs que peut revêtir l'expression de *tathāgatagarbha* : « La Talité, étant indistinctive chez tous les êtres, est qualifiée d'embryon de *tathāgata* lorsqu'elle devient pure.

Commentaire : La stance montre que la sphère de la Loi est l'embryon de *tathāgata*. Que la Talité soit indistinctive chez tous les êtres veut dire que tous les êtres ne sont pas différents de tous les *tathāgata*. Que la Talité devienne pure veut dire que le *tathāgata* tient son nom au fait qu'il a pour nature propre de la rendre pure. C'est dans ce sens qu'on déclare que tous les êtres sont appelés des embryons de *tathāgata* ».

一切無別故　得如清淨故　故説諸衆生　名爲如來藏
釋曰。此偈顯示法界是如來藏。一切無別故者。一切衆生一切諸佛等無差別。故名爲如。得如清淨故者。得清淨如以爲自性。故名如來。以是義故可説一切衆生名爲如來藏 (IX-37, T. XXXI, n° 1604, p. 604c ; Lévi, p. 79).

** *aliyeshi* 阿梨耶識 : Transcription et traduction du nom *ālaya-vijñāna*, conscience-de-tréfonds, par Paramārtha, dans le *Laṅkāvatārasūtra*, et par Bodhiruci dans le *Saṃdhinirmocanasūtra*.

Saṃdhinirmocanasūtra, Xuanzang, T. XVI, n° 676, p. 692b$^{15-18}$; Lamotte, pp. 184-185 : « Cette connaissance est aussi appelée "Connaissance appropriatrice", car c'est par elle que ce corps est saisi et approprié. Elle est aussi appelée "Connaissance-réceptacle", parce qu'elle se joint et s'unit à ce corps dans une commune sécurité et dans un risque commun. Elle est aussi appelée “Pensée” (*citta*), car elle est entassée (*ā-cita*) et accumulée (*upa-cita*) par la forme, le son, l’odeur, la saveur et le tangible ». 此識亦名阿陀那識。何以故。由此識於身隨逐執持故。亦名阿賴耶識。何以故。由此識於身攝受藏隱同安危義故。亦名爲心。何以故。由此識色聲香味觸等積集滋長故

Idem, Bodhiruci, n° 675, p. 669a$^{22-26}$: 彼識名阿陀那識。何以故。以彼阿陀那識取此身相應身故。廣慧。亦名阿梨耶識。何以故。以彼身中住著故。一體相應故。廣慧。亦名爲心。何以故。以彼心爲色聲香味觸法增長故

Fanyimingyiji 翻譯名義集, T. LIV, n° 2131, p. 1155a$^{16-21}$; Lévi, p. 138 : « Cette conscience est la base de tout ce qui existe, animé ou inanimé. Elle suscite la naissance des choses souillées et des choses pures. Si elle est accompagnée de savoir, ou accompagnée de conscience, alors c’est le domaine des êtres qui surgit. Si elle est sans représentation ni réflexion, alors ce sont les domaines (*kṣetra*) qui se produisent par objectivation. A cause des souillures, les six destinations évoluent ; à la suite de la pureté, les quatre saints [Buddha, *bodhisattva*, auditeurs, *buddha*-pour-soi] se suivent en gradation descendante. On peut dire qu’elle est l’origine des organes et des réceptacles. Si on a compris à fond le principe de cette conscience, quel serait le domaine [*dharma*] qui ne serait pas perçu ? Quand on a réalisé la nature de cet esprit, quel domaine [*viṣaya*] n’est pas vrai ? On peut dire qu’elle est la porte où l’étude s’arrête, la demeure de l’esprit en quiétude ».
此識建立有情無情。發生染法淨法。若有知有覺則衆生界起。若無想無慮則國土縁生。因染法而六趣回旋。隨淨法而四聖階降。可謂凡聖之本根器之由。了此識原何法非悟。證斯心性何境不眞。可謂絶學之門栖神之宅.

Idem, p. 1155a$^{21-26}$; Lévi, p. 138 : « Il est dit encore (=?) : La huitième conscience, qui est la conscience fondamentale, est l’esprit unique de la Talité ; elle est immense et sans limites, la nature de son être en soi est subtile ; elle manifeste le principe même de l’esprit, et il n’y a rien en dehors d’elle. Elle enveloppe l’ensemble des natures, et par là elle a une pénétration universelle ; elle monopolise le nom de “mainteneur des germes” : elle joue le rôle de régent de la rétribution dans son ensemble. Elle contient l’être en soi de tous les êtres ; elle fonde la cause du Nirvāṇa. A l’état initial on lui donne l’appellation générale d’*ālaya* ; à l’état de fruit, on l’appelle seulement “immaculée”. Elle embrasse les terres de connaissance fondamentale [*nirvikalpa lokottara*] et postérieure [*pṛṣṭhalabdha*]. Elle réalise la rubrique du profit pour soi-même et pour autrui, suivant qu’elle est accompagnée ou non d’appropriation ».
又云。第八本識。眞如一心。廣大無邊體性微細。顯心原而無外。包性藏以該通擅持種之名。作總報之主。建有情之體。立涅槃之因。居初位而總號賴耶。處果位而唯稱無垢。備本後之智地。成自他之利門。隨有執無執.

Idem, p. 1155b$^{5-8}$; Lévi, p. 140 : « Elle contient en elle tout ce qui est et elle est comme le grand Vide [de l'espace]. Elle manifeste les dix mille choses et elle ressemble par là à la grande terre productrice. Quelle chose n'y serait pas contenue ? Il n'y a pas de rubrique qui n'y entre » 含一切而如太虛包納。現萬法而似大地發生。則何法不收。無門不入.

V. *Sūtra de Śrīmālādevī*, T. XII, n° 353, p. 222b[5-6] : « Vénéré du monde, le cycle des naissances et disparitions repose sur l'embryon de *tathāgata*. C'est en raison de l'embryon de *tathāgata* qu'est expliqué que l'origine en est inconnaissable. Vénéré du monde, c'est parce qu'existe l'embryon de *tathāgata* qu'est expliqué le cycle des naissances et des disparitions. Telle est la bonne prédication ».

p. 33 (n. 94) :

* V. *Kegonshinshugi monjūki* de Myōe, II, p. 225a[5] : « L'unique pensée c'est l'absence perpétuelle de pensée 一念トハ常無念也 ». *Ib.*, p. 255 : « Des éons immenses se réduisent à une pensée unique, et celle-ci se réduit à une absence de pensée [disciminante] ».

Voir Demiéville, *Le Concile de Lhasa*, pp. 58, 125-126, n. 6 ; Hirakawa, « De la différence entre pénétration intuitive et connaissance dichotomisante », pp. 182-188.

Le *Sūtra du Recueil de la Loi* précise deux points qui peuvent éclairer l'usage que le *Traité* fait du terme de *nian* 念, conception ou pensée prises dans un sens toujours négatif, c'est-à-dire fallacieuses, et celui de *wunian* 無念, non-conception, de nature authentique de la pensée, c'est-à-dire de pensée une et, finalement de Grand Véhicule. Le mot *nian* y désigne en effet les six premières consciences empriques attachées au monde phénoménal ainsi qu'au *nirvāṇa* du Petit Véhicule, et celui de *wunian* qualifie le fait de se détacher de ces deux premiers types de conceptions antinomiques, pour appliquer son esprit sur les qualités suprêmes de *buddha* : « Fils de bien ! Qu'est-ce que la conscience (*shi)* ? Ce sont les six consciences visuelle, auditive, olfative, verbale, corporelle et mentale. Telles sont ce qu'on appelle les six consciences. La conscience est en outre de trois sortes. Quelles sont-elles ? Premièrement les conceptions erronées (*tiantaonian*), deuxièmement les conceptions de non-méprise (*putiantao*) et troisièmement la non-conception (*wunian*). Qu'est-ce que les conceptions erronées ? C'est le fait de concevoir le monde du désir, de concevoir le monde sensible, et de concevoir le monde supra-sensible. Qu'est-ce que les conceptions de non-méprise ? C'est le fait de concevoir le *nirvāṇa* du Petit Véhicule. Se déprendre de ces deux types de conceptions est ce qu'on appelle la non-conception (*wunian*). Qu'est-ce que se départir de ces deux types de conceptions ? C'est appliquer son esprit sur toutes les qualités de *bud-*

hha (*zhufofa*, *buddha dharma*#) suprêmes ».
善男子。何者是識。所謂六種。眼耳鼻舌身意等識。是名六種識。此識復有三種。何者是三。一顛倒念。二不顛倒念。三者無念。善男子。何者是顛倒念。所謂念欲界。念色界。念無色界。何者是不顛倒念。謂念小乘涅槃。何者是無念。所謂離彼二念名爲無念。云何離彼二念。謂念無上諸佛法故 (T. XVII, n° 761, p. 614c[10-17]).
Le *Daśabhūmikasūtraśāstra*, traduit par Bodhiruci, utilise également le terme de "non-conception" (*wunian*) dans un sens proche du *Traité*, celui d'être "sans différenciation" etde "se départir des conceptions" relatives aux objets : « La stance dit : "Car c'est ne pas différencier, être départi des conceptions". "Ne pas différencier "c'est se départir des objets différenciés. "Se départir des conceptions" c'est c'est être dans son être propre sans conception ». 偈言非分別離念故。非分別者離分別境界故。離念者自體無念故. (T. XXVI, n° 1522, p. 132c[16-18]).
Si ces sources indiquent que des stuctures de pensée et un certain vocabulaire pour les expliciter existaient bien avant le *Traité*, son auteur les a réagencés en un ensemble doctrinal *sui generis*, inconnu avant lui, autrour des notions d'éveil foncier, de triple grandeur, etc. : là résiderait une des originalités de l'ouvrage.
Ces passages sont analysés dans Ishii Kōsei, mars 2004, pp.16-18.

p. 35 :

* *zhenwangsong* 眞妄頌 : Ce passage est à l'origine d'une controverse métaphysique sur l'origine des illusions et les rapports entre le vrai et le faux, dont les six points saillants ont été résumés par la tradition chinoise dans une stance célèbre de Fuli 復禮 (?-?), moine Tiantai de l'époque de Zhongzong 中宗 (684-709), faisant partie de l'équipe de traduction de Śikṣānanda.

L'argument est le suivant. L'Inscience est sans commencement : elle se perpétue d'instant en instant. Selon le *Traité*, l'origine radicale, pour ainsi dire « logique » car non soumise au temps, de cette inscience est comparée à un vent qui soulève les vagues de cette inscience sur la pensée pure de soi. Elle fait découvrir et réaliser du même coup l'éveil ainsi que la conscience de l'erreur. Ne voyant pas sur deux plans distincts ces deux ordres d'être, on a jadis discuté de l'Inscience sans commencement comme telle, en rapport avec l'Inscience qui est le dédoublement de la pensée pure de soi, et on a soulevé six difficultés qu'est censé enfermer le *Traité*. Celles-ci se laissent formuler ainsi :

1. Il est impossible de rendre compte de l'origine de l'Inscience. Si la pensée est pure de soi et est la Talité, comment donc se sont produites l'illusion et l'Inscience ? Si cette dernière est née de la Talité, celle-ci

comporte de l'impureté, ce qui est contradictoire.

2. Si l'Inscience naît de la Talité, elle sera comme elle pérenne et ne disparaîtra jamais, ce qui est contraire à l'enseignement.

3. Même si l'on éradique l'Inscience, elle réapparaîtra en fonction de la Talité. On devra expliquer comment, après l'éveil, on retombe dans l'illusion.

4. L'Inscience, tout comme la pensée pure de soi, est sans commencement. Or, il est impossible que la Talité naisse de l'Inscience ; ce sera donc au contraire de la pensée pure de soi que naîtra l'Inscience, ce qui revient à admettre que l'authentique est antérieur et le faux postérieur.

5. Si le vrai est antérieur et le faux postérieur, on ne pourra soutenir que l'Inscience est sans commencement.

6. Ce qui est sans commencement appartient à l'inconditionné ; il ne pourra par conséquent avoir de fin. Or, ce qui est sans commencement est sans fin. Si tel est le cas de l'Inscience, il n'arrivera jamais qu'on réalise l'état de *buddha*. Mais si l'Inscience a une fin, elle aura aussi de ce fait un commencement, car ce qui a une fin a un commencement et vice versa, comme tout ce qui est composé. Par conséquent, après même qu'on l'aura éradiquée, elle aura à nouveau un commencement. On est dans le même cas de figure que la difficulté n° 3 : après l'éveil, l'erreur surviendra à nouveau.

La stance de Fuli résumant ces six apories se présente ainsi sous sa forme la plus courante (*Zhenwangsong*, jap. *Shinmōju* 眞妄頌) :

La vraie nature des choses [/Talité] est originellement pure
En raison de quoi les pensées erronées naîtraient-elles ?
S'il advenait que le faux naisse du vrai,
Comment ce faux aurait-il un terme ?
S'il est sans commencement, il n'aura pas de fin,
Et s'il a une fin il doit avoir un commencement.
Pour toujours, on sera dans l'erreur sur ce principe.
Mon vœu est que dans ce but on s'ouvre au sublime mystérieux [/au secret des intentions du Buddha]
Et qu'en l'éclairant, on sorte du cycle des naissances et des morts.

眞法[var. 如]性本淨。妄念何由起。從眞有妄生[var. 許妄從眞生]。此妄安何止。無初則無末。有終應有始。無始而有終。長懜懷斯理。願爲開玄妙[var. 秘密]。析之出生死.

Des variantes existent. Mentionnons celle qu'on trouve dans le *Fozudengji* 佛祖統紀, T. XLIX, n° 2035, p. 213a : 唐復禮法師問學者偈云。

眞法性本淨。妄念何由起。從眞有妄生。此妄何所止。無初則無末。有終應有始。無始而無終。長懷懜茲理。願爲開玄妙。析之出生死.

** *benjue* 本覺 : Éveil originel ou foncier. L'apocryphe chinois du VIIe siècle, d'un traducteur inconnu, le *Sūtra du samādhi adamantin*, T. XIX, n° 273, y consacre un chapitre, pp. 368b^{2}-370c^{16} ; not. pp. 368b$^{14-18}$, 369a$^{18, 20, 25}$, etc. Cet ouvrage l'oppose à l' « éveil premier », *yijue* 一覺 : Le Buddha a déclaré : « Tous les *buddha* et *tathāgata* révolutionnent toujours toutes les consciences avec l'éveil premier pour entrer dans l'immaculé (*amala*). Pour quelle raison ? Car l'éveil foncier de tous les êtres éveille toujours les êtres à l'aide de l'éveil premier, afin que tous les êtres réalisent l'éveil foncier, s'éveillent au calme et à la non-naissance de leurs conceptions erronées. Pour quelle raison ? Car leur nature foncière déterminée est originellement sans mouvement ». 佛言。諸佛如來常以一覺而轉諸識。入庵摩羅。何以故。一切衆生本覺。常以一覺覺諸衆生。令彼衆生皆得本覺。覺諸情識空寂無生。何以故。決定本性本無有動 (p. 369b$^{14-18}$).

P. Magnin, *Huisi*, p. 97 et n. 105 : cette illumination originelle va de pair avec l'idée que l'esprit universel est pur et parfaitement éclairé.

Myōe, *Monjūki*, II, 219a : « Le savoir de Mañjuśrī commence à apparaître en raison de l'éveil foncier. C'est pourquoi il prend pour maître la nature de l'éveil foncier [le *buddha* au savoir immuable]. Il prend pour disciple le fait de produire ce savoir de foi. C'est pourquoi on considère comme savoir immuable l'éveil foncier dans la pensée des êtres ».

p. 37 :

* *zixing qingjingxin* 自性清淨心 : la pensée pure de par sa nature propre, *svabhāvaśuddhacitta*. Elle est ainsi définie dans le *Traité sur la nature de Buddha*, *Foxinglun* 佛性論 : « La culture conforme au principe ne détruit ni l'individu [la représentation] ni la chose [l'objet]. Pour quelle raison ? L'individu et la chose ayant originellement pour nature un apaisement extrême sublime, ils sont sans accroissement ni diminution, et sont départis de l'être comme du non-être. Par ce caractère d'apaisement ils sont purs de par leur nature propre et les illusions ne se produisent originellement pas. Voir cette double vacuité est ce qu'on qualifie de caractère d'apaisement. La pensée originellement pure est ce qu'on qualifie de vérité du chemin. Que les illusions ne se produisent originellement pas et que la pensée pure ne s'attache pas est ce qu'on qualifie de vérité de l'extinction. Cette pensée a une nature propre pure et a l'obstacle des passions. Ces deux éléments ne s'écoulant pas dans le monde, les pensées bonnes et les pensées mauvaises ont cours par elles-mêmes indépendamment. Aussi, en un instant de pensée, ces deux pensées n'étant pas associées, ces deux éléments ne peuvent pas être pénétrés. Ainsi que l'expose le *Sūtra de Śrīmālādevī* : "Vénéré du monde, les pensées bonnes disparaissant sans durer d'instant en instant, les illusions ne peuvent les souiller. Les pensées mauvaises disparaissant d'instant en instant, les

illusions ne les souillent pas non plus. Vénéré du monde, les passions ne touchent pas la pensée et la pensée ne touche pas les passions. Comment, sans qu'il y ait de chose en contact, pourrait-il y avoir souillure de la pensée ? " Savoir qu'il en est ainsi est ce qu'on qualifie de connaissance selon le principe ».
如理修者。不壞人法。何以故。如此人法本來妙極寂靜爲性故。無增無減。離有離無。寂靜相者。自性清淨諸惑本來無生。見此二空名寂靜相。自性清淨心名爲道諦。惑本無生淨心不執名爲滅諦是心有自性清淨。及有煩惱惑障。如此兩法。無流界中。善心惡心獨自行故。於一念中。兩心不相應故。此兩法難可通達。如勝鬘經說。世尊。善心念念滅不住。諸惑不能染。惡心念念滅。諸惑亦不染。世尊。煩惱不觸心。心不觸煩惱。云何無觸法。而能得染心。如此而知名如理智 (T. XXXI, n° 1610, p. 802a$^{19-29}$).

Ce passage est cité dans le *Traité des cinq enseignements* de Fazang : « La pensée pure de soi a pour nom la vérité de la voie ». (*Huayan wujiaozhang* 華嚴五教章, T. XLV, n° 1866, p. 487a).

La citation du *Śrīmālādevīsūtra* est un texte parent de T. XII, n° 353, p. 222b^{22}-c^{1} : « Vénéré du monde, l'embryon de *tathāgata* est l'embryon du monde de la Loi, l'embryon du corps de la Loi, l'embryon supramondain suréminent, l'embryon pur de par sa nature propre. Cet embryon de *tathāgata* pur de nature est souillé par les passions adventices et les passions supérieures ».

世尊。如來藏者。是法界藏。法身藏。出世間上上藏。自性清淨藏。此性清淨。如來藏而客塵煩惱上煩惱所染。[不思議如來境界。何以故。刹那善心非煩惱所染。刹那不善心亦非煩惱所染。煩惱不觸心。心不觸煩惱。云何不觸法。而能得染心。世尊。然有煩惱有煩惱染心。自性清淨心而有染者。難可了知。唯佛世尊。實眼實智。爲法根本。爲通達法。爲正法依。如實知見.] Trad. Bodhiruci, T. XI, n° 310, pp. 677c^{22}-678a^{1} : 世尊。如來藏者是法界藏。是法身藏。出世間藏。性清淨藏。此本性淨。如來藏者如我所解。縱爲客塵煩惱所染。[猶是不可思議如來境界。何以故。世尊。刹那刹那善不善心。客塵煩惱所不能染。何以故。煩惱不觸心。心不觸煩惱。云何不觸法而能得染心。世尊。由有煩惱有隨染心。隨煩惱染難解難了。唯佛世尊爲眼爲智爲法根本爲尊爲導。爲正法依。如實知見.]

V. aussi la note complémentaire sur la « Talité de la pensée », citant le *Mahāyānasūtrālaṃkāra*, XIII-18, 19, T. XXXI, n° 1604, pp. 622c^{27}-623a^{10} ; Lévi, pp. 157-158.

p. 45 (n. 87) :

* « Les Buddha savent que tous les êtres sont, ultimement, éteints et que, dès lors le caractère du *nirvāṇa* ne peut plus disparaître [...] L'éveil ne peut-être réalisé par le corps ni par l'esprit. C'est l'extinction qui est l'éveil » 諸佛知一切衆生畢竟寂滅即涅槃相不復更滅.... 菩提者不可以身得、不可以心得. L'aspect inconditionné de l'éveil est également marqué, à l'aide

d'expressions similaires, dans un texte comme le *Traité de Vajrarṣi* T. XXV, n° 1512, p. 808c : « L'Éveil est le corps de la Loi inconditionné ; il n'offre pas de caractère mondain » 菩提無爲法身非有爲相. (Ōtake, *idem*, pp. 54-55).

Il s'agirait d'une citation du *Sūtra de la grande perfection de sapience*, selon Wŏnhyo, et d'une de l'*Enseignement de Vimalakīrti*, selon Fazang.

pp. 46-47 (n. 93) :

* *yeshi* 業識 : *karmavijñāna*, conscience de l'acte. C'est la connaissance obscurcie par l'acte. L'idée en est reprise dans le Chan de *Linji* : « Adeptes, le vrai *buddha* est sans figure ; la vraie Voie est sans corps ; la vraie Loi est sans marque particulière. Ces trois se fondent pour se combiner en un. Qui ne sait discerner cela, s'appelle un être dont la connaissance est obscurcie par l'acte » 道流。眞佛無形。眞道無體。眞法無相。三法混融和合一處。辨既不得。喚作忙忙業識衆生 (T. XLVII, n° 1985, p. 501c ; *Lin-tsi*, § 31a, pp. 145-146).

Cette doctrine a inspiré Myōe dans la *Doctrine du germe de la foi selon l'Ornementation fleurie* (*Kegonshinshūgi*), DNBZ, 13, p. 77a ; et son *Commentaire*, *Shinshūgi monjūki*, IV, p. 269b.

p. 47 (n. 94) :

** *chuanshi* 轉識 : *pravṛttivijñāna*. Dans le *Traité*, c'est la conscience en acte, en action ou en activité, la conscience sous son aspect dynamique qui évolue en association avec les organes des sens. V. *Laṅkāvatārasūtra*, T. XVI, Guṇabhadra, n° 670, pp. 483b$^{1-2}$, 484a^{14}, b^{19} ; Bodhiruci, n° 671, p. 515a^{7} ; Śikṣānanda, n° 672, p. 587c^{2}.

Selon la *Siddhi*, le terme désigne, en regard de la huitième conscience dite « d'appropriation » (*ādānavijñāna*), les sept premières consciences (*vijñāna*) « en activité » qui « s'appuient » sur elle, à savoir les cinq consciences sensorielles, la conscience mentale (*manovijñāna*) et le mental (*manas*) : « Support (*samāśraya*) signifie condition (*pratyaya*) : il s'agit du huitième *vijñāna* considéré comme actuel ("en acte"). C'est la conscience appropriatrice (*ādānavijñāna*) qui "prend et tient", qui est depuis toujours le support (*niśraya*) de tous les éléments de la réalité (*dharma*). En effet le huitième *vijñāna* (*saṃvṛttibhāga*) prend-et-tient les germes (*bīja*) et est le support (*āśraya*) des *dharma* actuels. — D'une part, il se développe en monde-réceptacle et en corps muni d'organes : il est le support de l'un et de l'autre. D'autre part, il est le support de tous les autres *vijñāna* : 1. il « prend et tient » les cinq organes matériels, ce qui permet aux cinq premiers *vijñāna* de s'appuyer sur ces organes; 2. il est le

support du mental (*manas*) qui est son tour le support de la conscience mentale (*manovijñāna*). On sait que le mental (*manas*) et la conscience mentale (*manovijñāna*), étant des consciences en acte (*pravṛttivijñāna*), doivent, comme les cinq premiers *vijñāna*, s'appuyer sur des facultés sensorielles (*indriya*) qui leur soient simultanées, et que le huitième, étant un *vijñāna*, doit aussi avoir un support, qui est le mental (*manas*). Telle est l'activité du huitième *vijñāna* comme cause (*hetu*) et comme condition (*pratyaya*) »
依是緣義。即執持識無始時來與一切法等爲依止故名爲緣。謂能執持諸種子故與現行法爲所依故即變爲彼及爲彼依。變爲彼者謂變爲器及有根身。爲彼依者謂與轉識作所依止。以能執受五色根故眼等五識依之而轉。又與末那爲依止故第六意識依之而轉。末那意識轉識攝故如眼等識依俱有根。第八理應是識性故亦以第七爲俱有依。是謂此識爲因緣用 (T.XXXI, n° 1585, p. 14a[18-27] ; LVP, pp. 169-170).

La *Siddhi* établit une graduation entre les cinq premières consciences, puis la sixième conscience, qui sont d'aspect grossier, et les septièmes et huitième consciences qui sont d'aspect subtil. Le degré de subtilité semble tenir au degré d'intériorisation de la conscience, qui est lui-même fonction de son autonomie, c'est-à-dire de son indépendance en regard des conditions extérieures : « Nous avons étudié l'association (*saṃprayoga*) des six consciences (*vijñāna*) avec les mentaux (*caitta*). Examinons dans quelles conditions ils apparaissent (*saṃbhūty-avasthā*) : Vasubandhu dit, stance (*kārikā*) 15 et 16 :

[15] S'appuyant sur la conscience fondamentale (*mūlavijñāna*)
Les cinq premières consciences (*vijñāna*) se produisent en conformité avec les conditions,
Ou ensemble ou séparément,
Comme les vagues s'appuyant sur l'eau ;
[16] La conscience mentale (*manovijñāna*) se produit toujours
Excepté dans l'état de dieux inconscients,
Et dans les deux recueillements,
La torpeur et la défaillance exempts de pensée
(*pañcānāṃ mūlavijñāne yathāpratyayam udbhavaḥ*
viljnānānāṃ saha na vā taraṅgāṇāṃ yathā jale
manovijñānasaṃbhūtiḥ sarvadāsaṃjñikād ṛte
samāpattidvayān middhān mūrchanād apy acittakāt)
Commentaire.
La conscience fondamentale (*mūlavijñāna*).

Par conscience fondamentale, *vijñāna racine*, on entend la conscience-de-tréfonds (*ālayavijñāna*, litt. l'*ādānavijñāna*) qui est, en effet, racine de la naissance des consciences (*vijñāna*) soullées et pures. — Le locatif est traduit par *yizhi* 依止, « en s'appuyant sur » : les six premières consciences en activité (*pravṛttivijñāna* : les cinq premières et la conscience mentale, *manovijñāna*) ont leur point d'appui commun et immédiat dans la conscience fondamentale (*mūlavijñāna*). [D'une part, ils s'appuient tous sur le *mūlavijñāna* en acte ; d'autre part, ils trouvent, chacun dans le *mūlavijñāna* comme conscience germinale, *bījavijñāna*, leurs germe particulers].

Les cinq consciences (*vijñāna*).

Les cinq consciences de la stance sont les cinq prem!ère consciences en activité (*pravṛttivijñāna*), la conscience visuelle (*cakṣurvijñāna*), etc. Elles sont nommés en groupe parce qu'elles sont de même espèce. [En effet elles ont pour point d'appui les organes matériels ; elles portent sur des objets matériels, sur des objets actuels, d'une manière immédiate (*pratyakṣa*) ; elles sont interrompues].

1. Elles se produisent « en conformité avec les conditions » (*yathāpratyayam*), [« quand les conditions sont présentes »]. Ceci montre qu'elles ne se produisent pas toujours. — Les conditions sont l'acte d'attention (*manaskāra*) et l'organe (*indriya*) (qui sont conditions rectrices, *adhipatipratyaya*), l'objet (*viṣaya*) (qui est condition en qualité d'objet, *ālambanaprayaya*), etc. [Par "etc.", l'auteur désigne l'espace, la lumière (conditions rectrices), les germes (*bīja*) de l'*ālayavijñāna* (conditions en qualité de causes, *hetupratyaya*), etc.]. C'est dire que les cinq premières consciences s'appuient intérieurement sur la conscience fondamentale *mūlavijñāna*)(les germes, *bīja*), et que, extérieurement, elles sont en fonction du concours (*sāmagrī*) des conditions (*manaskāra, indriya, viṣaya*) ; ainsi se manifestent-elles.

2. Par conséquent, elles surgissent ensemble ou séparément : parce que les concours des conditions externes ont lieu en même temps ou successivement (v. 411). De même les vagues dans l'eau, ou nombreuses ou peu nombreuses, en conformité avec leurs conditions. Cette comparaison, avec d'autres, est exposée au long dans le *Saṃdhinirmocanasūtra.*

La conscience mentale, *manovijñāna.*

Les cinq premières consciences sont d'aspect grossier [elles ne portent que sur des objets extérieurs...] et instables [elles changent d'après l'objet] ; les conditions dont elles dépendent manquent souvent. Donc rarement elles seproduisent, souvent elles ne se produisent pas.

La conscience mentale (*manovijñāna*) est aussi d'aspect grossier et instable ; mais les conditions dont elle dépend sont toujours présentes. Toutefois, en raison de conditions adverses, quelquefois elle ne se produisent pas.

Les septième et huitième consciences sont d'aspect subtil [elles portent exclusivement à l'intérieur...] ; les conditions dont elles dépendent sont toujours présentes et aucune condition adverse ne peut les empêcher d'être en exercice.

En outre, les cinq premières consciences sont incapables d' "opération

intellectuelle" (*cetanā* ?) [même expression, p. 15, théorie Sāṃkhya de l'ātman "intelligent", p. 190] (car elles sont exemptes de *vitarka-vicāra* ; elles ne surgissent pas par elles-mêmes, étant attirées par la conscience mentale (*manovijñāna*) ; elles ne portent que sur des objets grossiers) ; elles ne fonctionnent qu'à l'extérieur ; elles dépendent de nombreuses conditions : donc elles sont généralement (*bahukāla*) interrompues, rarement en activité.
La conscience mentale est capable d'opération intellectuelle (étant munie de *vitarka-vicāra*) ; elle fonctionne à l'intérieur et à l'extérieur (car elle connaît les "principes", *li* 理, et les choses, *vastu*) ; elle apparaît toujours excepté dans cinq circonstances. Donc elle est généralement en activité, rarement interrompue. — C'est pourquoi la stance ne dit pas qu'elle naisse "en conformité avec les conditions", "quand les conditions sont présentes" ».
已説六識心所相應。云何應知現起分位。頌日

15 依止根本識　　五識隨縁現　　或倶或不倶　　如涛波依水

16 意識常現起　　除生無想天　　及無心二定　　睡眠與悶絶

論日。根本識者阿陀那識。染淨諸識生根本故。依止者謂前六轉識。以根本識爲共親依。五識者謂前五轉識。種類相似故總説之。隨縁現言顯非常起。縁謂作意根境等縁。
謂五識身内依本識。外隨作意五根境等衆縁和合方得現前。
由此或倶或不倶起。外縁合者有頓漸故。如水涛波隨縁多少。此等法喩廣説如經。
由五轉識行相麁動。所籍衆縁時多不倶。故起時少不起時多。
第六意識雖亦麁動。而所籍縁無時不具。由違縁故有時不起。
第七八識行相微細。所籍衆縁一切時有。故無縁礙令總不行。
又五識身不能思慮。唯外門轉起籍多縁。故斷時多現行時少。
第六意識自能思慮。内外門轉不籍多縁。唯除五位常能現起。故斷時少現起時多。由斯不説此隨縁現 (T.XXXI, n° 1585, p. $37a^{11}$-b^{3}; LVP, pp. 398-400 et svtes).

Le terme désigne, par ailleurs, couramment la « révolution de la conscience-de-tréfonds », sens qui ne peut convenir au *Traité* qui ignore cette doctrine.

p. 49 :

* *xianshi* 現識 : *khyātivijñāna*. La conscience dans la perception immédiate. *Laṅkāvatārasūtra*, T. XVI, n° 672, p. 593b : « Mahāmati, telle la manifestation de toutes les images du visible dans un miroir clair, ainsi est la conscience de la perception immédiate. Mahāmati, la conscience de la perception immédiate et la conscience distinctive des phénomènes ne diffèrent pas dans leurs signes ; elles sont mutuellement causes l'une de l'autre. La conscience de la perception immédiate a pour cause les transformations du parfumage inconcevable, et la conscience distinctive des

phénomènes a pour causes les objets distinctifs ainsi que les imprégnations des spéculations oiseuses sans commencement » 大慧。如明鏡中現諸色像。現識亦爾。大慧。現識與分別事識。此二識無異相互爲因。大慧。現識以不思議熏變爲因。分別事識。以分別境界及無始戲論習氣爲因.

Elle correspond à l'*ālayavijñāna*, selon le *Fanyimingyiji* 翻譯名義集, T. LIV, n° 2131, pp. 1154b$^{14\text{-}18}$; Lévi, *Matériaux*, p. 132 : « On l'appelle encore conscience d'actualisation. Le *Zongjinglu* 宗鏡録 dit : "Elle a les trois significations du mot *xian*, actuel 顯 : 1. actualisation 顯現, pour la distinguer des sept autres consciences en tant que leur fruit n'est pas actualisé ; 2. elle est présence actuelle 現在 pour la distinguer en tant qu'elle n'est ni passée ni future ; 3. elle est existence manifeste 現有, pour la distinguer des existences fictives, l'être même en est l'existence réelle qui devient germe". 或名現識 (宗鏡云。具三顯義。一顯現。此簡七識果不顯現故。二現在。簡非前後。三現有。此簡假法。體是實有方成種子). La *Vijñaptimātratāsiddhi* déclare : "Elle est en évolution constante avec les imprégnations intérieures et le contact extérieur, comme des poissons et des herbes qui suivent le courant sans le quitter, en haut et en bas d'un torrent rapide." 故唯識論云。如瀑流水上下。魚草等物隨流不捨。此識亦爾。與内習氣外觸等法恒相續轉. La *Vijñaptimātratāsiddhi* déclare : "Elle est en association constante avec le contact, l'acte mental, la sensation, la représentation et la réflexion. L'*ālayavijñāna*, depuis les temps sans commencement jusqu'à ceux qui ne sont pas encore révolus, est constamment en association avec ces cinq fonctions mentales, à tous les stades" » 唯識論云。常與觸作意受想思相應。阿頼耶識。無始時來。乃至未轉於一切位恒與此五心所相應.

Idem, p. 1154b^{23}-c^{2}, Lévi, p. 134 : « Le *Sūtra de la matrice des bodhisattva* (*Pusachutaijing*) : déclare : "En ce temps, Bhagavat, se proposant de manifester vers quoi sont orientées les diverses Notations de Fonctionnement, à savoir la Notation de la voie, la Notation séculière, la Notation d'Opéré et la Notation d'Inopéré, la Notation de ce qui est à Écoulement et la Notation de Sans-Écoulement, la Notation de fleurs et la Notation de fruits, la Notation de Rétribution et la Notation de Non-Rétribution, le Notation de Deva, la Notation de Dragon, la Notation de démon et de génie, d'Asura, de Garuḍa, de Kinnara, de Mahoraga, d'homme, de non-humain, en montant jusqu'à la Notation des vingt-huit Cieux (six cieux du Désir, dix-huit de la Forme, quatre du Sans-Forme) et en descendant jusqu'à la Notation des enfers sans rémission (*Avīci*), Bhagavat dans la matrice fit apparaître des chaînes d'ossements qui remplirent les trois mille grands chiliocosmes ».
菩薩處胎經云。爾時世尊。將欲示現識所趣向。道識。俗識。有爲識。無爲識。有漏識。無漏識。華識。果識。報識。無報識。天識。龍識。鬼神。阿修羅。迦樓那緊那羅。摩[睺]羅伽。人非人識。上至二十八天識。下至無救地獄識爾時世尊即於胎中。

現勾鎖骨。遍滿三千大千世界(云云).

p. 51 :

* *manovijñāna*. C'est la faculté mentale qui construit l'objet synthétiquement à partir des données des cinq sens et porte des jugements. *Laṅkāvatārasūtra*, T. XVI, n° 672, p. 591a. Au contraire des cinq premières consciences qui sont des consciences sensitives, la sixième procède en dehors de la perception directe, à l'inférence et au jugement. Elle juge clairement les données des cinq consciences, qu'elles perçoivent confusément, selon la *Vijñaptimātratāsiddhi*, T. XXXI, n° 1585, p. 38bc ; LVP, p. 413 : « Le *manovijñāna*, simultané aux cinq premières consciences, les aide à naître : il n'est pas là uniquement pour connaître leurs objets. Cependant, il saisit clairement ces objets, à la différence des cinq premières consciences. Donc, il n'est pas sans utilité. Le *Saṃdhinirmocana* dit que le *manovijñāna* est qualifié de dichotomie (*savikalpa*), non pas les cinq : étant muni de *vitarka-vicāra*, il saisit clairement » 五俱意識助五令起。非專爲了五識所縁。又於彼所縁能明了取異於眼等識故非無用。由此聖教説彼意識名有分別。五識不爾.

Dans l'école de Myōe : « C'est le mental qui s'attache [à un moi]. C'est par l'association des facultés sensorielles, des objets et des consciences que les cinq consciences appréhendent un objet et que la conscience mentale distingue le bien et le mal » (*Kishinron honsho chōshūki* 起信論本疏聴集記, DNBZ, 92, p. 450a).

Chez Jōkei 貞慶 (1155-1213), un ami et contemporain de Myōe, dans son *Traité sur l'éveil du rêve par l'examen mental* (*Kanshinkakumushō* 觀心覺夢抄), elle est ainsi décrite : « Sixièmement, la conscience mentale. Elle s'appuie sur la faculté mentale, prend pour objet les choses pour en faire des objets cognitifs. Les choses sont toutes les choses, la faculté mentale est née d'un germe particulier de la septième conscience, le mental (*manas*), pénètre les trois natures, pénètre les liens du triple monde et a pour point d'appui la faculté mentale. La huitième conscience pénètre les trois critères de connaissance juste, toutes les fonctions mentales arrivent à être en adéquation mais non simultanément, ainsi qu'on nous l'expliquons ci-dessous ».

pp. 64-65 (n. 133) :

* On en trouve au Japon une attaque en règle, consignée dans le *Commentaire des condisciples de l'école gnoséologique sur le Traité établissant le rien-que-conscience, Jōyuishikiron dōgakushō* 成唯識論同學鈔, compilation faite par Ryōsan (1202), en 1217, sur les thèses de trois savants de l'école

gnoséologique, Zōshun 藏俊 (1104-1180), Kakuken 覺憲 (1131-1212) et Jōkei. T. LXVI, n° 2263, p. 175ac. Le *Commentaire* ne voit dans la doctrine du parfumage de la Talité par l'Inscience ni plus ni moins qu'une erreur de traduction, due à Paramārtha, et que le résultat d'une transmission secrète, et conclut qu'en somme le *Traité* est un faux :

« Question : "Comment comprend-on dans l'école gnoséologique le passage du *Traité sur l'acte de foi* que la Talité reçoit un parfumage ?" Réponse : "C'est une erreur de traduction". A ce sujet, le sens originel de l'auteur du *Traité* n'est pas compréhensible. Le *bodhisattva* Aśvaghoṣa, l'intelligence de nos temps éclairés, n'a pu établir la doctrine que la Talité recevrait un parfumage. En outre, le *Traité* tout entier, du début jusqu'à la fin, met à l'envi ce principe en évidence. Comment tout son texte peut-il être parcouru par une telle erreur ? De plus, Śikṣānanda a retraduit ce *Traité* en en collationnant à nouveau le texte sanskrit. et a lui aussi également reproduit ce passage sur le parfumage subi par la Talité. Comment les maîtres en *tripiṭaka* de l'époque du *Traité* ont-ils pu commettre une telle erreur ? Parmi eux, le maître en *tripiṭaka* omniscient [Xuanzang], en se mettant à l'école de maîtres indiens, a traduit le texte chinois du *Traité sur l'acte de foi* en sanskrit. Si ce passage est erroné, serait-ce que le grand maître en *tripiṭaka* l'aurait traduit en se fondant sur le texte de Paramārtha ? Aussi bien le *bodhisattva* Nāgārjuna en composant son *Commentaire* du *Traité* [T. XXXII, n° 1668], a-t-il, selon le texte d'origine, établi lui aussi la doctrine du parfumage subi par la Talité. Si tel est le cas, les autres maîtres ont tous établi cette doctrine en se fondant sur le *Traité*. Par quel enchantement a-t-il pu y avoir accord entre les maîtres en *tripiṭaka* de cette époque, en suivant les deux traités ? " Réponse : "Dans les traités, on met en lumière 'la doctrine de la possibilité du parfumage de la nature, mais on la dénie concernant les fonctions mentales et les inconditionnés, qui sont fermement pèservés de hors de l'influence d'autre chose. C'est pourquoi ils ne sont pas parfumés'. En s'appuyant sur ce texte, l'auteur du commentaire [=?] [soutient] que l'Inscience parfume la Talité, mais on sait par là que c'est une erreur." Des maîtres secrets ont accepté l'interprétation de ce commentaire et de nombreux vénérables depuis les temps anciens ont adopté cette thèse, que le *Traité* partage clairement. C'est pourquoi on sait que c'est une erreur ancienne. Le *bodhisattva* Aśvaghoṣa soutient que la Talité reçoit un parfumage et porte des germes, ce qui est selon toute vraisemblance une erreur de traduction. Telle est l'interprétation la plus raisonnable. La doctrine des quatre parfumages [du *Traité*] se trouve partout, chez Asaṅga, Vasubandhu, le *Traité de la triple absence de nature* ou la *Somme du Grand Véhicule*. On sait à l'évidence qu'aucun grand maître de traités en Inde ne reconnaît la thèse du parfumage subi par la Talité.

Les maîtres indiens ne la reconnaissant pas, comment le maître Aśvaghoṣa seul l'établirait-il ? C'est pourquoi le texte du *Traité sur l'acte de foi* est selon toute vraisemblance une erreur de traduction. Les anciens vénérables comme Paramārtha se sont fourvoyés sur la distinction à établir entre le principe et les phénomènes, et ont établi cette doctine du parfumage subi par la Talité. C'est pourquoi ils ont à l'envi perdu de vue le sens originel des maîtres de traités, et à combien plus forte raison celui de la saveur unique pure, depuis mille ans, de la Loi du Buddha du Grand Véhicule, dans le *Traité des terres de buddha* ! Si Aśvaghoṣa avait soutenu cette doctrine, comment Asaṅga, par exemple, n'en aurait-il pas fait la réfutation ? S'il en était ainsi, il devrait y avoir des controverses depuis neuf siècles dans la Loi du Buddha du Grand Véhicule. En outre le maître en *tripiṭaka* [du *Catalogue de l'ère Kaiyuan*, T. LV, n° 2154, [730], Zhisheng ?] a déclaré : 'C'est un saint homme qui a confectionné ce *Traité*, cela ne fait finalement aucun doute. Néanmoins, des savants y voient des objections. Aussi, a-t-il composé un ensemble de trois mille mots en prose et en vers en accord avec les traités de l'école, en les faisant fusionner avec les cent principes dans l'école du Yoga. 'Aśvaghoṣa est le Buddha unique de nos temps éclairés, et Asaṅga est un grand saint de la première terre. Comment le texte des traités qu'ils ont composés comporteraient-ils des erreurs ? Venons-en à la traduction de Śikṣānanda. A l'époque où le maître en *tripiṭaka* omniscient [Xuanzang] s'était rendu en Inde, tous les maîtres indiens acceptaient le *Traité sur l'acte de foi*. C'est pourquoi, il l'a traduit du chinois pour le restituer en sanskrit. Śikṣānanda est un homme postérieur au maître en *tripiṭaka* [Xuanzang]. Aussi, en ayant obtenu l'ouvrage [en sanskrit] l'a-t-il retraduit [en chinois]. Tandis que le maître en *tripiṭaka* [Xuanzang] n'avait pas encore vu l'original sanskrit correct il n'a fait que se fonder sur la traduction du maître [Paramārtha] pour restituer le texte sanskrit à partir du chinois. Comme il n'en avait pas vu l'original correct, il n'a pu de but en blanc corriger le texte du passage sur le parfumage subi par la Talité, bien qu'il fût incorrect. Ce qu'a récité le maître de la Loi [Xuanzang] n'était somme toute pas faux.

Ensuite quant à l'interprétation du passage en question, lorsque le maître Kaimyō du Yakushiji est revenu [de Chine] au Japon, durant l'ère Ten.ō (781-782), il a rapporté avec lui le *Traité*. Les maîtres de l'école [gnoséologique] se doutèrent qu'il s'agissait d'un faux. Le moine de Silla Chinsō du Grand temple du Sud [Daianji] des Sui a déclaré : 'Ce *Traité* a été composé par le moine du Dakongshan de mon pays, Yuezhong.' C'est ainsi qu'un lettré sagace de l'antiquité [le laïc Ōmi] a déclaré : 'En en ayant entendu le nom, je me suis au début réjoui de lire le commentaire subtil de Nāgārjuna, mais après l'avoir ouvert, j'en pris en aversion son impureté. À examiner ce *Traité*, les vrais principes d'Aśvaghoṣa ne sont en vérité pas ceux de Nāgārjuna. C'est un imbécile qui a emprunté le nom du *bodhisattva* pour le composer. Dans la *Préface* de ce pseudo-commentaire il est dit : 'Composée par l'empereur Yaoxing, Dignité du phénix qui parcourt le ciel, traduit la troisième année de l'ère Hongshi [401] par le maître en *tripiṭaka* Vṛddhimata#, au monastère Dazhuangyansi. Après la fin des Jin, Yaoxing des Qin naquit sous le nom d'empereur des Grands Qin. Après sa mort il reçut le nom posthume d'empereur Wenheng, mais il n'eut jamais le surnom de Dignité du phénix qui parcourt le ciel. En outre, de la troisième année de l'ère Hongshi à la troisième année de l'ère Zhengsheng (554=553), se sont écoulés 155 ans. Prendre pour traité de base un texte traduit postérieurement et lui faire correspondre un commentaire traduit antérieurement et, malgré tout y voir un seul et même traité, est la plus grande des faussetés ! En dépit de nombreuses autres difficultés, je n'en ai mentionné provisoirement qu'une ou deux, par lesquelles il appert, comme dans un miroir clair, combien ce traité est un faux.

Question : Il y a deux significations différentes au parfumage. Celui qu'expliquent le *Traité établissant le rien-que-conscience* et la *Somme du Grand Véhicule* est un parfumage inconcevable. Le parfumage subi par la Talité selon le Grand Véhicule du *Traité sur l'acte de foi* est un parfumage inconcevable. Les maîtres des traités mentionnent chacun un bout de la vérité. Pourquoi entreraient-ils en contradiction ? Si l'on regarde le texte du *Traité sur l'acte de foi*, il établit l'accès par la Talité de la pensée et celui par la naissance et la disparition de la pensée, et montre ainsi deux sortes de Talités, l'une qui suit les conditions et l'autre qui est invariable. C'est la Talité qui suit les conditions qui reçoit le parfumage de l'Inscience, ce qui diffère d'avec le sens actuel d'une nature fermement stable. On sait que la Talité est le fondement de l'erreur et de l'éveil, et c'est en s'appuyant sur elle que le pur et l'impur se produisent. Lorsqu'on est éveillé, c'est la Talité qui parfume l'Inscience, et quand on est dans l'erreur c'est l'Inscience qui parfume la Talité. Talité et inscience reçoivent donc l'une l'autre leur parfumage. Les deux accès par l'erreur et l'éveil, l'impur et le pur, diffèrent donc. S'il en est ainsi, que d'autres maîtres établissent aussi cette doctrine conviendrait également on ne peut plus à cette interprétation. Qu'en est-il ? ».

p. 73 :

* *shangfannao* 上煩悩. L'expression est tirée du *Sūtra de Śrīmālādevī*. Les passions supérieures sont les passions fondamentales, c'est-à-dire les passions dominantes, par opposition aux passions adventices « de passage », selon

le *Śrīmālādevīsūtra* : « Vénéré du monde, l'embryon de *tathāgata* est l'embryon du monde de la Loi, l'embryon du corps de la Loi, l'embryon supramondain suréminent, l'embryon pur de par sa nature propre. Cet embryon de *tathāgata* pur de nature est souillé par les passions adventices et les passions supérieures ». 世尊。如來藏者。是法界藏。法身藏。出世間上上藏。自性清淨藏。此性清淨。如來藏而客塵煩惱上煩惱所染 (T. XII, n° 353, p. 222b[22]-c[1]). Plus précisément ce sont les passions actuelles 起, qui se manifestent présentement à profusion, par opposition aux passions adventices qui se produisent dans les quatre terres de résidence 四住地 (les illusions de la vue de tous les lieux [dans les trois mondes du désir, du sensible et du suprasensible] ; les illusions de la pensée du monde du désir), et qui sont latentes.

Selon le *Commentaire* de Jizang au *Śrīmālādevīsūtra, Shengmanbaoku,* ce sont les passions de la terre de résidence dans l'Inscience 無明住地. Elles sont appelées supérieures pour plusieurs raisons, plus ou moins rhétoriques : elles sont de catégorie « supérieure », elles recouvrent « le dessus » de toutes les vertus, elles produisent accroissement et renforcement, elles se produisent « sur » leur propre fondement (T. XXXVII, n° 1744, p. 57b) ; les passions supérieures sont les passions qui se produisent actuellement 現起煩惱, tandis que les passions adventices sont les passions naturelles 性成煩惱 (*id.*, 85c). C'est l'interprétation que donne le *Commentaire* de Shōtoku Taishi au *Śrīmālādevīsūtra* : « les passions aussi nombreuses que les sables du Gange, appelées supérieures car elles naissent "sur" la terre dans résidence dans l'Inscience 無明住地, et font obstacle "sur" les pratiques des êtres » (T. LVI, n° 2185, p. 11a).

Dans la *Grotte précieuse du Sūtra de Śrīmālādevī* 勝鬘寶窟, Jizang présente ainsi cette terre de résidence de l'Inscience : « Vénéré du monde, pour la terre de résidence dans l'Inscience sans commencement non associée à la pensée, on élucide en deuxième la terre de résidence dans l'Inscience. Non associée à la pensée veut dire, tout particulièrement, non associée à la pensée instantanée ; sans commencement veut dire, tout particulièrement, que la pensée naît d'instant en instant ; lorsqu'elle fait naître les passions, elle est d'essence différente de la pensée tout en étant associée à la pensée. Cette terre de résidence dans l'Inscience indique que c'est l'être de la pensée aux représentations erronées qui constitue l'Inscience. Sans qu'elle soit comptée comme chose à part en dehors de la pensée, elle n'est pas non plus associée à la pensée. Aussi Aśvaghoṣa déclare-t-il : "Le non-éveil à même la pensée n'est jamais à part. C'est pourquoi on le qualifie de non associé. Telle est la terre de résidence dans l'Inscience"». 世尊心不相應無始無明住地下。第二辨無明住地也。心不相應者。簡上刹那心相應。無始者。簡心刹那刹那起。若是起煩惱。與心別體。共心相應。此無明住地。即指妄想心體以爲無明。不別心外有數法。共心相應。是故説爲心不相應。故馬鳴言。即心

不覺。常無別異。故名相應。此無明住地 (T. XXXVII, n° 1744, p. 52a).

V. *Abhidharmakośa*, stance 96, T. XXIX, n° 1558, p. 92c ; LVP, p. 201-202 et svtes) : L'obstacle qui consiste en passion, c'est la passion chronique. La passion est de deux sortes, chronique et violente (*tīvra*) : la passion chronique est la passion continuelle, la passion violente est la passion forte (*adhimātra*). — La passion chronique constitue un obstacle, comme c'est le cas, de temps en temps, chez les eunuques. La passion qui surgit de temps en temps, son élan fût-il terrible, peut être vaincue, mais non pas la passion continuelle, même languissante. L'homme en qui elle se continue ne trouve pas le temps de faire effort pour la vaincre. De petite, elle devient médiocre ; de médiocre, elle devient forte : donc elle fait obstacle.
煩惱有二。一者數行。謂恒起煩惱。二者猛利。謂上品煩惱。應知此中唯數行者名煩惱障。如扇搋等。煩惱數行難可伏除故説爲障。上品煩惱雖復猛利非恒起故易可伏除。於下品中數行煩惱雖非猛利而難伏除。由彼恒行難得便故。謂從下品爲縁生中。中品爲縁復生上品。令伏除道無便得生。故煩惱中隨品上下。但數行者名煩惱障 (p. 92c$^{1-9}$; LVP, p. 202).

p. 87 :

* *sanshen* 三身 : *trikāya*, le triple corps de *buddha*. La terminologie est flottante. La liste ancienne la plus courante en est : Le corps de la Loi, de vérité absolue, spirituel (*dharmakāya*, *fashen* 法身), le corps de rétribution, de vérité concrète (*sambhogakāya*, *baoshen* 報身), et le corps de réponse, manifestationnel (*nirmāṇakāya*, *yingshen* 應身), selon le *Laṅkāvatārasūtra*, T. XVI, n° 672, p. 591c : *nairmāṇikabuddha* 變化佛, *buddha* transformationnel, *vipākasthabuddha* 報佛, *buddha* rétributionnel, et *tathatājñānabuddha* 眞如智慧佛, *buddha* de l'intelligence sapientielle de la Talité ; *id.* p. 592c : 化, 報, 眞如智慧佛. Le même *sūtra* donne aussi celle-ci : *niṣyandabuddha* 報佛, *buddha* d'émanation, *dharmatābuddha* 法佛 , *buddha* de la nature des choses, et *nirmāṇabuddha*, *buddha* transformationnel 化佛 (T. XVI, n° 672, p. 596b).

L'encyclopédie de Huiyuan le *Dashengyizhang* 大乘義章, expose la théorie de l'inclusion réciproque des diverses sortes de corps, qui intéresse le *Traité* (vrai, de réponse et de transformation 眞應化) : les corps apparitionnels, qui sont distingués, se ramènent au corps absolu 開應合眞説 ; le corps absolu contient en lui en puissance les corps visibles 開眞含應説 (T. XLIV, n° 1851, pp. 837c-844c, *sanfoyi* 三佛義).

V. aussi *Mahāyānasūtrālaṃkāra*, qui donne une liste similaire au *Traité* (T. XXXI, n° 1604, p. 606ac) : *svabhāva* 自性, corps dans sa nature en soi ou 性身, corps de l'être en soi, *dharmasaṃbhoga* 食身, corps communiel, ou 受用身, corps de participation, *nirmāṇa* 變化身, corps de transformation : le premier corps est le support des deux autres 性身及食身、化身合三身、

應知第一身、餘二之依止 (stance, IX-60, p. 606b ; Lévi, p. 86). Ces trois corps incluent tous les corps de *buddha*, car ils manifestent les supports du profit pour soi et pour autrui. Ils sont constitués respectivement par le support 依, *āśraya*, la disposition mentale 心, *āśaya*, et l'acte 業, *karman* (stance IX-66, *idem*, p. 606c).

V. aussi *Mahāyānasūtrālaṃkāra*, T. XXXI, n° 1604, p. 661b, *svābhāvikakāya*, corps de la nature en soi, *saṃbhogakāya*, corps de participation, *nairmāṇikakāya*, corps transformationnel : 偈曰

三身大菩提　一切種得故　衆生諸處疑　能除我頂禮

釋曰。此偈禮如來種智勝功德。三身者。一自性身。二受用身。三化身。此説種智自性。問此智於一切境知一切種復云何。答一切衆生於一切處生疑。此智能斷。此説種智業.

pp. 95–100 (n. 210, 211, 213, 215, 217) :

* Citation n° 1 (n. 210) : Il s'agit, selon toute vraisemblance, d'une citation du *Sūtra des ornements de l'éclat de la sapience, Jñānālokālaṃkāra, Zhiguangming zhuangyanjing* 智光明莊嚴經, elle-même citée dans le *Ratnagotravibhāga* traduit par Ratnamati : « Tous les Buddha sont à l'image de l'espace » 如虚空相、諸佛亦爾 (T. XXXI, n° 1611, p. 842a ; *ākāśalakṣaṇā buddhā,* selon *Introduction to Vimalakīrtinirdeśa and Jñānālokālaṃkāra*, Taishō University Press, 2004, pp. 146-147). *Traité de Vajrarṣi* compare aussi fréquemment le corps de la Loi à l'espace (T. XXV, n° 1512, pp. 855a-856c) (Ōtake, *idem*, pp. 55-56).

Citation n° 2 (n. 211) : Selon Fazang, c'est une citation prise dans deux passages du *Sūtra de la grande perfection de sapience* : « Ensuite, Śāriputra, lorsque les *bodhisattva mahāsattva* pratiquent la perfection de sapience, il ne voient pas qu'il y ait quoi que ce soit qui sorte de la nature des choses (*dharma*) » 復次舍利弗。菩薩摩訶薩行般若波羅蜜時。不見有法出法性者 ; «J'explique que le *nirvāṇa* est comme une phantasmagorie et comme un rêve » 我説涅槃亦如幻如夢 (= T. VIII, n° 223, pp. $224b^{28}$-c^{1}, $276b^{7}$). Elle a pu être extraite du *Traité* de *Vajrarṣi* où est dénoncée l'erreur du nihilisme : « Par "tout est vide", on entend que toutes les choses conditionnées sont vides parce qu'elles n'ont ni être propre ni caractère. Cependant, la Talité et la nature de buddha, étant parfaitement pourvues de toutes les qualités, sont, en eux-même, de l'être sublime, calme et pérenne ; ce qui est différent de choses vides. On les qualifie de vides uniquement parce qu'elles n'ont aucun caractère dans leur être propre, ce qui est différent du néant qu'est le vide de la nature des choses conditionnées qu'on vient d'évoquer » [無法相者對治法相也。何者是法相。凡夫人於十二入中。見有能取可取不同。故計謂實有。對治此心故。言無法相。明十二入能

取六識可取六塵悉皆空寂本來不生故。大品經云。無有一法出法性者。乃至涅槃我亦說言如幻如化。亦非無法相者。對治非法相。疑者聞十二入一切法空。便謂眞如佛性無爲之法亦皆性空故。空同虛空龜毛兔角等無爲。對治此疑故。答云亦非無。明相] 今言一切法空者。有爲之法無體相故空。然眞如佛性法。萬德圓滿。體是妙有湛然常住。非是空法直以體無萬相故說爲空。不同前有爲諸法性空之無。又亦不同兔角等無。故言亦非無法相也 (T. XXV, n° 1512, pp. 813c[20]-814a[4])(Ōtake, *idem*, pp. 56-57).

Citation n° 3 (n. 213) : C'est la suite de la citation précédente extraite du *Traité de Vajrarṣi* : « On parle d'absence de signe caractéristique pour contrecarrer les signes. Le mécréant entendant dire que la Talité n'est pas vide parce qu'elle comporte un être propre et des caractères, la confondra avec l'être conditionné du sensible. S'il la prend pour de l'être il l'identifiera à l'être conditionné du visible, de l'odorat, du goût, ou du tactile; s'il la prend pour du non-être il l'identifiera au non-être du vide de nature propre ou des cornes de livre. Il appellera cela des signes caractéristiques. C'est pour contrecarrer ce doute qu'on parlera d'absence de signe. La Talité et l'être des choses sont de l'être sublime et du non-être sublime. Ces qualificatifs sont du sublime authentique : son être n'a rien à voir avec celui du sensible, et son non-être avec celui des cornes de lièvre. C'est afin de marquer ce point qu'on parle d'absence de signe caractéristique » 無相者。對治於相。疑者聞眞如是有體相不空。便謂還同色等有爲之有。又云。若有應同色香味觸有爲之有。若無應同性空兔角等無。此名爲相。對此疑故。答云無相。明眞如法體妙有妙無。語眞妙。雖有不同前色等法有。雖無不同兔角等無。故云無相也 (T. XXV, n° 1512, p. 814a[5-10]). Le texte correspond aussi à la doctrine du *Sūtra de Śrīmālādevī* concernant la non-vacuité de l'embryon de *tathāgata*. (Ōtake, *idem*, pp. 57-59).

Citation n° 4 (n. 215) : On peut trouver des passages correspondant au premier membre de phrase dans le *Sūtra de Śrīmālādevī* traduit par Guṇabhadra, et le *Laṅkāvatārasūtra* de Bodhiruci, mais non au second (Takemura, p. 400). Le premier est cité dans le *Ratnagotravibhāga* : « Vénéré du monde, le cycle de la naissance et de la disparition repose sur l'embryon de *tathāgata*. C'est parce que celui-ci existe qu'on parle de cycle de la naissance et de disparition. Telle est ce qu'on appelle la thèse convenable » 世尊、生死者依如來藏、有如來藏故說生死、是名善說 (T. XXXI, n° 1611, p. 839b[1-3]). Le *Traité de Vajrarṣi* cite le même *sūtra*, de façon un peu différente, et associe précisément ce passage à la Talité : « Si l'on a une compréhension de l'égalité de la Talité, on sait que, lorsqu'un chose diffère chronologiquement, elle est distincte dans son activité, mais à son point [ultime] de retour, elle n'est jamais un être détaché qui serait à part du monde de la Loi authentique, en tant que signe s'en différenciant.

Aussi bien le *Sūtra de Śrīmālādevī* déclare-t-il : "C'est en s'appuyant sur l'embryon de *tathāgata* que toutes choses s'érigent » 若會眞如平等之解者。知此法雖時異用別。語其所歸。無有異相。離於眞法界。條然有也。故勝鬘經云。依如來藏。建立一切法. C'est donc sans doute de ce dernier passage que l'auteur du *Traité* s'inspire (T. XXV, n° 1512, p. 851b[1-3]) (Ōtake, *idem*, pp. 59-60).

Citation n° 5 (n. 217) : C'est le texte d'une citation du *Sūtra de Śrīmālādevī* faite dans le *Ratnagatravibhāga* , à un caractère près : 得 au lieu de 證, pour « réaliser » ; elle se termine par la phrase : « Vénéré du monde, s'il n'y avait pas d'embryon de *tathāgata*, on ne pourrait prendre en aversion la douleur et aspirer au *nirvāṇa* » 如聖者勝鬘經言。世尊。依如來藏故有生死。依如來藏故證涅槃。世尊。若無如來藏者。不得厭苦樂求涅槃 (T. XXXI, n° 1611, p. 839b[3-5]). Le texte sanskrit du passage manque, ce qui fait supposer que l'auteur s'est fondé sur la traduction chinoise du *Ratnagotravibhāga* (Takemura, pp. 400-401; Ōtake, *idem*, p. 60).

p. 104 (n. 222) :

* La carrière du saint bouddhique est traditionnellement analysée, par la scolastique, en plusieurs séries de dix stades : dix stations (*vihāra*, *sthāna*, *shizhu* 十住), dix pratiques (*caryā*, *shixing* 十行), dix rétroversions des mérites (*pariṇāmana*, *shihuixiang* 十回向) et dix terres (*bhūmi*, *shidi* 十地). La liste habituelle des dix stations est la suivante :

1. *prathamacittotpāda* 發心住 : production de la pensée d'éveil.
2. *adikarmika* 治地住 : terre de régulation [de la pensée d'éveil].
3. *yogācāra* 修行住 : culture du yoga.
4. *janmaja* 生貴住 : naissance noble.
5. *pūrvayogasaṃjanma* 方便住 : moyens.
6. *śuddhādhyāśaya* 正心住 : pensée juste.
7. *avivartya* 不退住 : non-régression.
8. *kumārabhūta* 童眞住 : jeune prince.
9. *mahādharmayauva rājyābhiṣikta* 法王子住 : prince de la Loi.
10. *abhiṣeka* 灌頂住 : onction.

Celle des dix terres est la suivante :

1. *pramuditā-bhūmi* 歡喜地 : la terre joyeuse.
2. *vimalā-* 離垢地 : la terre immaculée.
3. *prabhākarī-* 發光地 : la terre lumineuse.
4. *arciṣmatī* 焔慧地 : la terre radieuse.
5. *sudurjayā-* 難勝地 : la terre difficile à conquérir.
6. *abhimukhī* 現前地 : la terre qui fait face, ou de la présence.
7. *dūraṃgamā* 遠行地 : la terre qui va loin.

8. *acalā-* 不動地 : la terre immobile.

9. *sādhumatī-* 善慧地 : la terre de bonne intelligence.

10. *dharmameghā-* 法雲地 : la terre du nuage de la Loi.

Avant les dix stations, on est encore dans l'état de profane. A ce stade, celui qui conçoit la foi, entre dans la carrière du saint. Lorsque sa foi est confirmée et affermie, c'est-à-dire lorsqu'elle arrive « à complétion », il « conçoit la pensée de l'éveil » : il entre de ce fait dans la première station, qui marque le véritable début de la pratique. A ce stade, il a parcouru « en puissance » la carrière puisqu'il a déjà en lui la « pensée de l'éveil », qui en marque le terme, et qu'il n'a plus qu'à affermir jusqu'à ce qu'elle s'épanouisse en « éveil ». Le nœud de la carrière est celui du « non-retour », qui se trouve à la charnière des 7e et 8e terres, au-delà desquelles on devient un grand *bodhisattva* « irréversible », comme le sont Mañjuśrī, Avalokiteśvara, Samantabhadra, etc..

pp. 104-105 (n. 224) :

** *putixin* 菩提心 : *bodhicitta*, abrév. de *anuttarasaṃyaksaṃbodhicitta* ; pensée d'éveil, pensée de l'éveil correct sans supérieur, c'est-à-dire détermination à l'obtenir. Le terme est synonyme de première conception de la pensée d'éveil, *prathamacitta* ou *cittopāda* 初發心 (*Baoxinglun* 寶性論, T. XXXI, n° 1611, p. 825c).

On distingue deux sens essentiels : résolution d'obtenir l'éveil, vœu de se diriger vers lui (*Avataṃsakasūtra*, T. IX, n° 278, p. 417a) ; dans le Grand Véhicule, pensée d'obtenir l'éveil et de sauver les autres 上求菩提, 下化衆生 (*Vimalakīrtinirdeśa*, T. XIV, n° 475, p. 538b).

Le *Vimalakīrtinirdeśa*, chapitre sur la contrée des *buddha* définit la pensée d'éveil comme étant la terre pure des *bodhisattva* ; *Vimalakīrtinirdeśa*, T. XIV, n° 475, p. 538b ; Lamotte p. 114 : « La grande production de pensée (*uttaracittotpāda*) du Bodhisattva est le *buddhakṣetra* du *bodhisattva* : au moment où celui-ci obtient l'illumination, les êtres ayant pris le départ pour le Grand Véhicule (*mahāyānasaṃprasthita*) naissent dans son *buddhakṣetra* » 菩提心是菩薩淨土。菩薩成佛時大乘衆生來生其國. Appendice, Note II, pp. 405-406 : Au cours de la carrière du *Bodhisattva*, le *cittotpāda* est en progression constante, en tant qu'il associe à quantité de bons *dharma*, notamment la haute résolution (*adhyāśaya*) et les bonnes dispositions (*āśaya*, *kalyāṇāśaya*).

Haute résolution et bonnes dispositions sont étroitement associées au *bodhicittotpāda* dans l'*Akṣayamatisūtra*, qui est cité dans le *Mahāyānasūtrālaṃkāra*, IV-15, T. XXXI, n° 1604, p. 596c : « Chez le Bodhisattva, le premier *cittotpāda* est pareil à la terre (*pṛthivī*) parce qu'il est le sol (*pratiṣṭhā*) où doivent pousser tous les attributs de Buddha et les

équipements (*saṃbhāra*) qui s'y réfèrent. — Associé aux bonnes dispositions (*āśaya*), le *cittotpāda* est pareil à l'or pur (*kalyāṇasuvarṇa*) parce qu'il empêche la modification de la haute résolution (*adhyāśaya*) concernant le bien et le bonheur des êtres. — Associé à l'effort (*prayoga*), le *cittotpāda* est pareil à la nouvelle lune de la quinzaine blanche (*śuklapakṣanavacandra*) parce qu'il aboutit à l'accroissement des bons *dharma* (*kuśaladharma*). — Associé à la haute résolution (*adhyāśaya*), le *cittotpāda* est pareil au feu (*vahni*) parce qu'il accède à une supériorité toujours plus haute (*uttarottaraviśeṣa*), comme le feu grâce aux qualités d'un combustible spécial ». (trad. Lamotte, *Vimalakīrtinirdeśa*, p. 405) :
說譬喩顯此發心。偈曰如地如淨金　如月如增火　如藏如寶篋　如海如金剛　如山如藥王　如友如如意　　如日如美樂　如王如庫倉　如道如車乘　如泉如喜聲　如流亦如雲　發心譬如是.

Le *Mahāyānasūtrālaṃkāra* distingue quatre grandes catégories de conceptions de la pensée de l'éveil, d'une manière différente du *Traité* :

1. Le *cittotpāda* associé à la foi (*ādhimokṣika*) dans la terre préparatoire, appelée Terre de la pratique de la haute conviction (*adhimukticaryābhūmi*).
2. Le *cittotpāda* associé à la haute résolution pure (*śuddhādhyāśayika*), dans les sept premières terres.
3. Le *cittotpāda* de rétribution (*vaipākika*), dans les terres huit et neuf.
4. Le *cittotpāda* exempt d'obstacle (*anāvaraṇika*), dans la dixième terre.

信行與淨依　報得及無障　發心依諸地　差別有四種.
(IV, T. XXXI, n° 1604, pp. 595b-597b ; Lévi, pp. 32-43 ; IV-2, p. 595c, Traduction Lamotte, *Vimalakīrtinirdeśa*, p. 405).

p. 106 (n. 225) :

* *xin* 信 : *śraddhā* : la « foi » est classiquement définie comme étant une « clarification de la pensée », une adhésion au Dharma éclairée par l'intelligence et fondée en raison, et non pas comme un acte irrationnel. *Abhidharmakośa* (T. XXIX, n° 1558, p. 19b ; LVP, Ak, I, pp. 156-157) : « La stance dit : La foi, la diligence, l'aptitude, l'équanimité, le respect, la crainte, les deux racines [de bien : absence de désir et d'aversion], la non-nuisance, et l'énergie se trouvent seulement dans la pensée bonne. Commentaire : Ces *dharma* se trouvent seulement dans la pensée bonne. Parmi eux, la foi [*śraddhā*] est la clarification de la pensée [*cetasaḥ prasādaḥ*]. D'après une autre explication, c'est l'adhésion actuelle aux vérités, au [Triple] Joyau et [à la doctrine] du fruit de l'acte. La diligence c'est cultiver les bons *dharma* et se déprendre des mauvais ». 頌日信及不放逸　輕安捨慚愧　二根及不害　勤唯遍善心. 論曰。如是諸法唯遍善心。此中信者。令心澄淨。有說。於諦[實]實業果中現前忍許故名爲信。不放逸者。修諸善法離諸不善法. C'est (un des *dharma* qui se trouve dans toute bonne

pensée [*kuśalamahābhūmikadharma*], une des activités mentales [*caitta*] ; et n. 3 : D'après *Jñānaprasthāna*, 1, 19. En d'autres termes, la *śraddhā* est le *dharma* par lequel (*yadyogāt*) la pensée, troublée par les *kleśa* et *upakleśa*, devient claire : comme l'eau trouble devient claire par la présence de la gemme qui purifie l'eau (*udakaprasādakamaṇi*). « La stance dit : L'erreur, la non-diligence, la paresse, l'incrédulité, la torpeur, et la dissipation sont toujours dans la pensée souillée. L'erreur (*moha*), c'est-à-dire la stupidité, c'est l'ignorance, l'inintelligence, et l'absence de clarté. L'absence de diligence c'est la dispersion, c'est ne pas cultiver les bons *dharma*, le contraire de la culture des bons *dharma*.[...] L'incrédulité c'est ne pas avoir la pensée claire. C'est le contraire de la foi qu'on a expliquée précédemment » 頌曰　癡逸怠不信　昏掉恒唯染 論曰。此中癡者。所謂愚癡。即是無明無智無顯。逸謂放逸。不修諸善。是修諸善所對治法[...]不信者謂心不澄淨。是前所説信所對治 (*idem*, p. 19c).

Mahāyanasūtrālaṃkāra XIX, -12, (T. XXXI, n° 1604, pp. 650c-651a) : « La foi, en effet, est pour les créatures la semence de recouvrement d'une existence personnelle anoblie » 令起信以爲聖體種子 (Lévi, p. 268).

Lamotte, *Traité*, pp. 56-57, 153 et n. 1 (T. XXV, n° 1509, p. 74bc) : les quatre sortes de foi qui accompagnent l'intelligence des vérités bouddhiques et que l'on appelle les *avetyaprasāda* : foi relative au Buddha, au Dharma, au Saṃgha et aux règles chères aux saints ; le croyant ne doute pas de l'omniscience du Buddha : le Buddha a prêché lui-même la loi bouddhique, mais il n'a rien dit des autres sciences — médecine, géographie, astronomie, calcul, politique, etc. S'il est omniscient, pourquoi n'a-t-il rien dit de toutes ces sciences ?... Il connaît toutes ces choses, mais il en parle quand c'est utile, et n'en parle pas quand c'est inutile. Si on l'interroge, il parle ; si on ne l'interroge pas, il ne dit rien, *Idem*, pp. 56-57 : « Ainsi, par moi, il fut entendu, en une circonstance (*evaṃ mayā śrutam ekasmin samaye*). Ainsi (*evam*). Question : Pourquoi les *sūtra* bouddhiques commencent-ils par le mot *evam* "c'est ainsi" ? Réponse : La loi du Buddha est une grande mer ; la foi est son entrée, le savoir est son passeur. L'"ainsi" (*evam*) est synonyme de foi. L'homme dont le cœur est rempli d'une foi pure peut entrer dans la loi du Buddha ; sans la foi, il ne le peut point. L'incrédule dit : "Ce n'est pas ainsi" ; c'est la marque de l'incrédulité. Le croyant dit : "C'est bien ainsi" ». 如是我聞一時、問諸佛経何以初称如是語答佛法大海信爲能入智爲能度、如是義者即是信。若人心中有信清淨是人能入佛法、若無信是人不能入佛法。不信者言是事不如是、是不信相、信者言是事如是 (T. XXV, n° 1509, pp. 62c-63a).

Le *Traité* ne fait que suivre les définitions classiques dans son interprétation de l'acte de foi.

p. 109 :

* *shengding* 正定 ou *shengdingju* 正定聚 : Il s'agit de la juste détermination à réaliser le *nirvāṇa*, *samyaktvaniyata*. *Vimalakīrtinirdeśa*, trad. Kumārajīva, T. XIV, n° 475, p. 538b[11-12] ; Lamotte, p. 115 : « Le champ de la sagesse est la Terre Pure (*buddhakṣetra*) du *bodhisattva* : au moment où celui-ci obtient l'illumination, les êtres déterminés à acquérir le bien absolu (*samyaktvaniyata*) naissent dans sa Terre Pure ». 智慧是菩薩淨土。菩薩成佛時正定衆生來生其國 [trad. Lokakṣema : 正導成就人民, les êtres justement guidables à la réalisation, n° 474, p. 52a[29]-b[1] : 菩薩智慧爲國故。於佛國得道。能以正導成就人民生于佛土 ; trad. Xuanzang : « les êtres sensibles entrés dans la juste détermination » 已入正定有情, n° 476, p. 559b[19-21] : 修般若土。是爲菩薩嚴淨佛土。菩薩證得大菩提時。一切已入正定有情來生其國]. V. Lamotte, n. 65, références : Le *niyāma* (var. *niyama*, *nyāma*) ou, plus complètement, la *samyaktvaniyāmāvakrānti*, est l'entrée dans la détermination absolue de l'acquisition du bien suprême. Il s'agit d'une *kṣānti* (acquiescement) par laquelle on entre en possession d'un état de prédestination relativement à l'acquisition future du *samyaktva*, c'est-à-dire du Nirvāṇa... Dans le Petit Véhicule, le Śrāvaka obtient le *niyāma* au moment où il pénètre dans le *darśanamārga*, le chemin de la vision des vérités, et où il produit l'acquiescement à la connaissance de la douleur (*duḥkhe dharmajñānakṣāntiḥ*)... Dans le Grand Véhicule, le *bodhisattva* atteint le *niyāma* quand il produit le *cittotpāda* et pénètre dans la première terre (*Daśabhūmika*, p. 11, l. 26-27)... Mais la prédestination du *bodhisattva* se précise au cours de sa carrière. C'est dans la 8e terre qu'il devient « absolument prédestiné » (*atyantaniyata*) quand il acquiert *l'anutpattikadharmakṣānti* et qu'il devient un *bodhisattva avaivartika*.

Abhidharmakośa, p. 350, l. 5, trad. Paramārtha, T. XXIX, n° 1559, p. 273b : entrer dans la juste détermination, *niyāma-avakrānti*. T. XXIX, n° 1558, p. 121b[4-10] ; LVP, t. IV, VI-26a, pp. 180-182 et Add., p. 181 : « Cet [acquiescement à la connaissance de la douleur 苦法智忍] est l'entrée dans le *niyāma*, car elle est l'entrée dans la certitude-de-l'acquisition (*niyama*) du bien absolu ou *samyaktva*. Qu'est-ce en effet que le *samyaktva* ? Le *Sūtra* dit que c'est le Nirvāṇa. — A l'endroit du *samyaktva*, le *niyama* (ou détermination absolue) c'est ce qu'on appelle *niyāma* et encore *niyama*. Entrer (*avakramana*) dans cette détermination-absolue-de-l'acquisisiton-du *samyaktva*, c'est y parvenir (*abhigamana*), c'est en prendre possession (*prāpti*). Une fois cette possession née, l'ascète est un Ārya (*āryapudgala*) ». 即此名入正性離生。亦復名入正性決定。由此是初入正性離生亦是初入正性決定故。經説。正性所謂涅槃。或正性言因諸聖道。生謂煩惱。或根未熟。聖道能越故名離生。能決趣涅槃。或決了諦相故。諸聖道得決定名。至此位中説名爲入。此忍生已得聖者名.

= Paramārtha, n° 1559, p. 273b[15-19] : 説此忍名入正定聚。何以故。因此忍

觀行人能入正定故。正是何法。經中説涅槃名正。於中定者。是一向不異義。至得此決定故名入。若此忍已生。説此人名道人.

Samyaktva-niyata, LVP, pp. 137-138 ; T. XXIX, n° 1558, p. 56c[8-22] :

« Bhagavat classe les êtres qui naissent, durent et meurent, en trois catégories (*rāśi*) : catégorie prédestinée au salut 正性定聚, catégorie prédestinée à la perte 邪定聚, catégorie non prédestinée 不定性聚.

[44cd] : L'*ārya* et le coupable d'*ānantarya* sont prédestinés, le premier au salut, le second à la perte.

Qu'est-ce que le "salut", *samyaktva* ? D'après le Sūtra, l'abandon complet de l'affection, de la haine, de l'erreur, de toutes les passions (*kleśa*), [c'est-à-dire le Nirvāṇa]. — Qu'est-ce qu'un *ārya* ? — Celui en qui est né le Chemin, c'est-à-dire le chemin pur (*anāsrava*). *Ārya*, parce que "allé au loin" *tārād yātaḥ*) du mal, puisqu'il possède la disconnexion (*visaṃyoga*) d'avec les passions (*kleśa*). — Comment l'*ārya* est-il prédestiné (*niyata*) au salut ? — Parce qu'il obtiendra certainement le Nirvāṇa. — Mais l'homme qui acquiert les *mokṣabhāgiya* [libérations], lui aussi, obtiendra certainement le Nirvāṇa. Pourquoi ne pas le considérer comme prédestiné au salut ? — Parce qu'il peut commettre les péchés qui feront de lui un "prédestiné à la perte" ; ou bien parce que, s'il est en effet prédestiné au Nirvāṇa, le moment de son arrivée au Nirvāṇa n'est pas fixé, comme c'est le cas pour les *ārya* à commencer par "celui qui, au maximum, renaîtra sept fois" (*saptakṛtvaḥparama*).

Qu'est-ce que la perte (*mithyātva*) ? — Les destinées infernale, animale, de *preta*. L'homme qui commet les *ānantarya* [fautes irrémissibles] renaîtra certainement en enfer ; il est donc prédestiné à la perte.

Le non prédestiné (*aniyata*) est celui qui n'est pas prédestiné au salut ou à la perte. Qu'il devienne prédestiné à l'un ou à l'autre, ou qu'il continue à ne pas être prédestiné, cela dépend en effet de ses actes futurs ».
世尊於此有情世間生住没中建立三聚。何謂三聚。頌曰

正邪不定聚　　聖造無間餘

論曰。一正性定聚。二邪性定聚。三不定性聚。何名正性。謂契經言。貪無餘斷。瞋無餘斷。癡無餘斷。一切煩惱皆無餘斷。是名正性。定者謂聖。聖謂已有無漏道生。遠諸惡法故名爲聖。獲得畢竟離繫得故。定盡煩惱故名正定。諸已獲得順解脱分者。亦定得涅槃。何非正定。彼後或墮邪定聚故。又得涅槃時未定故。非如預流者極七返有等。又彼未能捨邪性故。不名正定。何名邪性。謂諸地獄傍生餓鬼。是名邪性。定謂無間。造無間者必墮地獄故名邪定。正邪定餘名不定性。彼待二緣可成二故.

= Paramārtha, n° 1559, pp. 213c[28]-214a[13] :

佛世尊安立。屬三聚攝衆生。聚有三種。一正定聚。二邪定聚。三不定聚。於此中偈曰。

正定邪定聚。聖人無間作。

釋曰。何者爲正。欲盡無餘。瞋盡無餘。癡盡無餘。一切惑盡無餘。故名爲正。經説如此。聖者若此人相續中無流道已生故名聖。云何名聖。從惡墮法能遠出離故名聖。

由至得必定永離滅果故。如此等人由於惑盡定故。故名正定。若人已得解脱分能。善根必定涅槃爲法。云何不立爲正定。此人後當墮於邪定。此人不由時定定於正中。譬如七勝等。何者爲邪。地獄畜生鬼神道。説此名邪。此中作無間業人。於地獄道中定故。説名邪定。若異二定所餘非定。此義自成。是三聚觀因縁屬二不屬二.

p. 110 (n. 231) :

* Cette distinction de trois types de conceptions de pensée d'éveil semble reprendre un passage sur la purification des champs de Buddha de l'*Enseignement de Vimalakīrti*, dans la traduction de Kumārajīva :

1. *zhixin* 直心, « pensée droite », correspond au sanskrit *āśaya*, bonnes dispositions. *Vimalakīrtinirdeśa*, T. XIV, n° 475, p. $538b^{1-2}$; Lamotte, p. 114 : « Les bonnes dispositions sont la Terre Pure du *bodhisattva*. Lorsque le *bodhisattva* réalise l'état de *buddha*, les êtres exempts de duperie viennent naître dans sa contrée » 直心是菩薩淨土。菩薩成佛時不諂衆生來生其國.

2. *shenxin* 深心, « pensée profonde », correspond au sanskrit *adhyāśaya*, haute disposition, ou haute résolution. *Vimalakīrtinirdeśa*, T. XIV, n° 475, p. $538b^{2-3}$; Lamotte, p. 114 : « La haute disposition (*adhyāśaya*) est la Terre Pure du *bodhisattva*. Lorsque le *bodhisattva* réalise l'état de *buddha*, les êtres pourvus de mérites viennent naître dans sa contrée » 深心是菩薩淨土。菩薩成佛時具足功德衆生來生其國, 542c.

V. *Avataṃsakasūtra*, T. IX, n° 278, vol. XXIII, p. 544c : *āśaya*. MSA, IV-2, T. XXXI, n° 1604, p. 595c ; Lévi, pp. 33-34 : *adhyāśaya*.

3. *putixin* 菩提心, « pensée de l'éveil », correspond au sanskrit *uttara-cittotpāda*, grande production de pensée [d'éveil]. *Vimalakīrtinirdeśa*, T. XIV, n° 475, p. $538b^{3-4}$; Lamotte, p. 114 : « La pensée de l'éveil est la Terre Pure du *bodhisattva*. Lorsque le *bodhisattva* réalise l'état de *buddha*, les êtres du Grand Véhicule viennent naitre dans sa contrée » 菩提心是菩薩淨土。菩薩成佛時大乘衆生來生其國.

Dans cette liste, le *Traité* a substitué la pensée de grande compassion à la pensée de l'éveil dans une perspective qui se veut mahāyānique ; mais cette perspective est présente dans le *Vimalakīrti*, puisqu'elle s'applique aux êtres engagés dans le Grand Véhicule.

V. Lamotte, *Vimalakīrtinirdeśa*, Appendice, Note II, pp. 405-407 : Au cours de la carrière du *bodhisattva*, le *cittotpāda* est en progression constante, en tant qu'il s'associe à quantité de bons *dharma*, notamment la haute résolution (*adhyāśaya*) et les bonnes dispositions (*āśaya*, *kalyāṇāśaya*).

Ces trois catégories de pensées ont été reprises dans l'amidisme, avec des variations. Elles s'appliquent aux êtres de naissance supérieure de catégorie supérieure, dans la Terre Pure d'Amida, selon le *Sūtra de la commémoration d'Amitāyus*, *Foshuo guanwuliangshoufojing* 佛說觀無量壽佛經, T. XII, n° 365, p. $344c^{10-13}$: « Concernant la naissance supérieure de catégorie supérieure, s'il est des êtres qui font le vœu d'aller naître dans cette contrée, ils conçoivent trois catégories de pensées qui leur permettent d'y naître. Quelles sont-elles ? Premièrement la pensée de sincérité parfaite ; deuxièmement la pensée profonde [d'adhésion] ; et troisièmement, la pensée de vœu de rétrovertir leurs mérites. Celui qui est pourvu de ces trois pensées naîtra sans faute dans cette contrée ». 上品上生者。若有衆生願生彼國者。發三種心即便往生。何等爲三。一者至誠心。二者深心。三者迴向發願心。具三心者必生彼國.

V. aussi *Sūtra d'Amitāyus*, *Wuliangshoujing* 無量壽經, T. XII, n° 360, p. 273c.

L'idée que ces trois sortes de pensée d'éveil du *Traité* (pensée droite, pensée profonde et pensée de grande compassion) ont été considérées commes identiques aux trois premières pensées parmi la liste des dix-sept qualités du *Vimalakīrtinirdeśa*, ainsi qu'aux trois pensées de l'amidisme, par Gyōnen 凝然 (1240-1321), qui se fonde sur l'autorité de Chōsai 長西 (1184-?), un disciple de Hōnen. *Notes du manguier du Commentaire de Shōtoku sur le Vimalakīrtinirdeśa*, *Yuimagyōsho anraki* 維摩經疏菴羅記, DNBZ, 5, p. 226 : « Les maîtres qui, sous les Tang, ont commenté le *Sūtra de la Commémoration d'Amitāyus*, expliquent que les caractères des trois pensées de sincérité, etc., [qui y sont exposées], citent les trois pensées, droite, etc., du *Traité sur l'acte de foi*, pour les y identifier strictement, en les considérant comme l'assurance d'aller naître dans la contrée bienheureuse. Les trois pensées, droite, etc. du présent *Sūtra* [*de Vimalakīrti*] sont[, selon eux,] strictement identiques aux trois pensées du *Traité sur l'acte de foi*. [Cependant,] les dix-sept qualités qu'expose le *Sūtra* [*de Vimalakīrti*] sont des actes de pratique et non pas l'assurance du salut. Les quatorze qui suivent sont des actes de pratique, [mais il est vrai que] les trois premiers éléments sont communs à l'esprit et à la pratique. Autrefois, le révérend Chōsai du Kubonji de Kyoto, était un vénérable de l'école de la Terre Pure. A l'âge de 22 ans, je m'étais rendu le voir dans son temple et avais écouté ses cours sur le *Commentaire du Sūtra de la Commémoration d'Amitāyus* [T. XXXVII, n° 1753] du maître Shandao. Le grand vénérable Chōsai était âgé de 78 ans. Le 7e mois de 1261 (Kōchō, 1, année *kanoto-tori*), il en termina la lecture comme il l'avait entendu. Chōsai me confia la chose suivante : “Les trois pensées du *Sūtra de la Commémoration*, les trois premières pensées parmi les dix-sept qualités du *Sūtra de Vimalakīrti*, et les trois pensées exposées dans le *Traité sur l'acte de foi* sont strictement identiques. Le *Sūtra de Vimalakīrti* et le *Sūtra de la Commémoration* professent également la pensée d'assurance du salut et les pratiques afférentes dans l'optique de la Terre Pure ; les trois pensées du *Traité de l'acte de foi* appartenant à la culture de pratiques de terre impure, sont des cultures d'apaisement d'esprit dans la perspective de la voie sainte. Bien que les orientations des unes et des autres diffèrent, sont identiques dans leur essence." La troisième pensée qu'expose ce *Sūtra* [*de Vimalakīrti*], celle "du Grand Véhicule" (*dashengxin* 大乘心), a été rebaptisée dans la nouvelle traduction [de Xuanzang], "production de la pensée d'éveil" (*faputixin* 發菩提心), ce qui correspond, parmi les dix-huit qualités de ce *sūtra*, à la première, à savoir la pratique de la Terre Pure ornementée. Le *Commentaire* [=?] déclare : 'La grande pensée d'éveil se produit sans rétrocéder, en ayant pour être les cinq facultés et pour objet le grand vœu.' Telle est la grande pensée d'éveil. Aussi Kumārajīva la traduit-elle "pensée du Grand Véhicule". Dans cette section, est commentée la pensée droite. Aussi est-il fait état des deux pratiques de la pensée profonde et de la grande compassion, car la pensée de l'éveil est entièrement pourvue de la chose en elle-même et de sa visée ».

Les équivalences entre l'« ancienne traduction » (de Zhi Qian, T. XIV, n° 474, p. 520a^{20} : *daoyi* 道意, pensée d'éveil ; Kumārajīva, T. XIV, n° 475, p. 438b$^{3-4}$: *putixin* 菩提心, pensée d'éveil), et la « nouvelle traduction » (de Xuanzang, T. XIV, n° 476, p. 559a^{29}-b^{1} : *faqi wushang putixintu* 發起無上菩提心土, production de l'élément de la pensée d'éveil suprême, terme rajouté par Xuanzang devant la liste des causes de la Terre Pure) à propos de la « pensée du Grand Véhicule » et de la « production de la pensée d'éveil », sont au sens strict inexactes et seulement approximatives (en outre la citation du *Commentaire*, qui vient à l'appui, n'est ni de Shōtoku Taishi ni de Shandao, et pourrait être une invention japonaise ayant circulé à l'époque de Gyōnen) ; elles indiquent comment la tradition japonaise a compris ces termes et, de ce point de vue, l'interprétation de Chōsai-Gyōnen est révélatrice et n'est d'ailleurs pas infidèle au sens général du passage interpellé.

De même le *Sūtra des recueils de la Loi* (*Fajijing* 法集經, T. XVII, n° 761, pp. 643c^{16}-647a^{12}, a$^{24-28}$) fait une énumération des trois pensées du *Traité* qui est identique jusque dans la nomenclature, en accordant le primat à la pensée de grande compassion. Cet ouvrage, dont on ne possède pas de version sanskrite, mais qui a été traduit par Bodhiruci en 515, pourrait être une source du *Traité*, et vient renforcer l'hypothèse que c'est autour de la personne de Bodhiruci qu'il a pu être composé. Citons des extraits de ce passage : « A ce moment-là, le *bodhisattva* Avalokiteśvara a déclaré au Buddha : " Vénéré du monde, le *bodhisattva* n'a pas à cultiver et à étudier de nombreuses choses (*dharma*). Vénéré du monde, si le *bodhisattva* ne retient qu'une seule chose, il pourra connaître bien cette seule chose. Toutes les autres qualités (*dharma*) des *buddha* se trouveront spontanément comme dans la paume de sa main. Vénéré du monde, quelle est cette chose unique ? C'est la grande compassion. Si le *bodhisattva* pratique la grande compassion, toutes les autres qualités des *buddha* se trouveront comme dans la paume de sa main. Vénéré du monde, il en va comme d'un souverain qui tourne la roue (*cakravartirāja*) ; où qu'aille le trésor de la roue sur laquelle il est monté, ses quatre armées le suivent. Vénéré du monde, il en va de même du *bodhisattva mahāsattva*. En montant sur la pensée de grande compassion 大悲心, où qu'il aille, toutes les qualités des *buddha* vont spontanément à la suite de la grande compassion. Vénéré du monde, il en est comme du soleil qui, en se levant, éclaire toutes les catégories de choses si bien que tous les êtres accomplissent leurs œuvres sans encombre. Vénéré du monde, il en va de même du *bodhisattva mahāsattva*. Où qu'il aille, le soleil de sa grande compassion éclaire le monde et là, les êtres pratiquent derechef toutes les ailes de l'éveil avec aisance. Il en va comme de toutes les facultés qui ont la faculté mentale pour fondement. C'est en suivant celle-ci qu'elles peuvent toutes appréhender les objets. Vénéré du monde, il en va de même du *bodhisattva mahāsattva*. C'est en s'appuyant sur la grande compassion qu'il se tient dans toutes les ailes de l'éveil. Selon l'aile de l'éveil où il se tient, et selon ce qu'il a à accomplir, il cultive les pratiques spontanément. Vénéré du monde, pour prendre une comparaison, c'est en s'appuyant sur la faculté vitale que toutes les autres facultés existent. Vénéré du monde, il en va de même du *bodhisattva mahāsattva*. C'est en s'appuyant sur la grande compassion que toutes les autres ailes de l'éveil existent. Vénéré du monde, tel est ce qu'on appelle le recueil de la Loi d'excellence" ».

爾時觀世音菩薩白佛言。世尊。菩薩不須修學多法。世尊。菩薩若受持一法善知一法。餘一切諸佛法。自然如在掌中。世尊。何者是一法。所謂大悲。菩薩若行大悲。一切諸佛法如在掌中。世尊。譬如轉輪王所乘輪寶。隨往何處一切四兵隨順而去。世尊。菩薩摩訶薩亦復如是。乘大悲心隨至何處。彼諸佛法隨順大悲自然而去。世尊。譬如日出朗照萬品。一切衆生作業無難。世尊。菩薩摩訶薩亦復如是。隨於何處大慈悲日照於世間。彼處衆生於一切菩提分法修行則易。世尊。譬如諸根以意爲本。悉能隨意取於境界。世尊。菩薩摩訶薩亦復如是。依於大悲住持一切菩提分法。隨諸分中。隨可作事中自然修行。世尊。譬如依彼命根有餘諸根。世尊。菩薩摩訶薩亦復如是。依於大悲有餘一切菩提分法。世尊。是名勝妙法集.

« A ce moment-là, le *bodhisattva* Sāramati a déclaré au Buddha : "Vénéré du monde, toutes les qualités ont pour fondement la pensée droite 直心 et la pensée profonde 深心. Vénéré du monde, si le *bodhisattva* n'a pas la pensée droite ni la pensée profonde pour fondement, ce *bodhisattva* se trouvera départi au loin de toutes les qualités d'excellence des *buddha*. Vénéré du monde, le *bodhisattva* qui a accompli la pensée droite et la pensée profonde proférera spontanément le son de la Loi dans le haut du ciel, dans les arbres, les pierres et les murs, même s'il ne se trouve pas de *buddha* pour prêcher la Loi. Vénéré du monde, le *bodhisattva* à la pensée droite et à la pensée profonde pourra par la seule

pensée entendre lui-même le son de la Loi et suivre toutes les qualités d'excellence des *buddha*. C'est la raison pour laquelle, Vénéré du monde, le *bodhisattva mahāsattva* doit cultiver la pensée droite et la pensée profonde. Vénéré du monde, il en est comme d'un homme qui, pourvu de jambes, est de ce fait en mesure de voyager en marchant. Vénéré du monde, il en va de même du *bodhisattva mahāsattva*. S'il possède la pensée droite et la pensée profonde, il pourra pratiquer spontanément toutes les qualités d'excellence des *buddha*.[...] Vénéré du monde, il en va de même du *bodhisattva mahāsattva*. S'il n'a pas la pensée droite ni la pensée profonde, toutes les bonnes qualités des *buddha* ne pourront pas grandir. C'est la raison pour laquelle, Vénéré du monde, si le *bodhisattva* veut réaliser l'éveil des *buddha*, il doit pouvoir de lui-même se saisir de la pensée droite et de la pensée profonde, il doit pouvoir de lui-même garder la pensée droite et la pensée profonde, il doit de lui-même purifier la pensée droite et la pensée profonde. Vénéré du monde, tel est ce qu'on appelle le recueil de la Loi d'excellence ».
爾時堅意菩薩白佛言。世尊。諸法直心深心以爲根本。世尊。若菩薩無直心深心。是菩薩則爲遠離諸佛妙法。世尊。成就直心深心菩薩。若無佛説法。於上虛空及樹木石壁等中。自然出於法聲。世尊。直心深心菩薩。意自能念聞於法聲。隨順一切諸佛妙法。是故世尊。菩薩摩訶薩應當修行直心深心。世尊。如人有足則能遊行。如是世尊。菩薩摩訶薩亦復如是。有直心深心。諸佛妙法自然修行.[...] 世尊。菩薩摩訶薩亦復如是。若無直心深心。則一切諸佛善法不復生長。是故世尊。菩薩欲得諸佛菩提。應自善取直心深心。善自守護直心深心。善自清淨直心深心。世尊。是名勝妙法集.

(Je dois cette dernière référence à mon collègue Ishii Kōsei).

Le *Traité* réagence habilement des données antérieures qui, comme ici, peuvent aller dans le sens de la foi dans la Terre Pure.

V. aussi note complémentaire sur *putixin*, pp. 104-105.

p. 141 (n. 278)

* *zhiguan* 止觀 : *śamatha-vipaśyanā*. Sur ce composé correspondant à la *via purgativa* et à la *via illuminativa*, v. *Lhasa*, 79 ; *Siddhi*, pp. 596-597 (explications avec textes indiens). *Bodhisattvabhūmi*, fol. 45b, Muséon, 1911, p. 186, et fol. 101a.

Le *Mahāyānasūtrālaṃkāra* définit ainsi l'apaisement et l'examen mentaux : « Ensuite, on explique la culture du calme et de l'examen mentaux des *bodhisattva*. La stance dit :

[66] Apaisement de la pensée dans la concentration correcte,
Tel est ce qu'on appelle le calme.
La juste station dans la distinction des choses,
Tel est ce qu'on appelle la marque de l'examen mental.

Commentaire : La phrase "Apaisement de la pensée dans la concentration correcte,

Tel est ce qu'on appelle le calme" signifie que le calme s'érige lorsque la pensée s'appuie sur la concentration correcte sans voir, et sans que la pensée ne soit concentrée correctement. Tel est ce qu'on appelle la marque du calme mental. La phrase "La juste station dans la distinction des choses, Tel est ce qu'on appelle la marque de l'examen mental" veut dire que ce qu'on appelle la marque de l'examen mental est le fait de distinguer l'être des choses en s'appuyant sur la juste station. Question : Comment cultive-t-on ces deux ? La stance dit :

Vouloir universellement toutes les qualités
C'est ainsi qu'on doit cultiver les deux ensemble,
En partie ou non en partie,
Car la culture est unilatérale ou duelle.

Commentaire : La phrase "Vouloir universellement toutes les qualités, C'est ainsi qu'on doit cultiver les deux ensemble" veut dire que, si quelqu'un veut cultiver universellement toutes les qualités, cet homme doit cultiver les deux pratiques du calme et de l'examen mentaux ensemble. Ainsi est-il expliqué dans un *sūtra* : "Les religieux, pour se départir des désirs, des maux et choses non-bonnes, et ainsi de suite, les religieux ont deux choses qu'ils doivent impérativement cultiver, à savoir le calme et l'examen mentaux." "En partie ou non en partie" veut dire, dans le premier cas, soit le calme, soit l'examen mental ; et dans le second cas, le calme et l'examen mentaux conjugués. Question : Pour quelle raison ? Réponse : Car la culture est unilatérale ou duelle. La culture unilatérale est partielle : c'est soit le calme, soit l'examen mental qu'on cultive. La culture duelle est non-partielle : c'est de façon conjuguée qu'on cultive le calme et l'examen mentaux. Question : En quoi ces deux pratiques diffèrent-elles en genre ? Et quelles sont leurs activités ? La stance dit :

Pénétration, sortie,
Absence de signes, inconditionnées
Terre Pure et fruit pur
Telles sont les activités de ces deux.

Commentaire : La première partie de la stance explique les différences en genre, et la seconde partie leurs activités. Ces deux éléments sont appelés culture de point d'appui, lorsqu'on est dans la terre [préliminaire] de conduite par adhésion. Lorsqu'on entre dans les grandes terres [les dix terres], on en distingue à nouveau quatre types. Premièrement, la culture de pénétration, qui s'applique à l'entrée dans la première terre. Deuxièmement, la culture de sortie, qui se dit de l'entrée jusqu'à la sixième terre, car dans ces six terres, on sort des moyens salvifiques qui comportent des signes. Troisièmement, la culture sans signe, qui

s'applique à l'entrée dans la septième terre. Quatrièmement, la culture inconditionnée, qui s'applique à l'entrée dans les trois terres suivantes. La culture qui met en œuvre des efforts est qualifiée de conditionnée. Dans les trois dernières terres, comme on n'accomplit pas plus d'effort, on parle d'inconditionné. Telles sont les distinctions des cinq catégories [de pratique]. Quant à la Terre Pure, c'est en s'appuyant sur les trois dernières terres qu'on cultive les pratiques de la Terre Pure, et le fruit pur met en œuvre l'accomplissement de la révolution du support [psychosomatique]. C'est en ces deux puretés que consistent leurs activités. Nous avons expliqué le calme et l'examen mentaux du *bodhisattva* ».
次說菩薩修習止觀。偈言

安心於正定　此即名爲止　正住法分別　是名爲觀相

釋日。安心於正定此即名爲止者。謂心依正定而不見。心非無正定而立止故。是名止相。正住法分別是名爲觀相者。謂依正住分別法體。是名觀相。問此二行云何修。偈曰

普欲諸功德　是二悉應修　一分非一分　修有單雙故

釋日。普欲諸功德是二悉應修者。若人遍欲求諸功德。是人於止觀二行悉應修習。如經中說。佛告諸比丘。若有所求云何令得。諸比丘。離欲離惡不善法。乃至廣說。諸比丘。有二法應須修習。所謂止觀。一分非一分者。一分謂或止或觀。非一分謂止觀合。問何故。答修有單雙故。單修者一分。或止修或觀修。雙修者非一分。謂止觀合修。問此二行云何種差別。復云何業。偈日

能通及能出　無相亦無爲　淨土及淨果　是二即爲業

釋日。此偈上半明種差別。下半明業。此二法在信行地名依止修。若入大地復有四種差別。一能通修。謂入初地。二能出修。謂入乃至六地。於彼六地出有相方便故。三無相修。謂入第七地。四無爲修。謂入後三地。作功用修名有爲。後三地不作功用故名無爲。此五是種差別。淨土者。依後三地修淨土行。淨果者。作轉依行。此二淨。即是彼業。已說菩薩止觀 (XVIII-66, 67, 68, T. XXXI, n° 1604, pp. 644c-645a ; Lévi, pp. 244-245).

Le même texte donne les explications suivantes :

« Ensuite, nous expliquons les cinq qualités de chacune des perfections du *bodhisattva*. La stance dit :

Lorsqu'il progresse de terre en terre,
Chaque perfection a cinq qualités :
Deux et deux plus une
Doit-il s'aviser de la concomitance du calme et de l'examen.

Commentaire : La phrase "Lorsqu'il progresse de terre en terre, chaque perfection a cinq qualités" veut dire que, dans chacune des terres, le *bodhisattva* cultive une perfection, et que chacune de celle-ci possède cinq qualités. Quelles sont les cinq ? La première est la culture de destruction. La seconde est l'obtention d'un appui. La troisième est la connaissance parfaite. La quatrième est l'apparition des signes. La cinquième est la cause étendue. La culture de la destruction consiste à

éliminer à chaque instant l'ensemble des imprégnations dans leur support. L'obtention de l'appui consiste à obtenir le bien-être de la Loi en se départissant de la multiplicité des signes. La connaissance parfaite est le savoir universel de tous les aspects sans limitations. L'apparition des signes est l'apparition de l'absence de signes distinctifs en entrant dans les grandes terres [les dix terres]. La cause étendue est l'accroissement dans l'appréhension de l'ensemble des mérites et du savoir afin de parachever et purifier le corps de la Loi sous tous ses aspects. La phrase "Deux et deux plus une, doit-il s'aviser de la concomitance du calme et de l'examen" veut dire qu'il doit s'aviser que, parmi ces qualités, les deux premières ressortissent au *śamatha*, les deux suivantes appartiennent à la *vipaśyanā*, et que la cinquième appartient aux deux en même temps. Nous avons expliqué les cinq qualités de chacune des perfections ».
次說菩薩度度五功德。偈曰

地地昇進時　度度有五德　二及二及一　應知止觀俱

釋曰。地地昇進時度度有五德者。菩薩於一一地修一一度。於一一度皆具五種功德。何者爲五。一滅習。二得猗。三圓明。四相起。五廣因。滅習者。一一刹那滅除依中習氣聚故。得猗者。離種種相得法樂故。圓明者。遍知一切種不作分段故。相起者。由入大地無分別相生故。廣因者。爲滿爲淨一切種法身福聚智聚攝令增長故。二及二及一應知止觀俱者。此中應知。初二功德是奢摩他分。次二功德是毘鉢舍那分。第五功德是俱分。已說菩薩度度五功德 (MSA, XX, XXI, 31, T. XXXI, n° 1604, pp. 658c-659a ; Lévi, p. 296).

pp. 142-143 (n. 280) :

* *suishun* 隨順 : *anukūlatā*#. *Vijñaptimātratāsiddhi*, I, p. 322 : « D'après d'autres [Maîtres divergents du Grand Véhicule ou Mahāsaṃghikas], la foi a pour nature l'adaptation : dans cette hypothèse, elle sera de trois espèces [bonne, etc.] d'après l'espèce de l'objet auquel on s'adapte : elle sera *adhimokṣa* ou *chanda*. Si elle est adaptation d'adhésion 印順, elle sera *adhimokṣa* ; si elle est adaptation de complaisance 樂順, elle sera *chanda*. En dehors d'*adhimokṣa* et de *chanda*, il n'y a pas d'adaptation 順 ».
Anulomika : favoriser, dans le *Mahāyānasaṃgraha*, T. XXXI, n° 1594, 144a, Lamotte, 183). *sarva-sattvāśaya-deśanārtha-vyabhicāraṇī*, « C'est par accommodation à l'esprit de tous les êtres que sont énoncés tous les *sūtras* » 隨順一切衆生心説 (*Lhasa*, p. 61).

Mahāyānasūtrālaṃkāra :

« Énoncé, exposé, conformité aux Véhicules, douceur, netteté, comme il faut, Évasion, facilitation. [...] Facilitation, avec des mots et des lettres qui approvisionnent de Membres le prudent (*nipaka*), parce qu'ils facilitent le Chemin à Huit Membres pour celui qui a encore à apprendre ». 次說字成就。偈曰　擧名及釋義　隨乘亦柔軟　易解而應機　出離隨順故

釋。...隨順者。正行諸字句隨順八支聖道故 (XII-8, 9, T. XXXI, n° 1604, pp. 619b-620a ; Lévi, pp. 141-142).

** La version de Śikṣānanda, par souci de simplicité et de limpidité, omet le terme *guan* quand il ne traduit pas *vipaśyanā*, ainsi que celui de *suishun*, donnant au passage un sens parfaitement intelligible : « Faire disparaître les objets du monde discursif est le sens de l'apaisement (*zhi*), et voir clairement les signes de naissance et de disparition selon des causes et des conditions est le sens de l'examen (*guan*). Au début, on les cultive chacune séparément, mais lorsqu'ils s'accroissent graduellement pour atteindre la réalisation, c'est spontanément qu'on les pratique de façon concommitante ».

pp. 146-147 (n. 291) :

* *yixing sanmei* 一行三昧 : L'équivalent sanskrit en serait *ekāyana-samādhi*#, concentration de pratique unique. *Chen-Houei*, p. 181 [2], ou encore *ekākāra samādhi*#. cf. *Mahāvyutpatti*, n° 594 (89) : *ekākāro nāma samādhiḥ* Réf. au *Lengqieshiziji* T. LXXXV, n° 2837, p. 1286a, qui cite T. VIII, n° 241, p. 731a, où le terme ne se trouve pas. *Sūtra de l'estrade*, §14, Yampolsky, p. 136 = T. XLVII, n° 2008, pp. 352c[25]-353a[2] : « Le maître donna cette instruction à l'assemblée : Amis de bien, le *samādhi* de pratique unique consiste, en tout lieu, que l'on marche ou soit à l'arrêt, que l'on soit assis ou couché, à contituellement pratiquer d'une seule pensée droite ». Le *Sūtra de Vimalakīrti* déclare (T. XIV, n° 475, p. 538b, Lamotte, p. 114) : « C'est la pensée droite (*āśaya*, bonne disposition) qui est l'aire de l'éveil. C'est la pensée droite qui est la Terre Pure ». Ne soyez pas retors dans votre pensée et votre conduite, et que votre bouche parle seulement droit. [Sinon,] c'est verbalement que vous parlerez du *samādhi* de pratique unique sans agir d'une pensée droite. Agissez seulement d'une pensée droite, et vous n'aurez plus d'attachement envers toutes choses. Les hommes égarés en s'attachant à l'aspect des choses, s'aggrippent au *samādhi* de pratique unique. Se prenant immédiatement aux mots, ils s'assoient perpétuellement sans bouger, et ne produisent plus aucune pensée désordonnée : voilà ce qu'est pour eux le *samādhi* de pratique unique. Une telle intelligence des choses conduit à être comme un être inanimé, et à faire au contraire obstacle à la voie ».
師示衆云。善知識。一行三昧者。於一切處行住坐臥。常行一直心是也。淨名云。直心是道場。直心是淨土。莫心行諂曲。口但説直。口説一行三昧。不行直心。但行直心。於一切法勿有執著。迷人著法相。執一行三昧。直言常坐不動。妄不起心。即是一行三昧. 作此解者。即同無情。卻是障道因縁.

Kobayashi Enshō, *Ichigyō zanmairon*, *Nihon bukkyō gakkai nenpō*, n° 41,

1976, pp. 161-162 : rendu « concentration on the unified oneness of the universe ». L'auteur met en rapport la composition du *Traité* avec celle d'un *Traité sur le sens du Grand Véhicule* 大乘義章, ouvrage non conservé qu'aurait composé le moine Tanmozui, selon la *Chronique des monastères de Luoyang*, et qu'aurait loué Bodhiruci. L'existence d'un tel ouvrage montre tout du moins qu'à l'époque où le *Traité* a été composé, on se préoccupait en Chine de définir ce qu'était le Grand Véhicule bouddhique, souci auquel répond le *Traité sur l'acte de foi dans le Grand Véhicule* : « Le moine Tanmozui excellait dans la discipline du *dhyāna* et lisait les *sūtra* du *Mahāparinirvāṇa* ainsi que de l'*Avataṃsaka*. Il avait un millier de moines pour disciples. Le moine étranger de l'Inde, Bodhiruci, l'ayant rencontré, le révérait en lui donnant le qualificatif de *bodhisattva*. Bodhiruci était réputé pour son intelligence des doctrines bouddhiques, était qualifié d'*arhat* par les étrangers dans les pays occidentaux. Il connaissait la langue des Wei [= le chinois] ainsi que la calligraphie régulière [des scribes]. Il a traduit vingt-trois ouvrages, *sūtra* et traités, parmi lesquels le *Traité sur le Daśabhūmika* (T. XXVI, n° 1522) et le *Laṅkāvatārasūtra* (T. XVI, n° 671). Il était inégalable depuis que [l'empereur Ming des Han postérieurs] avait fait copier les paroles d'or [du *Sūtra en quarante-deux articles*] dans la grotte [Lantai de Luoyang] et que [Kumārajīva] avait transmis les enseignements vrais dans le temple de l'Ermitage [Caotangsi]. A chaque fois qu'il lisait le *Traité sur le sens du Grand Véhicule* de Tan Mozui, Bodhiruci claquait des doigts en en louant les paroles sublimes. Il le traduisit en sanskrit et le transmit dans les contrées occidentales. Là, les moines se tournaient toujours vers l'Est pour le révérer au loin et appelèrent Tanmozui "le saint des contrées orientales" » 比丘曇謨最善於禪學。講涅槃花嚴。僧徒千人。天竺國胡沙門菩提流支見而禮之號爲菩薩。流支解佛義知名。西土諸夷號爲羅漢。曉魏言及隸書。翻十地楞伽及諸經論二十三部。雖石室之寫金言。草堂之傳眞教。不能過也。流支讀曇謨最大乘義章。每彈指讃嘆唱言微妙。即爲胡書寫之傳之。於西域沙門常東向遥禮之。號曇謨最爲東方聖人 (T. LI, n° 2092, p. 1017b$^{10-18}$).

Sūtra de l'estrade, T. XLVIII, n° 12008, p. 346c$^{5-6}$: « le *samādhi* de pratique unique se dit de l'unicité de la sphère de la Loi. Quoique la multiplicité des biens diffère, tous [se ramènent] exactement à une seule pratique » 一行三昧者。法界一相之謂也。謂萬善雖殊。皆正於一行者也 ; *id*. p. 347a$^{10, 17}$; *Id*, p. 361a$^{27-28}$, b^{3}.

Saptaśatikāprajñāpāramitāsūtra, T. VIII, n° 232, p. 731a^{24}-b^{7} : « Il est en outre le *samādhi* de pratique unique (*ekavyūhasamādhi*). Si les hommes et les femmes de bien cultivent ce *samādhi* [de pratique unique], ils réalisent rapidement l'éveil parfait sans supérieur. Mañjuśrī déclara : "Vénéré du monde, pourquoi l'appelle-t-on le *samādhi* de pratique unique ? " Le Buddha de déclarer : "[En raison] du caractère unique de l'élément de la

Loi ; c'est l'application de l'esprit au monde de la Loi qu'on appelle le *samādhi* de pratique unique. Les hommes et les femmes de bien qui veulent entrer dans le *samādhi* de pratique unique doivent tout d'abord prendre connaissance de la perfection de sapience et la cultiver comme ils l'ont entendue. Ensuite, ils peuvent entrer dans le *samādhi* de pratique unique et, à l'instar de l'objet visé de l'élément de la Loi, ils sont sans régression ni décrépitude, dans l'inconcevable, la non-obstruction et l'absence de signe. Les hommes et les femmes de bien qui veulent entrer dans le *samādhi* de pratique unique doivent, dans un endroit retiré, rejeter les pensées désordonnées, ne pas s'attacher aux formes extérieures, attacher leur pensée à un seul *buddha*, réciter son nom. En se tenant correctement face à la direction de ce *buddha*, ils pourront y appliquer continûment leur pensée à tout instant. Alors, dans leur pensée ils pourront voir tous les *buddha* du passé, du futur et du présent. Pour quelle raison ? En appliquant leur pensée à l'immensité et à l'infinité des qualités d'un *buddha*, [ils verront qu']elles ne sont pas duelles avec les qualités immenses de tous les *buddha*, et que les qualités de *buddha* inconcevables sont indistinctives, et que tous, en tirant profit de l'identité unique, réalisent le droit éveil suprême et sont pourvus de qualités innombrables ainsi que d'une éloquence infinie." »
復有一行三昧。若善男子善女人修是三昧者。亦速得阿耨多羅三藐三菩提。文殊師利言。世尊。云何名一行三昧。佛言。法界一相。繫縁法界是名一行三昧。若善男子善女人。欲入一行三昧。當先聞般若波羅蜜如說修學然後能入一行三昧。如法界縁不退不壞。不思議無礙無相。善男子善女人欲入一行三昧。應處空閑捨諸亂意不取相貌繫心一佛專稱名字。隨佛方所端身正向。能於一佛念念相續。即是念中能見過去未來現在諸佛。何以故。念一佛功德無量無邊。亦與無量諸佛功德。無二不思議。佛法等無分別。皆乘一如成最正覺。悉具無量功德無量辯才 (Traduit vers 503 par Maṇḍalasena#).

p. 159 (n. 306) :

* *xingzhuwuqi* 行住臥起 : On trouve les deux derniers éléments de la même liste dans le *Sūtra de la formation du monde*, *Qishijing* 起世經, T. I, n° 24, p. 313c : Le grand roi des Nāga [dragon-éléphant] Supratiṣṭhita 善住大龍象王, s'ébattant librement dans le lac Mandākinī, un des sept lacs de l'Himalaya, situé à son nord, lorsqu'il en sort dans la forêt Supratiṣṭhitaśālāvana, accompagné de huit mille *nāga*. Se tenant alors sous le roi des arbres, il y est à son aise en se couchant et en se levant à son gré 随意臥起受安樂. Les huit mille *nāga*, à sa suite s'installent sous huit mille arbres, librement à leur aise, « en marche, debout, couchés ou en se levant » 行住臥起自在安樂.

On a les mêmes expressions de 随意臥起 et 行住臥起自在安樂 dans le

Sūtra de l'origine de la formation du monde, Qishiyinbenjing 起世因本經, T. I, n° 25, p. 369a.

Dans le passage équivalent du *Dīrghāgama*, *Sūtra de la formation du monde, Shiqijing* 世起經, T. I, n° 1, p. 117c, *sūtra* n° 30, chapitre du Jambhudvīpa, c'est le roi des éléphants, en même temps que huit mille autres éléphants, qui s'assoient, se couchent et marchent en vaquant à leur gré 坐臥行歩隨意所遊. La position assise pourrait se comprendre par le fait qu'il s'agit d'éléphants et non plus de dragons ; la station debout est éliminée. Mais le *Lokasthāna*#, T. I, n° 23, p. 279c, qui met également en scène le roi des éléphants et ses huit mille suivants, élimine les positions assise et debout : ils sont à leur aise, couchés, en se levant et en marchant 象王從意。臥起行步。其餘八千象。各各亦隨意。在樹間臥起行步。從意所欲.

Une lecture du *Daijōkishinron* par IZUTSU Toshihiko

Métaphysique de la conscience : la philosophie du *Traité sur l'acte de foi dans le Grand Véhicule*

I. Introduction

On ne sait pas qui a écrit le *Traité sur l'acte de foi dans le Grand Véhicule* (selon une tradition ancienne dans l'histoire de la pensée bouddhique, il est attribué au moine indien qualifié du nom de bodhisattva Aśvaghoṣa ; néanmoins, même si tel était le cas, la question n'en demeure pas moins de savoir de *quel* Aśvaghoṣa il s'agit : il n'existe en effet pas qu'un seul penseur portant ce nom).

En conséquence, on ignore quand et où l'ouvrage a été rédigé. On ne sait non plus en quelle langue d'origine il a été composé (de fait, nous ne disposons plus que de deux versions chinoises du texte, l'une dite ancienne et l'autre nouvelle. S'agissant de *traductions*, on imagine aisément que l'original en est indien, mais là encore des doutes subsistent quant à la phraséologie. Il pourrait s'agir en réalité d'un apocryphe composé dès le départ en chinois).

Cependant, cet ouvrage, qui n'est qu'un petit fascicule constitué (en apparence) de pièces et de morceaux de source inconnue et d'origine incertaine, n'en est pas moins parvenu jusqu'à nos jours en jouissant de l'aura de l'un des traités majeurs du Grand Véhicule qui exerça une très forte influence sur le cours de l'histoire de la pensée bouddhique depuis le VIe siècle.

Ce texte est extrait de l'ouvrage d'Izutsu Toshihiko *Métaphysique de la conscience — la philosophie du* Traité sur l'acte de foi dans le Grand Véhicule, *Ishiki no keijijōgaku — Daijōkishinron no tetsugaku*, publié en 1993.

Nous avons donné les termes philosophiques utilisés par Izutsu en transcription japonaise et, selon les cas, indiqué leur prononciation chinoise avec le sigle ch..

Les commentaires et les études sur ce *Traité* ont naturellement afflué depuis les temps anciens pour atteindre une quantité considérable. Il n'entre pas dans mes intentions de venir grossir leur nombre en ajoutant un commentaire de plus. Je ne m'essaierai pas non plus à retraduire l'ensemble du *Traité*. Ma démarche est toute autre.

Le *Traité sur l'acte de foi dans le Grand Véhicule* est sans nul doute un ouvrage de nature fondamentalement religieuse.

Mais il est aussi un ouvrage de *philosophie* bouddhique. Je me propose ici de me focaliser sur ce deuxième aspect afin de *relire* le *Traité*, en analysant les questions philosophiques qu'il soulève et en cherchant ce qu'il peut apporter à la pensée philosophique. Il s'agit donc d'essayer de suivre aussi loin que possible le fil des questions philosophiques qu'il soulève de façon explicite ou implicite.

Je voudrais donc considérer cet ouvrage comme un matériau de base pour dégager, comme je le fais depuis des années, une « structure synchronique » l'ensemble de la philosophie orientale et construire dans une perspective nouvelle sa métaphysique de la conscience.

Ayant eu l'occasion de m'en expliquer en maintes occasions depuis une vingtaine d'années, je ne voudrais pas m'étendre sur l'importance que revêt pour nous qui vivons aujourd'hui la compréhension de la « structure synchronique » qui traverse de part en part la philosophie orientale. L'essentiel est de lire les textes anciens de façon renouvelée. Il s'agit de les « lire », de les lire de façon renouvelée, de les relire, mais en aucun cas de lire des textes anciens en tant que textes *anciens*.

Il ne faut pas, par futilité, laisser les textes de la pensée traditionnelle, qui nous ont été transmis pour constituer un précieux patrimoine culturel, ne servir que d'inutiles ornements sur l'autel des dieux, tels des objets du passé, mais il faut les relire d'une manière positive et entièrement nouvelle dans une perspective actuelle. Tout en répondant aux demandes pressantes de la pensée contemporaine, il s'agit de déchiffrer et de laisser se développer dans une visée créatrice et porteuse d'avenir les possibilités que recèlent les textes classiques.

Je ne sais trop quels résultats on peut en escompter, mais toujours est-il que c'est l'attitude que j'adopte pour me pencher sur la tradition de la philosophie orientale. Ce modeste ouvrage qui prend pour thème le *Traité sur l'acte de foi dans le Grand Véhicule* n'est qu'un timide premier pas dans cette direction.

II. Une forme de pensée bifaciale

Lorsqu'on aborde le texte du *Traité sur l'acte de foi dans le Grand Véhicule* en se proposant la *lecture* philosophique que je viens d'évoquer, on se trouve tout d'abord face à deux particularités remarquables.

La première est la structuration spatiale de la pensée. Même lorsqu'il s'agit de fonctions internes, comme un mot-clé du traité *xin*, « l'esprit » ou « la pensée » (concept sur lequel je reviendrai plus loin), ou encore la conscience, la réflexion métaphysique du *Traité* les envisage toujours de manière spatiale ou territoriale. Par cette opération, l'« esprit » quitte sa temporalité originelle pour être représenté comme un développement spatial, limité ou illimité, et se voit donc en premier structuré sous cette forme (j'entrevois déjà le rictus que ferait Bergson !).

La spatialité de la pensée est au fondement même des conceptions qui imprègnent toute la structure de la philosophie du *Traité sur l'acte de foi dans le Grand Véhicule*, mais je m'abstiendrai ici d'en traiter plus avant.

La deuxième particularité du mouvement de la pensée est que

celle-ci s'y développe toujours de façon bifaciale, antinomique et dichotomique. Autrement dit, sa progression n'y est pas purement linéaire. C'est ce qui fait le charme particulier du Traité et en même temps sa difficulté.

L'ensemble est construit de façon très logique, sans la moindre faille, et offre l'apparence d'un ordre où le fil du raisonnement ne se rompt jamais. Mais lorsqu'on approfondit la lecture, on y découvre une pensée qui se déploie de façon très vigoureuse et dans le même temps emprunte avec souplesse des sinuosités.

Le fil de la pensée est sans cesse dichotomique et progresse en dessinant de subtiles oscillations entre les termes (*telos*) vers lesquels orientent des amphibologies. On se perd donc souvent dans les sinuosités d'une pensée qui se développe en oscillant à droite, à gauche, puis qui, en se ravisant, revient à son point de départ. En dépit d'une ordonnance logique au premier abord simple, la forme de la pensée du *Traité* n'est pas linéaire. C'est pourquoi, si on suit en droite ligne la progression de la pensée qui s'y développe, elle ne pourra que nous apparaître grosse de contradictions internes.

La forte tendance à la dichotomie de cette pensée se manifeste par le caractère bifacial et antinomique que revêt la signification (la structure sémantique) de la majeure partie sinon la quasi-toTalité des termes techniques et des mots-clés utilisés. Je me contenterai ici d'en donner un ou deux exemples parmi d'innombrables autres (m'en remettant pour le détail à mon exposé dans le corps du texte).

Je voudrais tout d'abord considérer un mot-clé qui occupe une place capitale non seulement dans le *Traité*, mais dans l'ensemble du bouddhisme du Grand Véhicule, celui de « Talité », la réalité telle qu'elle est (*tathatā* en sanskrit, traduit en chinois par *zhenru* 眞如 et lu en japonais *shinnyo*). Le sens de ce terme peut être saisi de façons différentes mais dans le *Traité* (j'en discuterai plus loin), il désigne en premier la toTalité et l'unité, indivisée et indivisible, de l'énergie de l'être et de la force de sa manifestation qui emplit l'univers illimité ; elle est fondamentalement « non-être » (*mu* 無) absolu, « vide » (*kū* 空) (non-manifesté).

Mais, à l'inverse, il n'existe rien en dehors de la Talité. Elle est l'essence de tout ce que existe : tout ce qui fait l'expérience de l'être dans son agitation et son incessante dynamique constitue telle quelle la Talité dans sa dimension phénoménale.

C'est dans ce sens que la Talité est ontologiquement bifaciale. Elle est d'une part non-manifestation absolue sur le mode du « non-être » et du « vide » et, de l'autre, elle se manifeste sur le mode de l'« être » (*u* 有) phénoménal. Et c'est précisément parce qu'elle présente ces deux faces et cette opposition qu'elle est Talité ; sinon, on ne pourrait pas la considérer comme la réalité absolue, forme unique et totale de l'énergie de l'être et jaillissement de la manifestation de toute cette énergie. L'état qu'on appelle « Inscience », *mumyō* 無明, caractérisée par des « pensées illusionnées », *mōnen* 妄念, semble, au premier abord, être à l'antipode de la Talité, mais, *ontologiquement parlant*, n'est autre que la Talité elle-même. Si l'on exprime ce fait sur le plan axiologique du langage de la foi, on parlera de « l'unité des passions et de l'éveil », *bonnō soku bodai* 煩悩即菩提. Sur le plan philosophique, on parlera de « l'identité du sensible et du vide, du vide et du sensible » *shiki sokuze kū* 色即是空, *kū sokuze shiki* 空即是色. Cela signifie que la Talité en se dissociant produit les deux faces d'une nature fondamentalement indistincte et égale.

Ainsi se pose la question de la bifacialité de la Talité sur le plan ontologique, mais ce caractère resurgit dans un autre ordre. C'est celui de la binarité (positif ou négatif, plus ou moins) qui acquiert une importance décisive en particulier dans le domaine de la pensée éthique et morale. On est loin ici de l'« unité des passions et de l'éveil ». La Talité s'oppose de front à l'« inscience » (les pensées et conceptions illusoires) ; ceci bien que, comme on vient de le voir, l'état d'« inscience » soit un aspect de la Talité elle-même....

De ce point de vue, le *Traité sur l'acte de foi dans le Grand Véhicule* distingue deux aspects de la Talité, phénoménale et non-phénoménale, les affecte d'un signe négatif et positif et les pose dans un rapport d'opposition où ils entrent en contradiction l'un avec l'autre. Autrement dit, le monde phénoménal (celui de l'existence dont nous faisons l'expérience) est de bout en bout le produit de « pensées illusoires » : ce qu'on appelle la *réalité* n'est, dans son principe, qu'un monde de représentations erronées.

Les aspects phénoménal et non-phénoménal de la Talité s'opposent très fortement l'un à l'autre et sont affectés l'un d'un signe négatif, l'autre d'un signe positif pour marquer leur contradiction : ce qui signifie qu'ils constituent de façon synchronique la Talité.

Ainsi, notre réflexion sur la Talité devient elle aussi, par la force des choses, duelle et antinomique. L'opposition de ses deux orientations sémantiques divergentes contraint la réflexion portant sur elle à devenir un champ magnétique dynamique qui met aux prises deux forces orientées dans des directions opposées.

Sans fermer les yeux sur cette dualité des orientations sémantiques, la dépasser et parvenir à embrasser du regard, de façon *simultanée* et non-contradictoire, le véritable aspect de ce qui est, tel qu'il est, dans son caractère ontologiquement indifférencié de bifacialité axiologique, posséder une telle compréhension synthétique transcendante, tel est l'homme accompli au savoir parfait que prend pour idéal le *Traité sur l'acte de foi dans le Grand Véhicule* (celui qu'il appelle l'« homme à l'éveil accompli »).

Je voudrais maintenant considérer un second mot-clé, étroitement lié sur le plan sémantique à la Talité et est indissociable d'elle, celui de « conscience-de-tréfonds » (*ālaya-vijñāna*). Que signifie et que ne signifie pas ce terme ? Comment distinguer le champ sémantique que ce mot revêt dans le *Traité* et dans le courant de pensée « gnoséologique » (*vijñānavāda, yuishiki* 唯識) dont il constitue un terme technique ? (Ces questions constituent l'un des thèmes de cet ouvrage et je les traiterai de façon approfondie ; je me contenterai ici de mentionner brièvement les seuls points qui concernent son caractère bifacial).

La « conscience-de-tréfonds » est avant tout conçue dans le *Traité sur l'acte de foi dans le Grand Véhicule* de façon spatiale, située entre les aspects phénoménal et non-phénoménal de la Talité (le métaphysique et le physique) et constituant la région intermédiaire qui relie les deux. La conscience-de-tréfonds qu'expose le *Traité* est le lieu où la Talité passe de la dimension non-phénoménale du « non-être » à celle, phénoménale, de l'« être », quittant l'immensité du non-être (là où il n'y a originellement rien) auquel elle appartient fondamentalement, pour se disperser sous la forme de la multiplicité de l'expérience, telles les fleurs qui éclosent en tout sens (articulations sémantiques et articulations ontologiques). Cette Talité qui passe du non-phénoménal (du « non-être ») au phénoménal (de l'« être ») et qui, en sens inverse, retourne de l'« être » phénoménal au « non-être » non-phénoménal originel, doit passer par cette zone intermédiaire. Telle est la structure fondamentale de la « conscience-de-tréfonds » telle que la pose le *Traité*. C'est pourquoi elle est par nature bifaciale et antinomique.

À partir de là, les signes de valence de la « conscience-de-tréfonds » sont exactement contraires selon la valeur (positive ou négative) qu'on attribue à l'aspect phénoménal de l'être (le monde de l'expérience). Si l'on perçoit le monde phénoménal comme le fruit des représentations fausses de la nature première de la « Talité », autrement dit comme la toTalité de nos « pensées illusionnées », la « conscience-de-tréfonds » qui en est le point de départ sera *négative*. Si on les perçoit comme le développement de l'être de la « Talité » elle-même, comme l'articulation propre de la « Talité », la

« conscience-de-tréfonds »

(point de vue négatif de l'articulation ontologique)	(point de vue positif de l'articulation ontologique)
Source de l'apparition des représentations erronées infinies	Origine du déploiement propre et infini de la « Talité »

« conscience-de-tréfonds » sera positive.

Ainsi, la conception de la « conscience-de-tréfonds » du *Traité sur l'acte de foi dans le Grand Véhicule* se scinde de façon dichotimique et ne peut que se développer dans des directions antinomiques. On se trouve face à une conception bifaciale à cheval sur le phénoménal et le non-phénoménal. Le *Traité* énonce cet état à l'aide d'une sentence qui se contredit elle-même : « Ce qui ni ne naît ni ne périt [la non-phénoménalité] et ce qui naît et périt [la phénoménalité] se trouvant en accord, ils ne sont ni un ni différents [si l'on ne peut dire que tous deux soient entièrement identiques, on ne peut non plus dire qu'ils diffèrent l'un de l'autre] ». C'est dans ce sens que le *Traité* qualifie la « conscience-de-tréfonds » de « conscience *synthétisante* ».

Ces deux exemples de la Talité et de la conscience-de-tréfonds montrent de façon représentative la pensée dichotomique et antinomique qui caractérise le *Traité*. On pourrait multiplier les exemples. Au fur et à mesure que l'on progresse dans la lecture, se revèlent des phénomènes d'amphibologie intrinsèques à presque tous les termes techniques.

III. L'appellation provisoire (ou métaphorique) de Talité

Dans la tradition de la philosophie orientale, la métaphysique trouve en général son terme ultime dans un « avant du langage ». La pensée métaphysique parvient, à son lieu final, au domaine de la profondeur ultime qui dépasse le langage, celui du réel, et le langage en perd sa fonction originelle de dénotation sémantique. Sinon, même si elle atteint l'ontologie, elle n'accède pas à la métaphysique.

Mais cela ne signifie pas qu'on renonce au langage. Ne serait-ce que pour le dépasser ou pour en nier le pouvoir, il faut y recourir. Nommer l'« indicible » est déjà en soi un acte de langue. Serait-ce là le destin paradoxal de l'homme qui est un être par nature de langage (*logos*) ?

On fait volontiers l'éloge du « silence » et de sa grandeur. Tout comme on résoudrait entièrement le problème en s'enfermant dans le mutisme, lieu ultime de l'expérience métaphysique.

Mais, de façon ironique, le « silence » n'a de sens comme expérience qu'en tant qu'antithèse du langage. Lorsqu'il a pour but de nier le langage, il s'inscrit lui-même dans sa continuité sémantique.

Certains assurent qu'une signification profonde réside jusque dans le silence des pierres sur la route, même si elles n'ont *a priori* rien à voir avec le langage. Mais ce qui confère une signification profonde au « silence » des pierres, c'est la conscience humaine productrice de sens. Le « silence » ne quitte en aucune manière l'ensemble de la sphère que domine le langage. De plus, on peut s'évertuer autant qu'on veut à brandir le « silence » dans une pensée philosophique qui cherche à fonder une métaphysique, ce n'est pas pour autant qu'on en résoud mieux le problème. Tout en étant bien conscient de leur vanité, utiliser tant bien que mal les mots pour poser un « avant du langage » et, par un renversement depuis ce pôle de l'indicible, mettre ainsi à sa portée la totalité du champ que régit le langage (la totalité du monde de l'être) afin de l'examiner du sommet jusqu'aux abysses et d'en reconsidérer la structure d'ensemble, telle est la visée première de la métaphysique. Et c'est précisément ce à quoi s'essaie ici le *Traité sur l'acte de foi dans le Grand Véhicule*.

En regard de cette situation, les traditions philosophiques orientales ont imaginé diverses appellations pour tenter de rendre le terme ultime de la métaphysique : « absolu » (*zettai* 絕對), « vérité » (*shin* 眞) (ou « réalité », *jitsuzai* 實在), « Voie » (ch. *dao* 道), « vide » (*kū* 空) ou « non-être » (ch. *wu, mu* 無).... Dans tous les cas, il ne s'agit que d'approximations (ce que le *Traité* qualifie « d'appellations provisoires » (*kemyō* 假名), métaphores destinées à introduire, contre nature et par pure commodité, dans la sphère régie par le langage des choses qui à l'origine échappent à toute caractérisation et à toute appellation.

Ainsi en va-t-il aussi de ce que Plotin appelle l'« Un ». Que ce terme (*to hen*) ne soit qu'une « appellation provisoire », le philosophe s'en explique lui-même de la manière suivante (*Ennéades*, IV) : ce qu'il entend par le mot « Un » n'est ni une unité ni quoi que ce soit d'autre. C'est un « au-delà de l'être » (*epekeina ontos*), un « au-delà de l'essence » (*epekeina ousiās*), un « au-delà de la pensée » (*epekeina noū*), autrement dit l'être terme ultime absolu au-delà du dicible ; il n'existe aucune appellation qui lui convienne exactement. Mais, comme on n'en sera pas plus avancé en parlant ainsi, « pour lui donner à toute force un nom provisoire, je l'appelle l'Un, faute de mieux. » Et lorsqu'il s'avère nécessaire d'y faire allusion, il utilise le terme indéterminé de « cela » (*ekeino*), mais « à la vérité, strictement parlant, il est impossible de le qualifier de *cela* ou de *ceci*. En utilisant de tels vocables, nous ne faisons pour ainsi dire que tourner en rond dans le vide en dehors de lui. » (*Ennéades*, VI, 9). On peut dire que Plotin montre ici parfaitement l'indicibilité foncière du point zéro de la conscience et de l'être ainsi que la nature d'appellation provisoire de l'« Un ».

Dans une perspective identique, le *Traité* opte pour l'appellation provisoire de Talité. Il expose clairement que ce terme n'est qu'un nom provisoire, autrement dit qu'il n'est qu'un signe à valeur pratique :

« Toutes les choses [toutes les articulations ontologiques, toutes les réalités internes et externes] sont différenciées [les unes des autres] en raison d'idées fausses [les articulations sémantiques de la conscience]. Dès lors qu'il n'est aucun signe [ou forme] d'objet en dehors des idéations mentales [la conscience articulée], toutes les choses sont, dès l'origine, distinctes des signes du langage [l'aspect des *choses* en tant qu'unités sémantiques exprimées à l'aide du langage], des mots [les appellations particulières des *choses* différentes] et des objets mentaux [les objets de la pensée]. Elles sont en dernière instance égales [absolument indifférenciées dans tous les êtres], ne sont pas sujettes à changement et sont indestructibles. Il n'est que l'unique pensée [la conscience absolue totale] qu'on qualifie spécifiquement [et en forçant le sens] du terme de Talité ».

« En effet, toutes les paroles sont des dénominations provisoires sans réalité, sont uniquement sujettes aux pensées erronées et sont insaisissables [le véritable aspect de l'être ne peut être appréhendé à l'aide du langage]. Ce qu'on appelle la Talité, à son tour, ne présente pas de signe distinctif [de véritable aspect qui réponde aux mots], ce qui veut dire qu'à la pointe ultime du langage [en poursuivant jusqu'à l'extrême limite l'acte de dénotation sémantique des mots], on congédie le langage à l'aide du langage [en utilisant le langage, on ne fait à l'inverse que le nier] ».

« Il importe de s'aviser que toutes les choses sont [originellement] indicibles et inconcevables [impensables]. Voilà pourquoi [une fois qu'on a clairement compris ce fait] on parle de Talité [on se risque à utiliser l'appellation provisoire de *Talité*] ».

La Talité (véritable manière d'être) (*shinnyo*), comme l'indiquent les caractères qui composent son nom, signifie littéralement le fait d'*être tel quel par nature*. Le « vrai » (*shin*) est la négation du faux et la « manière d'être » (*nyo*) est l'identité de soi, indistinctive et immuable. À l'origine, il s'agit d'une traduction en chinois du mot sanskrit *tathatā*, dont le sens étymologique est « caractère d'être tel quel ». Il rend l'idée de tel qu'on est authentiquement, de la réalité authentique sans ajout ni soustraction, fût-ce d'un seul iota.

Mais en quoi ce mot est-il une appellation provisoire ? Nous avons bien noté que les termes donnés précédemment en exemples étaient tous des appellations provisoires. Dans la mesure où aucun d'entre eux n'est une dénomination authentique, sera-t-il pour autant indifférent, en fin de compte, qu'on choisisse n'importe lequel d'entre eux pour désigner l'être ultime au plan métaphysique ? Cela reviendrait-il au même que, à la place de la Talité, on parle par exemple de *dao* (la Voie) ou de « non-être » ? Assurément non. Il est une claire différence entre « véritable manière d'être », *dao* et « non-être » : c'est qu'en effet le *karman* du sens des mots qui se trouve à l'arrière-plan de ces prédicats diffère grandement. Même s'ils désignent tous le point zéro de la conscience et de l'être, l'approche sémantique des termes de « véritable manière d'être » et de *dao* diffère du tout au tout sur le plan culturel. Mais pourquoi en est-il ainsi ?

Attribuer telle ou telle dénomination à quelque chose, qu'il s'agisse d'une appellation provisoire ou non, ne revient pas à simplement lui donner tel ou tel nom. L'imposition d'un nom est un acte d'articulation sémantique. Dès qu'elle se voit attribuer un nom, une chose est particularisée et spécifiée par son articulation sémantique. Le point zéro de la conscience et de l'être désigné par l'appellation provisoire de Talité est différent dans sa dénotation sémantique du point zéro de la conscience et de l'être désigné par cette autre appellation provisoire qu'est *dao*, en raison des connotations sémantiques différentes liées au modèle culturel auquel il se rattache.

Il importe donc ici de focaliser notre réflexion sur cette articulation sémantique.

IV. Articulation sémantique du langage, articulation de l'être

Comme nous venons de le voir dans la section précédente, Plotin, qui marque l'acmé de la tradition philosophique néo-platonicienne, considère que l'« Un », terme dont pourtant il qualifie la clé de voûte du système métaphysique de l'être qu'il a élaboré, est une *appellation provisoire* ou *métaphorique* et non pas un vrai nom et qu'en réalité l'« Un » échappe à toute qualification. Échapper à toute qualification, cela signifie transcender radicalement le langage. Ce qui veut dire que, de toute évidence, l'« Un » ne peut strictement pas être qualifié d'« Un » et qu'il est un « indicible » (*to arrēton*) répugnant à toute approche à l'aide du langage, sous quelque forme que ce soit. Et, comble de l'ironie, ceci alors même qu'il sait pertinemment qu'à la vérité le fait même d'énoncer une telle assertion à l'aide du langage, c'est déjà enfreindre les règles qu'il s'est fixées.

Pourquoi donc, arrivé aux limites du pensable en métaphysique, le langage perd-il son efficience sémantique ?

Dans cette sphère ultime, le « métaphysique » est un inarticulé absolu. Il n'y a qu'une étendue débridée d'un seul tenant, un pur espace illimité, indivis et indistinct. Dès lors qu'il s'agit de l'appréhender en tant que tel, le langage se révèle tout à fait impuissant, sans aucune force.

Cela montre bien qu'il a pour fonction première l'articulation sémantique (le découpage de l'être en fonction du sens). Sans articuler son objet (découper, exciser), le langage est incapable d'œuvrer dans son extension sémantique. Dès l'instant que le métaphysique, absolument inarticulé, est qualifié à l'aide d'un mot, comme celui de Talité, il est découpé et distingué de tout le reste en tant que *chose qu'est la Talité* et il perd à tout jamais son indistinction, son indétermination et son intégrité originelles. C'est pourquoi, tout en utilisant le terme de Talité, le *Traité* insiste sur le fait qu'il n'est jamais qu'une appellation provisoire et répète à l'envi qu'il ne doit en aucune manière être considéré comme une dénomination authentique : « Ce qu'on appelle la Talité, à son tour, ne présente pas de signe distinctif » (on parle certes de Talité, mais ce n'est pas pour autant qu'existe réellement un état objectif correspondant à l'image sémantique qu'appelle ce terme spécifique).

J'ai utilisé à plusieurs reprises le mot d'« articulation », *bunsetsu* 分節, comme mot-clé revêtant une importance particulière (soulignons au passage que, dans la terminologie bouddhique ancienne, existe le terme de *funbetsu* 分別 « distinction », « différenciation » qui correspondait à l'origine au sanskrit *vikalpa* et qui est presque synonyme de celui d'« articulation ». Cependant, le mot *funbetsu*, tout du moins dans son usage en japonais moderne (jugement, discernement), a une connotation morale très marquée et, en conséquence, ne convient pas au propos premier de cet essai qui vise une structuration purement philosophique de la pensée).

Ainsi que je viens de le noter, l'« articulation » désigne littéralement un découpage, une division, une démarcation. Ce qui, en l'occurrence, exerce la fonction de démarcation est la *signification* des mots. Autrement dit, le fait d'articuler doit être compris ici comme l'acte langagier de donner du sens. Stimulées par la propension à se manifester du *karman* des significations qui gisent au fond de chacune des innombrables unités articulées du langage qui se trouvent au fond (*topos*) de notre conscience existentielle (accumulation des significations qui se sont formées au fil des longues vicissitudes de l'histoire), des fissures en tout sens parcourent l'unité de la surface infinie de l'espace « sans-chose », ch. *wuwu* 無物, et donnent naissance à d'innombrables unités de sens qui viennent constituer des signes linguistiques (les noms), différents les uns des autres : tel est le processus de l'articulation. Les choses et les phénomènes que nous rencontrons dans le monde de l'expérience (ce qu'on appelle la *réalité*) ainsi que nous-mêmes qui les observons, ne sont tous autant qu'ils sont que des unités d'être significatives qui se sont produites ainsi. Cette condition originelle du surgissement de l'être, je la résume pour ma part dans la formule : « unité de l'articulation du sens et de l'articulation de l'être » (*imibunsetsu soku sonzaibunsetsu* 意味分節即存在分節).

De façon concrète, l'articulation telle que je l'entends peut être considérée comme le terme de la réflexion métaphysique (le point zéro de la conscience et de l'être). Il ne s'agit pas seulement de la Talité qu'expose le *Traité* ni de l'« Un » de Plotin. Ce que tendent à désigner toutes les appellations provisoires des différents courants de pensée évoqués plus haut pose un même problème : celui de l'articulation au point ultime de la métaphysique. Tel est par exemple le *dao* de Laozi et de Zhuangzi.

Le *dao* (Voie) est la manière d'être de la réalité telle qu'elle est, conçue chez Laozi et Zhuangzi mais, à son terme ultime, il est « non-être » absolu, il est « sans *nom* » (*Laozi*). Cela signifie que le « sans *nom* », ce qui n'a pas de *nom,* est le non-articulé absolu. Le *Zhuangzi* déclare : « La Voie n'a pas de borne (ligne de partage, ligne de démarcation)». Le *dao* n'est que l'étendue vide à perte de vue du pur « non-être », l'immense domaine pur de non-articulation absolue, une « vaste plaine ». En lui, il n'est pas même l'ombre de la moindre entité phénoménale.

À la surface de ce vide absolu, émergent en nombre illimité des faits et des choses (des démarcations de l'articulation sémantique, des « délimitations ») en raison de l'activité subconsciente du langage d'articulation ontologique. C'est la commutation de ce que le *Laozi* appelle le « sans nom » (ch. *wuming* 無名) vers « ce qui a un nom » (ch. *youming* 有名).

La sphère ultime du « non-être » et du « sans nom », qu'est la réalité absolue suggérée par l'appellation provisoire de *dao,* Zhuangzi la représente sous la forme de l'image de la divinité du « chaos », projetée comme les figures mythiques qui appartiennent en propre à son style. *Huntun* 渾沌 (« chaos ») n'est pas le chaos au sens ordinaire, c'est-à-dire l'état où des *choses* variées en tous genres se trouvent dans la confusion du désordre ; il désigne un espace « sans chose », a-phénoménal, pré-phénoménal, où rien n'existe encore, c'est-à-dire absolument non-articulé.

Zhuangzi rapporte ainsi que, jadis, dans la haute antiquité lorsque le monde phénoménal n'existait pas encore, il existait une divinité du « chaos ». Elle avait un visage parfaitement lisse, sans yeux ni nez ni bouche ni oreilles. Les divinités amies qui la prirent en pitié lui creusèrent à grand-peine un « orifice » au milieu du visage. Mais, aussitôt que cet « orifice » fut creusé, des yeux, un nez, une bouche et des oreilles se formèrent, si bien que la divinité du « chaos » périt sur le champ.

La *mort* du « chaos » que rapporte cette légende très imagée ne signifie pas simplement qu'il y a eu disparition par la mort. Elle signifie surtout un changement de dimension déterminant de la réalité, passant de l'inarticulation première de l'absolument inarticulé vers un état d'articulation. Elle est un changement de dimension ontologique allant de l'a-phénoménalité à la phénoménalité — ou plutôt, ce qui serait plus proche de ce que veut dire Zhuangzi — d'un renversement de dimension. Quoi qu'il en soit, la fonction d'articulation sémantique du langage s'exerce dans l'ordre de l'ontologique.

La théorie des dénominations et des formes de la philosophie des *Upaniṣad* et du *Vedānta* illustre de façon plus directe encore l'importance décisive de la fonction d'articulation sémantique du langage dans l'apparition de l'être au monde. C'est celle du « nom-et-forme » (*nāma-rūpa*, à savoir les mots et les images sémantiques qu'ils appellent).

Dans la philosophie du *Vedānta,* « l'être métaphysique » est appelé

« Brahman ». Celui-ci est à son tour, au stade ultime, absolument inarticulé et, à ce titre, est spécifiquement qualifié de « Brahman supérieur » (ou de Brahman sans qualité, *nirguṇa-Brahman*), tandis que, le Brahman qui se trouve dans un état d'articulation phénoménal est appelé lui « Brahman inférieur » (ou encore Brahman comportant des qualités, *saguṇa-Brahman*).

Les penseurs de la philosophie du *Vedānta* non-dualiste, dont Śaṅkara est le chef de file, tiennent qu'en regard du « Brahman supérieur » qui est dans un état absolument inarticulé, notre monde phénoménal est certes également du « Brahman », mais qu'il est du « Brahman inférieur », au niveau d'être des « noms-et-formes ». En l'occurrence, le « nom » désigne le langage en tant que marque de l'articulation sémantique et la « forme », qui n'est pas simplement la forme extérieure des choses, implique tout ce qui constitue de façon déterminée la *chose même*, les attributs ou l'usage de la *chose* que désigne une appellation donnée, dans le cas du sang, par exemple, le sang.

Comme on vient de le noter, l'« articulation » est le fait de démarquer, de départager, de distinguer et de diviser. Au départ, il n'est aucune ligne de partage qui soit tracée ; on trace pour ainsi dire une ligne de démarcation linguistique (c'est-à-dire une ligne marquant les bornes des représentations sémantiques) à la surface d'un espace « sans choses » qui est un chaos, tel un conglomérat indistinct. Lorsqu'un nom lui est attribué, chaque *chose* obtient son identité en se différenciant des autres, grâce à la diversité des images sémantiques du langage. Autrement dit, elle se phénoménalise comme monade porteuse de signification. Le monde de la *réalité* où nous vivons actuellement constitue ainsi une totalité dynamique, organisée par un *continuum* sémantique et structurée en mailles par ses unités d'articulation sémantiques infinies, se phénoménalisant par d'innombrables « dénominations ». Il constitue ainsi un champ magnétique d'articulation sémantique de subsomption totale empli d'une tension interne. Et c'est cela qui constitue le point de départ de la réflexion métaphysique — ontologique — des *Upaniṣad* et du

Vedānta. Sans l'intervention des « dénominations », autrement dit du langage, la métaphysique ne peut parvenir à se développer en ontologie. Ou plutôt, c'est la limite ultime du « non-être » de la « métaphysique » qui en tant que telle se trouve profondément impliquée dans le langage de façon négative, sous le mode de l'exclusion des « dénominations », et c'est de cela dont nous avons déjà pris la mesure lorsque nous avons traité du caractère de dénomination provisoire de la « Talité ».

Lorsqu'on traite de la conception des « noms-et-formes » selon le *Vedānta*, c'est le passage suivant (*Chāndogya-Upaniṣad*, VI, 1) qui rend le mieux compte de cet état de fait. Il le fait bien entendu à l'aide d'un discours globalement métaphorique :

On prend de l'argile qu'on divise en plusieurs blocs que l'on utilise ensuite chacun comme matériau pour fabriquer des récipients — des bols, des assiettes, des vases, des jarres.... Tous ces objets sont des *choses* particulières en fonction de la diversité des « noms-et-formes ». Quel que soit le bloc qu'on prenne, il est constitué d'argile. Les bols, les assiettes, les vases ou les jarres ont tous en commun d'*être de la terre* et ne diffèrent sur ce point absolument en rien. Leur distinction tient uniquement à leurs « noms-et-formes » (l'identité propre qu'ils ont chacun obtenue en tant qu'unités d'articulation sémantique langagière). Qu'ils soient d'argile est le véritable aspect de la réalité qu'ils ont tous en commun. Chacun des ustensiles particuliers ne diffère que par les « noms-et-formes », c'est-à-dire par les mots qui les désignent et par les images d'articulation sémantique que ces mots appellent (cependant, il va sans dire que l'*argile* qui, ici, est censée être le véritable aspect de la réalité antérieure aux « noms-et-formes » et si l'on fait abstraction du contexte du langage métaphorique, n'a également d'identité propre de « nom-et-forme » que grâce à une articulation sémantique...).

Cette description d'une situation que quiconque peut expérimenter de façon quotidienne explique bien à l'aide d'une métaphore très simple les rapports métaphysiques et ontologiques entre le « Brahman » inarticulé et son état articulé sur le plan phénoménal. Un long discours n'est pas nécessaire pour voir clairement comment dans la philosophie du *Vedānta* on envisageait le rôle joué par la fonction d'articulation sémantique du langage dans l'apparition du monde phénoménal, c'est-à-dire du monde des *choses* avec son infinité de formes et de mots.

En dernier lieu, je voudrais conclure la présente section consacrée à l'« articulation sémantique du langage, articulation de l'être », en illustrant brièvement quelle fonction essentielle a joué au plan métaphysique la notion d'articulation langagière dans le contexte d'une religion révélée monothéiste, l'Islam, de filiation entièrement différente des traditions de pensée décrites jusqu'ici (rappelons qu'au XIIIe siècle la philosophie islamique s'est émancipée d'une première période d'adhésion monolithique à la philosophie grecque pour entrer dans une période où elle a produit une pensée propre qui mérite véritablement d'être qualifiée d'islamique. Aussi, prendrai-je ici comme représentative de la pensée philosophique de l'Islam la métaphysique connue comme celle de l'« unité de l'être » d'Ibn al-'Arabî, philosophe qui a marqué le point de départ de cette période riche en créativité).

Qui entend prononcer le mot d'Islam pense aussitôt au nom d'Allāh, le Dieu personnel unique et absolu. Il en va ainsi non seulement des païens qui n'adhèrent pas à l'Islam mais encore des musulmans ordinaires eux-mêmes. Il n'est hormis Allāh, aucun Dieu qui ait créé le monde des êtres en son entier, qui le gouverne et qui soit l'*être* même. Dans l'Islam, aussi bien la pensée théologique orthodoxe (la dogmatique) que la spéculation philosophique tiennent Dieu, Allāh, pour le degré ultime de l'être et de la réalité, pour autant qu'on discute de l'être et de la réalité. Quiconque considérera que c'est là la chose la plus naturelle qui ne souffrira pas qu'on élève le moindre doute à son sujet.

Cependant, dans cette même philosophie orthodoxe de l'Islam, le propos devient soudain plus complexe dès qu'il est question de l'« unité de l'être » (*waḥdat al-wujūd*) d'Ibn al-'Arabî. Ce que le langage de la religion et de la foi appelle *Dieu*, il le qualifie d'« être » (*wujūd*) dans la dimension langagière de la philosophie, et ce degré ultime de l'« être », il le situe *au-delà de l'être*, à la manière de l'« Un » de Plotin. L'« au-delà de l'être et de la pensée » de Plotin correspond tel quel à l'« être » de Ibn al-'Arabî et cet « être », tout en étant un au-delà de l'être, est, en même temps, la source première du monde de tous les étants.

Le sans nom et sans attribut n'est pas affecté du signe de la prédication « ceci est... », comme toutes les autres choses. On ne peut pas même proférer l'énoncé : « C'est Dieu ». En effet, le *Dieu antérieur à Dieu* n'est pas Dieu au sens courant. C'est pourquoi, pour Ibn al-'Arabî, il n'est pas jusqu'à l'« être » (*wujūd*) qui ne soit finalement un symbole provisoire et non pas l'appellation véritable de l'authentique réalité absolue à laquelle il pense.

Dans la philosophie islamique, le « métaphysique », à son stade ultime, est non-articulation absolue, dépasse tout langage et transcende les « dénominations ». Mais, dans la réalité authentique (l'« être » qui dépasse le langage et transcende les « dénominations »), se trouve de façon immanente une intentionalité primordiale en vue de la manifestation de soi. Pour parler en termes religieux, le « Dieu caché » ne peut pas ne pas être un « Dieu manifeste ».

Aiguillonné par l'intentionalité primordiale vers « l'épiphanie » ou manifestation (*tajallī*), l'« être » sans nom ni attribut descend graduellement jusqu'au niveau du « nom-et-forme » du *Vedānta*. Le premier degré en est celui de « l'épiphanie » en tant qu'Allāh. C'est le premier pas au moyen duquel le non-articulé se départit de son absence d'articulation. Autrement dit, le langage commence déjà à intervenir à ce stade.

Il ne nous faut jamais perdre de vue que le terme d'Allāh est un « nom » qui sert à connaître le véritable aspect des choses. La théologie islamique orthodoxe tient qu'Allāh est le « nom suprême » (*ism a'ẓam*). Mais, aussi suprême et élevé soit-il, un « nom » demeure un « nom », et il est évident que nous évoluons déjà à l'intérieur d'une sphère régie par le langage.

Ainsi que je viens de le souligner, Allāh est le premier degré par lequel la réalité absolue du sans nom et du sans attribut s'articule elle-même au moyen des « noms-et-formes ». Lui succèdent d'innombrables « noms divins » à des degrés inférieurs ; c'est la structure de leur *continuum* sémantique qui vient constituer ce qu'on appelle le monde des étants phénoménaux.

Le domaine de pensée qui examine les caractères de chacun des innombrables « noms de Dieu » (*asmā' Allāh*) ainsi que les rapports qu'ils entretiennent entre eux est qualifié de « théorie des noms de Dieu » dans la théologie de l'Islam traditionnel, où elle constitue une branche majeure de la dogmatique. Les « noms de Dieu » sont traités dans la cathéchèse comme des « attributs » divins (*ṣifāt Allāh*). Mais, doit-on signaler, la « théorie des noms de Dieu » (l'étude des attributs de Allāh), revue en termes de philosophie moderne, n'est finalement autre que celle de l'articulation sémantique du langage. Le point que je voudrais particulièrement souligner, c'est qu'on trouve avancée ici la thèse manifeste selon laquelle le processus entier de manifestation de soi de l'être de Dieu se réalise, considère-t-on, dans la philosophie islamique grâce à l'action des innombrables « noms divins » dont Allāh est le premier ; pour appréhender les choses par le bout opposé, l'articulation de l'être ne peut exister sans l'intervention du langage.

Que, de façon générale, une telle manière de penser ait pu s'ériger au beau milieu de l'atmosphère si prégnante d'une religion révélée monothéiste qu'on pourrait croire au premier abord très éloignée de la théorie de l'articulation — ou, pour parler plus concrètement, qu'on ait pu re-*lire* à l'aide de cette théorie celle de la création du monde par Dieu qui appartient en propre aux religions juive et islamique —, indique avec éloquence l'importance de l'impulsion métaphysique de la pensée au sein du monde intellectuel islamique au cours de la période de sa plus grande prospérité.

De fait, ne nous est-il pas loisible de toucher du doigt le véritable visage de la métaphysique islamique, qui se fonde sur une ardente foi envers Allāh, le « Dieu vivant », en interprétant en termes d'articulation la structure de la pensée philosophique de la « thèse de l'unité de l'être » ? Celle-ci explique en effet que l'être transcendant ultime sans nom ni qualité, en ouvrant un passage eidétique par l'ensemble des « noms divins », au premier rang desquels vient « Allāh », crée par ramification toutes sortes d'êtres différents et finalement en arrive à se manifester comme un foisonnant monde phénoménal.

Nous avons vu jusqu'à quel point l'emphase était mise de façon presque anormale sur l'importance de l'ontologie des « dénominations » aussi bien dans la « théorie des noms-et-formes » des *Upaniṣad* et du *Vedānta*, que dans celle des « noms divins » de la conception de l'unité de l'être propre à l'Islam. Une conception identique est formulée dans le *Laozi*, mentionnée plus haut, par le changement de dimension ontologique allant d'un « sans nom » à « ce qui a un nom ».

Aller d'un « sans nom » à « ce qui a un nom ». Le premier équivaut au « non-être ». De façon générale, selon le *Laozi*, ce qui ne possède pas de « nom » n'est pas *quelque chose*. C'est parce qu'il y a nomination que, pour la première fois, le « non-être » devient « être » et qu'apparaît *quelque chose*. Cela fait penser à l'événement solennel que constitue la cérémonie d'imposition du nom d'un enfant dans le monde occidental chrétien. « Dénommer » c'est « appeler » en bonne et due forme *quelque chose* dans le champ de l'existence.

Il n'est sans doute plus besoin de répéter que le « nom » est une marque de l'articulation sémantique du langage.

J'ai ici librement fait état d'un certain nombre de traditions de pensée, et j'ai brièvement brossé un tableau de différentes formes qu'y a pris la métaphysique de « l'unité de l'articulation sémantique du langage et de l'articulation de l'être » qu'elles proclament.

Cependant, il me semble que les conceptions de l'articulation sémantique du langage sont la quintessence de la philosophie orientale — ou tout du moins l'un des courants majeurs qui la représentent —, et que, dès que l'on commence à en discuter, on risque de ne plus pouvoir s'arrêter. C'est donc de façon délibérée que j'en resterai provisoirement là et que je reviens à mon propos, à savoir l'articulation du concept de « Talité » dans le *Traité*.

V. La structure duelle de la « Talité »

La binarité ou la dualité de la structure interne de la Talité, telle que la conçoit le *Traité*, se laissent naturellement deviner à partir de la conception de l'articulation dont j'ai fait état de façon succincte dans la section précédente.

Comme je l'ai évoqué au début, la Talité que professe le *Traité* possède fondamentalement une structure extrêmement simple à deux étages, pour autant qu'on ne prenne pas en compte la « conscience-de-tréfonds ». D'un côté, la réalité est un état absolument a-phénoménal qui garde la nature inarticulée qui lui est inhérente ; de l'autre, elle est un état phénoménal qui s'actualise comme *continuum* sémantique qui mêle de façon complexe des unités d'articulation innombrables. Ces deux faces, métaphysique et ontologique, qui s'opposent l'une à l'autre, coexistent dans la Talité.

Ainsi que je l'ai indiqué dans la première section, cet état de fait rend dichotomique notre réflexion sur la « Talité », avec celle qui transcende le langage et répugne à toute articulation sémantique, et celle qui s'appuie sur le langage et admet les articulations sémantiques infinies. Le *Traité* appelle la première « Talité dégagée du langage », *rigon shinnyo* 離言眞如, et la seconde « Talité fondée sur le langage », *egon shinnyo* 依言眞如.

Talité — Talité dégagée du langage
Talité — Talité fondée sur le langage

Ce n'est pas seulement l'aspect « dégagé du langage » qui serait la Talité. Afin de l'appréhender de façon véritable, ce sont les deux aspects, « dégagé du langage » et « fondé sur langage », qu'il importe de « surveiller » ensemble et de regarder aussi comme un tout.

La Talité est en elle-même (c'est-à-dire comme terme ultime de la métaphysique) absolument inarticulée et, par conséquent, est entièrement *antérieure au langage* (« dégagée des signes du langage »), mais elle n'en est pas pour autant sans lien avec le monde de l'articulation sémantique du langage et de l'articulation de l'être qui se déploie au-dessous d'elle (c'est-à-dire, le monde phénoménal des choses et des faits intérieurs et extérieurs). Ou bien plutôt, loin de lui être sans rapport, le monde de l'être articulé n'est en vérité autre, de bout en bout, que l'état d'articulation de la Talité elle-même qui est fondamentalement inarticulée. Dans ce sens, le monde phénoménal n'est pas extérieur à la Talité.

L'évocation de la bifacialité de la Talité du *Traité*, qui oscille entre « l'absence d'être » (ch. *wuyou* 無有) et « la multiplicité des êtres » (ch. *wanyou* 萬有), rappelle celle de la métaphysique plotinienne de l'« Un ». Ainsi s'exprime Plotin (en résumé).

L'« Un » est le terme suprême du non-être absolu de l'univers entier. En dépassant de façon absolue tous les étants, il est l'être absolu, indépendant, qui cache son corps dans les brumes épaisses de la transcendance apaisée, celle qui a coupé court aux mots et à la pensée. Néanmoins, en tant que « père (*pater*) de tous les êtres », l'« Un » les subsume tous sans exception. Lorsqu'il se délie lui-même dans la dimension de l'« être », il manifeste l'univers infini dans son étendue sans fin, à l'instar d'une grandiose source lumineuse qui irradie en toutes directions ; et lorsque, à l'inverse, il se résorbe lui-même, il ramène tous les êtres en lui et fait se retourner le monde entier à son point originel, qui est le « non-être » sans limite.

Cette configuration de l'« Un » que dessine Plotin s'applique telle quelle à la description de la Talité du *Traité*.

En effet, en tant que point zéro de la totalité du monde phénoménal, celle-ci est le terme ultime du « non-être » des étants, point où il n'y a plus même l'ombre d'une chose. Mais, à l'inverse, étant l'essence invisible a-phénoménale de toutes choses, elle les renferme toutes en elle et recèle la possibilité de les faire toutes apparaître, de par la signification de fondement et de totalité qui lui est inhérente. Dans ce sens, en même temps qu'elle est le point zéro de l'être et de la conscience, elle est aussi le point de départ de l'articulation de l'être et de la manifestation phénoménale de la conscience, autrement dit, l'origine ultime de l'apparition du monde.

Traçons un schéma de la structure fondamentale de cette Talité intégrale qui comporte les deux aspects que je viens de décrire, sous la forme d'un cercle constitué de deux champs, l'un supérieur et l'autre inférieur, afin de l'exprimer dans son intégrité foncière (au lieu de diviser le cercle en deux, on pourrait aussi tracer deux cercles entiers indépendants l'un de l'autre. Mais, quoi qu'il en soit, ce n'est pas à moi (!) que revient l'idée de rendre par un tel schéma la Talité : un schéma de ce type a déjà été proposé par un bouddhologue de l'ère Meiji, représentatif de son époque, Murakami Senshō 村上專精, *Commentaire lumineux du Traité sur l'acte de foi* (*Kishinron tatsui*), 1891).

Le demi-cercle supérieur (que j'appellerai par commodité espace ou champ A) est un espace blanc d'un seul tenant sans la moindre fissure qui représente l'état d'inarticulation inexprimable. Le demi-cercle inférieur (que j'appellerai espace ou champ B) est l'état d'articulation constitué d'innombrables unités d'être significatives.

La Talité intégrale

l'inarticulé

le non phénoménal
Le métaphysique

A

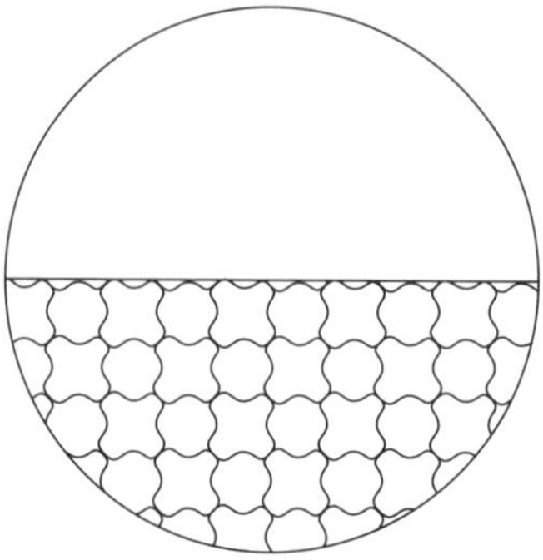

l'articulé

B

le phénoménal
le physique

L'espace A est la Talité dans son a-phénoménalité au-delà de la parole et de la pensée, et l'espace B la Talité dans la dimension de son déploiement dans le monde phénoménal. L'espace A veut indiquer sous une représentation spatiale forcée la limite métaphysique (au-delà des formes) ultime de la Talité qui, cela va de soi, ne peut être rendue par le langage, mais qui n'est pas non plus représentable par la pensée (elle est « dégagée des signes des mots et des objets mentaux »). L'espace B montre le monde physique (en-deçà des formes) que constituent les faits et les choses changeants, soumis à la naissance et à la disparition, qui se produisent par l'interférence mutuelle du langage et de la conscience dans le champ (*topos*) de la « conscience-de-tréfonds ».

On doit noter ici que l'espace B est en mesure de posséder une signification duelle sur les plans métaphysique et ontologique, dans le *continuum* qu'il forme avec l'espace A ou, pour dire les choses autrement, que les valences positive et négative de l'espace B en regard de l'espace A se scindent fondamentalement en deux pôles. En somme, si, reconnaissant uniquement l'espace B et croyant en sa réalité, l'on se convainc que seule la dimension d'être des choses phénoménales changeantes, soumises à la naissance et à la disparition, constitue le monde réel, cet espace B sera immédiatement ravalé au rang d'un produit des « fausses notions », dans la perspective du *Traité*. Ce qui revient à dire que l'espace B sera le monde du phantasme ontologique et que seul l'espace A sera l'« authentique [manière d'être des choses] » (*shin*[*nyo*]).

En revanche, si l'on s'avise que l'espace B est l'aspect d'auto-articulation inhérent à ce même espace A, et que c'est la totalité de ces deux facettes A-B qui est l'« authentique manière d'être » en tant que réalité ou vérité intégrale, alors l'espace B cessera d'être le produit de « notions erronées » pour être la vraie réalité elle-même, celle qui œuvre en tant que choses et faits phénoménaux dans la dimension de l'être phénoménal, c'est-à-dire le « métaphysique » (ce qui est au-delà des formes) dans la dimension de l'être physique (en-deçà des formes). Tout en opérant en tant qu'être changeant soumis à la naissance et à la disparition, qui agite l'esprit illusionné, la « Talité » ne s'en départira pas pour autant de sa nature foncière qui est *pure*.

Le *Traité* qualifie d'« embryon de *tathāgata* » l'aspect de la « Talité » qui, tout en se trouvant dans le plan phénoménal s'écoulant dans le mouvant, s'érige dans l'être sans porter atteinte à la moindre once de sa nature foncière. Ce terme technique, littéralement l'« embryon de *tathāgata* » (*tathāgata-garbha*), suggère une productivité d'être sans limite, une possibilité de développement d'auto-articulation infinie. Au lieu d'y voir un champ magnétique d'activité (*field*) de « fausses notions », en affectant d'un signe à valence négative l'espace B, on y aperçoit au contraire un lieu d'articulation de l'être d'une richesse infinie en l'affectant d'un signe à valeur positive. Tel est ce qu'on appelle l'embryon de *tathāgata* (j'aurai l'occasion de traiter plus loin du sens large et étroit de l'« embryon de *tathāgata* » ainsi que d'autres questions).

Nous n'avons jusqu'à présent traité presque uniquement du seul thème de la Talité. J'aimerais ici changer quelque peu l'orientation de notre réflexion.

Ce changement est suggéré par le texte même du *Traité*, qui introduit un nouveau terme central, celui de *xin* 心, « pensée » ou « esprit ». Au premier abord, il semblerait qu'on ne fait par là qu'introduire un nouveau terme mais, en même temps qu'on le fait intervenir, c'est l'équilibre général de la pensée qui se trouve d'un coup modifiée et c'est la philosophie du *Traité* qui se présente sous un jour entièrement nouveau.

Le terme de Talité occupe sans aucun doute une place centrale dans l'ensemble des conceptions du *Traité*. Ce point seul reste inchangé. Mais toute la question est que cette appellation provisoire (ce mot symbolique) de Talité est abstraite au plus haut degré, qu'elle est par trop abstraite. On pourrait certes bien se dire qu'elle n'est qu'une dénomination métaphorique sans que cela porte à conséquence. Néanmoins, le terme, tel quel, ne dit rien de concret. De manière à faire avancer la réflexion du point de vue philosophique (mais aussi de la foi), il faudrait un terme plus concret qui revête une signification vivante, quand bien même l'indicibilité absolue de la Talité y perdrait en degré de pureté.

Existe-t-il un mot qui possède un contenu sémantique voisin et néanmoins imagé, en regard de ce que vise de façon si vague l'appellation métaphorique abstraite à souhait de Talité ? En réponse à cette question, le *Traité* propose le terme de *xin* « pensée » ou « esprit ». Ce dernier traduit pour ainsi dire dans un langage imagé concret cette Talité qui ne laisse pas la moindre prise à une saisie sémantique. La Talité dont on ne peut rien dire ni rien penser devient enfin une chose dicible et pensable en redescendant jusqu'à cette dimension concrète.

Mais il y a encore loin de la coupe aux lèvres. Comme je viens de le dire, c'est le caractère de la philosophie du *Traité* qui change du tout au tout. Le terme abstrait de Talité laissait s'ouvrir des possibilités innombrables d'interprétation sémantique. Une fois le mot de Talité prononcé, nous étions dans l'impossibilité d'entrevoir dans quelle direction le comprendre. Mais, dès qu'on le remplace par celui de « pensée », l'étendue sémantique indiscernable qui jusqu'à présent nous échappait, acquiert d'un seul coup vie et peut être circonscrite dans une direction donnée. La *direction donnée* est celle de l'interprétation selon la théorie du « rien-que-pensée », *yuishinron* 唯心論.

D'ailleurs, le *Traité* passe pour être un ouvrage représentatif de la conception bouddhique du « rien-que-pensée ».

Mais en quoi consiste donc cette théorie ? Il importe d'y réfléchir en mettant l'accent sur le mot *xin,* « pensée », ou « l'esprit » : *théorie-du-rien-que-« pensée »*. Une fois ce travail accompli, nous disposerons des fondements permettant de développer sur le plan philosophique le cœur des conceptions du *Traité* sous la forme d'une « métaphysique de la conscience » (ainsi que le porte le titre du présent ouvrage).

Bibliographie sélective

Editions utilisées

T. XXXII, n° 1666 et 1667.

- *Dashengqixinlun, Zhenti yi, Gao Zhennong jiaoyi* 大乘起信論.眞諦譯, 高振農校譯, Zhongguo fojiao tianjie xuankan 中國佛教典籍選刊, Shanghai, 1986.
- *Daijōkishinron* 大乘起信論 de Hirakawa Akira 平川彰, dans Butten kōza 佛典講座, 22, Daizō shuppan 大藏出版, Tokyo, 1973, 438 pages.
- *Daijōkishinron* 大乘起信論 de Ui Hakuju 宇井伯壽 et Takasaki Jikidō 高崎直道, Iwanami bunko 岩波文庫, Tokyo, 1996, 312 pages.
- *Dashengqixinlun* 大乘起信論.眞諦譯, collationnement et traduction de Gao Zhennong 高振農校譯, Zhongguo fojiao dianji xuankan 中國佛教典籍選刊, Shanghai, 1986.
- *Daijōkishinron, Kegon Konjishishō, Kegon hokkaigikyō* 大乘起信論.華嚴金獅子.華嚴法界義鏡, Bukkyō taikei kankōkai hensan 佛教大系刊行會編纂, Bukkyō taikei kankōkai zōhan 佛教大系刊行會藏版, Tokyo, 1918, réimpression 1977, 51+368 pages.
- *Ryōyaku taishō naiyō bunka. Daijōkishinron* 兩譯對照内容分科.大乘起信論, 1935, 永田文昌堂, de Akashi Etatsu 明石惠達, Kyoto, 1980.

Ouvrages et études consultés

Aramaki, Toshinori 荒牧典俊, *Hokuchō Zui Tō. Chūgoku bukkyō shisōshi* 北朝隋唐.中國佛教思想史 [*Histoire de la pensée bouddhique en Chine — sous les dynastie du Nord, des Sui et des Tang —*], Kyoto, Hōzōkan, 2000. Notamment le chapitre introductif, *Hokuchō kōhanki bukkyō shisōshi josetsu* 北朝後半期佛教思想史序説 [*Introduction à l'histoire de la pensée bouddhique dans la deuxième moitié de la Dynastie du Nord*] (pp. 13-85).

Azuma, Jūji 吾妻重二, *Daijōkishinron no gainen to shūji to sensha — chūgokugaku no tachiba kara —* 大乘起信論の概念と修辞と撰者 — 中國學の立場から — [*Les conepts, la rhétorique et l'auteur du Dashengqixinlun — du point de vue de la sinologie —*], dans *Daijōkishinron no kenkyū* 大乘起信論の研究 [*Recherches sur le Dasheng qixinlun*], Kansai daigaku tōzai gakujutsu kenkyūjo sōkan 關西大學東西學術研究所, Kyoto, 2000, pp. 130-159.

Bréhier, Émile : « "L'unique pensée" de Schopenhauer », dans *Études de philosophie moderne*, Publications de la Faculté des lettres et sciences

humaines de Paris, Série “Études et Méthodes”, tome 12, Paris, Presses universitaires de France, 1965, pp. 101-110.
Demiéville, Paul : *Les versions chinoises du Milindapañha*, Bulletin de l’École Française d’Extrême-Orient, Tome XXIV-1924, Hanoi, 1925.
Demiéville, Paul, « Sur l’authenticité du Ta Tch’eng K’i Sin Louen », Bulletin de la Maison Franco-Japonaise, II, n° 2, Tokyo, 1929, pp. 1-28.
Demiéville, Paul, « Historique du système Vijñaptimātra », dans Sylvain Lévi, *Matériaux pour l’étude du système Vijñaptimātra*, Bibliothèque de l’École des Hautes Études, Sciences Historiques et Philologiques, Paris, Librairie Honoré Champion, 1932, pp. 15-42.
Demiéville, Paul : *Le Concile de Lhasa, Une controverse sur le quiétisme entre bouddhistes de l’Inde et de la Chine au VIII*[e] *siècle de l’ère chrétienne*, par Paul Demiéville, Bibliothèque de l’Institut des Hautes Études Chinoises, Volume VII, Paris, Imprimerie Nationale, Presses Universitaires de France, 1952.
Demiéville, Paul : *Entretiens de Lin-Tsi,* Traduits du chinois et commentés par Paul Demiéville, Documents spirituels, Fayard, 1977.
Gernet, Jacques : *Entretiens du Maître de Dhyāna Chen-Houei du Ho-Tsö (668-76°),* Publications de l’École Française d’Extrême-Orient, Hanoï, Tome MCMXLIX, 1949.
Hakamaya, Noriaki 袴谷憲昭 : « *Jishō shōjō oboegaki* »「自性清浄」覚え書 [« Note sur la nature de soi pure »], IBK, vol. XXIX, n° 1, décembre 1980, pp. 423-428.
Hakeda, S. Yoshito : *The Awakening of Faith, Attibuted to Aśvaghoṣa*, New York, Columbia University Press, 1967.
Hashimoto, Hōkei 橋本芳契 : « *Daijōkishinron no kishin ni tsuite — Yuimagyö to Kishinron* » 大乗起信論の起信について — 維摩經と起信論 — » [« A propos de l’acte de foi dans le Traité sur l’acte de foi dans le Grand Véhicule — L’Enseignement de Vimalakīrti et le Traité sur l’acte de foi »], IBK, volume XXVIII-2 (n° 58), mars 1980, pp. 32-39.
Hirakawa, Akira 平川彰 : *Daijō bukkyō no kyōri to kyōdan* 大乗仏教の教理と教団 [*Doctrines et communautés du bouddhisme du Grand Véhicule*], *Hirakawa Akira chosakushū* 平川彰著作集, V, Tokyo, Shunjūsha 春秋社, 1989.
Hirakawa, Akira hen 平川彰編 : *Nyoraizō to Daijōkishinron* 如来藏と大乘起信論 [*L’Embryon de Tathāgata et le* Dashengqixinlun], Tokyo, Shunjūsha 春秋社, 1990, VII+661 pages.
Hirakawa, Akira : « De la différence entre pénétration intuitive et connaissance dichotomisante », traduit par Frédéric Girard, Cipango, Cahier d’études japonaises, n° 10, hiver 2003, pp. 169-227.
Hōbōgirin, Dictionnaire encyclopédique du bouddhisme d’après les sources chinoises et japonaises, Paris-Tokyo, Librairie Adrien-Maisonneuve, Maison Franco-Japonaise, Sixième fascicule, 1983.

Ikeda, Rosan 池田魯参, *Gendaigoyaku Daijōkishinron* 現代語訳.大乘起信論 [*Traduction moderne du Dashengqixinlun*], Tokyo, Daizō shuppan 大藏出版, 1998, 200 pages (Bibliographie détaillée).

Ishida, Mosaku 石田茂作 : *Narachō genzai issaikyōsho mokuroku* 奈良朝現在一切經疏目録 [*Catalogue du canon bouddhique de l'époque de Nara actuellement conservé*], dans *Shakyō yori mitaru Narachō bukkyō no kenkyū* 寫經より見たる奈良朝佛教の研究 [*Recherches sur le bouddhisme de l'époque de Nara, d'après la copie des textes*], Tokyo, Tōyō bunko 東洋文庫, 1930.

Ishii, Kōsei 石井公成 : « "Daijōkishinron" *no seiritsu — butai no mondai oyobi* "Hōshūkyō" *no ruiji wo chūshin ni shite* » 大乘起信論の成立—文體の問題および法集經との類似を中心にして [« *La formation du Traité sur l'acte de foi dans le Grand Véhicule — Questions stylistiques et analogies avec le* Fajijing »], "Daijōkishinron" *to Hōzō kyōgaku no jisshōteki kenkyū* "大乘起信論" と法藏教學の實證的研究, Kansai daigaku kenkyūseika hōkokusho 關西大學研究成果報告書, Ōsaka, mars 2004, pp. 1-40.

Kashiwagi, Hiroo 柏木弘雄, *Daijōkishinron no kenkyū* 大乘起信論の研究 [*Recherches sur le Dashengqixinlun*], Tokyo, Shunjūsha 春秋社, 1981, VI+506+12 pages.

Kashiwagi, Hiroo 柏木弘雄, *Daijō towa nani ka — Daijōkishinron wo yomu* 大乘とは何か — 大乘起信論を讀む — [*Qu'est-ce que le Grand Véhicule ? — Lire le Dashengqixinlun* —], Tokyo, Shunjūsha 春秋社, 1991, VIII+380+9 pages.

Lamotte, Étienne : *Saṃdhinirmocanasūtra*, édition tibétaine et traduction de Étienne Lamotte, *L'Explication des Mystères*, Recueil de l'Université de Louvain, 34, Louvain, Bureau du Recueil, Paris, Maisonneuve, 1935. Terminus a quo : début du IIIe siècle, et terminus ad quem 435-443 pour les chap. IX et X (trad. Guṇabhadra), et 514 pour l'ouvrage entier (trad. Bodhiruci) (Lamotte, Préface, pp. 24-25).

Lamotte, Étienne : « L'Ālayavijñāna (Le Réceptacle) dans le *Mahāyāna-saṃgraha* (chapitre II), Asaṅga et ses commentateurs », Mélanges Chinois et Bouddhiques, III, 1934-1935, pp. 169-255.

Lamotte, Étienne : *L'Enseignement de Vimalak‹rti (Vimalakīrtinirdeśa)*, traduit et annoté par Étienne Lamotte, Bibliothèque du Muséon, Volume 51, Université de Louvain, Louvain, Publications Universitaires, Institut Orientaliste, 1962.

Lamotte, Étienne : *La Concentration de la Marche héroïque (Śūraṃgama-samādhi-sūtra)*, texte traduit et annoté, Mélanges Chinois et Bouddhiques, XIII, 1965, XIV+308 pages.

Lamotte, Étienne : *La Somme du Grand Véhicule d'Asaṅga (Mahāyāna-saṃgraha)*, Publications de l'Institut Orientaliste de Louvain, 8, Tomes I (Versions tibétaine et chinoise [Xuanzang]) et II (Traduction et commentaire), Université de Louvain, Institut Orientaliste, Louvain, 1973.

La Vallée Poussin, Louis de : « Note sur l'*Ālayavijñāna* », Mélanges Chinois et Bouddhiques, III, 1934-1935, pp. 145-168.
Louis de La Vallée Poussin, *Vijñaptimātratāsiddhi, La Siddhi de Hiuan-Tsang*, Traduction de LVP, Buddhica, Première série : mémoires, Tome I, Tome V et Tome VIII, Paris, Librairie Orientaliste Paul Geuthner, 1928, 1929 et 1938.
La Vallée Poussin, Louis de : *L'Abhidharmakośa de Vasubandhu*, traduction et annotations, Nouvelle édition anastatique présentée par Étienne Lamotte, Mélanges Chinois et Bouddhiques, volume XVI, Institut Belge des Hautes Études Chinoises, Bruxelles, 1971, six Tomes (les références à la traduction de LVP mentionnent les Tomes de cette édition.
Lévi, Sylvain : *Mahāyānasūtrālaṃkāra, Éxposé de la doctrine du Grand Véhicule selon le système Yogācāra*, édité et traduit par S.L., tome II, Bibliothèque de l'École des Hautes Études, publiée sous les auspices du Ministère de l'Instruction Publique, Sciences Historiques et Philologiques, cent qutre-vingt-dixième fascicule, Paris, Honoré Champion, Éditeur, 1911.
Lévi, Sylvain : *Matériaux pour l'étude du système Vijñaptimātra, Un système de philosophie bouddhique*, Bibliothèque de l'École des Hautes Études, publiée avec le concours du Ministère de l'Instruction Publique, Sciences Historiques et Philologiques, deux cent soixantième fascicule, Paris, Librairie ancienne Honoré Champion, 1932.
Liebenthal, Walter, « New Light on the *Mahāyāna-śraddhōtpāda-śāstra* », T'oung Pao, volume XLVI, 4-5, Leiden, E.J.Brill, 1958, pp. 155-216.
Lin Li-Kouang : *L'Aide-Mémoire de la Vraie Loi (Saddharma-smṛtyupasthāna-sūtra), Introduction au Compendium de la Loi (Dharma-samuccaya), Recherches sur un Sūtra Développé du Petit Véhicule*, Publications du Musée Guimet, Bibliothèque d'Études — Tome cinquante-quatrième —, Librairie d'Amérique et d'Orient Adrien Maisonneuve, Paris, 1949.
Magnin, Paul : *La vie et l'œuvre de Huisi* 慧思 *(515-577) (Les origines de la secte bouddhique chinoise du Tiantai)*, Publications de l'École française d'Extrême-Orient, volume CXVI, Paris, 1979.
Magnin, Paul : *Bouddhisme, unité et diversité, Expériences et libération*, Patrimoines, Bouddhisme, Paris, Cerf, 2003.
Mochizuki, Shinkō 望月信亨, *Daijō kishinron no kenkyū* 大乘起信論之研究 [*Recherches sur le Dashengqixinlun*], Tokyo, Kanao bun.eidō 金尾文淵堂, 1922, 492+84 pages.
Narachō shakyō 奈良朝寫經 [*Copies des textes bouddhiques à l'époque de Nara*], Nara kokuritsu hakubutsukan 奈良國立博物館, Tokyo, Tokyo bijutsu 東京美術, 1983.)
Oda, Akihiro 織田顯祐 : « "*Kishinron*" *Chūgoku senjutsu hiteiron* »『起信論』中国撰述否定論 [*Réfutation de la thèse de la composition en Chine du* Dashengqixinlun], Nanto bukkyō 南都仏教, n° 81, Tōdaiji, Nara, 2002, pp. 1-18.

Ōtake, Susumu 大竹晋 : « Bodhairushi no ushinawareta sanchosaku » 菩提留支の失われた三著作 [« Trois ouvrages perdus de bodhiruci »], Tōhōgaku 東方學, n° 102, 2001, Tōhō gakkai 東方學會, pp. 34-48.

Idem : « Yugagyōha bunken to *Daijō kishinron* » 瑜伽行派文献と大乘起信論 [« Les textes de l'école Yogācāra et le *Dasheng qixinlun* »], Tetsugaku.shisō ronsō 哲學。思想論叢, n° 20, janvier 2002, pp. 49-62.

Idem : « *Daijō kishinron* no yuishikisetsu to *Nyūryōgakyō* » 大乘起信論の唯識説と入楞伽經 [« Les conceptions du rien-que-conscience du *Dasheng qixinlun* et le *Laṅkāvatārasūtra* »], Tetsugaku.shisō ronsō 哲學。思想論叢, n° 21, janvier 2003, pp. 67-80.

Idem : « *Daijō kishinron no in.yō bunken* » 大乘起信論の引用文獻 [« Les textes cités dans le Dasheng qixinlun »], Tsukuba daigaku tetsugaku.shisō gakkai 筑波大學哲学思想學會, Tetsugaku.shisō ronsō 哲學思想論叢, n° 22, Tsukuba, janvier 2004.

Park, Sung-Bae : *Wŏnhyo's Commentaries on the "Awakening of Faith in Mahayana"*, University of California, Berkeley, Ph.D., 1979, University Microfilms International, 274 pages.

Ruegg, David Seyfort : *La Théorie du Tathāgatagarbha et du Gotra, Études sur la Sotériologie et la Gnoséologie du Bouddhisme*, Publications de l'École Française d'Extrême-Orient, Volume LXX, Paris, 1969, 531 pages.

Takasaki, Jikidō 高崎直道 : « *Daijō kishinron* ni okeru "*nen*" ni tsuite » 大乘起信論の「念」について [« A propos du terme de *nian* dans le *Dashengqixinlun* »], Tōhōgaku 東方學, n° 73, janvier 1986, Tōhō gakkai 東方學會, pp. 1-17.

Idem : « *Daijō kishinron* kikeigekō » 『大乘起信論』歸敬偈考 [« Étude sur la stance liminaire de prise de refuge du *Dashengqixinlun* »], — Tōhō gakkai sōritsu shijūshūnen kinen — Tōhōgaku ronshū — 東方學會創立四十周年記念 — 東方學論集, Tōhōgakkai 東方學會, juin 1987, pp. 465-480.

Idem : « *Daijōkishinron* no "shinnyo" » 大乘起信論の「眞如」[« La "vraie manière d'être des choses" selon le *Dashengqixinlun* »], Bukkyōgaku 佛教學, n° 29, septembre 1990, Bukkyō shisō gakkai 佛教思想學會, pp. 1-24.

Idem : *Daijōkishinron wo yomu* 大乘起信論を讀む [*Lire le Dashengqixinlun*], Tokyo, Iwanami seminābukkusu 岩波セミナーブックス, 35, 1991, IV+214 pages.

Idem : « *Daijō kishinron* no gohō » 大乘起信論の語法 [« La phraséologie du *Dashengqixinlun* »], Waseda daigaku daigakuin Bungaku kenkyūka kiyō 早稲田大學大學院文學研究科紀要, n° 37, Tetsugaku.shigakuhen 哲學史學編, février 1992, Waseda daigaku daigakuin bungaku kenkyūka 早稲田大學大學院文學研究科, pp. 29-44.

Idem : « *Hon.yaku Nyūryōgakyō no nyojitsu shugyō to Kishinron* » 「翻訳『入楞伽経』の「如實修行」と『起信論』」[« La culture des pratiques en justesse dans le *Laṅkāvatārasūtra* en traduction et le Traité sur l'acte de foi dans le Grand Véhicule »], *Tsukamoto Keishō kyōju kanreki kinen ronbunshū, Chi no kaiko — bukkyō to kagaku* 『塚本啓祥教授還暦記念論文集　知の邂逅 — 佛教と科學 —』 [*Mélanges jubilaires offerts au professeur Tsukamoto Keishō, une rencontre de savoirs : bouddhisme et science*], Kōsei shuppansha 佼成出版社, 1993.

Idem : « *Daijōkishinron* no imi to rontai — "Kishinron.Don.ensho" kaidoku (1) — » 大乘起信論の意味と論體 『起信論・曇延疏』 解讀 (一) — [« Le sens et le style du *Dashengqixinlun* — lecture du commentaire de Tanyan »], Tōyō no shisō to shūkyō , n° 14, mars 1997, Waseda daigaku Tōyō tetsugakkai 早稻田大學東洋哲學會, pp. 37-56. Tentative d'approche du « texte primitif » du *Traité*, à partir du commentaire de Tanyan, à l'aide des notes de Yoshizu Yoshihide.

Takemura, Makio 竹村牧男 : « *Kishinron* to *Jūjikyōron* » 起信論と十地經論 [« Le *Dasheng qixinlun* et le *Daśabhūmikasūtra-śāstra*# »], Tōhōgaku 東方學, n° 72, juillet 1986, Tōhō gakkai 東方學會, pp. 1-15.

Idem : *Daijō kishinron* 大乘起信論讀釋[*Lecture commentée du Dashengqixinlun*], Tokyo, Sankibō busshorin 山喜房仏書林, 1985, édition révisée, 1993, 522 pages.

Yoshizu, Yoshihide 吉津宜英, « *Daijōkishinron no saikentō* » 大乘起信論の再検討 [« Réexamen du Dashengqixinlun »], dans *Shōgon hakase koki kinen ronshū, Higashi Ajia bukkyō no shomondai* 聖嚴博士古稀記念論集、東アジア仏教の諸問題 [*Mélanges jubilaires offerts au Docteur Zhang Shengya, Problèmes du bouddhisme de l'Asie orientale*], mars 2001, Tokyo, pp. 133-149.

Yoshizu, Yoshihide 吉津宜英, « *Kichizō no Daijōkishinron in.yō ni tsuite* » 大乘起信論の[« A propos des citations de Jizang du *Dashengqixinlun* »], *in* Indogaku bukkyōgaku kenkyū 印度學佛教學研究, tome 51-1, n° 99, Tokyo, 2001, pp. 145-151.

Index

Termes techniques

xxiv, xxxvii, liii, 28, 29, 33, 46, 47, 58, 83, 107, 131, 141, 157, 226, 240, 248, 251, 257, v. aussi naissance, manifestation, productioin
apparition et disparition xxi, 61, 97, 99, 107, 131, 157, v. aussi naissance et disparition, naissance et mort
appellation provisoire > dénomination provisoire
application (de la pensée, mentale) xxiv, lviii, 75, 103, 111, 113, 129, 151, 165, 187, 189, 229
appui (point d', etc.) > *yi* 依
argile 250
arhat 67, 228
artha (*yi* 義) 17, v. aussi sens ; objet ; but ; thèse
articulation xvi, 239, 240, 243-257, 259
aspect(s) xi, xiii, xx, xxi, xxxix, xl, xliv, xlix, lvi, 18, 19, 21, 29, 32, 42, 86, 87, 91, 104, 105, 124, 141, 145, 147, 155, 174, 176, 186, 188, 192, 199-203, 226, 227, 234, 238, 239, 243, 250, 253, 256, 257, 259
āśraya > *yi* 依
association, associé(e)(s) xii, xxxviii, lxii, 34, 53-61, 79, 101, 127, 159, 198, 200, 201, 203-205, 209, 210, 215, v. aussi union
attachement xxviii, lxix, 5, 21, 31, 43, 54, 55, 66, 69, 187, 192, 227
attribut xl, 5, 36, 80, 81, 83, 85, 89, 215, 249, 252, 253
attributs divins (*ṣifāt Allāh*) 253
Auditeur(s) 12, 55, 81, 132, 133, 181, 187, 194
Augmentation et diminution 97
autonomie (souveraine) (*zizai* 自在) xxv, 5, 57, 79, 81, 85, 201
avidyā > Inscience

B

baoshen 報身 > corps de rétribution
benjue 本覺 > *éveil foncier*
bhūtatathatā 189, 190, v. aussi Talité
bien(s) (dix, etc.) xii, li, 11, 12, 19, 35, 39, 42, 73, 75, 98, 104, 107, 109, 110, 113, 115, 131, 133, 135, 137, 139-141, 164, 165, 149, 152, 153, 155, 157, 159, 163, 165, 187, 192, 195, 205, 215, 217, 227-229
bien-être (suprême) xxvii, 10, 11, 44, 59, 68, 81, 85, 89, 161, 163, 192, 220, 215, 226
bīja > germe(s) ; semence(s)
bodhi > éveil
bodhicitta > pensée d'éveil
bodhisattva, *Bodhisattva* xxi, xxv, xxx, xlvi, xlviii, lii, liv, 19, 30, 31, 33, 51-53, 57, 61, 67, 70, 71, 73, 75-79, 81, 83, 85, 88-91, 93, 106, 107, 109, 112, 116, 117, 119, 121, 123-125, 127, 129, 133, 135, 151, 155, 157, 160, 161, 167, 174, 176, 187, 194, 204, 206, 208, 211, 214, 215, 217, 219, 221, 222, 223, 225, 226, 228, 233
bodhisattva débutant xxv, 160, 119
bois 73
bonnō soku bodai 煩惱即菩提 (l'unité des passions et de l'éveil) 237
Brahman (être métaphysique) 81, 249, 251
Brahman sans qualité (*nirguṇa-Brahman*) 249
Brahman comportant des qualités

(*saguṇa-Brahman*) 249
Buddha xi, xxi, xxiii, xxv, xxvii, xxix, xxxii, xli, xlvi-xlviii, liv, lviii, lxiii, lxvii, 4, 5, 12, 13, 69, 71, 92, 100, 106, 117, 160, 163, 171, 173, 176, 177, 178, 181, 186, 187, 192, 194, 197, 198, 199, 207, 211, 215, 216, 219, 221, 222, 229
buddha xxv, xxvi, xxviii, xxx, xli, xlv, xlvi, xlviii, xlix, l, 5, 9, 19, 33, 53, 61, 67, 73-77, 79-81, 83, 86-89, 91, 95, 98, 99, 103, 107, 109, 111, 113, 116, 117, 125, 129, 131, 132, 135, 137, 140, 143, 149, 155, 157, 160, 161, 163, 165, 167, 171, 173, 176, 178, 180, 188, 194-198, 200, 207, 210, 211, 214, 219, 222, 223, 229
buddha de l'intelligence sapientielle de la Talité (*tathatājñānabuddha*) 210
buddha d'émanation (*niṣyandabuddha*) 210
Buddha-pour-soi 12, 55, 67, 83, 187, 194
bujue 不覺 > non-éveil
bujue xinqi 不覺心起 40-42
bunsetsu 分節 > articulation
bushengbumie 不生不滅 > non-naissance et non-disparition
busiyiye 不思議業 > activité inconcevable
but (*yi* 義) xvi, xxv, xxx, xlviii, 17, 75, 124, 125, 139, 197, 207, 241
buxiangsheli 不相捨離 > indissociable
buxiangying 不相應 > indissociable

C

calme (*śamatha*) > apaisement
caractère, caractéristique (*xiang* 相) vi, xi, xiii, xviii, xxiv, xxv, xxvii, xxxii, xl, xliii, xlix, liii, lv, lvii, lx, 4, 5, 11, 15-17, 19, 23, 25-27, 29, 31, 33-37, 39, 41, 43, 45, 47-49, 53-55, 59-63, 65, 67, 69-71, 83, 85, 87, 89, 91, 93, 97, 99, 100, 104, 105, 111, 113, 121, 123-125, 127, 141, 143, 145, 147-149, 151, 176, 178, 181, 184, 186, 189, 190, 191, 198-200, 211-213, 220, 229, 236-239, 243, 244, 250, 253, 260, v. aussi marque, signe
causalité (*yinguo* 因果 ; *yuanqi* 縁起, etc.) xi, xxxvi, xxxvii, xl, xli, xliii, lii, lxiii, 50, 51, 101, 106, 125, 130
cause, causal (*yin* 因) xix, xxii, xxxi, xxxvi, xxxvii, xxxix, xl, xliv, xlviii, liii, lxxi, 19, 37, 39, 43, 46, 47, 61, 63, 65, 69, 73, 75, 85, 107, 109, 112, 113, 115, 126, 127, 132, 139, 141, 145, 151, 161, 176, 185, 188, 189, 191, 192, 194, 201, 202, 204, 221, 226, 227
ce qui a un nom (*youming* 有名) 247, 254
chabie 差別 > différenciation ; distinction
champ (*topos*, field, etc.) xxv, 95, 127, 149, 181, 217, 219, 238, 242, 248, 249, 254, 257-259
chana 刹那 (*kṣaṇa*) > instant de pensée
chang 常 > pérénité, etc.
changement xl, 23, 35, 97, 182, 243, 248, 254, 260, v. aussi évolution
changzhou 常住 > pérénité, etc.
chaos (*huntun* 渾沌) 248, 249
choses (*dharma* etc.) xii, xxiv,

xxv, xxxiv, xxxvi, xxxix, xl, xliii, xliv, xlvi, xlix, lii-liv, lvi, lvii, lxiii, 5, 11, 17-19, 21, 23-27, 29, 31, 33, 39, 45, 46, 49, 51, 55, 57, 59, 62-67, 69, 73, 78-80, 82, 83, 85, 90, 93, 95, 97, 99, 102-104, 111-115, 119, 121, 122, 126, 127, 132, 137, 139, 141, 143-149, 155, 157, 159, 166, 167, 171, 176, 177, 184-192, 194, 195, 197, 203, 205, 210-213, 216, 221, 222, 224, 227, 238, 242, 243, 246-253, 256-259, 267, v. aussi *dharma*
chute (régression) 105, 117, 119, 160, 161, 163
circonstances (*yuan* 緣, *yinyuan* 因緣) xx, 13, 73, 203, 216
commémoration du Buddha > *nianfo* 念佛
commencement (début, initial, première fois) 23, 31-33, 35, 39, 51, 53, 59, 71, 75, 77, 79, 89, 99-101, 117, 119, 157, 161
Communauté (*saṃgha*) xxi, xxvii-xxix, lii, 4, 106, 109, 115, 133, 216, 264
compassion (pensée de) xli, xlv, lxvii, 75, 112, 124, 178, 179, 187, 219-222
compassion (grande) xlv, lxvii, 75, 85, 109-113, 124, 155, 159, 179, 187, 219-222
complétude, complétion, complet (être au)(être pourvu complètement de) (*manzu* 滿足, *juzu* 具足) 11, 33, 55, 71, 121, 141, 159
concentration (mentale) (*samādhi, ding* 定) xxi, xli, xlvi, lvii, 77, 143, 145-148, 151-155, 187, 192, 224, 227, 228, 265
conception(s) lv, 39, 85, 142, 145, 173, 174, 195, 196
- conception (fallacieuse, erronées) (*nian*, etc.) xl, lvii, lviii, 25, 27, 29, 31, 33-35, 39-41, 43, 49, 53, 57, 58, 67, 69, 80, 83, 85, 93, 111, 127, 142, 145, 187, 195, 196, 198, 238, v. aussi *nian*
- conception (de la pensée d'éveil ; de la pensée d'éveil pour la première fois) xxi, xlvi, 52, 71, 104-111, 116-119, 122-125, 146, 214, 219, 267
- conception de la foi 16

condition(s) 19, 46, 47, 61, 69, 72, 75, 77, 83, 86, 98, 109, 111, 113, 133, 137, 141, 155, 157, 159
- conditions égales 75
- conditions différenciées 75
- conditions prochaines 77
- conditions lointaines 77

conditionné (le) (*youwei* 有爲 ; *yinyuan* 因緣, etc.) 18, 19, 46, 47, 51, 75, 113, 141, 155, 159
congji 總持 15, v. aussi *dhāraṇī*
connaissance 33, 39, 43, 59, 76, 77, 81, 85, 87, 91-93, 98, 99, 103, 104, 119, 124, 127, 130, 132, 133, 143, 144, 149, 157
- connaissance intellective 43

conscience 18, 28, 29, 35-37, 43, 44, 46-51, 55-59, 61, 63, 65-67, 70, 71, 74, 77, 83, 87, 90-92, 99, 123-125, 144, 163
- conscience de l'acte (*yeshi* 業識) 47, 57, 61, 67, 63, 70, 74, 77, 83, 87, 90, 91, 123-125
- conscience active, en fonctionnement, en procession (*pravṛtti-vijñāna*#, *zhuanshi* 轉識) 35, 37, 47, 56, 57, 61, 66,

87, 123, 124
conscience cognitive (*zhishi* 智識) 49, 58, 61, 66, 67, 90
conscience cotinue 49, 51, 61, 66, 67
conscience-de-tréfonds (*ālaya-vijñāna, ādāna-vijñāna*, etc.) 18, 28, 29, 35, 36, 47, 57, 59, 63, 65, 66, 70, 71, 124
conscience dichotomisante des phénomènes, distinctive des faits (*fenbieshishi* 分別事識) 44, 51, 67, 71, 74, 87
conscience dissociatrice (*fenrishi* 分離識) 51
conscience de manifestation (*xianxin* 現心) 48, 49, 56, 61, 66
conscience mentale (*yishi* 意識) 47, 50, 51, 58, 67, 70, 77, 144
conscience noétique (*xinshi* 心識) 37
conscience unitive (*huoheshi* 和合識) 35
contenu (*teneur*) (*dharma*) xxix, lv, 9, 16, 17, 80, 121, 127, 145, 175, 176
continuité, *continuum* (*xiangxu* 相續) xxxvii, 32, 37, 43, 49, 90, 241, 249, 253, 255, 258, v. aussi série
contrecarrer, contrecarrement (*duizhi* 對治) 13, 94, 95, 97, 99, 101, 103, 113, 212
coproduction conditionnée (*pratī tyasamutpāda, yuanyi* 縁起) xxxvi, xlii, lxvii, 50-52, 179, 189, v. aussi *laiye yuanqi* 頼耶縁起, *zhenru yuanqi* 眞如縁起
corps xxv, xlvii, liv-lvii, 4, 5, 19, 29, 31, 35, 37, 52, 53, 65, 71, 74, 77-79, 82, 83, 85-92, 95- 97, 105, 111, 116, 117, 121-123, 125, 126, 129, 139, 147, 157, 163, 167, 176, 178, 179
corps (de *buddha*) xxv, xlvi, xlvii, l, 4, 5, 89, 95, 176, 178
corps de communion, de fruition (*saṃbhogakāya, shouyongshen* 受用身) xlvii, 5, 87, 89, 90, 125
corps de la Loi (*dharmakāya, fashen* 法身) xxxii, xli, xlvi, xlvii, 4, 5, 19, 29, 31, 35, 52, 53, 71, 77, 79, 82, 83, 85, 87, 90-92, 95-97, 105, 111, 116, 117, 122, 123, 126, 129, 147, 163, 167, 176, 178, 179, 210
corps né du vœu (*yuanshengshen* 願生身) 116
corps de réponse, correspondance, adéquation (*yingshen* 應身) xxv, xlvii, 4, 74, 86-89, 178, 179
corps de rétribution (*vipākakāya, baoshen* 報身) xxv, xli, xlvii, l, 4, 5, 78, 86-89, 91, 92, 176, 178, 179
corps sapientiel (*zhishen* 智身) 91
corps sensible (*rūpakāya, seshen* 色身) xlvi, xlvii, 91
corps de transformation, transformationnel (*nirmāṇakāya, huashen* 化身) xlvii, 4, 5, 86, 116
corps unique 117
culture, assimilation 9, 13, 51, 54, 55, 69, 75, 77, 112, 116, 121, 130, 131, 139, 142, 147, 152, 153, 163-165, 167
cycle (de naissance et de disparition de la pensée, etc.) 21

51, 53, 55, 57, 159, 237
distinction (*chabie* 差別 ; *fenbie*, jap. *funbetsu* 分別, etc.) xxi, xxvi, xliii, liii, 17, 24, 32, 34, 48, 49, 55, 57, 58, 83, 87, 91, 92, 143, 178, 191, 192, 207, 219, 224, 225, 246, 250, v. aussi, différence, différenciation, etc.
dix défenses 107
domaine (*jingjie* 境界) xxiii, xlv, xlvi, 27, 37, 43, 61, 71, 87, 98, 117, 132, 144, 153, 165, 194, 237, 241, 247, 253, v. aussi objet
don xxi, 75, 121, 133-135, 149, 171
douleur (mal-être) xxvii, 11, 43-45, 65, 67-69, 71, 73, 75, 77, 107, 111, 116, 117, 121, 131, 137, 139, 155, 157, 167, 178, 189-192, 213, 217
durée (*zhou* 住) xxiv, 31, 34, 35, 78, 79, 107

E

eau 36, 37, 62, 63, 99, 143, 144, 180, 181, 183, 201, 202, 216
égalité, égal (*pingdeng* 平等) xxvi, 15, 23, 45, 59, 73, 77, 92, 115, 126, 149, 179, 186, 188, 189, 213, 237, 243
egon shinnyo 依言眞如 > Talité fondée sur le langage
ekarūpa > *yise* 一色
ekeino (« cela ») 242
élément (grand) (*da* 大) 18, 19, 80-82, 84, 85, 93, 121, 135, 143, 144, 146, 149
élément (dharma) > chose
élément(s) (quatre, etc.) 36, 37, 62, 63, 144
élément(s) (psychique) 40-45
embryon de *tathāgata* xi, xii, xviii, xxiv, xxix, xxxix, xl, xli, xliv, 5, 19, 27-29, 32, 52, 68, 80, 82, 83, 85, 96-101, 106, 153, 176, 191-193, 195, 199, 209, 259
émergence (*qi* 起) > apparition, manifestation, production
enseignement xv, xxviii, xxix, xxxv, xxxix, xli, xliv, xlv-xlvii, liii, lxiii, lxiv, lxxi, 171, 188, 197, 199, 200, 219, 228
entités (*dharma*) > chose
epekeina ousiās (au-delà de l'essence) 242
epekeina ontos (au-delà de l'être) 242, 252
épiphanie (*tagalī*) 252
épuisement, exhaustion (*jin* 盡) liii, liv, 33, 57
erreur, erroné (fallacieux ; illusion, illusoire) xxi, xxviii, xl, liii, lvii, lviii, lxvii, lxix, lxxi, 9, 21, 23-27, 29, 31-33, 41-43, 47-53, 57, 59, 61, 63, 65-69, 71, 77, 79, 83, 85, 92-95, 96, 98-103, 105, 107, 111, 113, 121, 129, 135, 149, 151, 153, 155, 159, 178, 190, 192, 195-199, 206-209, 211, 216, 218, 237-240, 243, 248, 259, v. aussi pensée (fallacieuse)
espace (*xukong* 虛空) xvii, 29, 39, 95, 97, 107, 111, 115, 127, 144, 195, 202, 211, 245, 246, 248, 249
esprit (*xin* 心, *nian* 念, etc.) xxxii, xxxvi, xli-xliii, xlv, xlviii, li, lii, lv, lvii-lviii, 15, 31, 65, 83, 85, 92, 93, 103, 121, 131, 137, 151, 153, 157, 160, 161, 181-

183, 185, 188, 189, 194, 195, 198, 199, 220, 221, 226, 229, 235, 259-261, v. aussi pensée
esprit démoniaques (*qui* 鬼, *quishen* 鬼神) 139, 149
essence xii, xlix, lvi, lvii, 174, 209, 221, 237, 242, 257, v. aussi être (*ti*)
état de *buddha* xlviii, 10, 11, 32, 33, 75, 79, 98, 109, 117, 176, 197, 219
être, existence (*you* 有, etc.) 27, 57, 103, 106, 110, 196, 198, 204, 211-213, 227, 237, 239, 241-245, 247-249, 251-257, 259
être (*wujūd*)(au-delà de l'être, etc.) 251, 252, v. aussi Brahman
être (en soi) (*ti* 體) xxiv, xxviii, xlix, lvii, 5, 16, 19, 21, 23-25, 27-29, 51, 59, 63, 71, 77, 80-83, 91, 95, 97, 99, 111, 115, 121, 127, 173, 176, 178, 179, 183, 194, 196, 204, 209, 211, 212, 224
être des choses (*fati* 法體) 25, 27, 51, 127
être(s) (sensible[s]) (*sattva*, *zhongsheng* 衆生) xi, xx-xxii, xxviii, xxxix, xl-xliii, xlv, xlvii, liv, lvi, lxvii, lxix, 5, 9, 11-13, 15-17, 19, 23, 27, 30, 31, 33, 35, 37, 39, 41, 45, 47, 49, 51, 52, 55, 59, 63, 69, 71, 73, 75-77, 79, 83, 85-87, 92, 93, 96-101, 103, 107, 109-111, 113, 115-117, 119, 125, 127, 129-132, 135, 137, 139, 147, 149, 151, 157, 160, 161, 164, 165, 167, 171, 174, 175, 177, 178, 186-189, 191-194, 198-200, 209, 214, 215, 217-222, 226, 243, 251, 254
examen mental (*guan* 觀, *vipaśyanā*) xxi, li, liii, lviii, lxiii, 31, 52, 55, 141-143, 155, 159, 163, 205, 224, 227
examen mental sans signe 55
éveil (*bodhi*, *puti* 菩提) xxiv, xxviii, xxxix, lv, 4, 10, 28-41, 43-45, 47, 51, 52, 57, 59, 61, 63, 65, 71, 75, 77, 80, 83, 89, 97-99, 101, 104-107, 109-112, 115-118, 119, 122-126, 130, 131, 135, 139, 143, 146, 159, 165, 173, 196, 208
éveil par analogie (*xiangsijue* 相似覺) 30, 31
éveil foncier (*benjue* 本覺) xxvi, xxxii, xlii, 10, 29, 31, 32, 34-36, 38, 39, 41, 45, 47, 80, 89, 97, 101, 126, 196-198
éveil inceptif (*shijue* 始覺) xxiv, 10, 29, 30-32, 34, 35, 45, 89, 126
éveil partiel (*suifenjue* 隨分覺) xxiv, 31
éveil ultime (*jiujingjue* 究竟覺) xxiv, xlii, 31, 33
évolution (marque d') xliv, xlvii, 31, 34, 35, 204, v. aussi *yixiang* 異相
existence (*you* 有) xxxviii, lxi, 25-27, 65, 75, 90, 99, 117, 139, 141, 149, 174, 204, 216, 228, 238, 254, v. aussi non-existence ; être
extinction xxix, 10, 15, 45, 68-71, 73, 75, 79-81, 97, 100-103, 112, 113, 115, 117, 119, 125, 149, 151, 157, 167, 191, 192, 198, 199, v. aussi *nirvāṇa*

F

fa 法 > *dharma* ; chose(s)

G

125, 129, 133, 139, 152, 155, 157, 159, 161, 165, 167, 171, 173, 175-180, 182, 183, 186, 187, 195, 196, 205-207, 214-216, 219-224, 226, 229
grand(s) élément(s) xliv, 18, 19, 80, 81, 175, 176, 180, 183
Grand Véhicule (Mahāyāna) xi, xiv, xv, xvi, xx, xxi, xxiii, xxx, xxxiii, xxxiv, xxxix, xliii, xlvi-xlviii, lxi-lxiii, lxvii, lxix, 5, 9, 12, 13, 16, 18, 79, 81, 105, 109, 119, 133, 139, 165, 167, 173, 174, 176-178, 183, 188, 195, 207, 208, 214, 217, 219, 221, 226, 228, 233-236, 238-240, 242
grossier xxxvii, 31, 40-44, 60, 61, 89, 93, 201-203
guan 觀 liii, 142, 143, 227, v. aussi examen mental
guu inga 俱有因果 101
guanzhi 觀智 > savoir d'examen mental

H

hérétique(s) lxix, 100, 101, 149, 151, 153
Hinayāna > Petit Véhicule
huashen 化身 > corps de transformation
huit manières d'apporter profit aux êtres (stades de la vie d'un *bodhisattva*) 117
huntun 渾沌 > chaos
huoheshi 和合識 > conscience unitive
huren nianqi 忽然念起 liii, 52-55

I

idée (*xin* 心) 11, 40, 87, 93
idée (s) (fixe, de substantialiser les chose ou de l'individu)(*jian* 見) lxix, 23, 83, 87, 94, 95, 102, 103, 127, 135, 192, 243, v. aussi vue (fausse)
identité (*yi* 一) xvii, xxxix, 17, 26, 27, 44, 45, 229, 237, 244, 249, 250, v. aussi un
illimité 15, 25, 85, 129, 167, 171, 235, 237, 245, 247, v. aussi infini, inépuisable
illusion, illusionné, illusoire xxi, liii, lvii, 24-27, 32, 33, 42, 43, 47, 50-52, 57, 59, 61, 63, 65, 66, 67, 69, 71, 77, 79, 83, 85, 95, 96, 98, 99, 103, 155, 197-199, 209, 237-239, 259, v. aussi erreur, erroné
image(s) (*xiang* 像, etc.) 49, 93, 129, 143, 203, 211
imibunsetsu soku sonzaibunsetsu 意味分節即存在分節 > unité de l'articulation du sens et de l'articulation de l'être
immaculé xiii, xxxiv, xlii, xlix, 18, 19, 25, 27, 89, 184, 194, 198, 213, v. aussi pur
immuable, immuabilité (*budong*, *fudō* 不動) xliii, liii, 27, 53, 93, 97, 189, 198, 244
imprégnation(s) xxxvi, xlii, 26, 35, 51, 64, 69, 107, 112, 113, 130, 185, 192, 204, 226
impur, impureté liii, 28, 29, 35, 39, 44, 45, 54, 57, 58, 62-65, 69, 73, 76, 78-81, 85, 97, 99, 103, 111, 113, 116, 117, 144, 157, 183, 197, 208, 221
inadéquation > indissociable (*buxiangying* 不相應)
inarticulé, inarticulation 245, 248, 249, 251, 255, 256-258
inconcevable (*bukesiyi* 不可思議) xxvi, xlii, 23, 27, 35, 37, 71, 81, 87, 89, 123, 126, 127, 181, 204, 208, 229, 243, v. aussi activité inconcevable

liyan zhenru 離言眞如 > Talité dégagée du langage
logos 241
Loi (Dharma) xxi, xxvii-xxix, xxxii, xxxv, xxxix, xli, xlii, xlvi, xlviii, liii, lxi, lxiii, lxiv, lxvii, lxix, 4, 5, 11, 13, 15, 19, 23, 27, 29, 31, 35, 39, 51-53, 57, 59, 69, 71, 77, 79, 81-83, 85, 87, 90-93, 95-97, 105-107, 109, 111, 115-117, 122, 123, 125, 126, 129, 132, 133, 135, 140, 147, 153, 157, 163, 165, 167, 173, 174, 176-179, 181, 186, 188, 193, 195, 199, 200, 207, 209-211, 213-216, 221-223, 226, 228, 229

M

Mahāyāna > Grand Véhicule
mahātman 81
mahāyogin, *mahāyogayogin* 173
maîtrise > autonomie
mal xii, xl, 13, 31, 30, 42, 44, 104, 110, 130, 137, 139, 140, 159, 160, 205, 218, 241
mal-être 44, 159, v. aussi douleur
manzu 滿足 > complétude, etc.
manière d'être des choses (véritable) xii, xxvi, xlvi, lv, lvi, 24, 25, 111, 114, 188, 243, 244, 259, v. aussi Talité
manifestation xlvii, lv, 49, 56, 57, 59, 66, 67, 87, 88, 91, 97, 179, 188, 203, 210, 237, 252, 253, 257, v. aussi épiphanie, action, apparition, production
marcher, stationner, être couché / assis et se lever lii, 45, 143, 145, 149, 157, 159
marque (caractère, etc.) vi, xi, xiii, xviii, xxii, xxiv, xxv, xxvii-xxix, xxxii, xl, xliii, xlviii, xlix, liii, lv, lvii, lx, 4, 5, 11, 15, 17, 23, 25, 29, 31, 33-37, 39, 41, 45, 53, 55, 59-61, 69, 70, 71, 83, 87, 89, 97, 100, 103, 104, 111, 121, 125, 143, 145, 147, 176, 178, 181, 184, 186, 189-191, 198-200, 211-213, 216, 220, 224, 229, 236-239, 243, 244, 250, 253, 254, 260, v. aussi signe
méditation, enstase (*dhyāna*, etc.) 121, 142, 149, 160
méditation assise (*zuochan*, *zazen* 坐禪) li
men 門 (accès, porte, méthode ; rubrique) xxxii, xliii, xliv, lxiii, lxxi, 10, 18, 20-23, 28, 29, 69, 80, 88, 132, 133, 153, 159, 194, 195, 205, 208
mental (le)(*yi* 意) xxxvii, xxxviii, lvi, 13, 15, 23, 31, 33, 37, 44, 47, 48, 51-53, 55-61, 63, 67, 70, 71, 77, 79, 103, 127, 129, 141-144, 147, 149-151, 155, 157, 159, 163, 190, 192, 199, 200, 205
mérite(s) xx, xxi, xlv, l, li, 4, 30, 52, 54, 88, 104, 105, 113, 120, 135, 139, 141, 157, 165, 167, 170, 171, 173, 213, 219, 220, 226, 251, v. aussi qualité(s) méritoire(s) ; rétroversion
métaphysique xvi, liii, 196, 234-235, 239, 241, 242, 244, 245, 247-253, 255, 256, 258, 259, 261
mie 滅 > disparition
milieu (voie du) xi, xii, xiv, xvii, xix, xliii, 153
miroir 33, 39, 49, 51, 56, 129, 203, 208

miyi 密意 (intention secret ; concernant) xxiii
moheyan 摩訶衍 9, v. aussi Grand Véhicule
monde, mondain xxxix, xli, xliii, xliv, lxiv, 5, 11, 13, 17, 19, 24, 27, 29, 39, 48-51, 53, 55, 59, 65, 80, 81, 83, 87, 89, 91, 97-101, 111, 115-117, 123-125, 127, 129, 137-139, 144, 149, 151, 153, 155, 157, 159, 160, 161, 163, 171, 174, 178, 179, 181, 186, 188, 191, 192, 194, 195, 198-200, 205, 209, 212, 213, 221-223, 227, 229, 230, 238, 239, 241, 246, 248-256, 258, 259
monde (sphère) de la Loi (*dharmadhātu, fajie* 法界) xxxix, xli, lxiii, 27, 29, 81, 83, 93, 111, 147, 178, 188, 193, 199, 209, 213, 228, 229
monde (sphère) de la Loi unique (*yifajie* 一法界), caractère d'unité du monde de la Loi (*fajie yixiang* 法界一相) liii, 23, 53, 57, 111, 147, 188, 228
mōnen 妄念 (pensées illusionnées) 33, 71, 77, 83, 237-239, v. aussi pensée (erronée) ; illusion
moyens (procédés)(*fangbian* 方便) 12, 13, 32, 33, 45, 55, 69, 73, 75, 87, 103, 106, 107, 112, 113, 115, 123, 129, 130, 135, 147, 157, 160, 161, 175-177, 179, 183, 213, 225
mu 無 103, 237, 242, v. aussi non-être
multiple, multiplicité 51, 65, 69, 87, 111, 157, 178, 186, 226, 228, 239, 256
multiplicité des êtres (*wanyou* 萬有) 256
mumyō 無明 > Inscience

N

nāga 229, 230
naissance (*sheng* 生) xi, xxvi, xli-xliii, liii, liv, 10, 16, 18, 19, 29, 32-35, 46, 60, 61, 67, 69, 71, 73, 80, 82, 89, 92, 93, 97, 99, 101, 103, 105, 112, 113, 117, 125, 141, 153, 159-161, 177, 184, 185, 188, 192, 194, 195, 197, 201, 208, 212, 213, 219, 227, 246, 258, 259, v. aussi apparition
naissance et disparition, naissance et mort (*shengmie* 生滅, *shengsi* 生死) xxxvi, xl, xlii, xliii, 61, 97, 99, 192, 208, 212, 227, 258, 259
nature, naturel (*xing* 性) xxi, xxvi-xxviii, xxxii, xlii, xliv, xlviii, xlix, lviii, lxvii, 5, 16, 23, 25-27, 29, 32-34, 37-39, 41, 45, 47, 49, 53, 57, 59, 64, 65, 67, 69-71, 73, 76, 77, 80, 81, 83, 85, 91-93, 95, 97, 99, 103, 104, 106, 108, 109, 111, 113-115, 127, 147, 151, 159, 173, 175, 176, 180, 183, 184, 186, 189-191, 193-195, 198, 199, 206-209, 211, 226, 234, 237, 239, 241, 242, 244, 251, 255
nature des choses (*faxing* 法性) xxix, xxxvi, lii, lxiii, 5, 26, 104, 113-115, 121, 127, 147, 171, 176, 186, 190, 197, 210-212
nature en soi (*ti* 體) xxvi, l, 91, 211
nature foncière xli, xlii, liii, lviii, 25, 45, 53, 76, 77, 83,

104, 106, 183, 198, 259
nature de la pensée (*xinxing* 心性) liii, 23, 33, 53, 67, 83, 183, 184
nature propre xi, 25, 26, 34, 49, 85, 103, 113, 159, 184, 189, 192, 193, 198, 199, 209, 212
nature séminale acquise (*xizhongxing* 習種性) 108
nature séminale innée (*xingzhongxing* 性種性) 108, 109
natures (trois) xxxiii, 156, 189, 205
néant 102
nian 念 lvii, lviii, 40, 58, 93, 153, 157, 195, v. aussi pensées, conceptions (fallacieuses, erronées) ; application (de la pensée) , *nianfo*
nianfo 念佛 (*nenbutsu*) (commémoration, invocation du Buddha) xxi, xxv, 161-163
ni identique ni différent (*feiyi feiyi* 非一非異) xxvi, 36, 82
nirmāṇakāya > corps de transformation
nirodha > disparition (*mie* 滅)
nirvāṇa xxvii, 45, 68-71, 73, 75, 79-81, 97, 100-103, 112, 113, 115, 117, 119, 149, 151, 157, 167, 186, 195
nirvāṇé (apaisé) lxii, 59, 65, 68-71, 73, 75, 79-81, 95, 97, 100-103, 112, 113, 115, 117, 119, 125, 145, 149, 151, 157, 167, v. aussi apaisement
niyāma > (juste) détermination, justification
nom, *nom* 41, 44, 45, 54, 122, 160, 161, 179, 186, 229, 242, 244-246, 249, 252-254, v. aussi ce qui a un nom, sans nom
nom suprême 253
noms divins (*asmā' Allāh*) 251, 253, 254
nom-et-forme (*nāma-rūpa, mingxing, jap. myōgyō* 名形) (personnalité) 248-250, 252-254
non-altérité 26, 27
non-association, non associé > indissociable (*buxiangying* 不相應)
non-disparition 29
non-dualité 5, 10, 97, 121, 181, 186, 249
non-être 27, 103, 198, 212, 237, 242, 244, 247, 250, 254, 256, 257
non-éveil (*bujue* 不覺) xxiv, xxxviii, xlii, 29, 31, 35, 40, 41, 43-45, 47, 59, 61, 210
non-identité 26, 27
non-moi 137
non-naissance 29, 198
non-phénoménalité, non-phénoménal 238-240
non-vacuité dans la réalité telle quelle (*rushi bukong* 如實不空)(Talité sous son angle positif) 25
non vide, non-vacuité 25, 27, 39, 47, 97, 212
notification 190

O

objet (*dharma, fa* 法, *jingjie* 境界) xxv, xxix, xxx, xlvi, liii, lviii, 5, 16, 17, 23-25, 28, 39, 42-44, 47-49, 51, 53, 56-61, 63, 65-67, 69-71, 79, 80, 83, 85, 92, 93, 121-123, 127, 129, 138, 141, 143-145, 149, 151, 155, 157, 176-179, 188, 190, 191, 196, 198, 202-205, 221, 222,

226, 227, 229, 243, 245, 250, 258, v. aussi domaine
obstacle (des passions, au connaissable, de la vision, etc.) xvi, xxxii, 5, 13, 32, 39, 57, 59, 112, 114, 115, 132, 139-141, 147, 151-153, 155, 184, 191, 198, 209, 210, 215, 227
océan xxvi, xxviii, xxix, xlviii, 192
omniscience 32, 126, 127, 129, 132, 133, 216
origine, originel xxxvi, xxxvii, xl, xliii, liv, 23, 25, 41, 87, 91, 100, 103, 119, 127, 133, 142, 167, 190, 191, 194-198, 206, 207, 230, 233, 235, 239-247

P

parfumage (*xunxi* 熏習, *xun* 熏) (*vāsanā*#) xxxvii, xxxviii, xlii, l, liii, 39, 61, 63-75, 77-79, 89, 109, 176, 204, 206-208
  parfumage externe 67, 75
  parfumage interne xlii, 67, 72, 109
  parfumage de l'Inscience liii, 61, 65, 67, 208
  parfumage par l'Inscience 67, 206
  parfumage de la Talité liii, 65, 69-71, 176, 206-208
  parfumage par la Talité (*zhenru xunxi* 眞如薫習) xliii, 208
passion(s) (affect[s]) xxiv, xxxii, 11, 25-27, 30, 32, 39, 44, 51, 52, 54, 55, 58, 59, 61, 63, 67, 69, 73, 80, 82, 96, 109, 110, 113, 116, 121, 132, 144, 147, 151, 152, 155, 178, 183, 191, 192, 198, 199, 209, 210, 218, 237, 238, 252
  passions adventices xlii, 27, 52, 199, 209
  passions supérieures (*shangfannao* 上煩惱) 73, 199, 209
patience xxi, lix, 121, 133, 136, 137, 149
pénétration (*ru* 入 ; *deru* 得入, etc.) xii, xli, lxix, 25, 141, 142, 194, 195, 224, 225
pensée xiii, xliv, xlv, 23, 28, 30, 32, 34, 42, 46, 50, 53, 58, 75, 87, 89, 111, 115, 123, 125, 153, 155, 159, 186, 187, 194, 198, 199, 209, 256, 258, 260
  pensée authentique (*zhenxin* 眞心, etc.) 27, 32, 61, 95, 97, 111, 125, 188
  pensée de la conscience de l'acte (*yeshixin* 業識心) 25
  pensée droite (*zhixin* 真心, *zhengnian* 正念) xliv, 110, 111, 147, 151, 185, 213, 219-223, 227
  pensée (en soi)(*xin* 心) xx, xxi, xlii-xliv, liii, lvii, lviii, 11, 13, 17-19, 21-23, 26, 28, 29, 32, 33, 35, 37, 39, 40, 41, 43, 47, 49, 51, 53, 56-59, 61, 63, 67, 69, 83, 85, 91, 93, 95, 103, 105, 107, 109, 111, 121, 127, 129, 133, 139, 145, 147, 149, 151, 174, 183-187, 191, 192, 194, 195, 198, 199, 208-210, 215, 216, 224, 227, 235, 260, 261, v. aussi *nianxin*
pensée(s) (*xinnian* 心念) 188
pensée d'éveil (*bodhicitta*, *putixin* 菩提心) xxi, xliv-xlvi, 23, 31, 51, 52, 71, 75, 77, 89, 105, 109, 111, 116, 117, 119, 122-125, 146, 213-215, 219-221

pensée (erronée, fallacieuse)(*nian* 念 ; *wangnian* 妄念 ; *wangxin* 妄心 ; *wangshingnian* 妄心念) xxi, xxxii, xl, lii, liii, lvii, lviii, 23, 25, 27, 30-33, 35, 42, 47, 49-51, 53, 63, 65, 67, 69, 71, 79, 83, 151, 155, 195, 197, 198, 227, 229, 237-239, 243, v. aussi conception (fallacieuse)
pensée des êtres (*zhongshengxin* 衆生心) xx, xliii, 16, 17, 19, 27, 39, 129, 186, 187, 198
pensée de foi (*xinxin* 信心) xx, xxi, xxxix, xlix, liv, 13, 107, 109, 131, 133, 139, 147, 160, 161, 163, 165, 215-217
pensée instantanée (*nian* 念) lii, 27, 32, 33, 35, 40, 58, 125, 127, 145, 155, 192, 198, 209, 229
pensée en mouvement, mise en branle (*daoxin* 動心) 47, 93
pensée non-dichotomisante (*wufenbiexin* 無分別心) 77, 79, 157
pensée des procédés salvifiques (*fengbianxin* 方便心) 125
pensée profonde (*shenxin* 深心, disposition [haute]) xliv, xlv, 110, 111, 219-223
pensée pure (en elle-même, dans sa nature) (*zixing qingjingxin* 自性清淨心) xxvi, xlii, xlv, 28, 32, 37, 52, 53, 55, 57, 71, 80, 81, 91, 104, 106, 115, 119, 123, 131, 143, 184, 196-199
pensée rectrice (*xinwang* 心王) xxxviii, 58, 60
pensée souillée 52, 53, 55, 59, 216
pensée soumise à naissance et disparition (*shengmiexin* 生滅心) 29, 33, 34, 46, 47, 61, 157, 185
pensée une, unique, unitive, unifiée (*yixin*, *isshin* 一心, *ichinen* 一念) xxiii, xxxvi, xl, xli, xliii, lxiii, 16, 17, 21, 23, 34, 39, 46, 52, 53, 57, 61, 75, 85, 115, 131, 127, 160, 161, 183, 184, 186, 187, 194, 195, 227, 243
pérénité, pérenne, perpétuité, perpétuel (*chang* 常, *changzhou* 常住) 27, 39, 45, 81, 85, 92, 97, 101, 121
perfection(s) 76, 85, 89, 104, 121, 125, 133, 184, 200, 211, 225, 226, 229
Petit Véhicule (Hinayāna) 12, 79, 174, 186, 195, 217
phase(s) (temporelles)(*xiang* 相) 34, 35, 37, 100, 145
phénomènes, phénoménal xxi, xxxvi, xxxvii, xl, xliii, l, lii-liv, lvii, lxiii, lxiv, 51, 64, 65, 71, 74, 129, 178, 195, 204, 237-240, 246-249, 251, 253-259
a-phénoménal 248, 257, 258
pré-phénoménal 248
physique (en-deçà des formes) 43, 67, 95, 182, 239, 258, 259
pingdeng 平等 > égalité
prajñā (sapience, intelligence, pénétration intuitive) xii, xxi, xxvi, xxxix, xli, xlvii-xlix, lvii, lxix, 4, 5, 11-13, 15, 25, 27, 28, 42, 51, 53, 55, 59, 63, 71, 77, 79-81, 83, 87, 91, 92, 97, 99, 103, 104, 106, 110, 112, 115, 119, 121-127, 129, 132, 133, 135, 141, 142, 147, 149, 151, 167, 174, 176, 185, 191, 195, 200, 206, 210, 211, 214-216, 227-229

pratique xviii, xx, xxi, xxv, xxx, xxxv, xliv, xlvi, xlviii, li, lii, lxiii, 5, 13, 35, 45, 52, 54, 55, 69, 71, 75-77, 79, 85, 98, 104-107, 110, 111, 113-115, 118-121, 123, 125, 130-133, 135, 137, 139, 141, 143, 145-147, 151, 157, 159, 163, 165, 167, 173, 176, 177, 189, 209, 213-215, 220-222, 224, 225, 227, 228
pratique (cinq méthodes) lxiii, 132, 133
pratique conforme à la réalité (*rushi xiuxing* 如實修行) 35
pratītyasamutpāda > coproduction conditionnée
pravṛttivijñāna (*Zhuanshi* 轉識) > conscience active, en fonctionnement
prédiction xxx, 164, 165
première fois > commencement
principe (*li* 理) xlvii, 5, 10, 16, 35, 51-53, 65, 71, 76-79, 89, 91, 95, 97, 99, 104, 106, 110, 119, 130, 131, 141, 147, 149, 155, 163, 171, 176, 178, 188, 190, 193, 194, 197-199, 203, 207, 238
procédés > moyens
production xlv, lii, liii, 18, 21, 32, 45, 52, 53, 59, 132, 175, 213, 214, 219, 221, v. aussi apparition, manifestation, naissance
production de la pensée d'éveil (première) xliv, xlv, 213, 221
profane, profanité xii, xxv, li, lxvii, 5, 13, 29, 30, 31, 33, 51, 61, 67, 72, 74, 76, 77, 81, 87, 89, 95, 101, 105-107, 116, 153, 157, 159, 176, 180, 181, 187, 214
profit(s) xxviii, 9, 11-13, 37, 75, 87, 110, 114, 115-117, 123, 125, 127, 129, 133, 135, 137, 139, 149, 151-153, 155, 164, 165, 167, 171, 177-179, 194, 211, 229
pur, pureté xxi, xxvi, xxxvii, xlii, xlv, xlviii, lvii, 28, 29, 35, 37-39, 44, 45, 59, 62, 63, 76, 81, 113, 143, 175, 183, 184, 190, 192-194, 196-199, 201, 207-209, 214-216, 218, 224, 225, 242, 245, 247, 259, 260, v. aussi immaculté
pureté du savoir (*zhijing* 智淨) 35, 37, 39, 76
puti 菩提 > éveil
putixin 菩提心 > pensée d'éveil

Q

qi 起 > apparition, manifestation, naissance, production
qixin 起信 (*qishengxin* 起正信, *qixinxin* 起信心, etc.) > foi
qualité(s) xvii, xxvi, xxix, xlix, lvi, 4, 5, 19, 25, 27, 37, 39, 69, 80-82, 85, 96-99, 110, 124, 125, 131, 132, 166, 167, 173, 175-179, 189, 195, 202, 211, 215, 220-226, 229, 249, 254
qualité(s) méritoire(s) xxviii, 5, 125, 166, 167, v. aussi vertu
queguan 覺觀 153

R

racine(s) de bien (*shangen* 善根) 39, 75, 163, 215
rapide (réalisation rapide de l'éta de buddha) 139, 204

réalisation (*sheng* 證 ; *de* 得, etc.) xxi, xxiv, xlvi, 10, 27, 69, 105, 106, 117, 121-125, 127, 142, 171, 179, 217, 227
réalisation de l'état de buddha (*chengfo* 成佛, etc.) xlviii, 10, 176
réalité (*shi* 實) xii, xx, xxv, xxix, xxx, xxxix, 11, 23, 25-27, 33-35, 39, 41, 53, 65, 69, 81-83, 93, 95, 97, 101, 103, 123, 124, 127, 133, 143-146, 157, 184, 187, 190, 192, 200, 233, 236-238, 242, v. aussi *jitsuzai*
réceptacle 19, 27, 89, 100
règles (disciplinaires) liv, 55, 110, 137, 160, 174, 181, 182, 206, 216, 245, v. aussi discipline
renyun 任運 > spontané
représentation(s) xlvii, lxix, 37, 43, 59, 127, 144, 145, 194, 198, 204, 209, 238-240, 249, 258
rétroversion (des mérites, déflexion) 30, 52, 54, 104, 105, 120, 141, 170, 171
révolution (*paravṛtti*) xxxviii, xxxix, 203, 225, v. aussi action, fonctionnement
rien-que-conscience (*weishi* 唯識) xviii, xix, 55, 190, 191, 206, 208, 239, v. aussi gnoséologie
rien-que-pensée (*weixin* 唯心, *yuishinron* 唯心論) xi, xii, xix, xlii, 30, 48-50, 76, 77, 83, 91, 95, 101, 121, 144, 145, 149, 261
rigon shinnyo 離言眞如 > Talité dégagée du langage
Roue de la Loi 10, 117, 123
ru 如 lvi, 10, 11, 23, v. aussi Talité
rulai 如來 > *tathāgata*
rulaizang 如來藏 > embryon de *tathāgata*
rūpakāya > corps sensible
ruru 如如 (*tathatā*) > Talité
rushi 如是 lvi
rushi bukong 如實不空 > non-vacuité conforme à la réalité
rushi kong 如實空 > vacuité conforme à la réalité
rushi xiuxing 如實修行 > pratique conforme à la réalité

S

sagesse (stade de) xiv, xlviii, 52, 54, 68, 217
saint, sainteté xxxix, lxvii, lxxi, 30, 80, 173, 178, 179, 181, 185, 194, 207, 213, 214, 216, 221, 228
salut, sauver xi, 12, 35, 59, 69, 77, 79, 86, 115, 116, 157, 161, 178, 214, 218, 220, 221
samādhi xlvi, 75, 77, 145-148, 151-153, 155, 184, 198
  samādhi de caractère unique (*gixiang sanmei* 一相三昧)(*ruzhen sanmei* 入眞三昧) xxxiii, 146, 147
  samādhi de pratique (unitive) (*yixing sanmei* 一行三昧) xxxii, xlvi, 147, 227
  samādhi de la talité (*zhenru sanmei* 眞如三昧) xxxii, xlvi, 145-147, 151
śamatha > apaisement
saṃbhogakāya > corps de communion, de fruition
saṃgha > Communauté
saṃprayukta > union (*xiangying* 相應)
saṃsāra 70, v. aussi cycle de naissance et de disparition
samyaktva > justification (juste), détermination
sans-chose > *wuwu* 無物

sans effort xxv, 69, 126, 143

sans *nom* (*wuming* 無名) 247, 252-254

sans obstacle (*wuai* 無礙) 32

sans signe (*wuxiang* 無相) lxvii, 55, 144, 145, 225

sanxin 三心 > trois pensées

sapience (*prajñā*, *zhi* 智, *zhihui* 智慧) xxi, xxvi, xxxix, xli, xlvii, xlviii, lvii, lxix, 4, 5, 12, 71, 79-81, 83, 87, 91, 92, 97, 103, 110, 112, 115, 121-126, 129, 132, 142, 147, 149, 167, 174, 200, 211, 229

śāstra > traité

saveur (unique) 59, 69, 86, 115, 116, 157, 161, 185, 186, 193, 207

savoir xxviii, 4, 5, 11, 16, 29-37, 39, 47, 55, 59, 62, 65, 71, 73, 76, 78-81, 87, 93, 97, 99-101, 103, 105, 111, 117, 122, 124, 126, 127, 129, 176, 181, 185, 194, 198, 216, 226

savoir (acquis) applique, postérieur (*houdezhi* 後得智) xli, xlii, xliii, 4, 35, 78, 79, 122-124, 126, 127, 129, 190

savoir (sapience) de *buddha* (*fozhi* 佛智) 32, 33, 132, 167

savoir d'examen mental (*guanzhi* 觀智) 31, 71

savoir dichotomique, dichotomisant (*fenbiezhi* 分別智) 55

savoir d'omniscience (*ijie[zhong]zhi* 一切[種]智) 26, 32, 226

savoir du corps de la Loi (*fashenzhi* 法身智) xxxii

savoir fondamental, foncier (*genbenzhi* 根本智) 4, 35, 59, 129, 190

savoir immuable (*fudōchi* 不動智) 198

savoir indistinctif (*wufenbiezhi* 無分別智) 11, 59, 79

savoir pleinier, de la réalité (*shizhi* 實智) 105, 187

savoir sans maître (*wushizhi* 無師智) 32, 39

savoir sans obstacle (*wuaizhi* 無礙智) 32

savoir universal, parfait (*bianzhi* 遍知) 4, 5, 226, 238

se 色 (*rūpa*) > sensible

semence (*bīja*) xliii, 167, 174, 200, 202, 216

sens, signification (*yi* 義, *artha*, etc.) xv, xxii, xxix, lxii, lxxi, 11, 16, 17, 19-21, 23, 25, 29, 33, 39, 64, 79-83, 85, 87, 96, 104, 105, 137, 142, 143, 157, 164, 175-177, 179, 205-208, 227, 228, 241, 244-247

sens, sensation, sensoriel 43, 49, 51, 56, 63, 92, 121, 192, 200, 201, 203-205

sensible (*rūpa*, *se* 色) xx, xxviii, xxxix, xl, xliii, xlvi, xlvii, lxvii, 17, 27, 47, 49, 52, 55, 57, 63, 86, 87, 89, 91-93, 95, 97, 100, 101, 103, 109, 111, 113, 125, 129, 190, 192, 195, 209, 212, 217, 237

séparé (à part) xvii, xxvi, xl, liv, lvii, 21, 27, 29, 37, 41, 58, 59, 63, 81, 83, 93, 99, 111, 114, 183, 190, 209, 210, 213 ,v. aussi départi

série (*xiangxu* 相續) 26, 35, 213, v. aussi continuité

seshen 色身 > corps sensible

zhangen 善根 > facultés bonnes, de faire le bien

sheng 生 > naissance

shengmie 生滅 > naissance et

195, 196, 198-200, 203, 205-208, 210-213, 215-217, 219-221, 223, 228, 233-240, 242, 243, 246, 247, 250, 253, 255-257, 259-261, 264, 265, 267, 268
transformation (*pariṇāma*, *Zhuan* 轉 ; *Zhuanbian* 轉變) xxiv, xxv, xxx, xxxvi-xxxviii, xlii, xlvii, 4, 5, 74, 78, 86, 116, 129, 179, 204, 210, 211
trésor des qualités méritoires infinies, innonbrables (*wuliang gongdezang* 無量功德藏) xxviii, xxix
triple monde, trois mondes 48-50, 100, 101, 144, 153, 191, 192, 205, 209
Trois Joyaux (Triple Joyau) xxi, xxvii-xxix, xlix, lxvii, 4, 106, 115, 132, 167, 216
trois grandeurs, trois grands éléments (*sanda* 三大) xvii, xliv, xlix, 17-19, 81, 175-177, 180, 183, 196
trois pensées (*sanxin* 三心) xliv-xlvi, 187, 219-223

U

u 有 237
ultime, ultimement (*jiujing* 究竟) xv, xxiv, xxxix, xlii, 23, 25, 26, 31, 33, 53, 79, 89, 91, 95, 97, 102, 103, 115, 123-125, 149, 181, 189, 213, 241-245, 247, 249-252, 254, 256-258, v. aussi éveil ultime
Un, un 242, 245
union, unitif (*yi* 一 ; *xiangying* 相應 ; *huohe* 和合 etc.) xii, xxxviii, liii, 27, 32-34, 53, 57-59, 76, 77, 79, 88, 89, 99, 101, 109, 113, 147, 159, 200, 201, 203-205
unité de l'articulation du sens et de l'articulation de l'être (*imibunsetsu soku sonzaibunsetsu* 意味分節即存在分節) 247
unité de l'être (*waÌdat al-wujūd*) 252
un seul son > son unique
utpāda # (apparition, manifestation, production, *qi* 起) liii

V

vacuité xi, 24, 25, 27, 39, 47, 81, 135, 143, 149, 186, 198, 212,
Vacuité authentique xxv, 25, 39
vacuité conforme à la réalité (vacuité authentique)(*rushi kong* 如實空)(Talité sous son angle négatif) xxv, 39, v. aussi non-vacuité dons la réalité (Talité sous son angle positif)
vagues xxvi, 37, 62, 63, 192, 196, 201, 202
vāsanā > parfumage, imprégnation(s)
Véhicule Unique 189
vent xxvi, 36, 37, 62, 63, 145, 196
vérité xi, xii, xxxv, lxvii, 10, 24, 33, 81, 87, 104, 106, 121, 123, 130, 141, 150, 151, 157, 190-192, 198, 199, 208, 210, 216, 217, 242, 245, 256, 259
vérité (authentique) 10, 91
vérité (profane) 33
vertu xiv, xl, xlvii, xlviii, lix, lxviii, 15, 29, 34, 45, 47, 63, 116, 124, 141, 182, v. aussi qualité(s)
vijñānavāda (*yuishiki* 唯識) > gnoséologie
vipākakāya > corps de rétribution
vipaśyanā > examen mental

viprayukta > non-association, inadéquation
vœu (grand) xlv, li, 75, 77, 85, 111, 115-117, 139, 149, 155, 157, 161, 163, 184, 197, 214, 220, 221
Voie (*dao* 道) 200, 242, 244, 247
voie xxi, xxxiv, liii, lxvii, 21, 71, 75, 104, 105, 159, 165, 181, 182, 189, 199, 200, 204, 221, 227
voie du milieu, médiane (*zhongdao* 中道) xi, xii, xxi, xliii, xlvi
vue, (fausse), vision, idée (fixe), opinion, préjugé (*jian* 見) xxi, lxxi, 43, 49, 54, 67, 73, 83, 98, 99, 101, 107, 112, 121, 144, 151, 153, 159, 160, 209
vision (du *Buddha*, etc.), visualisation (vue) 43, 47, 54, 57, 59, 69, 75, 83, 89, 91, 113, 117, 144, 148, 175, 217

W

wangnian 妄念 > pensée (fallacieuse)
wangxin 妄心 > pensée (fallacieuse)
wangshingnian 妄心念 > pensée (fallacieuse)
wanyou 萬有 > multiplicité (des êtres)
weixin 唯心 > rien-que-pensée
wuai 無礙 > absence d'obstacle
wuliang gongdezang 無量功德藏 > trésor des qualités méritoires infinies, innonbrables
wuming 無明 > Inscience
wuming 無名 > sans nom
wunian 無念 (*acitta*, etc. ; absence de conception, d'activité mentale) liii, 30, 32, 33, 35, 185, 195
wuwei 無爲 > inconditionné
wuwu 無物 (sans-chose) 246
wuxiang 無相> sans signe
wuxiang 無想 144, 145
wuxin 無心 (absence de pensée) 33, 185, 195, 201
wuyou 無有 (absence d'être) 256

X

xiang 相 > signe
xiangsijue 相似覺 > éveil analogique
xiangying 相應 (*saṃprayukta*)> union
xin 信 > foi ; adhésion
xin 心 lv, lvii, lviii, 11, 40, 93, 235, 260, 261, v. aussi pensée (en soi) ; idée ; esprit
xing 性 > nature
xinnian 心念 188
xinshengmiemen 心生滅門 (accès par le cycle d'apparition et de disparition de la pensée) 21
xinshengsi 心生死, *xinshengmie* 心生滅 > (cycle d') apparition et disparition de la pensée
xinshi 心識 > conscience noétique
xinxin 信心 > pensée de foi
xinxing 心性 > nature de la pensée
xinyuan 心源 > source de l'esprit
xinzhenru 心眞如 > Talité de la pensée
xinzhenrumen 心眞如門 (accès par la Talité de la pensée) 21
xukong 虛空 > espace

Y

yeshi 業識 > conscience de l'acte
yi 意 > mental
yi 依 (support, point d'appui ; scène ; relativement à) xxii, liii, lix, lxviii, 17, 29, 49, 63, 65, 98, 99, 124, 188, 192, 200-202, 205, 211, 221, 224, 226
yi 義 17, v. aussi sens ; objet ; but ; thèse
yi 一 > identité ; unité
yi 異 (altérité ; altération) 26, 27
yifajie 一法界 > monde de la Loi unique
yin 因 > cause

yingshen 應身 > corps de réponse
yinguo 因果 > cause et fruit, causalité
yinyuan 因縁 > circonstances, conditions, motifs ; conditionné (le)
yise 一色 (*ekarūpa*) liii
yishi 意識 > conscience mentale
yixiang 異相 (caractère d'altérité, de transformation) 26, 27, 30, 31, 44-47
yixin 一心 > pensée une, unitive, etc.
yixin ermen 一心二門 (les deux accès à l'unique pensée) xii, lxxii
yiyan zhenru > Talité fondée sur le langage
yiyin 一音 > son unique
yong 用 > activité
youming 有名 > ce qui a un nom
youwei 有爲 > conditionné
yuan 縁 > circonstances, conditions, objet
yuanqi 縁起 > coproduction conditionnée ; consalité
yuishiki 唯識 > gnoséologie ; rien-que-conscience
yuishinron 唯心論 > gnoséologie ; théorie du rien-que-pensée

Z

zang 藏 xxix, 5
zazen 坐禪 > aussi méditation assise
zen (chan) 禪 xiv-xvi, 50, 147
zhenru xunxi 眞如薫習 > parfumage par la Talité
zhenru yuanqi 眞如縁起 xliii
zhi 止 > aussi apaisement
zhi 智 > sapience
zhongsheng 衆生 > êtres (sensibles)
zuochan 坐禪 > méditation assise
zazen 坐禪 > méditation assise
zettai 絶對 (absolu) 242
zhenru 眞如 > Talité
zhenrumen 眞如門 92
zhenru sanmei 眞如三昧 > *samādhi* de la Talité
zhenru xunxi 眞如薫習 > parfumage par la Talité
zhiguan 止觀 (apaisement et examen mentaux) 133, 141-147, 159, 223-226
zhihui 智慧 > sapience
zhijing 智淨 > pureté du savoir
zhong 種 (lignée des *buddha*) xxviii, xxx, 5, 9, 165, 167
zhongshengxin 衆生心 > pensée, esprit des êtres
zhongxing 種性／姓 (*gotra*, *vaṃśa*) (famille sprituelle, lignée spritulle) 108, 109
zhuanbian 轉變 > transformation
zhuanshi 轉識 (*pravṛttivijñāna*) > conscience en procession, action
zili 自力 > force(s) propre(s)
ziren 自然 > spontané
zitixiang 自體相 l, v. aussi être (propre)
zixing qingjingxin 自性清淨心 > pensée pure (de sa nature)
zizai 自在 > autonomie
zuo 坐 (s'asseoir) li, lii, 159, 230
zuochan 坐禪 > méditation assise

Noms propres

A

Abhidharma xiii, xxxviii, 79, 144
Abhidharmakośa lvii, liv, 215
Allāh 251-254
Amida, Amitābha, Amitāyus xlv, 220
Anududdha 189
Anūnatvāpūrṇatvanirdeśaparivarta (*Buzengbumiejing* 不増不滅經) xxxi
Anuttarāśrayasūtra (*Wushangyijing* 無上依經) xxxii, 188
Asaṅga xxxi, xliii, 185, 207, 265
Aśvaghoṣa xxi, xxiii, xxiv, lxii, lxvii, lxxi, 54, 58, 59, 206-209, 233
Avataṃsakasūtra (*Huayanjing* 華嚴經, *Sūtra de l'Ornementation fleurie*) xii, xxxiii, xlvi, xlviii, 33, 88, 110, 117, 214, 219

B

Bergson, Henri 235
Bodhiruci xxiv, xxvi, xxxi, xxxiv, xxxv, xxxix, xlvi, xlvii, xlix, 173, 181, 182, 186, 188, 189, 192-194, 196, 199, 200, 222, 221, 228, 265, 267
Buddhabhadra liv
Buddhatvaśāstra# > *Foxinglun* 佛性論 xxxii
Buzengbumiejing 不増不滅經 > *Anūnatvāpūrṇatvanirdeśaparivarta*

C

Catalogue de l'ère Kaiyuan 207
Chengguan 澄觀 l
Chengweishilun 成唯識論 > *Vijñaptimātratāsiddhi*
Chikei 智璟 xviii
Chōsai 長西 xlv, 220, 221
Chronique des monastères de Luoyang (*Luoyang qielanji* 落陽伽藍記) 228
Commentaire du Mahāparinirvāṇasūtra > *Dabanniepanjingshu* 大般涅槃經疏
Commentaire du Traité sur l'indistinction du monde de la Loi selon le Grand Véhicule > *Dasheng fajie wuchabie lunshu* 大乘法界無差別論疏

D

Dabanniepanjingshu 大般涅槃經疏 (*Commentaire du Mahāparinirvāṇasūtra*) lii
Daijōkishinron ryōyaku shōgi kōgi 大乘起信論兩譯勝義講義 xv
Dakougshan 大空山 208
Daoxuan 道宣 lxi
Daochong 道寵 180-183
Dapinxuanwen 大品玄文 lxxi
Daśabhūmikasūtra (*Shidijing* 十地經) 189
Daśabhūmikasūtra-sāstra# (*Shidijinglun* 十地經論) xxxi
Dasheng fajie wuchabie lunshu 大乘法界無差別論疏 (*Commentaire du Traité sur l'indistinction du monde de la Loi selon le Grand Véhicule*) xxxix
Dashengqixinlun 大乘起信論 (Paramārtha) lxxii, 263
Dashengqixinlun 大乘起信論 (Śikṣānanda) lxxiii
Dashengqixinlun bieji 大乘起信論別記 (Wŏnhyo) lxxii
Dashengqixinlun bieji 大乘起信論別記 (Fazang) lxxii
Dashengqixinlun shu 大乘起信論疏 (Tanyan) lxxii
Dashengqixinlun yiji 大乘起信論義記 (Fazang) lxxii
Dashengqixinlun yishu 大乘起信論義疏

(Huiyuan) lxxii
Dashengyizhang 大乘義章 xlvii, lxi
Dasheng zhiguan famen 大乘止觀法門 xxxiii
Dayoujing 大有經 (*Sūtra du grand être*) 100
Dazhuangyansi 大莊嚴寺 208
Dazongdi xuawen benlun 大宗地玄文本論 lxxi
Dazhidulun 大智度論 > *Traité de la grande vertu de sagesse*
Demiéville, Paul xxiii, 264
Dhammapada (*Stances de la Loi*) 81
Dharmasaṃghī ti[sūtra] (*Fajijing* 法集經, *Sūtra du Recueil de la Loi*) 186, 195, 221, 265
dharmatrāta liii, liv
Dhyāna xlvi, lii, lxii, v. aussi Zen (chan)
dhyāna liii, liv, 173, 184, 192, 228, v. aussi méditation (assise)
Dilun (école) 地論 [宗] xvii, xxxi, xxxiii-xxxv, l, 178
Dīrghāgama 230
Dōgen 98, 147

E
École gnoséologique (*Faxiang* 法相 [宗]) xiv, xviii, xxxiii, xxxv-xxxviii, xliii, xliv, lxii, lxiii, 27, 28, 65, 79, 156, 157, 189, 190, 206, 207, 239
Ennéades 242
Enseignement de Vimalakīrti > *Vima-lakīrtinirdeśa*

F
Fajijing 法集經 > *Dharmasaṃghīti [sūtra]*#
Fanwangjing 梵網經 liv
Faxiang 法相 [宗] > École gnoséologique
Fazang 法藏 xvii, xviii, xxv, xxvii, xxxiii, xxxix, xl, lx, lxiii, lxxii, lxxiii, 4, 10, 11, 16, 18, 26, 29, 30, 34, 40, 55, 80, 92, 97, 105-107, 109, 110, 117, 122, 124, 132, 135, 137, 140-147, 155, 188, 199, 200, 211
Foxinglun 佛性論 (*Buddhatvaśāstra*#) xxxii, 27, 198
Fuli 復禮 196, 197

G
Gayāṣīrṣasūtraśīkā# xxxi
gnoséologique > École gnoséologique
Grotte précieuse du Sūtra de Śrīmālādevī (La) (*Shengmanbaoku* 勝満寶窟) 54, 58, 59, 61, 209
Guangding 灌頂 lii
Guṇabhadra xxxi, xxxix, 188, 200, 265
Gyōnen 凝然 xlv, 220, 221

H
Hara Tanzan 原坦山 xv
Hirakawa Akira 平川彰 xxiv, xxxiv, lix, lxi, lxii, 175, 195, 263, 264
Hōkyōki 寶慶記 98, 99, 147
Hōnen 法然 xlv, 220
Huayan 華嚴 xiv, xvii, xviii, l, lxiii, lxiv, 199
Huayanjing 華嚴經 > *Avataṃsakasūtra*
Huayan wujiaozhang 華嚴五教章 (*Traité sur les cinq enseignements selon l'Ornementation fleurie*) 26, 199
Huayanjing kongmuzhang 華嚴經孔目章 33
Huikai > Zhikai

I
Ibn al-'Arabî 251, 252
Ishiki no keijijōgaku 意識の形而上學 xvi, 233
Islam xvi, 251-254

Izutsu Toshihiko 井筒俊彦 xiii, xvi, lvi, lix, 233

J

Jingangsanmeijing 金剛三昧經 > *Sūtra du samādhi de diamant*
Jingangxianlun 金剛仙論 > *Traité de Vajrarṣi*
Jioushi yiji 九識義記 lxxi
Jizang 吉藏 xxxiii, 26, 54, 59, 61, 209, 268
Jōkei 貞慶 205, 206
Jōyuishikiron dōgakushō 成唯識論同學鈔 206

K

Kaimyō 戒明 207
Kakuken 覺憲 206
Kanshinkakumushō 觀心覺夢鈔 205
Kathāvatthu 189
Kegon 華嚴 xiv, xviii, xix, 101, 263
Kegon kishin kangyō hōmon 華嚴起信觀行法門 xviii
Kegonshinshugi monjūki 華嚴信種義聞集記 195, 198, 200
Kegon yuishingi 華嚴唯心義 101
Kishinron honsho chōshūki 起信論本疏聴集記 205
Kishinron kankyōshō 起信論寛狭章 xix
Kishin ketsugishō 起信決疑鈔 175
Kishinron tatsui 起信論達意 257
Kishin yuishiki dōishō 起信唯識同異章 xix
Kūkai 空海 xx
Kulanātha 拘蘭難陀 lxix
Kumārajīva 鳩摩羅什 xxxv, 113, 217, 219, 221, 228
Kurotani shōnin gotōroku 黒谷上人語燈録 xlvi

L

Laṅkāvatārasūtra (*Sūtra de la Descente à Ceylan*) xxiv, xxvi, xxxi, xxxiv, xxxix, xl, xlvii, lxii, 32, 46, 173, 184, 185, 192, 193, 200, 203, 205, 267
Laozi 老子 247
Laozi 247, 254
Linji 臨濟 186, 200
Lin Liguang xxxv
Litai fabaoji 歷代法寶紀 lxi
Luoyang 洛陽 228

M

Mahāyānasūtrālaṃkāra xlii, 174, 176, 193, 199, 266
Mahāyānasaṃgraha (*Somme du Grand Véhicule*) xxiii, xxxiii, xxxiv, lxii, lxiii, 119, 176, 188, 207, 208, 226, 265
Mahāyānasaṃgrahabhāṣya 184, 188
Māra lxvii, 96, 139, 148, 149, 153
Monjūki > *Kegonshinshugi monjūki*
Murakami Senshō 村上專精 257
Mazu 馬祖 184, 186
Myōe 明恵 xix, 101, 195, 198, 200, 205

N

Nāgārjuna xx, xxii, xxiv, 206, 208
Nanjō Bun.yū 南條文雄 xv
Nishida Kitarō 西田幾多郎 xv
Nord xxxi, xxxiv, xxxv, 182, 263

O

Ornementation fleurie (école) xii, xviii, xx, xxiv, xxxiii, xxxiv, xlviii, lxiii, lxiv, 13, 26, 27, 50, 88, 92, 101, 110, 117, 200, v. aussi *Avataṃsakasūtra*

P

Paramārtha xvii, xviii, xxiv, xxvi, xxvii, xxix, xxx, xxxi-xxxiv, lx, lxi, lxvii, lxix, lxxii, 9, 17, 24, 26, 27, 31, 34, 41, 119, 135, 137, 155, 159, 176, 184, 185, 188, 189, 193, 206, 207, 217, 218

Petit traité du calme et de l'examen 145

Plotin 242, 245, 247, 252, 256, 257

Prajñāpāramitā[sūtra] xlvi, 200

Pusa yingluo benyejing 菩薩瓔珞本業經 107

Q

Qianxingsi 建興寺 lxix

R

Ratnagotravibhāgaśāstra xxii, xlix, lxii

Ratnakāraṇḍasūtra xxxi

Ratnakūṭasūtra-śāstra xxxi

Ratnamati xxii, xxix, xxxi, xxxiv, xxxv, xlix, 32, 181, 211

Renwanging 仁王經 (*Sūtra des rois bienveillants*) 100, 108, 109

Rujing 如淨 147

S

Saichō 最澄 xix

Saṃdhinirmocanasūtra xxiii, xxxi, 143, 153, 193, 202, 265

Śaṅkara 249

Sengzhao 僧肇 185

Septante d'or (Traité de la) > *Traité de la Septante d'or*

Sessō 雪窓 xix, 101

Shengmanbaoku 勝満寶窟 > *Grotte précieuse de Śrīmālādevī*

Shidijing 十地經 > *Daśabhūmikasūtra*

Shidijinglun 十地經論 > *Daśabhūmikasūtraśāstra*

Shier yinyuanjing 十二因縁經 > *Sūtra des douze conditions causales*

Shilun 攝論 [宗] (école) xxxiii

Shimoheyanlun 釋摩訶衍論 xx

Shinmōju 眞妄頌 > *Zhenwangsong*

Shōtoku taishi 聖徳太子 209, 221

Siddhi > *Vijñaptimātratāsiddhi* (*Chengweishilun* 成唯識論)

Śikṣānanda xvii, xxiv-xxvii, xxix, xxx, xxxii, xxxix, lii, lxxiii, 4, 9, 15, 17, 23-26, 29, 31, 33-37, 39, 41, 42, 45, 47, 49, 50, 55, 59, 62, 68, 70, 72, 78, 82, 86, 87, 89-93, 100, 110, 119, 125, 129, 132, 133, 135, 137-139, 141, 143-146, 148, 152, 155-157, 159-161, 163, 164, 166, 167, 171, 200

Somme du Grand Véhicule (La) > *Mahāyānasaṃgraha*

Śrīmālādevīsūtra xxxi, 198, 199, 209

Sud xvii, xxxi, 208

Sūtra d'Amitāyus (*Wuliangshoujing* 無量壽經) 188, 220

Sūtra de la Descente à Ceylan > *Laṅkāvatārasūtra*

Sūtra de la sapience prêché par Mañjuśrī 147

Sūtra de la matrice des bodhisattva (*Pusachutaijing* 菩薩出胎經) 204

Sūtra de l'estrade (*Tanjing* 壇經) 147, 227, 228

Sūtra de l'Ornementation fleurie > *Avataṃsakasūtra*

Sūtra des causes et des effets du passé au présent xxxi

Sūtra des douze conditions causales (*Shier yinyuanjing* 十二因縁經) lxxi

Sūtra du Filet de Brahmā > *Fanwangjing*

梵網經
Sūtra du Lotus (*Saddharmapuṇḍarīkasūtra*) xlix
Sūtra du Recueil de la Loi > *Dharmasaṃghīti[sūtra]*
Sūtra du samādhi de diamant (*adamatin*) (*Vajrasamādhisūtra*#, *Jingansanmeijing* 金剛三昧經) xxxii, 33, 184, 198
Suvarṇaprabhāsa[uttamarāja]sūtra 184
Suzuki Daisetsu 鈴木大拙 xvi, xxv
Suzuki Shōsan 鈴木正三 xix

T
Taijijashūron 對治邪執論 101
Tanyan 曇延 xvii, xxvi, xxxiii, xxxiv, xxxix, lxi, lxii, lxxii
Tankuang 曇曠 xxxiii, lxxiii
Tannen 湛然 175
Tanxuan 曇遷 xxxiii, lxii
Tehyŏn 太賢 lxxii
Tendai 天台 xiv
Tiantai xiv, lii, lxiii, lxiv, 196, 266
Tōiki dentōroku 東域傳燈録 lxi
Tokuitsu 德一 xix
Traité sur les cinq enseignements selon l'Ornementation fleurie > *Huayan wujiaozhang* 華嚴五教章
Traité de la grande vertu de sagesse (*Dazhidulun* 大智度論) xiv, xlviii
Traité de la Septante d'or (*Tinshishilun* 金七十論) 216, 217
Traité sur la nature de Buddha > *Foxinglun* 佛性論
Traité de Sengzhao 185
Traité des terres de buddha 207
Traité de la triple absence de nature 207
Traité de Vajrarṣi (*Jingangxianlun* 金剛仙論) xxxi, 117

U
U-Cŏn 義天 xviii, lxi
Upaniṣad 80, 144, 248-250, 254
Upaśūnya 月支首那 lxxi

V
Vairocana 88, 89, 92
Vajrasamādhisūtra > *Sūtra du samādhi de diamant*
Vasubandhu xxxi, xxxii, xlii, 27, 173, 175, 183, 184, 188, 201, 207, 266
Védānta 250-252, 254
Vijñaptimātratāsiddhi (*Siddhi*, *Chengweishilun* 成唯識論) xxiii, xliv, 142, 189, 190, 200, 201, 204-206, 223, 266
Vimalakīrtinirdeśa xxxv, xxxix, xliv, xlv, 45, 112, 200, 211, 214, 215, 219, 220, 264, 265
Vṛddhimata# 208

W
Wŏnhyo 元曉 xvii, xviii, xxvii, xxviii, xxxiii, lxiii, lxxii, 19, 30, 43, 55, 117, 140-144, 147, 148, 267
Wushangyijing 無上依經 > *Anuttarāśrayasūtra*

X
Xiao bo 蕭勃 lxix
Xuanwen 玄文 lxxi
Xuanzang 玄奘 xvi, xxiii, xxv, xxxii, xxxiv, liv, lxiii, 17, 28, 143, 176, 185, 189, 193, 206, 207, 217, 221, 265
Xu Gaosengzhuan 續高僧傳 lxi, 180

Y
Yamamoto Genshiki 山本儼識 lx,

lxxiii
Yang Renshan 楊仁山 xvi
Yixin ermen dayi 一心二門大意 lxxii
Yogācāra 266
Yongninsi 永寧寺 xxxi
Yuezhong 月忠 208
Yuimagyō gisho anraki 維摩經義疏庵羅記 xlv, 220

Z

Zen (école) 禪 [宗] xiv-xvi, 50, 147
Zhenwangsong 眞妄頌 196, 197
Zhikai 智愷 (Huikai) xviii, lxi, lxvii, lxix, lxxi, lxxii
Zhiyan 智儼 xviii, 33
Zhiyi 智顗 lxi, 145
Zhongjingmulu 衆經目録 xxxiii
Zhuangzi 247, 248
Zixuan 子璿 xvii, lxiii, lxxii
Zongjinglu 宗鏡録 204
Zongmi 宗密 xvii, lx, lxiii, lxxii
Zōshun 藏俊 206

TABLE DES MATIÈRES

Abréviations x

Introduction xi

Remerciements lix

Le texte lx

Préface par Zhikai de Yangzhou lxvi

Liste non exhaustive des versions dispenibles lxxii

Traité sur l'acte de foi dans le Grand Véhicule

I. Introduction : la prise de refuge 3

II. Thèse principale 7

I. Première partie : les motifs de la composition 10

II. Deuxième partie : l'établissement de la doctrine 16

1. Le contenu et sa signification 16
2. La pensée unitive 16
3. Les deux modes 18
4. Les trois grands éléments 18
5. Le véhicule 18

III. Troisième partie : l'exégèse 20

Chapitre premier : la mise en évidence du sens exact 20

1re section : les deux accès 20

A. L'accès par la Talité de la pensée 22

• La Talité dégagée du langage 22

• La Talité s'appuyant sur le langage 24

B. L'accès par l'apparition et la disparition de la pensée — l'apparition et la disparition du souillé et du pur — 28

[a] L'apparition et la disparition de la pensée 28

[1] La conscience-de-tréfonds (*ālaya-vijñāna*) 28

[2] L'éveil 28

✣ L'éveil inceptif 30

✣ L'éveil foncier 34

✣ L'éveil foncier pur de sa nature 38

[3] Le non-éveil 40

✣ Le non-éveil foncier 40

✣ Le non-éveil terminal [les trois éléments subtils et les six éléments grossiers] 40

[4] Identité et différence entre l'éveil et le non-éveil [le pur et l'impur] 44

[b] Les causes et les conditions de l'apparition et de la disparition 46

[1] L'apparition des cinq mentaux ou consciences 46

[2] Le triple monde n'est autre que de la pensée 48

[3] La conscience mentale 50

[4] La causalité mondaine et supra-mondaine 50

[5] La production subite des pensées par

l'Inscience 52
[6] Les six souillures 54
[7] La coupure de l'Inscience fondamentale 56
[c] Le caractère de naissance et de disparition 60
2e section : les liens mutuels entre l'impur et le pur 62
• Les quatre choses impures et pures 62
• La définition du parfumage 64
• Le parfumage des choses impures 64
• Le parfumage par les choses pures 66
• Le parfumage de la pensée erronée 68
• Le parfumage de la Talité dans son être propre et ses caractères 70
• Le parfumage de l'action de la Talité 74
• L'union de l'être et de l'action de la Talité 76
• Durée du parfumage des choses impures et pures 78

3e section : les trois grands éléments 80
A. Les éléments de l'être et des qualités de la Talité 80
B. L'élément de l'action de la Talité 84
• La Talité et l'élément de l'action 84
• Corps de réponse et corps de rétribution [1] 86
• Corps d'adéquation et corps de rétribution [2] 88
• De la naissance et de la disparition à la Talité 92

Chapitre II : contrecarrer les attachements erronés 94
• Les deux sortes d'attachements erronés 94
• Les cinq sortes d'idées fixes substantialisant l'individu 94
• L'idée fixe de substantialiser les choses 102
• Le détachement ultime 102

Chapitre III : analyse des aspects de la mise en marche sur la voie 104
(1) Premièrement, la conception de la pensée de l'éveil au stade de l'accomplissement de la foi 106
1) Présentation générale 106
2) Les trois types de conception de la pensée de l'éveil 110
3) Les quatre procédés pour retourner à la Talité 112
4) Les profits de la conception de la pensée de l'éveil 116
(2) Deuxièmement, la conception de la pensée de l'éveil au stade de la compréhension et de la pratique 118
(3) Troisièmement, la conception de la pensée d'éveil au stade de la réalisation 122
1) Les caractéristiques de la conception de la pensée d'éveil au stade de la réalisation 124
2) Les caractéristiques de l'accomplissement des qualités du *bodhisattva* 124

IV. Quatrième partie : la culture de la pensée de foi 130

1. Position du problème 130
2. Les quatre sortes de pensées de foi 130
3. Les cinq méthodes de pratique 132
(a) Le don et la discipline 134
(b) La patience et la diligence 136
(c) L'apaisement et l'examen mentaux 140
a) Définition 140
b) Le *samādhi* de pratique unitive 146
c) Les tentations de Māra 148

d) De la fausseté et de la vérité 150
e) Les profits de la culture 152
f) Les quatre sortes d'examens mentaux 154
g) La concomitance entre l'apaisement et l'examen mentaux 158

4. Les moyens de non-régression et la naissance dans la Terre pure par la commémoration de Buddha 160

V. Cinquième partie : la promotion de la culture et des profits afférents 164
1. La promotion de la foi juste 164
2. Le rejet de la calomnie 166

III. Diffusion : stance de rétroversion des mérites 169

Notes complémentaires 173

Une lecture du *Daijōkishinron* par Izutsu Toshihiko

Métaphysique de la conscience :
la philosophie du *Traité sur l'acte de foi dans le Grand Véhicule*

I. Introduction 233

II. Une forme de pensée bifaciale 235

III. L'appellation provisoire (ou métaphorique) de Talité 241

IV. Articulation sémantique du langage, articulation de l'être 245

V. La structure duelle de la « Talité » 255

Bibliographie sélective   263

Index
    Termes techniques   269
    Noms propres   293

Traité sur l'acte de foi dans le Grand Véhicule
Traduction commentée et Introduction par Frédéric Girard

2004年９月１日　初版第１刷発行

著　者―――フレデリック・ジラール
発行者―――坂上　弘
発行所―――慶應義塾大学出版会株式会社
〒108-8346　東京都港区三田2-19-30
TEL〔編集部〕 03-3451-0931
〔営業部〕 03-3451-3584 〈ご注文〉
〔 〃 〕 03-3451-6926
FAX〔営業部〕 03-3451-3122
振替　00190-8-155497
http://www.keio-up.co.jp/
ブックデザイン―宮川なつみ
印刷・製本――精興社

©2004 Frédéric Girard, Toyoko Izutsu
Printed in Japan ISBN 4-7664-1058-0